人的发展理论体系当代建构

陈新夏 著

北京出版集团
北京人民出版社

图书在版编目（CIP）数据

人的发展理论体系当代建构／陈新夏著．— 北京：北京人民出版社，2024.8
ISBN 978－7－5300－0623－8

Ⅰ．①人… Ⅱ．①陈… Ⅲ．①社会人类学—研究 Ⅳ．①C912.4

中国国家版本馆 CIP 数据核字（2024）第 076971 号

人的发展理论体系当代建构
REN DE FAZHAN LILUN TIXI DANGDAI JIANGOU

陈新夏 著

*

北 京 出 版 集 团 出版
北 京 人 民 出 版 社
（北京北三环中路6号）
邮政编码：100120

网　　址：www.bph.com.cn
北 京 出 版 集 团 总 发 行
新 华 书 店 经 销
北京建宏印刷有限公司印刷

*

787 毫米×1092 毫米　16 开本　23.75 印张　380 千字
2024 年 8 月第 1 版　2024 年 8 月第 1 次印刷
ISBN 978－7－5300－0623－8
定价：78.00 元
如有印装质量问题，由本社负责调换
质量监督电话：010－58572393

目 录

引 言 / 1

第一章 人的发展理论的思想渊源 / 1
一、欧洲古代人的觉醒 ………………………………………… 1
二、中世纪神性遮蔽人性 ……………………………………… 6
三、文艺复兴人的重新"发现" ………………………………… 7
四、近代人性论和人道主义 …………………………………… 9
五、康德目的论 ………………………………………………… 23
六、黑格尔意志自由论 ………………………………………… 26
七、空想社会主义学说 ………………………………………… 29
八、费尔巴哈人本主义 ………………………………………… 35

第二章 人的发展理论的创立 / 39
一、人的发展理论的萌芽 ……………………………………… 39
二、人的发展理论的形成 ……………………………………… 49
三、人的发展理论的发展 ……………………………………… 54

第三章 人的发展理论的演变 / 60
一、人的发展理论的初步解读 ………………………………… 60
二、人的发展理论在东方的演变 ……………………………… 64
三、人的发展理论在西方的演变 ……………………………… 69
四、人的发展理论在中国的发展 ……………………………… 84

第四章　人的发展理论体系当代建构的背景和意义 / 98
一、人的发展理论体系当代建构的背景 …………………… 98
二、人的发展理论体系当代建构的意义 …………………… 105

第五章　人的发展理论体系当代建构的理论起点 / 114
一、马克思恩格斯人的发展理论的价值取向 ……………… 114
二、马克思恩格斯人的发展理论的科学认识 ……………… 121
三、马克思恩格斯人的发展理论的理论定位 ……………… 124
四、马克思恩格斯人的发展理论的适应性 ………………… 127

第六章　人的发展理论体系当代建构的路径 / 134
一、重释马克思恩格斯文本 ………………………………… 134
二、借鉴西方学者的研究成果 ……………………………… 137
三、吸取中国文化的优秀思想资源 ………………………… 141
四、在实践中创新理论 ……………………………………… 143
五、实现几种路径的互补 …………………………………… 146

第七章　人的发展理论体系当代建构的环节 / 149
一、厘定人的发展理论思想资源 …………………………… 149
二、确立人的发展基本概念 ………………………………… 151
三、建构人的发展理论体系 ………………………………… 155

第八章　人的发展理论与人道主义和人性论 / 162
一、人的发展理论与人道主义 ……………………………… 162
二、人的发展理论与人性论 ………………………………… 168
三、人性与人的发展动机 …………………………………… 182

第九章　人的发展理论与马克思主义 / 191
一、人的发展理论以马克思主义为基础 …………………… 191

二、人的发展是马克思主义的根本价值取向……………… 195

第十章　人的发展的当代含义 / 202
　　一、人的发展的当代性……………………………………… 202
　　二、满足物质需要…………………………………………… 209
　　三、满足精神需要…………………………………………… 213
　　四、满足休闲需要…………………………………………… 217
　　五、促进自我实现…………………………………………… 221
　　六、保障人的自由…………………………………………… 227
　　七、确立人的个性…………………………………………… 231
　　八、提升人的素质…………………………………………… 234
　　九、维护人的尊严…………………………………………… 241
　　十、实现社会公平…………………………………………… 256

第十一章　人的发展的客观条件 / 264
　　一、人的发展的经济条件…………………………………… 264
　　二、人的发展的科技条件…………………………………… 268
　　三、人的发展的制度条件…………………………………… 273
　　四、人的发展的文化条件…………………………………… 279
　　五、人的发展的环境条件…………………………………… 284

第十二章　人的发展的实现路径 / 291
　　一、环境的改变……………………………………………… 291
　　二、人自身的改变…………………………………………… 294
　　三、环境改变与人自身改变的统一………………………… 298

第十三章　人的发展规律和趋势 / 302
　　一、人的发展规律…………………………………………… 302
　　二、人的发展趋势…………………………………………… 309

三、人的发展的阶段性⋯⋯⋯⋯⋯⋯⋯⋯⋯⋯⋯⋯⋯⋯⋯ 313

第十四章　人的发展与共同体发展 / 318

一、个人发展与共同体发展⋯⋯⋯⋯⋯⋯⋯⋯⋯⋯⋯⋯ 318
二、构建真正的共同体⋯⋯⋯⋯⋯⋯⋯⋯⋯⋯⋯⋯⋯⋯ 323
三、人的发展与人类命运共同体⋯⋯⋯⋯⋯⋯⋯⋯⋯⋯ 330
四、人的发展与社会进步⋯⋯⋯⋯⋯⋯⋯⋯⋯⋯⋯⋯⋯ 335

第十五章　人的发展的普遍性和特殊性 / 344

一、人的发展的普遍性⋯⋯⋯⋯⋯⋯⋯⋯⋯⋯⋯⋯⋯⋯ 344
二、人的发展的特殊性⋯⋯⋯⋯⋯⋯⋯⋯⋯⋯⋯⋯⋯⋯ 347
三、人的发展的中国特色⋯⋯⋯⋯⋯⋯⋯⋯⋯⋯⋯⋯⋯ 351

参考书目 / 362

后　记 / 367

引　言

　　马克思恩格斯创立人的发展理论，确立了人的发展价值取向和科学认识，提出了人的发展要求和目标，揭示了人的发展条件，指明了人的发展途径，为实现人的发展提供了根本的理论遵循，也为人的发展理论研究和体系建构提供了基础。然而，由于历史任务的制约，虽然人的自由全面发展是他们进行社会历史研究的根本旨归，却非他们持续关注的重点。他们关注的是作为人的发展前提的资本主义制度下实现工人阶级的解放进而实现人类的解放。因此，他们没有对人的发展问题做出专门、系统的论述，没有构建人的发展理论体系。

　　马克思恩格斯之后的一百多年，人的发展理论经历了"一源多流"的演进过程，其中最有代表性的，是东方与西方的马克思主义研究者的解释和发挥。这些解释和发挥虽然对马克思恩格斯人的发展理论做出了进一步的展开和深化，但也存在着一些误读。总体上来说，西方的马克思主义研究者比较强调马克思主义的人学意蕴、精神价值以及社会批判精神，对人的生存、发展问题多有关注和论述，苏俄和东欧以及中国的马克思主义研究者在一个时期内则特别强调马克思主义是一种科学认识，是改造世界的伟大认识工具。与之相关，在中国改革开放之前，人的发展理论并未受到足够的重视，即使在马克思主义哲学理论中提及人的发展，也往往将其视为社会发展的最终结果，而未能对之做出专门的探讨，未能对马克思主义人的发展思想做出系统的研究和阐发。

　　改革开放开启了人的发展新进程，也重启了对人的发展理论的研究。学术界结合时代和实践中的问题，在观照人的发展实践的基础上，重新解读马克思主义经典文本，在借鉴西方学者的研究成果的同时，吸取中华传统文化的优秀思想精髓，对人的发展理论和现实问题做出了比较系统的、创造性的研究：追溯了人的发展的理论渊源，阐述了人的发展理论的哲学基础，分析了人的发展的基本含义，探讨了人的发展的现实条件、发展规律和实现路径，揭示了人的发展理论的当代价值和意义。人的发展实践和理论研究的推进，提出了构建当代马克思主义人的发展理论的要求，也为构建当代马克思主义人的发展理论体系提供了基础。

当代人的发展理论体系应当基于马克思恩格斯的经典文本。为此，在人的发展理论研究中首先应当弄清马克思主义人的发展理论初始的、本真的面貌，特别是厘清和明确其中的理论内核亦即基本原理，拂去后人加之其上的误解，在此基础上确定当代马克思主义人的发展理论研究的历史起点和方位，并结合时代和实践，对经典文本的论述做出重新解释和发挥。

当代人的发展理论体系应当具有时代特征。"历史从哪里开始，思想进程也应当从哪里开始。"[①]时代和实践是人的发展理论研究的源头活水，人的发展理论体系的当代建构应当从全球化背景下中国式现代化建设的时代特征和实践要求出发。而这并非被动地反映现实，而是要在基于现实的基础上超越现实，对之做出创造性的反映和提升。人的发展价值取向可以而且应当具有理想性，应当超越现实条件的限制，如此才能充分体现理论的先进性及其引领实践的作用。

当代人的发展理论体系应当具有中国特色。在中国推进人的发展，应当将马克思恩格斯确定的人的发展基本原则和目标与中国的具体条件和实践相结合，体现中国特色。这就要从中国国情出发，从中国特色社会主义特殊的历史过程及其所处的历史阶段出发，从中国的生产力发展水平、经济政治制度的特点和文化的特色出发。所形成的理论应当是对中国社会现实条件和问题的真实反映，符合中国的国情，针对中国实践的需要，为解答和解决中国社会主义现代化进程中人的发展问题提供理论支撑、基本思路和方法论原则。

当代人的发展理论体系应当具有普遍性。马克思恩格斯创立的人的发展理论具有放之四海而皆准的普遍意义，在全球化时代，人的发展理论应当充

[①]《马克思恩格斯选集》第2卷，人民出版社2012年版，第14页。

分反映和代表人类先进的价值取向和科学认识。为此，当代人的发展理论体系建构应当着眼于世界大势，具有一种世界性的观照：既要充分考虑全球化进程对当代中国人的发展的影响，以海纳百川的胸怀充分吸收人类先进的价值取向；又要充分考虑当代中国人的发展的世界意义，总结、提升并揭示当代中国人的发展经验的普遍意义，为世界范围人的发展提供示范，为人类优秀价值的建构增光添彩。

当代人的发展理论体系建构包含一系列研究内容：梳理人的发展理论的思想渊源，追究人的发展的理论根据，确定人的发展的主要含义，说明人的发展的主客观条件，探究人的发展的基本路径，解读人的发展之中国问题，提炼人的发展理论的基本概念，构建人的发展理论的基本原理。总的来说，其研究内容可以概括为两个方面：确立人的发展价值取向和提出人的发展科学认识。因此，建构当代人的发展理论体系是一项复杂的系统工程。就本项研究而言，主要涉及相互关联的两项工作：一是对当代人的发展理论体系建构做出前提性考察，二是对当代人的发展理论体系的内容进行梳理并初步明确各个理论之间的关系。毫无疑问，当代人的发展理论体系建构不可能一蹴而就、一劳永逸，而是随着时代的变迁和实践的深化不断完善和充实。毋庸置疑，理论体系是开放的，没有固定不变的模式。因此，我们构建人的发展理论体系的目的不在于确定某种模式，而在于确定人的发展理论的主要内容。当然，其内容也要随着时代和实践的变化以及相关认识的深入和拓展而不断充实。鉴于此，本书只是一种尝试，旨在为人的发展理论体系研究提供一些铺路石。

第一章　人的发展理论的思想渊源

马克思主义人的发展理论是马克思恩格斯在继承前人优秀思想的基础上提出的，具有深厚的思想渊源，这就是贯穿西方哲学历史过程中的关于人生存发展问题的理解，亦即西方人学思想。这些思想不仅构成马克思恩格斯人的发展理论的理论渊源，也是当代人的发展理论建构重要的理论资源。

一、欧洲古代人的觉醒

由于社会经济政治和文化条件以及人心智水平的限制，在古代，并没有人的发展的自觉要求，当然也没有人的发展的说法，但是，却不乏关于人的理解以及关于人理想生存状态的期望和追求，包括对人的价值，人生的意义，人如何生存得更好、更加幸福等问题的思考。这些思考可以视为人的发展思想的理论渊源，因为其逻辑延伸和拓展，必然地引向人的发展。由此我们认为，马克思主义诞生之前，欧洲哲人们关于人生存状态和意义的反思，对人生存理想的追求和阐释，正是人的发展理论的思想渊源。

追求更加幸福、更加美好和更有意义的生活是人的本性，对更加幸福、更加美好和更有意义的生活的思考，是人伴随着自我意识形成而产生的自觉意识。这种自觉意识随着哲学的形成发展而得到愈益充分的呈现。从苏格拉底以德尔斐阿波罗太阳神庙箴言"认识你自己"作为自己哲学的宗旨，到文艺复兴时期对人的重新"发现"以及对人性的肯定和对人追求幸福欲望的呼唤，到近代人性论和人道主义对人的价值优先性的认定和阐释，以及对生命、自由、平等、财产等人权的论证，到康德"人就是现世上创造的最终目的"命题的提出，再到费尔巴哈的人本主义理念，在马克思恩格斯之前，西方哲学对人及人生意义以及人生存状态和理想目标等问题做了绵延两千多年的持续探讨。毋庸置疑，对人自身的理解始终贯穿于西方哲学的流变过程中，构成其一条基本的线索，其间经历了一个不断演变的过程，这些探讨逐渐深化和扩展了人对自身生存意义和价值的理解，深化和扩展了人对自己与外部世界关系的认识，深化和扩展了人对自己生存前景的关注。这些探讨积累了关于人的哲学研究的丰富的思想资源。

　　古希腊早期的哲学家们关注自然，在自然科学尚未形成时以哲学代替科学，对自然做出了许多哲学的猜想。这一现象在丹皮尔的《科学史》和梅森的《自然科学史》中都有提及。前者认为，"在希腊人看来，哲学和科学是一个东西"[1]，后者亦认为，"在近代历史以前，很少有什么不同于哲学家传统，又不同于工匠传统的科学传统可言"[2]。两种说法意思相仿。古希腊第一位哲学家泰勒斯认为世界的本原是水，据说他曾"根据土地测量的经验规则创立了演绎几何学"[3]，并利用几何学测量海上船只的距离，此外还预测过尼罗河季节性的泛滥。阿拉克西曼德认为地球本身是一个圆筒，天以地球为中心，并"深信生物从水元素中产生，而高级动物则是由低级动物发展而来"[4]，他"似乎是把已知的世界描绘成地图的第一个希腊人"[5]。阿那克西米尼把气看作原始物质，并把其他元素看作由空气组成，认为"世界的本原物质或元素是空气，空气再稀薄一点就变成火，凝缩时，先变为水，次变为土"[6]。被马克思称为"宇宙统计学家"的毕达哥拉斯最早把数的抽象观念提高到突出地位并提出了"毕达哥拉斯定理"。德谟克里特提出了原子论，试图以之解说世界的本原。总体上看，正如赫拉克利特所说，在古希腊早期的哲学家们看来，"思想是最大的优点，智慧就在于说出真理，并且按照自然行事，听自然的话"[7]。这一时期哲学家们的任务主要就是"倾听自然的声音"。

---

[1] 丹皮尔：《科学史》，商务印书馆1975年版，第1页。
[2] 梅森：《自然科学史》，上海译文出版社1980年版，第1页。
[3] 丹皮尔：《科学史》，商务印书馆1975年版，第48页。
[4] 梅森：《自然科学史》，上海译文出版社1980年版，第17页。
[5] 丹皮尔：《科学史》，商务印书馆1975年版，第49页。
[6] 同上，第50页。
[7] 北京大学哲学系外国哲学史教研室编译：《西方哲学原著选读》上卷，商务印书馆1981年版，第25页。

苏格拉底开启了哲学研究从关注自然到同时也关注人的转向。他认为，不加思考的生活等于徒费时光，并以"认识你自己"作为哲学的宗旨，致力于探讨人生存的价值和意义。他认为美德即知识，人按自己的本性进行的理性生活是幸福的，认识的中心任务是照顾自己的心灵，只有以正确的心灵指导，人才能具有勇敢、节制等优良品德。"这位雅典最早的哲学家，他全力以赴的正是对他的同胞进行道德教育这件事。"[①]他开启的哲学转向改变了希腊哲学研究的格局，也改变了西方哲学的走向，影响甚为深远，"从人学的角度看，苏格拉底首次明确地把人的本质归结为灵魂，他提出了'认识你自己'的命题，标志着西方思想的一个重大转折。他把人对自身的自然属性的认识转向了对人的内在精神的认识"[②]。

作为苏格拉底哲学完成和发展的柏拉图哲学，继承了苏格拉底关注人的传统。柏拉图将人定义为理性的动物，认为人具有超越性，是神最好的创造物，人是由灵魂和肉体构成的，人的本质是灵魂，"灵魂解脱的愿望主要，或者只有在真正的哲学家那里才能看到。事实上，哲学家的事业完全就在于使灵魂从身体中解脱和分离出来"[③]。他认为，灵魂以善为最高目标，哲学的最高理念是善，"这个给予知识的对象以真理并给予认识的主体以认识能力的东西，就是善的理念。它乃是知识和真理的原因。……'善'是具有更高的价值和荣誉的"[④]。因此，人们的一切理念都应当以善为追求的目标和归属，而对善的追求在现实生活中的体现就是追求生活幸福。他认为，生活的幸福是理智和快乐的混合状态，"真正重要的事情不是活着，而是活得更好"[⑤]，因而人不仅应当追求快乐，还应当追求生活的价值和意义。

亚里士多德对人的问题进行了较为广泛的研究，提出了一些独到见解。他将"幸福作为最高善"，把人生的幸福"理解为生活得好或做得好"[⑥]，并提出一方面可以把幸福"等同于明显的、可见的东西，如快乐、财富或荣誉"，

[①] 杜丽燕：《人性的曙光：希腊人道主义探源》，华夏出版社2005年版，第213页。
[②] 赵敦华：《西方人学观念史》，北京出版社2005年版，第37页。
[③] 《柏拉图全集》第1卷，人民出版社2002年版，第65页。
[④] 北京大学哲学系外国哲学史教研室编译：《古希腊罗马哲学》，商务印书馆1961年版，第181页。
[⑤] 《柏拉图全集》第1卷，人民出版社2002年版，第41页。
[⑥] 亚里士多德：《尼各马可伦理学》，商务印书馆2003年版，第9页。

另一方面可以把幸福理解为"善自身，它是使这些事物善的原因"[①]。他主张幸福是至善，是享乐主义、德性主义和至善主义的综合，认为"人人都爱自己，而自爱出于天赋，并不是偶发的冲动。[人们对于自己的所有物感觉爱好和快意；实际上是自爱的延伸。]自私固然应该受到谴责，但所谴责的不是自爱的本性而是那超过限度的私意"[②]。幸福的生活既要有健康的身体和一定的财富，又要有优良的品行。"人们能够有所造诣于优良生活者一定具有三项善因：外物诸善，躯体诸善，灵魂（性灵）诸善。"因此，"灵魂之为物，要是在本质上以及它在人生所表达的境界上，比我们的财产或躯体更可珍贵，最高尚的灵魂也一定比我们最富饶的财产或最健壮的躯体为更可珍贵"。他还强调，幸福和善与灵魂而不是身体相关，"幸福是灵魂的一种合于完满德性的实现活动，……我们所寻求的是人的善和人的幸福。人的善我们指的是灵魂的而不是身体的善。人的幸福我们指的是灵魂的一种活动"[③]。在为人处世方面，他主张适中，实质上是倡导中庸之道，认为"美德是牵涉到选择时的一种性格状况，一种适中……它是两种恶行——即由于过度和由于不足而引起的两种恶行——之间的中道"[④]。

此后的希腊和罗马哲人们，特别关注人的精神和肉体和谐，关注人的精神修养和道德完善，对何为善、何为幸福等问题提出了自己的理解。他们在对人的生存和生活的理解上，分别提出了幸福论和禁欲主义。

伊壁鸠鲁提出幸福论。他通过主张原子的偏斜运动把偶然性引入社会生活中，否定了宿命论和神意，论证了自由的存在，认为，人是有自由意志的，不会被动地受命运或者神的摆布。他强调人的自由，认为社会秩序不过是实现个人自由的条件而已。在对人生意义的理解上，他主张人生应当快乐和幸福，"每一种快乐都是善"[⑤]。"快乐是幸福生活的开始和目的。因为我们认为幸福生活是我们天生的最高的善，我们的一切取舍都从快乐出发；我们的最终

[①] 亚里士多德：《尼各马可伦理学》，商务印书馆2003年版，第9、10页。
[②] 亚里士多德：《政治学》，商务印书馆1965年版，第55、340、341页。
[③] 亚里士多德：《尼各马可伦理学》，商务印书馆2003年版，第32页。
[④] 北京大学哲学系外国哲学史教研室编译：《西方哲学原著选读》上卷，商务印书馆1981年版，第156页。
[⑤] 北京大学哲学系外国哲学史教研室编译：《古希腊罗马哲学》，商务印书馆1961年版，第368页。

目的乃是得到快乐。"①因此，他认为人应当追求幸福，"当幸福在时，我们便拥有一切，而当幸福不在时，我们便尽力来谋求它"②。他将快乐理解为"身体的无痛苦和灵魂的无纷扰"③，认为快乐不限于肉体的享受，而更是精神需要的满足。"凡是幸福者和不灭者，自身既无烦恼也不使任何他物烦恼。"④认为与身体的快乐相比较，人们更能够控制心灵的快乐，因而心灵的快乐高于肉体的快乐。

与幸福论不同，斯多亚派反对追求现世生活的幸福，开启了禁欲主义传统。禁欲主义认为，个人的幸福完全取决于自己内心的宁静，"肉体上的快乐是不足道的、短暂的，而且是非常有害的，不要这些东西，就得到一种有力的、愉快的提高，不可动摇，始终如一，安宁和睦，伟大与宽容相结合"⑤。只有超越肉体上的快乐，才能"得到一种持久的心灵安宁，一种自由，不为任何刺激和恐惧所动"⑥。并认为，"道德就是过顺应人的本性的生活"⑦，"幸福的生活就是符合自己本性的生活！但是要做到这一点，必须精神健全，而且要经常保持健全"⑧。因此，一切外在的功名和事物都无助于个人的幸福，幸福不需要从外物中求取。基于这一理解，他们强调人应当恬淡寡欲，顺从命运的安排，认为只有安于自己在社会中的地位，才能保持自己内心的宁静而得到幸福。此后的新斯多葛主义在此基础上进一步主张命运决定一切，人只能服从命运而不能改变它，"要使你自己适应于你的命运注定要同它们在一起的那些事物，以及你命定要和他们在一起的那些人，要爱他们，要真正地、忠实地这样作"⑨。"要意识到你是在服从神，用这个意识来代替一切别的喜乐。"⑩新柏拉图主义则认为，人生目的在于超越尘世，超脱肉体的束缚而达到精神升

---

① 北京大学哲学系外国哲学史教研室编译：《古希腊罗马哲学》，商务印书馆1961年版，第367页。
② 同上，第365页。
③ 同上，第368页。
④ 同上，第343页。
⑤ 北京大学哲学系外国哲学史教研室编译：《西方哲学原著选读》上卷，商务印书馆1981年版，第190页。
⑥ 同上，第190页。
⑦ 同上，第181页。
⑧ 同上，第190页。
⑨ 北京大学哲学系外国哲学史教研室编译：《古希腊罗马哲学》，商务印书馆1961年版，第448页。
⑩ 同上，第445页。

华,因而人必须无条件地服从神。正如柏罗丁所说,"我们一定要赶快脱离这个世界上的事事物物,痛恨把我们缚在这些事物上的锁链,最后以我们的整个灵魂拥抱爱的对象,不让我们有一部分不与神接触"[①]。古罗马帝国时期天主教思想家、基督教神学和教父哲学家奥古斯丁进一步论证了神的至高无上地位以及人必须服从神,认为,包括人类在内的一切存在物都是由上帝创造的,人一生下来就有原罪,要想得救全靠上帝的恩典。并认为,人性是神性的"分有",人越是否定自己,就越是皈依上帝,只有信奉上帝,做上帝的仆人,否定现实生活的幸福,忍受现世的苦难,才能来世得救,获得永恒的幸福。他主张"我们基督徒,不必追求别的,只要无论是天上的或地上的、能见的或不能见的一切物体,都是因创造主(他是唯一的神)的仁慈而受造,那就够了"[②]。他还认为,只有善才是本质和实体,而罪恶的原因则是"善的缺乏"或"本体的缺乏",上帝是至善,是一切善的根源,上帝并没有在世间和人身上创造罪恶,罪恶的原因在于人们滥用了上帝赋予他们的自由意志,背离了善之本体(上帝),"正因为人滥用自由意志,才能自己和自由意志一起毁坏了"[③]。禁欲主义强调神性,主张超脱肉体的束缚,超越尘世生活,固然在一定意义上凸显了人的精神需要,但其将人的精神需要与物质需要对立起来并否定人现实生活幸福的观点,在本质上是对人追求幸福愿望的否定。

二、中世纪神性遮蔽人性

中世纪的欧洲,基督教神学在精神文化领域独占统治地位,这一时期的经院哲学在对人的理解上,总体特征是张扬神性而遮蔽人性。

基督教神学宣传来世的教义,将主要的关注点从现实世界转向了天国,从追求现世生活的幸福转向在来世的超感觉世界中寻求灵魂的得救和解脱。其核心问题是"原罪"与"救赎",认为,上帝是宇宙的中心,人一生下来就

[①] 北京大学哲学系外国哲学史教研室编译:《古希腊罗马哲学》,商务印书馆1961年版,第467页。
[②] 北京大学哲学系外国哲学史教研室编译:《西方哲学原著选读》上卷,商务印书馆1981年版,第219页。
[③] 同上,第220页。

是有罪的，人不可能依靠自身的力量而向善并得到拯救，需依靠神恩和天启。人之所以无力自救，是因为一切"善"皆来自上帝，只有依靠上帝的恩典才能重新获得善良意志并最终得到拯救。因此，人只能寄希望于"来世"，通过信仰上帝、禁欲修行得到上帝的救赎。经院哲学家、神学家安瑟伦认为，宗教信仰（例如对上帝的信仰）并不以理解为基础；反之，信仰是理解的前提，只有信仰了才能理解。他明确声称，"因为我相信：'除非我信仰了，我决不会理解'"[①]。托马斯·阿奎那认为，"人类的幸福，决不在于身体上的快乐"[②]，而在于对上帝的信仰，"万事万物的最后目的就是上帝。我们已经在前面证明。因此，我们必须把那些特别使人接近上帝的东西作为人的最后目的"[③]。"人是应该先知道上帝的目的，这样才可驾驭自己的意志、行为，趋向目的。所以，为了使人类得救，必须知道一些超出理智之外的上帝启示的道理。"[④] 只有信仰上帝、得到上帝的启示，才能使自己得救。

在基督教神学中，人与人、人与社会的关系被人与上帝的关系所取代。基督教神学认为，神性高于人性、来世幸福超越于现世幸福的主张将禁欲主义推向了极端，极大地压抑了人性，贬抑了人的主体性，禁锢了人的自由意志，不仅在观念上，而且在现实中否定了人的幸福、制约了人的发展。

三、文艺复兴人的重新"发现"

恩格斯指出，文艺复兴"是人类以往从来没有经历过的一次最伟大的、进步的变革，是一个需要巨人并且产生了巨人的时代"[⑤]。文艺复兴之所以是一场最伟大的社会变革并对人类进程产生了深远的影响，就是因为其导致了人文主义的勃兴，开始了欧洲思想史上对人的重新"发现"。

"文艺复兴"就其本来的或表层的含义看，是现实主义、世俗化和个体化

[①] 北京大学哲学系外国哲学史教研室编译：《西方哲学原著选读》上卷，商务印书馆1981年版，第240页。
[②] 同上，第276页。
[③] 同上，第278页。
[④] 同上，第259页。
[⑤] 《马克思恩格斯选集》第3卷，人民出版社2012年版，第847页。

要求不断增强背景下对古希腊罗马文化思想（包括古希腊罗马的哲学、科学、城邦制度，以及文学、艺术等）的继承、复兴和再生，是不同于宗教神学对世俗文化的研究。但从其深层次的、更广泛的含义看，则是一场以人文主义著称的反映新兴资产阶级要求的、反封建反神权的思想文化运动。人文主义者反对中世纪宗教神学封建禁欲主义对人性的压制，反对以出身、门第来决定个人社会地位的封建等级制度，要求将人们关注的重点从神转向人，从天堂转向尘世，这种要求及其运动包含着一种基本的精神，就是倡导与神道相对立的人道精神，追求人的现世生活的幸福，尊重人的价值和个性。人文主义者肯定人的价值，认为人生来就是平等的，强调个人的主体性和人格的独立性，颂扬尘世的快乐和幸福，要求按照人的自然本性生活，主张与命运抗争，把人的地位提到了空前的高度。

被恩格斯誉为中世纪的最后一位诗人、新时代的最初一位诗人的但丁，在其诗歌中深刻地揭露了黑暗的政治和社会现实，极力赞美人的高贵，认为就许许多多的成就而言，人的高贵超过了天使。他强调人富有理性和自由意志，其诗歌闪烁着人文主义思想的光辉，成为欧洲文学史上继往开来的作品。著名剧作家、诗人莎士比亚的作品充满着人文主义理想和信念，表现了人文主义的生活理想，他歌颂人的自由意志和人性之美，惊叹："人类是一件多么了不得的杰作！多么高贵的理性！多么伟大的力量！多么优美的仪表！多么文雅的举动！在行为上多么像天神！宇宙的精华、万物的灵长！"[①]率先自称为"人文主义者"而被后人誉为"人文主义之父"的彼特拉克认为，在上帝的创造物中，人占据最高地位，是最宝贵的，人应当认识自己，应当研究人的本性、人生的目的和幸福，人如果不认识自己就决不能认识上帝。伊拉斯谟尖锐地揭露和抨击了禁欲主义者的虚伪，指出，"禁欲主义者的确严厉谴责并且表面上放弃感官快乐和肉欲享受，但是，这只不过是他们要的一个骗人的花招而已。他们让别人放弃感官快乐和肉欲享受，只不过是为了自己更好地独自享受那种所谓的'禁欲'生活。我敢说，如果生活中没有那种傻得可爱的感官快乐来调剂和平衡，那么这些禁欲主义者也不得不承认人生就是一个充

---

① 赵敦华：《西方人学观念史》，北京出版社2005年版，第132页。

满忧郁、单调乏味、令人讨厌、无法忍受和十分艰难过程"[①]。"基督徒费尽千辛万苦追求的幸福，不过是一种疯狂和愚蠢而已。"[②]他倡导人性解放，认为人要幸福就必须按自己的自然本性生活，肯定了人类欲望的合理性并论证了感官快乐和肉欲享受的合理性。薄伽丘反对封建等级制度和宗教禁欲主义，极力宣扬享乐主义和利己主义，直截了当地宣称："人的全部生活的目的就是幸福，幸福是发乎人性的崇高欲望！"蒙田认为，人的命运和价值皆源于人自身，评判人应该看人本身，而不是看他的穿戴。他认为，人别无目的，只求生活与欢乐，主张享乐是人生的最高目的，提倡和平的、合乎人性的生活。此外，达·芬奇、米开朗琪罗等艺术家则通过绘画等艺术作品，充分反映了人性的美好和对人的崇拜。

人文主义者颂扬人和人性，提倡人现实世界的幸福和快乐，肯定人的意志自由和人在宇宙中的位置，开启了人的重新发现，为近代启蒙运动及人性论和人道主义的兴起奠定了基础。

四、近代人性论和人道主义

人文主义直接引发了欧洲近代人性论和人道主义。从理论上看，欧洲近代人性论和人道主义是对中世纪基督教价值观的批判继承；从现实上看，则是对正在形成的资本主义市场经济规则和要求的反映。这种以人性论和人道主义为核心的社会历史理论围绕着人是什么、人性是什么、人的本质是什么、人的使命是什么等"人的问题"展开了前所未有的深入讨论。正是在继承文艺复兴倡导人性和人道以及人的幸福和尊严的基础上，近代人道主义和启蒙思想家提出了系统的人性论、人道主义理论和人权学说，确立了人性、人道和人权理念，进而确立了人的价值优先性，肯定了人在价值上高于其他世间万物。

文艺复兴之后，一些近代西方哲学家摒弃了以往基于宗教神学从超自然

[①] 伊拉斯谟：《愚人颂》，北京图书馆出版社2000年版，第15页。
[②] 北京大学哲学系外国哲学史教研室编译：《西方哲学原著选读》上卷，商务印书馆1981年版，第316页。

的原因和先验神学启示出发来解释人和世界的做法。他们诉诸理性的力量，从人本身出发来理解人和社会，"用自然的原因来解释物质和精神世界，解释社会、人类制度和宗教本身"①。作为这种解释的基础，在哲学的层面上确立了人性论；作为这种解释的展开，在哲学的层面上确立了人道主义。人道主义是以人性论为基础，以自由、平等、博爱、民主和人权等为价值诉求的一种思想体系，其价值取向是反对宗教禁欲主义和封建等级制度，关怀人、爱护人、尊重人，其实质是对人的价值优先性的认可和主张。人道主义在政治法律层面的体现，就是人权理论和实践，抑或是说，人道主义在现实中的体现就是保障人权。

霍布斯认为，人的首要权利是生存权。保全自己生命这一人最主要的权利源于自我保存的本性。自然法的第一个规律是自我保存。自我保存独立并优先于其他自然法，是个人最基本的自然权利，是第一自然法。"著作家们一般称之为自然权利的，就是每个人按照自己所愿意的方式运用自己的力量保全自己的天性——也就是保全自己的生命的自由。"②自然法是建立在理性之上的普遍法则，它禁止人们去做损毁自己的生命或剥夺保全自己生命的手段的事情，并禁止人们不去做自己认为最有利于生命保全的事情。他认为，人同其他自然事物一样，在受到外界物体的作用时会引起感情的反应，产生喜悦和快乐的感情，或者产生厌恶和痛苦的感情。喜悦和快乐的感情称为善，厌恶和痛苦的感情称为恶。人的本性就是趋善避恶、趋利避害，永远追求自己的利益。他主张人性本恶，"在人类的天性中我们便发现：有三种造成争斗的主要原因存在。第一是竞争，第二是猜疑，第三是荣誉。第一种原因使人为了求利、第二种原因使人为了求安全、第三种原因则使人为了求名誉而进行侵犯"③。他在"性恶论"的基础上提出了社会契约论，认为国家是由人们相互之间订立契约而形成的，人在建立社会这一公共权力之前处于一种"自然状态"，在这种状态中，无所谓善良与邪恶，唯有力量与欺诈，每个人都要实现

---

① 梯利：《西方哲学史》，商务印书馆1995年版，第281页。
② 霍布斯：《利维坦》，商务印书馆1985年版，第97页。
③ 同上，第99页。

自己占有一切的"自然权利",从而导致"每一个人对每一个人战争的状况"①。长此以往,人们厌倦了这种相互争斗的状态以及理性向人们指出了摆脱自然状态的途径,为了保护自己和摆脱对死亡的恐惧,便产生了求取和平、结束战争状态的愿望,进而通过相互之间订立契约把自己的自然权利转让出来组成政府。"好像每一个人要对每一个人说:我放弃我管理自己的权利,把它授予这个人或这些人的会议,只要你也同样把你的权利授予他,并且认可他的一切行动。这样作了之后,如此联合在一个人格里的人群就叫做'国家'。"②社会契约就是个人之间达成的权利转让协议,国家是一群人联合在其中的一个人格。霍布斯的社会契约论开始从人性和理性出发解释国家的起源和本质,超越了长期流行的"君权神授"国家学说。

培根反对中世纪神学和经院哲学极力抬高神的地位而贬低人的价值的信仰主义、蒙昧主义观点,致力于研究并解释自然和人,探究人在自然(世界)中的地位和作用。他认为,人性研究应当成为一门独立的科学,并提出要建立人的哲学。他高度肯定人的价值,把人提到了与神同等地位的高度,指出:"让人们想一想在欧洲最文明的区域和新印度最野蛮的地方之间人们生活是怎样大不相同,他们就会感到'人是人的上帝'这句话乃是有道理的,不仅从人们所得到的帮助和福利来说是这样,从生活情况的比较说来也是这样。"③他认为,善的意义就在"利人","爱人的习惯我叫做'善',其天然的倾向则叫做'性善'。这在一切德性及精神的品格中是最伟大的;因为它是上帝底特性;并且如没有这种德性,人就成为一种忙碌的,为害的,卑贱不堪的东西,比一种虫豸好不了许多"④。"向善的倾向是在人性中印得很深的;怎样深法?就是如果这种倾向不发向人类,也要及于别的生物的。"⑤"世间不仅有一种受正道指挥的为善的习惯,并且在有些人,即在本性之中,也是有一种向善的心理趋向的,如同在另一方面是有一种天生的恶性一样。"⑥他还认为,"人作为

---

① 北京大学哲学系外国哲学史教研室编译:《西方哲学原著选读》上卷,商务印书馆1981年版,第397页。
② 同上,第401页。
③ 培根:《新工具》,商务印书馆1984年版,第103页。
④ 培根:《培根论说文集》,商务印书馆1983年版,第43页。
⑤ 同上,第43~44页。
⑥ 培根:《培根论说文集》,商务印书馆1983年版,第45页。

自然界的臣相和解释者"[1]，既必须尊重自然，服从自然，又不能消极地受自然的摆布，而要靠自己的能力去认识自然、利用自然，创造幸福生活。

伽桑狄继承了伊壁鸠鲁哲学的自由意志观点和幸福论，并适应近代个体主义兴起的时代精神，倡导人的自由意志。他认为，由于不仅存在必然性也存在偶然性，所以人不能由外部自然环境和条件任意摆布，而是应当通过自己的努力摆脱"命运"必然性的制约。人具有自由意志，因而人的行为以及他的生活状态取决于他自己，人可以通过自己的努力摆脱盲目的命运和必然性的支配，按照自己追求快乐的本性生活。他还对自由平等的含义进行了形而上学的论证，在社会观上主张"自然权利"观，认为国家只是一种建立在社会契约基础之上的分工。

笛卡儿将"我思故我在"当作他"所研求的哲学的第一条原理"[2]，以这一原理作为建构整个形而上学体系的根基。他认为，"我可以设想我没有身体，可以设想没有我所在的世界，也没有我所在的地点，但是我不能就此设想我不存在，相反地，正是从我想到怀疑一切其他事物的真实性这一点，可以非常明白、非常确定地推出：我是存在的"[3]。也就是说，我通过"思考"而意识到了自己的"存在"，因而我们不能怀疑的是"我们的怀疑"，即我们正在"怀疑"这件事时的"怀疑本身"，这就肯定了我们"怀疑"是真实的，进而推导出"我思故我在"，即我唯一可以确定的事情就是我自己在思想，从而我自己存在，因为我可以怀疑其他但不能怀疑我本身在思想。"我思故我在"命题虽然被指为主观唯心主义，但其积极的一面在于凸显了人的主体性和主观性，提升了人的自我意识。他还在此基础上进一步强调，人区别于其他动物的根本特征就是人有理性和良知，科学的目的在于造福人类，使人成为自然界的主人。

帕斯卡继承并发挥了蒙田的人性观和怀疑精神，对人的本性、社会历史和宗教信仰等做出了辩证的理解，既强调了人本身的价值，也认识到了人理

---

[1] 培根：《新工具》，商务印书馆1984年版，第7页。
[2] 北京大学哲学系外国哲学史教研室编译：《西方哲学原著选读》上卷，商务印书馆1981年版，第369页。
[3] 同上。

性的局限性。在他看来，人是普遍意义上的人，人最不可思议之处在于肉体居然能和精神结合在一起。理性的能力是有限的，而且还要受到肉体的纠缠和妨碍，因而人既伟大又可悲。人的理性是伟大的，"思想——人的全部的尊严就在于思想。因此，思想由于它的本性，就是一种可惊叹的、无与伦比的东西"①。人又是脆弱的，"人只不过是一根苇草，是自然界最脆弱的东西；但它是一根能思想的苇草。用不着整个宇宙都拿起武器来才能毁灭他；一口气、一滴水就足以致他于死命了"②。他认为，本能与理智的冲突，构成了人的存在，既造成了人的荣光，也带来了人的不幸。人既非天使，也非禽兽，而是两者兼而有之，"绝不可让人相信自己等于禽兽，也不可等于天使，也不可让他对这两者都忽视；而是应该让他同时知道这两者"③。他还认为，人总是追求着伟大、幸福、完美和光荣，但得到的却只是渺小、可悲、缺陷和鄙视，因而人既是天之骄子又不能过于自信。

斯宾诺莎认为，自我保存是人生而具有的不可剥夺的权利，"每个个体应竭力以保存其自身，不顾一切，只有自己，这是自然的最高的律法与权利，所以每个个体都有这样的最高的律法与权利，那就是，按照其天然的条件以生存与活动"④。他强调人的自由权，认为"自由比任何事物都为珍贵。我有鉴于此，欲证明容纳自由，不但于社会的治安没有妨碍，而且，若无此自由，则敬神之心无由而兴，社会治安也不巩固"⑤。他强调心灵的自由，认为"人的心是不可能由完全别一个人处治安排的，因为没有人会愿意或被迫把他的天赋的自由思考判断之权转让与人的"⑥。自由主要在于心灵的幸福，这是人的最高幸福。他认为，"最自由的国家是其法律建筑在理智之上，这样国中每一分子才能自由，如果他希求自由，就是说，完全听从理智的指导"⑦。这种法律建筑在理智之上的国家就是民主政体。他倡导超越资产、荣誉、感官快乐的真正的善，认为人只有放弃资产、荣誉、感官快乐，才能获得这种真正的善。

---

① 帕斯卡：《思想录》，商务印书馆1985年版，第164页。
② 同上，第157~158页。
③ 同上，第181页。
④ 斯宾诺莎：《神学政治论》，商务印书馆1963年版，第212页。
⑤ 同上，第12页。
⑥ 同上，第270页。
⑦ 同上，第218页。

"在通常的生活环境中,那些被人们公认(他们的行为可以证明)为最高的幸福的,归纳起来,大约不外三项:资产、荣誉、感官快乐。这三件东西萦绕人们的心思,使人们不能想到别的幸福。""当人心为感官快乐所奴役,直到安之若素,好像获得了真正的最高幸福时,人心就会陷溺在里面,因而不能想到别的东西。""如果我彻底下决心,放弃迷乱人心的资财、荣誉、肉体快乐这三种东西,则我所放弃的必定是真正的恶,而我所获得的必定是真正的善。"他还解释了"真正的善"的意义和"至善"不同于通常的善的性质,认为"所谓善与恶的概念只具有相对的意义;所以同一件事物,在不同的观点之下,可以叫做善,亦可以叫做恶,同样地,可以叫做圆满,也可以叫做不圆满。因为没有一件东西,就其本性看来,可以称为圆满或不圆满,特别是当我们明白万物的生成变化都遵循自然的永恒秩序和固定法则的时候"。"至善却是只要一经获得、一切具有这种品格的其他个人就都可以共同享受的东西。"[①]

洛克系统地阐述了对人的权利的理解,主张每个人都拥有自然赋予的权利,其责任就是保护这些权利,并且也要尊重其他人同等的权利。他认为"人类天生都是自由、平等和独立的,如不得本人同意,不能把任何人置于这种状态之外,使受制于另一个人的政治权利"[②]。他特别重视生命、自由、平等和财产等人权,认为这些权利是不能剥夺的。他认为,每一个人必须保存自己的生命,生命权是不可转让的,"因为一个人既然没有创造自己生命的能力,就不能用契约或通过同意把自己交由任何人奴役,或者置身于别人的绝对的、任意的权力之下,任其夺去生命。谁都不能把多于自己所有的权力给予他人;凡是不能剥夺自己生命的人,就不能把支配自己生命的权力给予别人"[③]。他还认为,自由是基本人权,"人有完全自由规定自己的行动,处理自己的财物和人身;不请求许可,也不依从任何旁人的意志"[④]。因而人不能随便放弃自己的自然自由,除非为了更重要的权利和自由。他强调人生而平等,"一切权利和管辖权都是相互的,没有一个人享有多于别人的权利。……同种和同等的人

---

① 北京大学哲学系外国哲学史教研室编译:《西方哲学原著选读》上卷,商务印书馆1981年版,第403~406页。
② 洛克:《政府论》下册,商务印书馆1964年版,第59页。
③ 同上,第17页。
④ 罗素:《西方哲学史》下卷,商务印书馆1976年版,第157页。

们既毫无差别地生来就享有自然的一切有利的条件,能够运用相同的身心能力,就应该人人平等"[1]。他特别重视财产权,认为"人们联合成为国家和置身于政府之下的重大的和主要的目的,是保护他们的财产"[2]。他还指出,人们遵循道德的原因是为了趋乐避苦、趋善避恶,因为遵守道德可以获得现实的幸福,每一个人都因遵守道德法规而得到好处,从而推荐这些法规。

维柯继承了欧洲古代和文艺复兴时期的文化研究成果,提出"关于各民族共同性的新科学",即"一门把人性史和人性哲学完全结合在一起的科学"。他认为,"人类本性有一个主要特点,这就是人的社会性"[3]。主张人们应当把自己结成社会而遵守人的社会性,去过正义的人道的生活,因为"这种社会生活方式才符合人类的真正的民政的本性"[4]。他认为诸民族都经历了神的时代、英雄时代和凡人时代,并认为人的自然本性"是有理智的,因而是谦恭的,和善的,讲理的,把良心、理性和责任感看成法律"[5]。与之相对应的法是人道的法,是受充分发达的人类理智来下判决的。与之相对应的政府是人道的政府,"在这种政府里由于人的特性在理智性的平等,在法律下面,人人都被看成平等的,因为人人在他们的城市里都生来就是自由的"[6]。在这种自由民主政体下实行的是人道的法学,"公民们掌握着公众利益的大权,公众利益是由公民们分享的"[7]。他在肯定各民族历史发展具有重复性的基础上,涉及了历史发展规律的问题,在事实上开启了近代的历史哲学研究。

休谟认为所有科学都以"人性"为对象,但各门具体科学只是研究"人性"的某一个方面,而他却试图从总体上来研究"人性",为此,他写作了《人性论》。他将研究人的理论称为"人性科学",不仅认为研究人性是可能的,而且认为人性科学可以达到极其精确的程度,因为"在人类的行动中,正像在太阳和气候的运行中一样,有一个一般的自然规程。有些性格是不同的民族和特殊的个人所特有的,正如有些性格是人类所共有的一样。我们关于这些

---

[1] 洛克:《政府论》下册,商务印书馆1964年版,第5页。
[2] 同上,第77页。
[3] 引自赵敦华《西方人学观念史》,北京出版社2005年版,第146页。
[4] 维柯:《新科学》上册,商务印书馆1989年版,第5页。
[5] 同上,第492页。
[6] 同上,第495~496页。
[7] 同上,第508页。

性格的知识是建立在我们对于由这些性格发出的各种行为的一致性所作的观察上面的;这种一致性就构成了必然性的本质"[1]。他特别肯定人性具有的一致性就是"同情心",并论述了"同情心"的自然发生过程及其活动的规律。他还在区分认识与价值的问题上做出了突出的贡献,创造性地提出了对"是"与"应当"关系以及对"事实"与"价值"关系的理解,对二者的含义做出了区分。他认为,"是什么"回答的是"事实"的问题,"应当如何"则回答的是"价值"的问题,因此,"是"与"应当"之间并没必然的联系,从前者不能推论出后者,从后者也不能推论出前者。他对"是"与"应当"进而"事实"与"价值"的区分,凸显了价值问题在"人性科学"中的特殊意义。

亚当·斯密试图寻找人类永恒不变的本性,并认为这一本性就是唯利是图、追求自己的利益,"毫无疑问,每个人生来和首先关心自己"[2]。因此,人本质上就是经济人,在现实生活中尤其是在经济活动中,总是以实现自己利益为目标,追求利益的最大化。他在《国富论》中不仅揭示了人在经济活动中追求利益最大化的行为特征或本性,更是指出了人追求私利对于人类社会生活的意义——"我们每天所需的食物和饮料,不是出自屠夫、酿酒家或烙面师的恩惠,而是出于他们自利的打算。我们不说唤起他们利他心的话,而说唤起他们利己心的话。我们不说自己有需要,而说对他们有利。"[3]他在《道德情操论》中指出,人具有社会性,"人只能存在于社会之中,天性使人适应他由以生长的那种环境。人类社会的所有成员,都处在一种需要互相帮助的状况之中,同时也面临相互之间的伤害"[4]。基于这些认识,他认为,通过个人自由竞争自发地调节社会经济活动是达到国富民强的关键,因此,最富有的国家就是最文明、最道德、最勤奋、最自由的国家,因为财富的增加会促进社会的自由、平等和幸福。他还指出了人类具有另一种天赋的本性,这就是同情心,它是人类最原始的一种情感特质,无论高洁的圣人还是卑劣的顽徒,每一个人都具备同情心,"人的天赋中总是明显地存在着这样一些本性,这些

---

[1] 休谟:《人性论》下册,商务印书馆1980年版,第440~441页。
[2] 亚当·斯密:《道德情操论》,商务印书馆1997年版,第101~102页。
[3] 亚当·斯密:《国民财富的性质和原因的研究》(下),商务印书馆1972年版,第27页。
[4] 亚当·斯密:《道德情操论》,商务印书馆1997年版,第105页。

本性使他关心别人的命运，把别人的幸福看成是自己的事情……这种本性就是怜悯或同情"①。他分析了同情心对于社会生活的意义，认为同情心是将人与人之间联系起来的纽带，制约着人们对个人财富和名声的过度追求，它具有目的性，旨在让人们之间获得情感上的满足，并在此基础上提高人与人之间对彼此的好感，引导和促进人与人之间的交流。人生存在社会中，要依赖他人的支持才能生存和发展，一旦失去这种支持，就无法生存下去，所以人为了获得他人的支持，必然会压抑自己的私心，使其下降到他人能够接受的程度，因而从本质上说，也就是为了获得他人的同情。

在18世纪的法国，启蒙学者以及唯物主义思想家继承并发展了文艺复兴时期人文主义以及近代人性论和人道主义者尊重人、倡导人性理性和自由的理念，在批判封建等级和专制制度，反对宗教蒙昧主义的基础上，对人性、人道、人权做出了充分的论证。他们关怀人、尊重人，赞扬人的价值，主张以人为中心的"自由""平等""博爱"，要求充分发展人的个性，从不同角度对人性、理性、平等、自由等人的本性和人的权利做出展开论述。

孟德斯鸠尖锐地批判了法国专制制度，斥责其为压抑人性和剥夺人权的"横暴的政制"，并对自由和民主做出多方面的论述。他充分肯定自由的价值，认为"美德的天然位置紧靠着自由，而并不靠近奴役"②。他特别关注政治自由并对之做出了清晰的界定，认为"政治自由并不在于想做什么就做什么。在一个国家里，也就是说，在一个有法律的社会中，自由只能在于能够去做应当想做的事，而不被迫去做不应当想做的事。……自由是做一切法律许可的事的权利；如果一个公民能够做法律所禁止的事情，那就不再有自由了，因为别的人也同样可以有这种权利"③。他认为公民的政治自由必须通过法律来保障，"一个公民的政治自由乃是一种精神上的安宁，这种安宁来自人人都感到安全；为了使人们享有这种自由，政府必须能使任何公民不必惧怕任何别的公民"④。他从自由推论出民主的必要性，进而提出了对自己理想中的政治

---

① 亚当·斯密：《道德情操论》，商务印书馆1997年版，第5页。
② 北京大学哲学系外国哲学史教研室编译：《十八世纪法国哲学》，商务印书馆1963年版，第36页。
③ 北京大学哲学系外国哲学史教研室编译：《十八世纪法国哲学》，商务印书馆1963年版，第39页。
④ 同上，第40页。

体制的理解,指出,从道理上说,既然在一个自由的国家中,一切被认为具有自由灵魂的人都应该自己统治自己,那就应该是全体人民拥有立法权。但是这在现实中的大国是行不通的,在小国也有许多不便,为此他提出了代议制,即人民选派代表去代替他们办一切他们不能亲自办理的事情。同样根据这个理由,他认为行政权也不应该由多数人行使,而应该操在一位君主手中,因为政府的行为几乎永远需要随机应变,因而由一个人比由多数人掌握更好。他提出了三权分立主张,认为司法权、立法权和行政权不分开会产生很大的危害,所以,三种权力必须分立,即"为了使人们不致滥用权力必须作出妥善安排,以权力牵制权力"[①]。

伏尔泰认为自然法符合人性,并基于自然法立场对封建专制和教会的统治进行了尖锐揭露和批判。他批判专制制度和基督教神义史观对人的理性的否定和压抑,推崇理性,认为理性是历史前进的动力,人依其理性认识自然,也依其理性改造社会,因而发扬理性就是推动历史,蒙蔽理性就是阻碍进步。他强调人与人之间地位的平等,认为"一切享有各种天然能力的人,显然都是平等的;当他们发挥各种动物机能的时候,以及运用他们的理智的时候,他们是平等的。……一切种类的一切动物彼此之间都是平等的"[②]。他认为,人具有抽象的、永恒不变的人性。一方面,人和动物一样具有自我保存及自我繁殖的本能;另一方面,人还有一种不同于且高于动物的本能,这就是怜悯同类即对同类的仁爱。他以对他人和社会有利或有害来区分善和恶,认为"在任何地方,美德与过恶,道德上的善与恶,都是对社会有利或有害的行为;在任何地点,在任何时代,为公益作出最大牺牲的人,都是人们称为最道德的人。善行无非是给我们带来好处的行为,罪行则是与我们敌对的行为。美德就是那些使人们高兴的事情的习惯,过恶就是做一些使人们不高兴的事情的习惯"[③]。他认为,国家和社会是适应人的本能出现的,其职能在于保障人性的实现和人的权利,特别是自由和平等权,因此,必须反对封建专制和特权,建立自由平等的资产阶级君主立宪制度。

[①] 北京大学哲学系外国哲学史教研室编译:《十八世纪法国哲学》,商务印书馆1963年版,第39页。
[②] 同上,第88页。
[③] 同上,第84页。

卢梭认为"人类各种知识中最有用而又最不完备的，就是关于人的知识"①。他特别关注人的研究，建议进行通过人来研究社会、通过社会来研究人的实验。他自己比较系统地研究了人性和人权等问题，认为每个人都生而平等，权利平等是出自人的天性。他特别关注人的生存权和自由权，认为生存权是人最基本的权利，自我保存是自然律的第一条，"人性的首要法则，是要维护自身的生存，人性的首要关怀，是对其自身所应有的关怀"②。"无论以任何代价抛弃生命和自由，都是既违反自然同时也违反理性的。"③他强调和坚持"自由"的价值，认为自由是人类主要的天然禀赋，是人的一切能力中最崇高的能力，是人不可转让的权利，"一个人抛弃了自由，便贬低了自己的存在，抛弃了生命，便完全消灭了自己的存在"④。放弃自己的自由就是放弃自己做人的资格，就是放弃人类的权利，这样一种弃权是不合人性的。他主张通过立法来保护人的权利，指出，如果我们探讨一切立法体系最终目的的全体最大的幸福究竟应当是什么，便会发现它可以归结为两个主要的目标，就是自由与平等。他认为人在本性上具有怜悯同类的自然的美德，"怜悯心"是人类最普遍也是最有益的一种美德，是人类其他美德的基础。他揭示了科技和艺术发展给社会发展和人的生存带来的负面效应以及社会进步与人的发展之间的悖论，认为人类进步并非一个理想的过程，科学、文化和生产的发展使人文明起来了，即带来了物质文明，却使人类没落了，即造成了道德和风俗的下降，"一切进步只是个人完美化方向上的表面的进步，而实际上它们引向人类的没落"⑤。他认为私有制的出现是人类不平等产生的根源，并从社会契约论出发，论述了人从自然状态下的个人到政治状态下的人民的转化，提出了主权、主权者、公意等重要概念，认为，一个理想的社会应当建立于人与人之间而非人与政府之间的契约关系之上。

拉·梅特里强调人的物质属性，对人做出了机械性的理解，认为人是机器："这是一台多么聪明的机器！因为即使唯有人才分享自然的法则，难道人

---

① 卢梭:《论人类不平等的起源和基础》，商务印书馆1962年版，第62页。
② 卢梭:《社会契约论》，商务印书馆1980年版，第9页。
③ 卢梭:《论人类不平等的起源和基础》，商务印书馆1962年版，第137页。
④ 卢梭:《社会契约论》，商务印书馆1980年版，第137页。
⑤ 卢梭:《论人类不平等的起源和基础》，商务印书馆1962年版，第120页。

因此就不是一台机器？比最完善的动物再多几个齿轮，再多几条弹簧，脑子和心脏的距离成比例地更接近一些，因此所接受的血液更充足一些，于是那个理性就产生了；难道还有什么别的不成？"[1]他认为，人高于其他一切动物是因为人是文化和教育的产物，"只有教育才能把我们从动物的水平拉上来，终于使我们高出于动物之上"[2]。他倡导快乐主义，认为快乐是人生的目的，"自然创造我们全体动物，目的是为了要我们快乐；是的，全体动物，从地上爬的虫子起，直到飞翔在太空的老鹰"[3]。

狄德罗以实现自由、平等为奋斗目标，致力于思想启蒙。他以"理性"为武器，反对封建特权制度和天主教会，从政治、法律、宗教、文学艺术各个方面对封建的国家制度、意识形态和宗教神学展开了严厉的批判和彻底的否定。他认为，人的本性是美好的，世界上的罪恶都是教育和有害的制度造成的，迷信、成见和愚昧无知是人类的大敌，主张一切制度和观点要在理性的法庭上重新接受审判。他宣扬平等、自由，认为人因为有理性而有自由，自由是人的基本权利，并坚持人与人之间地位的平等，"没有一个人从自然得到了支配别人的权利。自由是天赐的东西，每一个同类的个体，只要享有理性，就有享受自由的权利"[4]。他主张国家权力不是个人的财产而应当属于人民，"政权尽管为一个家族所继承，掌握在一个单独的人手中，却并不是一件个人的财产，而是一件公共的财产，因此它决不能离开人民，它在本质上只属于人民，仅仅为人民所固有。……并不是国家属于君主，而是君主属于国家"[5]。

爱尔维修基于感觉论提出了"自爱"理念，从人的感官机能出发论证人的本性，得出了人具有趋利避害、追求幸福即"自爱"本性的结论。他认为，人类的感官可以感受到快乐和痛苦，所以会趋利避害，追求快乐、逃避痛苦，这是人的行为的唯一的动机，也是人的本性，他将这种本性称为"自爱"[6]，并

---

[1] 北京大学哲学系外国哲学史教研室编译：《西方哲学原著选读》下卷，商务印书馆1982年版，第122页。
[2] 拉·梅特里：《人是机器》，商务印书馆1959年版，第40页。
[3] 同上，第46页。
[4] 北京大学哲学系外国哲学史教研室编译：《十八世纪法国哲学》，商务印书馆1963年版，第427页。
[5] 北京大学哲学系外国哲学史教研室编译：《十八世纪法国哲学》，商务印书馆1963年版，第429页。
[6] 同上，第503页。

认为自爱是人永恒不变的、普遍的本性。他从"自爱"本性出发推论出人应当"爱人",因为"公共幸福是所有的个人幸福组成的"[①],爱别人的目的就是自爱,爱邻人在每个人身上只不过是爱自己的结果。他提出"人是环境的产物"的论断,认为人的感情、才智、品行和气质禀赋等都是在环境中形成的。这里的"环境"主要是指社会环境,包括政治法律、社会风俗、道德文化等,其中他强调政治法律制度的重要性,认为法律决定着社会生活的状况,"假如制定了良好的法律,这些法律将会让公民们顺着他们要求个人幸福的倾向,把他们很自然地引导到公共幸福上去。造成各个民族的不幸的,并不是人们的卑劣、邪恶和不正,而是他们的法律不完善……法律造成一切"[②]。他从人是(社会)环境的产物推论出教育的重要性,进而提出教育万能的论断,认为"教育的力量的最有力的证明,是经常看到教育的不同与他们的不同的产物和结果有关"[③]。"如果一般说来,人们在一种自由的统治之下,是坦率的,忠诚的,勤奋的,人道的;在一种专制的统治之下,则是卑鄙的,欺诈的,恶劣的,没有天才也没有勇气的,那么,他们性格上的这种区别,乃是这两种不同的统治之下所受教育不同的结果。"[④]他从教育万能论出发,进一步推论出教育内容即"意见"对人的重要影响,断言"意见支配世界",认为政治法律制度的好坏取决于立法者的意见,因而杰出人物是历史的主宰者,"必须有天才,才能用好法律代替坏法律"[⑤]。

霍尔巴赫也从感觉论出发论述自爱是人的本性以及自爱与爱人的关系,并引出了人性本善的结论。他指出,人作为一个理性动物,一切行动都应当以自己和同类的幸福为目标,因为人自身的幸福与他人的幸福是密切相关的。他指出:"人为了自保,为了享受幸福,与一些具有与他同样的欲望、同样厌恶的人同住在社会中。因此道德学将向他指明,为了使自己幸福,就必须为自己的幸福所需要的别人的幸福而工作;它将向他证明,在所有的东西中,人最需要的东西乃是人。""企求幸福,就是爱那种与我们的存在符合一致、能

---

① 北京大学哲学系外国哲学史教研室编译:《十八世纪法国哲学》,商务印书馆1963年版,第527页。
② 同上,第537~538页。
③ 同上,第539页。
④ 同上,第539页。
⑤ 同上,第549页。

够保存它、能使我们的生存幸福的东西。所以人凭着本性，就不仅应当爱自己，而且还应当爱一切协助他取得幸福的东西；由此可见，人为了自己的利益，应当爱其他的人，因为他们是他的存在、他的保存、他的快乐所必需的。爱别人，就是爱那些使我们自己幸福的手段，就是要求他们生存，他们幸福，因为我们发现我们的幸福与此相联系。""真正的哲学应当以之为原则的，乃是对人们的爱，乃是愿意看到人们幸福的那种要求。"他认为，"利益是我们的唯一动力"，"人永远服从他的理解得正确的或不正确的利益，这是一条事实上的真理；无论人们不把它说出来还是把它说出来，人的行为永远会是一样的"①。他在此基础上还认为，社会和政府应当以满足人的需要为目的的，"人是有种种需要的；社会只是为使他便于得到满足这些需要的方法才形成的；政府应当以这个社会的幸福和维持为目的"②。他认为，所谓自由，就是指一个人可以在自己的身上找到支配他去行动的动因，或者他在做这些事情的时候意志不会遇到任何的阻碍。人是在不断进步的，"野蛮人就是一个毫无经验、不能为自己的幸福而工作的儿童。文明人就是通过经验和社会生活学会了自己的幸福而利用自然的人。开明的人就是已经达到成熟或完善地步的人。幸福的人就是善于享受自然的恩惠的人"③。

近代人性论和人道主义思想家对人性、人道和人权的肯定和主张，进一步提升了人的自我意识，促进了人的觉醒，为资产阶级革命和资本主义制度的确立做了舆论准备，对近代以来的人类社会进程产生了持续而深刻的影响。他们的理念在《独立宣言》《人权宣言》等政治法律文件中得到充分表达。这两个"宣言"将保障生命、自由、平等、财产、安全以及追求幸福的权利确立为资本主义价值观最基本的原则。这些政治诉求虽然体现了对人的关注，对改变封建等级和专制制度起到了推动作用，但从根本上说却仍然停留于马克思所说的"政治解放"，因而具有明显的历史和阶级局限性。

---

① 北京大学哲学系外国哲学史教研室编译：《十八世纪法国哲学》，商务印书馆1963年版，第536~656页。
② 霍尔巴赫：《自然的体系》下卷，商务印书馆1977年版，第209页。
③ 北京大学哲学系外国哲学史教研室编译：《十八世纪法国哲学》，商务印书馆1963年版，第571页。

五、康德目的论

近代人性论和人道主义对人性、人道和人权的肯定和主张主要是政治法律层面的，其实质是主张人的价值优先性，作为启蒙思想家的康德继承了这一主张，并在哲学层面对人的价值优先性做出了论证，体现了对人生存状态和意义的深刻理解和深度关怀。

康德致力于对人的思考，其中一个重要问题是人在世间万物中的地位，即人的价值与其他事物的价值的关系。他在此问题上继承了人道主义主张人的价值优先性的观点，提出了作为其历史哲学核心内容之一的目的论，确立了"人是目的"原则。

关于目的，康德认为："一个关于对象的概念在它同时包含着这个对象的现实性的基础时唤作目的。"[1]"充做意志自决所根据的客观理由的根据就是目的。"[2]在此理解的基础上，他论证了"人是目的"。他认为，大自然构成了一个复杂的目的结构，在这个结构中各个事物之间互为目的和手段，只有一种事物只能是其他事物的目的而不能作为其他事物的手段，即不再以其他事物为目的，这就是最高或者最后的目的，"一个最后的目的就是这样的一个目的，它的成为可能是不需要任何其他目的作为条件的"[3]。这个最后的目的就是人。他认为，人之所以能成为最后目的，是因为人只是目的而不应当是其他目的的条件。"在我们假定世界的东西，在其真正的存在看来都是有所依靠的，而作为这样的东西，它们就需要一个按照目的而行动的最高目的，这个时候，人就是创造的最后目的。因为没有人，一连串的一个从属一个的目的就没有其完全的根据。"[4]人是最后目的的理由主要有三点：其一，只有人才有理性，能借助于理性形成目的的概念，"人就是现世上创造的最终目的，因为人乃是世上唯一无二的存在者能够形成目的的概念，能够从一大堆有目的而

---

[1] 康德：《判断力批判》上卷，商务印书馆1964年版，第18页。
[2] 康德：《道德形而上学探本》，商务印书馆2012年版，第45页。
[3] 康德：《判断力批判》下卷，商务印书馆1964年版，第98页。
[4] 同上，第100页。

形成的东西,借助于他的理性,而构成目的的一个体系的"①。其二,只有人才有自由的意识和能力,"作为世上唯一拥有知性因而具有把他自己有意抉择的目的摆在自己面前的能力的存在者,他确是有资格做自然的主人的,而假使我们把自然看为一个目的论所说的体系,他就生成是他的最终目的的了"。"人乃是唯一的自然物,……在他里面又看到因果作用的规律和自由能够以之为其最高目的的东西,即世界的最高的善。"②其三,只有人是唯一适用于道德律的存在,"人只能作为一个道德的存在者才是创造的最后目的"。"只有在人里面,只有在作为道德律所适用的个体存在者这个人里面,我们才碰见关于目的的无条件立法,所以唯有这种无条件的立法行为是使人有资格来做整个自然在目的论上所从属的最后目的。"③

　　人是最后目的,因而在世间万物中具有最高的价值,无论什么人,无论在怎样的情况下,都不应把自己和他人仅仅视为工具,而应该永远看作自身就是目的。"你须要这样行为,做到无论是你自己或别的什么人,你始终把人当目的,总不把他只当做工具。""你的行动,要把你自己人身中的人性,和其他人身中的人性,在任何时候都同样看作是目的,永远不能只看作是手段。"④康德的目的论在人道主义的基础上对人的价值优先性做出了更为透彻的哲学层面的肯定,具有重要的人学意义。

　　康德还从目的论角度对历史发展机制做出了理解,提出并论证了对抗是社会进步和人的发展手段的观点。他认为,对抗对人的发展的积极意义在于促进人的发展和社会的进步,因为它在人们之间造成阻力,"正是这种阻力才唤起了人类的全部能力,推动着他去克服自己的懒惰倾向,……于是人类全部的才智就逐渐地发展起来了"⑤。人的发展"犹如森林里的树木,正是由于每一株都力求攫取别的树木的空气和阳光,于是就迫使得彼此双方都要超越对方去寻求,并获得美丽挺直的姿态那样;反之,那些在自由的状态之中彼此

---

① 康德:《判断力批判》下卷,商务印书馆1964年版,第89页。
② 同上,第94、100页。
③ 同上,第100、101页。
④ 康德:《道德形而上学探本》,商务印书馆2012年版,第46、48页。
⑤ 康德:《历史理性批判文集》,商务印书馆1990年版,第7页。

隔离而任意在滋蔓着自己枝叶的树木，便会生长得残缺、佝偻而又弯曲"①。对抗的作用是引起竞争，唤醒和激发人的能力，既促进对自然和社会的改造，又锻炼人的才智并发挥他们的禀赋。没有对抗，人类的全部才智就会在一种完满和睦、安逸与互敬互爱的牧歌式生活中，永远被埋没在他们的胚胎里。他认为，自私充当了砥砺道德的磨石，恶的本性是历史发展的动力，人的利己本性和不满足心理推动人的创造活动和社会进步。他指出，虽然恶在道义上是不足取的，但对社会发展却可资利用，例如大自然就往往通过人的自私自利，通过人们对商业利益的追求而促进和平，因此，恶的本性及其引起的人类的不平等"是那么多的坏事的，但同时却又是一切好事的丰富的泉源"②。

在人的价值中，康德特别肯定自由的价值。他认为，与在一切事物都是被决定的自然领域不同，在实践领域中人的意志是自由的，不为外在的东西所决定，因而真正的自由是指人在实践中不受任何外界因素的约束以及超越自己的本能而按自己的意志行为。他认为，自由使人成为自己生活的目的，使自己能够自主、自觉地行善，自由是道德行为的先决条件，只有自由、自主、自觉的行为才具有道德价值。道德判断和行为应当且仅仅应当以理性为基础，而不应当受到个人情感的影响。他指出，有两样东西使人的心灵充满常新而日益增长的惊赞和敬畏：头上的星空和心中的道德法则。关于内心的道德法则，他提出了"绝对命令"，即"只照你能够立志要它成为普遍规律的那个格准去行为"③以及"我们行为的主观原则（即格准）必须始终具有做客观的或普遍的原则的效力；并且可以作为是我们自己制定的普遍律"④。认为这是"可加以普遍化"的道德规律和最高行为原则。他提出了"至善"概念，认为"每一个有理性的有限的存在者，能够在上述的规律之下树立一个最后目的所必须具有的主观条件，就是幸福。结果就是，世界上最高可能的物理的善，而又是就处在我们里面作为最后目的来推进物理的善，就是幸福"⑤。至善就是"最高的善"和"完整的善"，是德性与幸福的统一，而求得幸福，必

---

① 康德:《历史理性批判文集》，商务印书馆1990年版，第8页。
② 同上，第9页。
③ 康德:《道德形而上学探本》，商务印书馆2012年版，第38页。
④ 同上，第68页。
⑤ 康德:《判断力批判》下卷，商务印书馆1964年版，第119页。

然是每一个理性的然而却有限的存在者的热望，因而也是他欲求能力的一个不可避免的决定根据。康德的道德学说和自由意志理念，其作为普遍道德规律和最高行为原则的绝对命令，以及历史发展的动力是人性中恶的本质、自私充当了砥砺道德的磨石的观点颇具特色和启发性，对之后的道德观和历史观都产生了深远的影响。

六、黑格尔意志自由论

费希特和谢林是康德到黑格尔之间的过渡人物。费希特在康德社会历史研究的基础上更加关注人们之间的社会历史关系，推动了哲学的"历史性转向"。他提出了对人的理解，肯定人的需求，提出了发挥人的天资的思想，认为"人具有各种意向和天资，而每个人的使命就是尽可能地发挥自己的天资"[①]。"若要担保人的全部天资得到同等的发展，首先就要有关于人的全部天资的知识，要有关于人的全部意向和需求的科学，要对人的整个本质有一个全面的估量。"[②]为此就应当研究人。他认为："人的生存目的，就在于道德的日益自我完善，就在于把自己周围的一切弄得合乎感性；如果从社会方面来看人，人的生存目的还在于把人周围的一切弄得更合乎道德，从而使人本身日益幸福。"[③]他继承了康德关于"虚荣心、权利欲或贪婪心"锻炼人的才智并发挥他们的禀赋，驱使人改造自然和社会的思想，认为需求并不是罪恶的根源，需求是促使人勤劳做事、涵养德行的动力，懒惰才是一切罪恶的根源。他肯定意志自由，认为"只有这样一种人才是自由的，这种人愿意使自己周围的一切都获得自由，而且通过某种影响，也真正使周围的一切都获得了自由，尽管这种影响的起因人们并不总是觉察到的"[④]。他指出了人的自由的界限及其与其义务之间的内在关联，认为意志自由并不等于为所欲为，而是与义务结合着的，因此，人必须进行自我修养，在努力完成自我实现的过程中，

[①] **费希特**：《论学者的使命 人的使命》，商务印书馆1984年版，第37页。
[②] 同上，第38页。
[③] **费希特**：《论学者的使命 人的使命》，商务印书馆1984年版，第12页。
[④] 同上，第21页。

坚定不移地提高自身的修养。他还指出，人具有社会性，人的生活和行为要在社会中来进行，"人注定就是为社会的"①，"他应该过社会生活；如果他与世隔绝，离群索居，他就不是一个完整的、完善的人，而且会自相矛盾"②。"社会的每一个体都应当根据自由选择，根据他认为最充足的信念去行动；他在自己的每一个行动中都应当把自己当作目标，也应当被社会的每个成员看作这样的目标。"③谢林也提出了对幸福的理解，他认为："只有放弃一切，同时又被一切所遗弃的人，只有那些对一切都漠然置之，只看到自己与无限生活在一起的人，才能真正找到自身的根源，才能有幸窥视生活的全部底蕴。"④他提出了对自由的理解，认为自由在于有意识，"与自由相反的东西一定是无意识，而不是别的什么东西。内在于我的无意识的东西就是不由自主；而有意识的东西则是通过人的意愿内在于我的，必然就在自由中"⑤。"人在任何时候都按照自己的样子来塑造他的上帝，同时又按照他的上帝的样子来塑造他自己"⑥，强调了人的主体性。

黑格尔继承了康德的目的论以及康德、费希特、谢林对理性和自由的肯定，并做出了新的阐释。他指出，人之所以在价值上优先于其他事物，就在于人具有"理性"和"自由"，"'思想'确是人类必不可少的一种东西，人类之所以异于禽兽者以此。所有在感觉、知识和认识方面，在我们的本能和意志方面，只要是属于人类的，都含有一种'思想'"⑦。"'精神'的实体或者'本质'就是'自由'……'自由'是精神的唯一真理"⑧，"'精神'——人之所以为人的本质——是自由的"⑨。"个性，就是'我'，就是正式的自由，这种自由只属于'精神'。"⑩精神自由的核心是意志自由，意志的本质就是自由，

---

① 费希特:《论学者的使命人的使命》，商务印书馆1984年版，第20页。
② 同上，第18页。
③ 费希特:《论学者的使命人的使命》，商务印书馆1984年版，第44页。
④ 威廉·魏施德:《通向哲学的后楼梯：34位哲学家的思想和生平》，民主与建设出版社2018年版，第211页。
⑤ 卡尔·洛维特:《雅各布·布克哈特》，商务印书馆2013年版，第32页。
⑥ 谢林:《世界时代》，商务印书馆1984年版，第65页。
⑦ 黑格尔:《历史哲学》，上海书店出版社2001年版，第8页。
⑧ 同上，第17页。
⑨ 同上，第18页。
⑩ 同上，第26页。

"自由是意志的根本规定……说到自由和意志也是一样，因为自由的东西就是意志。意志而没有自由，只是一句空话；同时，自由只有作为意志，作为主体，才是现实的"[1]。他认为，意志自由是人之为人的根据，是一切"权利和义务"的基础，"当意志并不欲望任何另外的、外在的、陌生的东西（因为当它这样欲望的时候，它是依赖的），而只欲望它自己的时候——欲望那意志的时候，'意志'才是自由的。绝对的'意志'就是欲望成为自由的意志。自己欲望自己的'意志'，乃是一切'权利和义务'的基础——因此，也就是一切制定的'权利'、命令和连带的义务的基础。'意志'本身的'自由'，它是一切'权利'的原则和实体的基础——它自身是绝对的、在自己为自己的、永恒的'权利'，在和其他各种专门的权利相比较的时候是'最高的权利'；靠了这种最高的权利，'人类'成为'人类'，所以它是'精神'的基本的原则"[2]。他论述了自由的社会性和历史性，指出人只有在社会生活中，只有服从法律，才有意志自由，因为"当我们说人类'天性上是自由的'的时候，这话包括他的使命，而且还有他的生存方式"[3]。他认为，世界的终极目标就是精神对于自由的意识，并从不同的角度阐述了自由意志的内涵以及自由意志与法的关系、自由意志在社会中的发展。

他充分肯定自由对于人的意义，认为由于人具有理性和自由，所以在价值上高于所有他物，从而人只能被视为目的而不是手段，"当我们说到手段时，我们所发生的第一个观念，就是手段是在目的以外的东西，不是目的的一部分。……人类可不是如此，就上述'目的'的真实内容来说，他们便是他们的生存的目的。他们具有不属于单纯的工具或手段范畴内的那些东西，如像道德、伦常、宗教虔敬。这样说来，人类自身具有目的，就是因为他自身中具有'神圣'的东西，——那便是我们从开始便称做'理性'的东西。又从它的活动和自决的力量，称做'自由'"[4]。

他强调人的活动具有创造的本质，认为人与动物的根本区别在于劳动，

---

[1] 黑格尔：《法哲学原理》，商务印书馆1961年版，第11~12页。
[2] 黑格尔：《历史哲学》，上海书店出版社2001年版，第437页。
[3] 同上，第41页。
[4] 同上，第33~34页。

人正是通过劳动才克服了主观世界与客观世界的分离,将自然界变成自己发展的手段。马克思为此曾肯定他"抓住了劳动的本质,把对象性的人、现实的因而是真正的人理解为人自己的劳动的结果"[①]。即认为人类正是通过劳动将自己的本质力量对象化,从而使自身的本质力量得以确证,虽然"黑格尔唯一知道并承认的劳动是抽象的精神的劳动"[②]。黑格尔还进一步发展了康德关于历史发展的动力是人性中恶的本质的观点,主张"恶是历史发展的动力的表现形式"[③],认为"人性本恶这一基督教的教义,比其他教义说人性本善要高明些"[④]。这一论述表达了社会评价中历史尺度高于价值尺度的看法,进一步强化了社会评价历史维度的地位,其看法受到了恩格斯的肯定。

七、空想社会主义学说

空想社会主义者揭示了资本主义萌芽和发展时期造成的社会弊病,提出了以消灭私有制、实现生产资料公有为特征的社会理想,初步提出了实现人的解放以及人的发展的价值诉求。虽然空想社会主义学说未能建立在科学的社会历史观的基础之上而具有空想的性质,但其价值取向却超越了资产阶级思想家而开了社会主义价值观的先河,因而具有一定的合理性。

空想社会主义先驱者托马斯·莫尔在《乌托邦》中提出了以消灭私有制为特征的乌托邦理想。他认为:"如不彻底废除私有制,产品不可能公平分配,人类不可能获得幸福,私有制存在一天,人类中绝大的一部分也是最优秀的一部分将始终背上沉重而甩不掉的贫困灾难的担子。"[⑤]他还针对私有制反其道而行之,描绘了以经济公有、政治民主、秩序公正、和谐共富、行善修德、幸福为本为特征的国家制度,认为在这个国家制度中,最核心的特征就是财产公有,没有阶级差别,即"任何地方都没有一样东西是私产"[⑥],"商

[①] 《马克思恩格斯文集》第1卷,人民出版社2009年版,第205页。
[②] 同上。
[③] 《马克思恩格斯选集》第4卷,人民出版社2012年版,第244页。
[④] 黑格尔:《法哲学原理》,商务印书馆1961年版,第28~29页。
[⑤] 托马斯·莫尔:《乌托邦》,商务印书馆1982年版,第44页。
[⑥] 同上,第53页。

品又是在全部居民中均匀分配,任何人不至于变成穷人或乞丐"[1]。他还指出,乌托邦中的人对生活质量的要求非常高,特别重视精神生活,追求精神的欢娱,他们"特别不肯放过精神的快乐,以其为一切快乐中的第一位的、最重要的"[2]。为了满足人们的精神生活需要,"乌托邦宪法规定,在公共需要不受损害的范围内,所有公民应该除了从事体力劳动,还有尽可能充裕的时间用于精神上的自由及开拓,他们认为这才是人生的快乐"[3]。莫尔关于重视和发展精神生活的论述,前瞻性地指出了在未来理想社会中人的发展的主要领域和方向。

德国农民战争领导人托马斯·闵采尔极力倡导平均的共产主义理念,提出了被恩格斯认为接近于共产主义的政治纲领,并利用宗教改革的形式传播自己的主张。他非常不满人文主义者对劳动人民的冷漠,把贵族称为"吸血鬼",宣称没有贫富差别的"千年王国"即将到来,在这个上帝亲自治理的国度里,没有阶级差别,没有私有财产,没有欺诈与压迫。他试图以暴力推翻封建专制制度,建立一个没有私有财产从而没有阶级差别、没有剥削的社会。

近代空想社会主义的另一位先驱托马斯·康帕内拉在《太阳城》中主张财产公有,指出:"太阳城的居民却在一切公有的基础上采用这种制度。一切产品和财富都由公职人员来进行分配;而且,因为大家都能掌握知识,享有荣誉和过幸福生活,所以谁也不会把任何东西攫为己有。"[4]他提出了在公有制基础上实行按需分配的观点,认为太阳城的居民"很少关心日用品和食品,因为每个人都可以得到他所需要的一切,他们所关心的只是如何光荣地获得奖品"[5]。他还预测了在理想社会中人们活动的情景:"在太阳城里,一切公职、艺术工作、劳动和工作,却是分配给大家来承担的,而且每人每天只做不超过四小时的工作;其余的时间都用来愉快地研究各种科学、开座谈会、阅读、讲故事、写信、散步以及从事发展脑力和体力的活动,而且大家都乐意从事

---

[1] 托马斯·莫尔:《乌托邦》,商务印书馆1982年版,第66页。
[2] 同上,第80页。
[3] 同上,第60页。
[4] 康帕内拉:《太阳城》,商务印书馆1980年版,第10页。
[5] 同上,第23页。

这一切活动。只是不准许玩骨牌、掷骰子和下棋以及其他静止不动的赌博游戏；打球、棒球、套环、摔跤、射箭、射击和标枪等是准许的。"①指出了自由活动是理想社会人的生存状态的主要特征，并在事实上提出了"自由时间"是人自由发展条件的思想。

18世纪法国空想社会主义思想家摩莱里从人的需求出发论证了人们社会结合并实现平等的必要性，认为人天生具有需求并具有满足需求的能力。然而，人的需求和满足需求的能力却是不平衡的，能力总是稍落后于他的需求，"自然界英明得使我们的需求和我们力量的增长相符合；再者，在我们其余整个生活确定需求数额的时候，它使这些需求总是稍微超过我们能力的限度"②。人的能力稍落后于需求，是需求的无限性和满足需求的客观条件在一定历史条件下的有限性之间矛盾的体现，正是这一矛盾构成了社会发展的动因，人类社会就是在不断满足新的需求过程中进步的。他认为，需求和能力的矛盾促使人们自觉地联合起来，结成各种社会联合体，以共同活动满足单靠个人能力不能满足的需求，因为联合比单个人的劳动可以提高满足需求的能力。因此，需求是构成人类社会关系的基础，它促使人们联合起来结成社会。他认为"人被自身的需求逐步唤醒，这种需求使他关心自我保全"③。因此，道德的真正基础是自爱，"就是以简易而无害的方法来维护自己生存的持久的愿望"④。他还从需求的平等出发论证了人们权利的平等，认为，人都有相同的需求，都应该得到满足，因而人的社会地位和权利应当是平等的，所有人都应当共同劳动，共同使用土地资源，共同享受劳动产品，自然界正是"通过人们感觉和需要的共同性，使他们了解自己地位和权利的平等，了解共同劳动的必要性"⑤。他指出，上帝为了不影响人们之间的团结，把土地交给全人类共同占有，其中所有人都有权利平等地享受土地的果实，因此，世界是一张足供所有共餐者享用的餐桌，"桌上的菜肴，有时属于一切人，因为大家都饥饿，有时只属于某些人，因为其余的人已经吃饱了。因而，任何人都不是世

---

① 康帕内拉：《太阳城》，商务印书馆1980年版，第24页。
② 摩莱里：《自然法典》，商务印书馆1982年版，第21页。
③ 同上。
④ 摩莱里：《自然法典》，商务印书馆1982年版，第19页。
⑤ 摩莱里：《自然法典》，译林出版社2011年版，第10页。

界的绝对主宰者，谁也没有权利要求这样做"①。他认为私有制的产生是社会混乱和罪恶的根本原因，人类的黄金时代是原始氏族公社，为此应当实行财产平均的共产主义制度。

18世纪另一位空想社会主义思想家马布利认为，私有制是人类一切不幸的根源，以私有制为基础的社会既不符合理性也不符合自然秩序。因此，他提出必须将以私有制为基础的社会改造为"人人平等，人人是兄弟"的没有贫富差别的理想社会。他认为劳动是光荣的事业，人们的需求越小，幸福越多，因而赞同禁欲主义的、斯巴达式的共产主义，反对人们对改善物质生活的欲望和要求，主张实行平均主义，通过立法改革现行税制和土地制度，限制消费和生产，限制人们的邪恶欲念，防止财产集中，建立任何东西不得据为己有为根本原则的法律，并提出了向未来共产主义理想社会过渡的立法改革方案。

由于人的发展受到社会经济条件的制约，是一个历史的过程，因而在经济不发达的人类早期，既没有人的发展条件也没有人的发展要求。当社会进入资本主义时期后，一方面，劳动者创造出大量剩余产品，使越来越多的人得以从体力劳动中解脱出来，去从事科学、艺术、文化和其他社会活动；另一方面，劳动者逐渐成为资本和机器的附属品，造成了人的片面发展和畸形化，这一社会条件的变化既提出了消除人的发展障碍的必要性，也为人的发展创造了基本的物质条件。正是在这一背景下，18世纪末19世纪初，圣西门、傅立叶和欧文三大空想家尖锐地揭露了资本主义剥削制度对人的压制和摧残，并在深入批判资本主义制度的基础上，对未来理想社会进行了预测和描述，提出了比较系统的空想社会主义理论，其中"为一切社会成员创造最广泛的可能来发展他们的全部才能"②的诉求，初步表达了在未来实现人的发展的理想。

三大空想家继承了近代空想社会主义理念，对资本主义私有制进行了尖锐的批判，提出了经济状况是政治制度的基础的观点，并运用于分析历史和现实问题，揭露了资本主义社会的剥削本质及其弊端和罪恶，得出了私有制

---

① 摩莱里：《自然法典》，译林出版社2011年版，第10页。
② 《圣西门选集》（下卷），商务印书馆1962年版，第268页。

产生阶级和阶级剥削的看法。圣西门揭露了造成工人贫困从而物质生活和精神生活十分悲惨的原因：一是统治者对人民征收沉重的苛捐杂税，二是资本主义社会生产处于无政府状态，这种无政府状态是一切灾难中最深重的灾难。傅立叶揭露了资本主义社会在物质上和道德上的贫困，谴责资本主义雇佣劳动制度是"恢复奴隶制度"，资本主义工厂是"温和的监狱"，认为"这种文明制度使野蛮时代每一以简单方式犯下的罪恶，都采取了复杂的、暧昧的、两面的、虚伪的存在形式"①。欧文认为私有制是万恶之源，揭示了资本主义私有制的罪恶，指出资本主义生产的目的是增加资本家的利润，从而导致财富集中在少数人手中，而大多数人都沦为"工资制度的奴隶"。他还指出，私有制是阶级之间纷争的根源，是社会发展的障碍。"在他看来，阻碍社会改革的首先有三大障碍：私有制、宗教和现在的婚姻形式。"②为此，他主张改变私有制，实行财产公有制。

　　三大空想家预测了未来社会的基本特征，提出了对人的理想生存状态的理解。傅立叶提出要建立有组织的生产、消费协作社即"法郎吉"。在"法郎吉"这个不同于资本主义社会生产无政府状态的和谐的制度中，应当彻底根除生产的无政府状态，有计划地组织生产。他主张消灭分工，并提出了相关的方案，即人们进行分班工作，各个班每天轮流交换工种，使每个人一天可以做很多种工作。他还指出，"协作教育的目的在于实现体力和智力的全面发展，使人们把全部精力，甚至于娱乐都用在生产劳动上"③。他提出妇女的解放程度是衡量社会普遍解放程度的天然尺度。欧文主张实行公有制并建立理性的社会制度即新的劳动公社制，提出要消灭脑力与体力劳动的分工、消灭城乡差别，组建"农、工、商、学结合起来的大家庭"——"城市花园"，认为这个大家庭生产的目的是满足全体成员的物质生活和文化生活需要，在这个大家庭中要实行平等的劳动义务和平等地取得产品的权利。圣西门最早提出了"全面发展的人"的理想。他指出，"我终生的全部劳动的目的，就是为

---

① 《马克思恩格斯选集》第3卷，人民出版社2012年版，第784页。
② 同上，第787页。
③ 《傅立叶选集》第二卷，商务印书馆1981年版，第2页。

一切社会成员创造最广泛的可能来发展他们的全部才能"①。他提出以"实业制度"这种新社会制度代替资本主义制度。在这个新制度中消除人对人的统治和压迫,把为人数最众多的阶级谋福利作为首要的原则。他设想在未来的新社会中实行计划经济和绝对平等,人人都要劳动,收入与贡献成正比,没有人游手好闲、不劳而获。他认为,社会的唯一目的是尽可能地运用科学、艺术和手工业的知识来满足人们,特别是最贫穷阶级的物质生活和精神生活需要,把满足人们的需要当作新社会唯一的、不变的目的。

由于社会历史条件和阶级立场的限制,空想社会主义者未能对历史发展规律做出科学的认识,没有真正揭示资本主义剥削的秘密,未找到实现社会主义理想的现实道路。他们对资本主义制度的批判以及对未来社会的设计,仍然局限于人道主义的诉求而只能陷于乌托邦式的空想。但应当肯定的是,他们在资本主义制度建立之初就洞察到其诸多弊病,并基于对受苦受难劳动群众的同情,揭露了资本主义的种种罪恶,初步提出了社会主义的价值取向。正如恩格斯所说,空想社会主义者"他们的王国和启蒙学者的王国是有天壤之别的。按照这些启蒙学者的原则建立起来的资产阶级世界也是不合理性的和非正义的,所以也应该像封建制度和一切更早的社会制度一样被抛到垃圾堆里去"②。他们不满资产阶级世界之"不合理性和非正义"之处,就是资产阶级试图在肯定私有制的基础上建立理想王国,而他们则提出了人的经济解放即消灭私有制的要求,提出了消除实现人的发展现实障碍的要求。虽然他们在消灭私有制问题上仍有不彻底的地方,但并不能因此否定其中存在积极的因素,因而正如恩格斯所指出的:"虽然这三个人的学说含有十分虚幻和空想的性质,但他们终究是属于一切时代最伟大的智士之列的,他们天才地预示了我们现在已经科学地证明了其正确性的无数真理。"③概言之,空想社会主义超越了资本主义的价值取向,为科学社会主义理论以及人的发展理论的创立提供了借鉴。

---

① 《圣西门选集》(下卷),商务印书馆1962年版,第268页。
② 《马克思恩格斯选集》第3卷,人民出版社2012年版,第393页。
③ 同上,第37页。

八、费尔巴哈人本主义

费尔巴哈反对黑格尔以绝对观念等思想客体作为哲学研究的对象,"想要研究跟思想客体确实不同的感性客体"[①]。他通过批判黑格尔思辨唯心主义而将哲学研究的对象转向了自然和人。正如他自己所说:"我的第一个思想是上帝,第二个是理性,第三个也是最后一个是人。"[②] "我的学说或观点可以用两个词来概括,这就是自然界和人。"[③] 在自然观上,他坚持唯物主义基本立场,承认人是自然的产物,承认物质第一性,意识第二性,"我并不是由思想产生出对象,正相反,是由对象产生出思想;只是,这里的对象,专指在人脑以外存在着的东西"[④]。"这种哲学,是从思想之对立物,即从物质、实质、感觉中产生出思想。"[⑤] 其唯物主义被恩格斯概述为"我们自己所属的物质的、可以感知的世界,是唯一现实的;而我们的意识和思维,不论它看起来是多么超感觉,总是物质的、肉体的器官即人脑的产物。物质不是精神的产物,而精神本身只是物质的最高产物"[⑥]。

费尔巴哈哲学最有代表性的是人本主义,即关于人的学说。该学说虽然以抽象人性论为基础,对社会历史问题做出了唯心的解释,但在价值取向上旨在把人提高到第一位,当作整个哲学的出发点和立足点,以消除人与宗教(上帝)的异化,使人从神学家变为人学家,从爱神者变为爱人者,提升人的地位,肯定人性和人的价值。

费尔巴哈人本主义从批判传统宗教入手。他反对基督教关于人的本质基于上帝的本质的观点,认为上帝是人们按照自己的本质幻想出来的,上帝的本质是人的本质的对象化。指出,"人的绝对本质,上帝,其实就是他自己的本质"[⑦],"人之对象,不外就是他的成为对象的本质。人怎样思维、怎样主张,

---

① 《马克思恩格斯选集》第1卷,人民出版社2012年版,第133页。
② 《费尔巴哈哲学著作选集》上卷,商务印书馆1984年版,第247页。
③ 《费尔巴哈哲学著作选集》上卷,生活·读书·新知三联书店1959年版,第75页。
④ 费尔巴哈:《基督教的本质》,商务印书馆1984年版,第13页。
⑤ 同上,第15页。
⑥ 《马克思恩格斯选集》第4卷,人民出版社2012年版,第234页。
⑦ 费尔巴哈:《基督教的本质》,商务印书馆1984年版,第34页。

他的上帝也就怎样思维和主张；人有多大的价值，他的上帝就也有这么大的价值，决不会再多一些。上帝之意识，就是人之自我意识；上帝之认识，就是人之自我认识。你可以从人的上帝认识人，反过来，也可以从人认识人的上帝；两者都是一样的。人认为上帝的，其实就是他自己的精神、灵魂，而人的精神、灵魂、心，其实就是他的上帝：上帝是人之公开的内心，是人之坦白的自我；宗教是人的隐秘的宝藏的庄严揭幕，是人最内在的思想的自白，是对自己的爱情秘密的公开供认"①。他由此认为，不是神创造了人，而是人创造了神，人对上帝的崇拜，实际上是对人的本质的崇拜。他反对以上帝为崇拜对象的传统宗教，致力于把神的本质还原为人的本质，把天国生活还原为现实生活，但并不希望废除宗教，而是希望使宗教完善化，建立以人为崇拜对象的"爱"的宗教。他将上帝的本质还原为人的本质，提出了关于人的本质（人性）的理解，认为所有人都具有的共同的本质就是理性、爱和情感，"人的本质究竟是什么呢？或者，在人里面形成类，即形成本来的人性的东西究竟是什么呢？就是理性、意志、心。一个完善的人，必定具备思维力、意志力和心力。思维力是认识之光，意志力是品性之能量，心力是爱。理性、爱、意志力，这就是完善性，这就是最高的力，这就是作为人的人底绝对本质，就是人生存的目的"②。将人的本质（本性）归结为理性、意志和心。

费尔巴哈在道德领域宣扬抽象的爱，提出了以爱为首要和最高原则的道德观。他指出："意识是自我确证、自我肯定、自爱，是因了自己的完善性而感到的喜悦。……每一个存在者都爱自己，爱自己的存在，并且，也理应爱自己的存在。"③"充满感情的人，怎能对抗感情呢？充满着爱的人，怎能对抗爱呢？"④"我们应当为了人的缘故而爱人。人之所以是爱之对象，乃是由于他是自我目的，是一个够资格具有理性和爱的存在者。"⑤"对人的爱，决不可能是派生的爱；它必须成为原本的爱。只有这样，爱才成为一种真正的、神圣的、可靠的威力。如果人的本质就是人所认为的至高本质，那么，在实践上，

---

① 费尔巴哈：《基督教的本质》，商务印书馆1984年版，第42~43页。
② 同上，第30~31页。
③ 同上，第35页。
④ 同上，第31页。
⑤ 同上，第347页。

最高的和首要的基则,也必须是人对人的爱。(对人来说,人就是上帝)——这就是至高无上的实践原则,就是世界史的枢轴。"①

费尔巴哈致力于对人性即人的类本质的探索,在抽象出人的共同本质即人性的基础上,提出了"类"和"类本质"的概念,用以指称人并将人区别于他物。"明确使用'类'的概念,从类的观点去理解人的性质的,是费尔巴哈。……在费尔巴哈看来,类是对'个体独立性的扬弃',人只有在类中才能'成为人'。"②他提出了人的本质力量对象化的观点,认为人要在对象性活动中确认自我,"没有了对象,人就成了无。伟大的模范人物,即向我们显示了人的本质的那些人,都用他们自己的生活确证了这个命题"③。"所以,人由对象而意识到自己:对于对象的意识,就是人的自我意识。你由对象而认识人;人的本质在对象中显现出来:对象是他的公开的本质,是他的真正的、客观的'我'。"④"那使一个存在者成为它所是的,正就是它自己的才具、能力、财富、装饰。……生产性的本质力,作为至高的东西生产出来的,它的趣味、判断力也得确认其为至高的。"⑤

费尔巴哈人本主义虽然陷入了抽象人性论和唯心史观,但相对于同时代的哲学,特别是黑格尔的思辨唯心主义哲学,也有一些显著的优点:他将哲学研究的对象转向自然和人,特别关注人,肯定人性和人的价值,肯定人的价值优先性,把人当作整个哲学的出发点和立足点,抬高人的地位。他提出的"类本质"概念标志着人的自我意识程度的提升。他提出人的本质力量对象化的观点,为关于人的研究开启了新的路径。他在道德观上提倡爱人,主张每一个人都应当爱自己,将对人的爱作为首要的、至高无上的实践原则,并将对人的爱作为理论和实践原则,是对人道主义重视人的优秀价值取向的继承和发扬,亦是对资本主义社会人们悲惨遭遇的一种间接的抗议,虽然这种抗议是软弱无力的,但却具有质疑资本主义社会现状的积极意义。还应当看到,人本主义与唯物主义在费尔巴哈那里并不是完全隔绝的,他的人本主

---

① 费尔巴哈:《基督教的本质》,商务印书馆1984年版,第350页。
② 《高清海哲学文存(第二卷):哲学的奥秘》,吉林人民出版社1997年版,第155页。
③ 费尔巴哈:《基督教的本质》,商务印书馆1984年版,第32页。
④ 同上,第33页。
⑤ 同上,第37页。

义哲学在一定程度上体现了人道主义与唯物主义的结合，正如《神圣家族》所指出的，"费尔巴哈在理论领域体现了和人道主义相吻合的唯物主义，而法国和英国的社会主义和共产主义则在实践领域体现了这种和人道主义相吻合的唯物主义"[1]。

  总体上看，马克思恩格斯之前的思想家对人的问题做出了大量深入的探讨，拓展和深化了对人的哲学理解，丰富了对人及其生存价值和意义的认识。但是，由于社会历史条件的限制，这些探讨也存在着一些根本的局限性，即使像近代人道主义者那样对人性、人道、人权、人的本质等有关人的基本问题十分关注且有深入系统的探究，其研究的对象也只是抽象的人和人性，并没有以现实的、完整的人为对象，没有涉及对人的本质及其现实社会关系和条件的理解，没有明确人的自由全面发展与人的彻底解放之间的关系，没有说明实现人的发展的现实条件和根本途径。但即便如此仍然应当肯定，欧洲历史上的思想家们对人的探讨，特别是近代人道主义者和启蒙思想家提出的对人的价值优先性的认定，为马克思恩格斯形成人的发展思想提供了理论来源。

---

[1]《马克思恩格斯文集》第1卷，人民出版社2009年版，第327页。

第二章　人的发展理论的创立

马克思恩格斯人的发展思想是人的发展理论的思想源头，是初始形态即"原生态"的"马克思主义人的发展理论"。马克思恩格斯人的发展思想既是对前人的批判继承，又是对现实环境中人生存发展问题及其原因反思和批判的结晶，是随着反思批判的深入而不断演进的，其间经历了一个逐渐展开和逐步深化的过程。这一过程大致可以分为萌芽、形成和发展三个阶段。

一、人的发展理论的萌芽

马克思恩格斯人的发展理论的萌芽时期，就是由人道主义向人的彻底解放和人的自由全面发展思想转变的过程。这一过程在马克思那里体现得尤为清晰。

马克思在其思想形成过程中曾经历了由唯心主义到唯物主义、由革命民主主义到共产主义的转变。这两个转变在其人的发展思想的形成过程中的体现，就是由近代人道主义向人的彻底解放和自由全面发展思想的转变。两个转变表明，马克思在转变之前曾经受到近代人道主义的影响。因为一方面，革命民主主义属于资产阶级意识形态的范畴，否则它就不存在向共产主义转变的问题；另一方面，革命民主主义又不是一般的资产阶级意识形态，而是其中比较革命的、激进的部分，所以它才可能直接地转变为共产主义。由这两点可见，革命民主主义的内容主要包括资产阶级在其革命的准备和实施过程中形成的基本理念，例如自由、民主、博爱、公平、正义、人权等。

列宁曾经指出："马克思主义这一革命无产阶级的思想体系赢得了世界历史性的意义，是因为它并没有抛弃资产阶级时代最宝贵的成就，相反地却吸取和改造了两千多年来人类思想和文化发展中一切有价值的东西。"①这一论述表明,马克思主义创始人继承了从古希腊到欧洲近代的优秀价值理念,尤其是作为资产阶级时代最宝贵的思想成就的优秀价值取向,其中最主要的就是,近代人道主义以及作为其理论延伸的空想社会主义和费尔巴哈人本主义的价值取向。

  人道主义曾深刻地影响到青少年时期马克思的成长。马克思出生的德国特里尔城"在法国大革命和拿破仑时代曾受到法国人很深的影响"②,"在拿破仑战争时期,这座城市连同莱茵河畔的其他地区都划归为法国,并且依照法国大革命的基本原则进行管理,因此在足够长的时间里,这座城市都浸润在言论自由和立宪自由氛围中"③。这种氛围突出地体现在家庭和学校中。就家庭而言,父亲对马克思的影响尤其明显。马克思的父亲深受人道主义和启蒙思想影响,是一位非常开明的推崇和追求民主、自由的律师,被认为是"一个真正的十八世纪的法国人,对伏尔泰、卢梭熟稔于心"④。他"'深深地沉浸在十八世纪的法国关于政治、宗教、生活、艺术的自由思想里',完全赞同十八世纪法国理性主义者的观点,完全相信理性的力量,认为理性可以解释这个世界并推动这个世界的进步"⑤。"父亲对启蒙思想的崇拜,进步的自由主义思想,亲法的态度以及理神论的宗教观,都深深地感染了儿子马克思。"⑥在学校方面,马克思在就读的中学里"受到了典型而纯粹的人道主义的教育"⑦。

  人道主义对早期马克思的影响集中体现在《青年在选择职业时的考虑》一文中。在该文中,他以追求"人类的幸福和我们自身的完美"的志向,表达了对近代欧洲人道主义价值的认同。文章写道,"在选择职业时,我们应该遵循的主要指针是人类的幸福和我们自身的完美。……人的本性是这样的:人只有为同时代人的完美、为他们的幸福而工作,自己才能达到完美。……如果我们选择了最能为人类而工作的职业,那么,重担就不能把我们压倒,

---

① 《列宁专题文集·论马克思主义》,人民出版社2009年版,第296页。
② 罗素:《西方哲学史》下卷,商务印书馆1976年版,第337页。
③ 麦克莱伦:《马克思传》,中国人民大学出版社2006年版,第3页。
④ 同上,第7页。
⑤ 同上,第7页。
⑥ 城塚登:《青年马克思的思想——社会主义思想的创立》,求实出版社1988年版,第16页。
⑦ 麦克莱伦:《马克思传》,中国人民大学出版社2006年版,第10页。

因为这是为大家作出的牺牲；那时我们所享受的就不是可怜的、有限的、自私的乐趣，我们的幸福将属于千百万人，我们的事业将悄然无声地存在下去，但是它会永远发挥作用，而面对我们的骨灰，高尚的人们将洒下热泪"[①]。文章表达了青年马克思立志为人类幸福而工作的崇高社会理想，展现了他将自身的完美与之紧紧地联系在一起的思想，表明他受到了18世纪启蒙运动和人道主义观念的影响。麦克莱伦指出："在主题和结构上，马克思的这篇文章和他同学的一样，基本理念是德国启蒙运动和古典时期的人道主义者的理想观念——个人的全面发展和相互依赖的人群共同体的全面发展。"[②]这表明赞同启蒙运动及人道主义观念在当时的进步青年中是一种普遍现象。

人道主义和启蒙思想中的自由、平等、博爱等精神价值深刻影响着马克思思想的发展。这种影响使马克思的理论和实践活动一开始就体现着对人的关注，并演进为对无产阶级苦难的深切同情，对资本主义不平等、不合理现象的坚决批判，驱使他终身为实现无产阶级和全人类的彻底解放不懈奋斗。对人的关注始终驱动着他理论研究的兴趣，引领着他理论研究的重点。从研究的问题域来看，马克思的社会历史研究经历了一个演进的过程：从宗教的批判到社会政治（法）哲学的批判到经济学的批判，从确立人的发展价值取向到实际地探索无产阶级解放的条件和途径。人的发展诉求一直贯穿于马克思的社会历史研究过程中。

正是由于人道主义和启蒙思想的影响，马克思在早期的论著中认为自由是人类的本质，强调精神自由和个性自由是人类的权利，极力主张精神的自由及其多样性，并以之为尺度关注人的生存状况，对专制制度进行了严厉抨击，试图通过对市民社会与国家关系的思考，探究实现自由的现实条件和路径。

在博士论文《德谟克里特的自然哲学与伊壁鸠鲁的自然哲学的差别》中，马克思比较了德谟克里特的自然哲学和伊壁鸠鲁的自然哲学，揭示了伊壁鸠鲁的原子学说中所蕴含的事物自我运动的辩证思想，肯定伊壁鸠鲁哲学克服了德谟克里特的机械决定论而阐发了人对现实世界的能动原则，以及伊壁鸠

[①]《马克思恩格斯全集》第1卷，人民出版社1995年版，第459~460页。
[②] 麦克莱伦：《马克思传》，中国人民大学出版社2006年版，第14页。

鲁肯定偶然性的存在进而肯定自由意志的观点。

在大学毕业后初入社会的《莱茵报》时期，马克思亲身经历了书报检查制度、关于林木盗窃法的辩论等事件，深切地感受到普鲁士国家制度对人的自由的限制、对人的思想的压抑和对穷人的歧视，由此开始对专制制度的批判，以及对市民社会与国家关系等"苦恼的疑问"的思考。

在《评普鲁士最近的书报检查令》中，马克思强调人的精神自由权，认为"当你能够想你愿意想的东西，并且能够把你所想的东西说出来的时候，这是非常幸福的时候"①。他坚决反对书报检查制度对言论和思想自由的限制，质问普鲁士当局："你们赞美大自然令人赏心悦目的千姿百态和无穷无尽的丰富宝藏，你们并不要求玫瑰花散发出和紫罗兰一样的芳香，但你们为什么却要求世界上最丰富的东西——精神只能有一种存在形式呢？"②他尖锐地指出："整治书报检查制度的真正而根本的办法，就是废除书报检查制度，因为这种制度本身是恶劣的。"③在《第六届莱茵省议会的辩论》(第一篇论文)中，他再次强调新闻出版自由，认为"新闻出版就是人类自由的实现。因此，哪里有新闻出版，哪里也就有新闻出版自由"④。他主张自由是人的本质，一针见血地指出："自由确实是人的本质，因此就连自由的反对者在反对自由的现实的同时也实现着自由……没有一个人反对自由，如果有的话，最多也只是反对别人的自由。"⑤坚决捍卫思想和言论自由，反对专制制度对思想和言论自由的压制。

在《关于林木盗窃法的辩论》《摩塞尔记者的辩护》等文中，马克思从深切同情劳动者的立场出发，致力于为穷人的利益辩护，初步分析了物质利益和国家及法的关系，揭示了农民贫困的社会原因，揭露了普鲁士国家和法律制度的反人民性，声明："我们为穷人要求习惯法，而且要求的不是地方性的习惯法，而是一切国家的穷人的习惯法。"⑥在《莱茵报》编辑部为《评〈汉诺

---

① 《马克思恩格斯全集》第1卷，人民出版社1995年版，第134~135页。
② 同上，第111页。
③ 同上，第134页。
④ 同上，第166~167页。
⑤ 同上，第167页。
⑥ 同上，第248页。

威自由主义反对派的失误〉》一文的按语中，他明确提出了"应该争取实现一种同更深刻、更完善和更自由的人民意识相适应的崭新的国家形式"[1]的理想。

在《黑格尔法哲学批判》中，马克思揭露黑格尔颠倒了市民社会和国家的关系并主张国家决定市民社会的唯心主义国家观。黑格尔认为，国家是整个人类社会的基础，而作为经济关系的市民社会则是派生的东西。马克思指出，在黑格尔那里，"理念变成了独立的主体，而家庭和市民社会对国家的现实关系变成了理念所具有的想像的内部活动。实际上，家庭和市民社会是国家的前提，它们才是真正的活动者；而思辨的思维却把这一切头足倒置"[2]。马克思认为，家庭和市民社会是国家的真正构成部分，是国家的存在方式，国家是从作为家庭和市民社会的成员而存在的这种群体中产生出来的，没有市民社会这种"人为基础"，国家就不可能存在，因此，不是国家及其"理念"决定市民社会，而是市民社会决定国家。初步指出了经济基础（市民社会）对上层建筑（国家和法）的决定作用。

在《〈科隆日报〉第179号的社论》中，马克思基于对个人的关注，提出了国家应当"合乎人性"的价值诉求，指出"哲学是阐明人权的，哲学要求国家是合乎人性的国家"[3]。认为，"国家本身教育自己成员的办法是：使他们成为国家的成员；把个人的目的变成普遍的目的，把粗野的本能变成合乎道德的意向，把天然的独立性变成精神的自由；使个人以整体的生活为乐事，整体则以个人的信念为乐事"[4]。因而应当"把国家看作是相互教育的自由人的联合体"[5]。提出了对个人与群体（整体）关系的理解，主张个人与国家相统一、国家应当以个人为目的，初次提出了未来理想社会应当是"自由人的联合体"的理想。

在《致阿尔诺德·卢格》的书信中，马克思以"人"和"人性"为尺度，对专制制度展开了批判，揭露了专制制度对人的压制，认为，专制制度的唯

---

[1] 《马克思恩格斯全集》第1卷，人民出版社1995年版，第306页。
[2] 《马克思恩格斯全集》第1卷，人民出版社1956年版，第250~251页。
[3] 《马克思恩格斯全集》第1卷，人民出版社1995年版，第225页。
[4] 同上，第217页。
[5] 同上，第217页。

一思想就是轻视人，使人非人化，"专制制度具有兽性是必然的，而具有人性是不可能的"①。基于这一认识，确立了"我们必须彻底揭露旧世界，并积极建立新世界"②的目标，提出要揭露旧世界并为建立一个新世界而积极工作。他还以"自由的、真正的人"③一语，表达了对人的理想状态的理解。"自由的、真正的人"是马克思对理想的人的最初表达。在他的理解中，自由的人就是且才是真正的人，因此，这一理解可以视为"自由全面发展的人"概念最初的思想萌芽。

继对专制制度展开批判之后，马克思又以人的彻底解放为目标，对资本主义制度展开了深入批判。

在《〈黑格尔法哲学批判〉导言》中，马克思揭示了人的社会性，认为"人不是抽象的蛰居于世界之外的存在物。人就是人的世界，就是国家，社会"④。他提出要由宗教批判转向政治批判，指出："真理的彼岸世界消失以后，历史的任务就是确立此岸世界的真理。人的自我异化的神圣形象被揭穿以后，揭露具有非神圣形象的自我异化，就成了为历史服务的哲学的迫切任务。于是，对天国的批判变成对尘世的批判，对宗教的批判变成对法的批判，对神学的批判变成对政治的批判。"⑤从而确立了对资本主义批判的任务和目标，尖锐地指出，对资本主义不仅要进行理论的批判，更要进行物质的批判即现实的改造，"批判的武器当然不能代替武器的批判，物质力量只能用物质力量来摧毁……所谓彻底，就是抓住事物的根本。而人的根本就是人本身……对宗教的批判最后归结为人是人的最高本质这样一个学说，从而也归结为这样的绝对命令：必须推翻使人成为被侮辱、被奴役、被遗弃和被蔑视的东西的一切关系"⑥。他还明确了无产阶级是对资本主义制度进行物质批判的主体力量，指出："哲学把无产阶级当作自己的物质武器，同样，无产阶级也把哲学当作自己的精神武器。"⑦"德国人的解放就是人的解放。这个解放的头脑是哲学，它

---

① 《马克思恩格斯全集》第47卷，人民出版社2004年版，第62页。
② 同上，第63页。
③ 同上，第60页。
④ 《马克思恩格斯选集》第1卷，人民出版社2012年版，第1页。
⑤ 同上，第2页。
⑥ 同上，第9~10页。
⑦ 同上，第16页。

的心脏是无产阶级。哲学不消灭无产阶级，就不能成为现实；无产阶级不把哲学变成现实，就不可能消灭自身。"①

在《论犹太人问题》中，马克思揭示了资产阶级革命实现的"政治解放"与他所追求的"人的解放"的本质区别，认为，在政治解放中，"人没有摆脱宗教，他取得了宗教信仰的自由。他没有摆脱财产，他取得了占有财产的自由。他没有摆脱经营的利己主义，他取得了经营的自由"②。"从政治上宣布私有财产无效不仅没有废除私有财产，反而以私有财产为前提。"③因此认定"政治解放本身并不就是人的解放"④，并在此基础上确立了人的解放的目标即"任何解放都是使人的世界即各种关系回归于人自身"⑤。对"政治解放"实质及其局限性的分析凸显了资本主义制度和资本逻辑的根本缺陷，揭示了资本主义制度批判的必要性，正如乔纳森·沃尔夫所指出的，"马克思的真正贡献，却始于政治解放与某种新的东西即人的解放之间的区分"⑥。

在《1844年经济学哲学手稿》（以下简称《手稿》）中，马克思指出："自由的有意识的活动恰恰就是人的类特性。"⑦将"自由的有意识的活动"确认为人的类特性即人性，并以复归这种人的应然的类特性、全面占有人的本质为诉求，揭露和批判了资本主义生产中人的劳动异化，提出了扬弃私有制和劳动异化、实现共产主义的目标。

马克思认为，资本主义生产中的劳动异化主要表现在四个方面：一是劳动者同他的劳动产品的异化。在资本主义生产中，"工人对自己的劳动的产品的关系就是对一个异己的对象的关系"⑧，劳动产品作为一种异己的力量同劳动者相对立，反过来成了统治工人的力量。工人生产的产品越多，他能够占有的产品就越少，资本的力量就越强大，他就越是受他的产品即资本的统治。二是劳动者在劳动活动中的异化。认为劳动本质上应当是自由自主的、肯定

---

① 《马克思恩格斯选集》第1卷，人民出版社2012年版，第16页。
② 《马克思恩格斯文集》第1卷，人民出版社2009年版，第45页。
③ 同上，第29页。
④ 同上，第38页。
⑤ 同上，第46页。
⑥ 乔纳森·沃尔夫：《当今为什么还要研读马克思》，高等教育出版社2006年版，第31页。
⑦ 《马克思恩格斯文集》第1卷，人民出版社2009年版，第162页。
⑧ 同上，第157页。

自己的活动，但在资本主义生产中，工人"在自己的劳动中不是肯定自己，而是否定自己，不是感到幸福，而是感到不幸，不是自由地发挥自己的体力和智力，而是使自己的肉体受折磨、精神遭摧残"①。劳动不是人的需要，而是一种手段，不是自愿的，而是被迫的，不属于劳动者自己，而是属于别人，从人内在的需要变成了外在的，不属于他的本质的东西。三是劳动者同他的类本质的异化。劳动这种"有意识的生命活动把人同动物的生命活动直接区别开来。正是由于这一点，人才是类存在物"②。资本主义生产中的异化劳动把这种关系颠倒了过来，本来应当体现工人自己本质力量的生命活动变成了仅仅维持其生存的手段，即把人的自主、自由的活动，把人的类生活贬低为维持人的肉体生存的手段，"结果是，人（工人）只有在运用自己的动物机能——吃、喝、生殖，至多还有居住、修饰等等——的时候，才觉得自己在自由活动，而在运用人的机能时，觉得自己只不过是动物。动物的东西成为人的东西，而人的东西成为动物的东西"③。工人丧失了自己的人性，违背了人的类本质，其结局必然是沦为机器和资本的奴隶。四是人与人关系的异化。他指出，"通过异化的、外化的劳动，工人生产出一个同劳动疏远的、站在劳动之外的人对这个劳动的关系。工人对劳动的关系，生产出资本家……"④揭露了异化劳动的实质是资本家对工人的剥削。他还指出了异化劳动同私有制的内在联系，即私有财产是异化劳动的必然后果，是劳动借以外化的手段。

在揭示人的类特性并批判异化劳动违背人性的基础上，马克思指明了扬弃劳动异化、复归人自由自觉本性的途径和目标，认为："共产主义是对私有财产即人的自我异化的积极的扬弃，因而是通过人并且为了人而对人的本质的真正占有；因此，它是人向自身、也就是向社会的即合乎人性的人的复归。"⑤ "人以一种全面的方式，就是说，作为一个完整的人，占有自己的全面的本质。"⑥ "对私有财产的扬弃，是人的一切感觉和特性的彻底解放。"⑦扬弃

---

① 《马克思恩格斯文集》第1卷，人民出版社2009年版，第159页。
② 同上，第162页。
③ 同上，第160页。
④ 同上，第166页。
⑤ 同上，第185页。
⑥ 同上，第189页。
⑦ 同上，第190页。

私有财产从而扬弃异化并复归人性,是马克思以哲学的方式确立的人的解放目标,它直接蕴含着人的发展的价值诉求。

总之,《手稿》一方面提出了一系列马克思主义哲学的重要思想,另一方面又赞赏费尔巴哈是唯一对黑格尔采取严肃的、批判态度的人,肯定费尔巴哈真正克服了旧哲学的"伟大功绩"[①],遗留着费尔巴哈人本主义的旧术语和旧观点;一方面开始主张从经济的事实出发理解人和社会,另一方面又从抽象的类本质出发理解人和社会;一方面试图从经济学特别是所有制上论证共产主义,另一方面又从复归人的类本质的角度论证共产主义。所以说,它既蕴含着新世界观和共产主义的思想萌芽,又遗留着费尔巴哈人本主义的影响,因而属于马克思思想转变过程中的著作。从人学的视角看,《手稿》对人性、人的异化、人的本质力量的实现(对象化)的讨论,比较充分地展现了马克思对人的一般性思考,确立了马克思主义关于人的理论的哲学基础。正如巴日特诺夫所指出的,"《手稿》第一次对马克思主义的各个最重要的组成部分做了概括的阐述,明确地规定了马克思其后许多年间的理论研究的道路"[②]。亦如马尔库塞所指出的,《手稿》"给理解历史唯物主义和科学社会主义全部理论的起源和本来的真正含义,提供了完全新的基础"[③]。这些说法当然也适用于马克思主义人的发展理论。

在《神圣家族》中,马克思恩格斯提出并阐述了社会存在决定社会意识这一唯物史观的根本观点,指出"'思想'一旦离开'利益',就一定会使自己出丑"[④]。论述了物质生产在社会发展中的决定作用,揭示了体现在物之上的人与人的关系,提出了市民社会决定国家、生产方式是理解历史发展的基础等唯物史观的重要观点。指出,历史是人的活动史,"历史什么事情也没有做……其实,正是人,现实的、活生生的人在创造这一切,拥有这一切并且进行战斗。并不是'历史'把人当作手段来达到自己——仿佛历史是一个独

[①] 《马克思恩格斯文集》第1卷,人民出版社2009年版,第200页。
[②] 巴日特诺夫:《哲学中革命变革的起源——马克思的〈1844年经济学——哲学手稿〉》,中国社会科学出版社1981年版,第2页。
[③] 同上,第5页。
[④] 《马克思恩格斯文集》第1卷,人民出版社2009年版,第286页。

具魅力的人——的目的。历史不过是追求着自己目的的人的活动而已"①。在批判青年黑格尔派的基础上提出了人民群众在历史中起决定作用的群众史观,指出"历史活动是群众的活动,随着历史活动的深入,必将是群众队伍的扩大"②。认为"思想永远不能超出旧世界秩序的范围,在任何情况下,思想所能超出的只是旧世界秩序的思想范围。思想本身根本不能实现什么东西。思想要得到实现,就要有使用实践力量的人"③。提出了只有通过人的实践才能改变旧世界即改变现存事物的观点。他们以"合乎人性"为尺度,论述了无产阶级解放的必要性,指出,"如果无产阶级不消灭它本身的生活条件,它就不能解放自己。如果它不消灭集中表现在它本身处境中的现代社会的一切非人性的生活条件,它就不能消灭它本身的生活条件"④。提出了无产阶级解放的要求和目标,进而提出了无产阶级必须消灭现存的资本主义制度以造就合乎人性的新的社会环境的主张:"既然是环境造就人,那就必须以合乎人性的方式去造就环境。"⑤他们还进一步剖析了资本主义实现的政治解放与人的解放的差别,揭示了资产阶级人权的局限性,认为"人权并不是使人摆脱宗教,而是使人有信仰宗教的自由;人权并不是使人摆脱财产,而是使人有占有财产的自由;人权并不是使人摆脱牟利的龌龊行为,反而是赋予人以经营的自由"⑥。

在《英国工人阶级状况》中,恩格斯"通过亲身观察和亲自交往来直接了解英国的无产阶级,了解他们的愿望、他们的痛苦和欢乐,同时又以必要的可靠材料补充自己的观察"⑦。他指出,使英国工人的状况发生根本变化的第一个发明是珍妮纺纱机,"由于这些发明……工人阶级失去一切财产"⑧,在生产和生活中处于悲惨的境地。在生产中,工人仅仅被看作一种资本,他把自己交给厂主去使用,厂主以工资的名义付给他利息。工人的活动被局限在琐碎的纯机械性的操作上,固定不变地重复着动作,他们的劳动具有强制性,

---

① 《马克思恩格斯文集》第1卷,人民出版社2009年版,第295页。
② 同上,第287页。
③ 同上,第321页。
④ 同上,第262页。
⑤ 同上,第335页。
⑥ 同上,第312页。
⑦ 《马克思恩格斯选集》第1卷,人民出版社2012年版,第84页。
⑧ 同上,第92页。

是一种最残酷最带侮辱性的痛苦。"工人越是感到自己是人,他就越痛恨自己的工作,因为他感觉到这种工作是被迫的,对他自己说来是没有目的的。"①在生活中,工人同样处于悲惨的境地,"这几百万无产者,他们昨天挣得的今天就吃光"②,他们既不能保持健康,也不能活得长久。总之,"无产者已经被置于人们所能想象的最令人愤怒的非人的境地"③,然而,资产阶级却根本无视和竭力掩盖这一切,"英国资产阶级,特别是直接靠工人的贫困发财的工厂主阶级,却不正视这种贫困的状况……他们不愿意承认工人是贫困的,因为正是他们,有产的工业阶级,对这种贫困应负道义上的责任"④。

在这一个阶段,马克思和恩格斯实现了由宗教批判向政治批判以及由政治批判向经济学—哲学批判的转向,揭示了"纯政治的革命"的局限性,指明了"政治解放"和"人的解放"的本质区别,主张任何一种解放都是把人的世界和人的关系还给人自己,揭露和批判了专制制度特别是资本主义制度下劳动异化等人的悲惨境遇,明确了对资本主义制度批判的实质、主体力量和目标,提出了对应然的"人的类特性(人性)"的理解,宣布要揭露旧世界并为建立一个新世界而积极工作。这些观点在根本上超越了人道主义者仅仅寻求人在政治和法律上解放的要求,拓展了社会批判的理论视域,深化了对人的价值关怀,开启了对人的哲学层面的思考,明确了从社会关系特别是经济关系中解放人、扬弃异化,还原人的自由自主性等人的解放的本质要求,初步提出了人的彻底解放的目标,为确立人的发展理论奠定了基础。

二、人的发展理论的形成

马克思恩格斯人的发展理论形成于《关于费尔巴哈的提纲》(以下简称《提纲》)、《德意志意识形态》(以下简称《形态》)和《共产党宣言》时期。

在《提纲》中,马克思确立了科学的实践观,指出应当从实践出发理解

---

① 《马克思恩格斯文集》第1卷,人民出版社2009年版,第432页。
② 同上,第403页。
③ 同上,第430页。
④ 同上,第404页。

人与客观对象的关系，在此基础上提出了对于人的本质以及人与环境关系的科学理解。《提纲》将实践作为人与社会内在联系的基础，一是以实践为基础，从社会关系出发理解人的本质，指出"人的本质不是单个人所固有的抽象物，在其现实性上，它是一切社会关系的总和"，揭示了人的社会性。二是从实践出发理解社会，认为"全部社会生活在本质上是实践的"[①]，是人的活动的产物。三是从实践出发辩证地说明了人与环境的关系，认为环境的改变和人的改变是一个统一的过程，统一的基础是实践。四是指出新唯物主义（马克思主义哲学）的立脚点是人与社会相统一的人类社会或社会的人类。五是提出了哲学的使命在于指导人们改造世界。实践观的确立从而关于人的社会性的论述，为对人的认识和对人的问题的分析提供了理论前提。《提纲》从实践出发揭示人的社会性，为构建人的发展理论奠定了哲学基础。

《形态》是人的发展理论形成的代表性文本，在全面论述历史唯物主义的主要观点的过程中，提出了一系列关于人的发展的重要思想，确立了人的发展的价值取向和科学认识。一是明确提出了人的发展概念。提出了"全面发展的个人"[②]"个人的全面发展"[③]"个人的自由发展"[④]"个人向完全的个人的发展"[⑤]"个人的独创的和自由的发展"[⑥]等人的发展概念，确定了人的发展的根本含义、目标和要求。其所理解的人的发展，首先是指人的能力的充分展示与发展，即"任何人的职责、使命、任务就是全面地发展自己的一切能力"[⑦]。马克思恩格斯指出，在私有制社会中，人的活动是不自由的，"只要特殊利益和公共利益之间还有分裂，也就是说，只要分工还不是出于自愿，而是自然形成的，那么人本身的活动对人说来就成为一种异己的、同他对立的力量，这种力量压迫着人，而不是人驾驭着这种力量"[⑧]。为此，他们针对性地提出了未来共产主义社会中个人自由、全面发展的要求，预言"在共产主义社会里，

[①] 《马克思恩格斯文集》第1卷，人民出版社2009年版，第501页。
[②] 《马克思恩格斯全集》第3卷，人民出版社1960年版，第516页。
[③] 同上，第330页。
[④] 《马克思恩格斯选集》第1卷，人民出版社2012年版，第85页。
[⑤] 同上，第210页。
[⑥] 《马克思恩格斯全集》第3卷，人民出版社1960年版，第516页。
[⑦] 同上，第330页。
[⑧] 《马克思恩格斯选集》第1卷，人民出版社2012年版，第165页。

任何人都没有特殊的活动范围,而是都可以在任何部门内发展,社会调节着整个生产,因而使我有可能随自己的兴趣今天干这事,明天干那事,上午打猎,下午捕鱼,傍晚从事畜牧,晚饭后从事批判,这样就不会使我老是一个猎人、渔夫、牧人或批判者"[1]。并形象地指出,"在共产主义社会里,没有单纯的画家,只有把绘画作为自己多种活动中的一项活动的人们"[2]。其所理解的人的发展,又是指人的个性的充分展示与发展,"共产主义和所有过去的运动不同的地方在于:它推翻一切旧的生产关系和交往关系的基础,并且第一次自觉地把一切自发形成的前提看作是前人的创造,消除这些前提的自发性,使这些前提受联合起来的个人的支配……共产主义所造成的存在状况,正是这样一种现实基础,它使一切不依赖于个人而存在的状况不可能发生"[3]。其所理解的人的发展,还是指人的社会关系的合理化及全面化,例如"个人在精神上的现实丰富性完全取决于他的现实关系的丰富性"[4]。

二是科学界定了人的发展主体。马克思恩格斯批评费尔巴哈从抽象的人出发理解社会历史问题,指出费尔巴哈"从来没有看到现实存在着的、活动的人,而是停留于抽象的'人'"[5],并提出了"现实的人"概念,主张应当从现实的人出发:"我们不是从人们所说的、所设想的、所想象的东西出发,也不是从口头说的、思考出来的、设想出来的、想象出来的人出发,去理解有血有肉的人。我们的出发点是从事实际活动的人,而且从他们的现实生活过程中还可以描绘出这一生活过程在意识形态上的反射和反响的发展。"[6]"前提是人,但不是处在某种虚幻的离群索居和固定不变状态中的人,而是处在现实的、可以通过经验观察到的、在一定条件下进行的发展过程中的人。"[7]"现实的人"为人的发展理论之主体的"人"做出了科学的定位。

三是揭示了人的发展的社会制约性以及实现人的发展的社会条件。马克

---

[1] 《马克思恩格斯选集》第1卷,人民出版社2012年版,第165页。
[2] 《马克思恩格斯全集》第3卷,人民出版社1960年版,第460页。
[3] 《马克思恩格斯选集》第1卷,人民出版社2012年版,第202页。
[4] 同上,第169页。
[5] 同上,第157页。
[6] 同上,第152页。
[7] 同上,第153页。

思恩格斯指出:"社会关系实际上决定着一个人能够发展到什么程度。"[1]"单个人的历史决不能脱离他以前的或同时代的个人的历史,而是由这种历史决定的。"[2]"个人对一定关系和一定活动方式的依赖恰恰是由物质生产和物质交往决定的。"[3]并认为人的解放和发展程度是与历史转变为世界历史的程度一致的:"各个人的世界历史性的存在,也就是与世界历史直接相联系的各个人的存在。"[4]"每一个单个人的解放的程度是与历史完全转变为世界历史的程度一致的。……只有这样,单个人才能摆脱种种民族局限和地域局限而同整个世界的生产(也同精神的生产)发生实际联系,才能获得利用全球的这种全面的生产(人们的创造)的能力。"[5]

四是阐述了个人发展与共同体发展的关系。认为"一个人的发展取决于和他直接或间接进行交往的其他一切人的发展;彼此发生关系的个人的世世代代是相互联系的,后代的肉体的存在是由他们的前代决定的,后代继承着前代积累起来的生产力和交往形式,这就决定了他们这一代的相互关系"[6]。他们指出,个体自由与社会共同体之间并非仅仅是对立的关系,而可以是统一的关系,为此区别了"真正的共同体"和"虚假的共同体",认为能代表共同体中每一个成员利益的"真正的共同体"是个人自由与发展的条件,"只有在共同体中,个人才能获得全面发展其才能的手段,也就是说,只有在共同体中才可能有个人自由"[7]。因为"在控制了自己的生存条件和社会全体成员的生存条件的革命无产者的共同体中,情况就完全不同了。在这个共同体中各个人都是作为个人参加的。它是各个人的这样一种联合(自然是以当时发达的生产力为前提的),这种联合把个人的自由发展和运动的条件置于他们的控制之下"[8]。

五是阐述了人的解放与人的发展以及个人解放与阶级解放的关系。他们

---

[1] 《马克思恩格斯全集》第3卷,人民出版社1960年版,第295页。
[2] 同上,第515页。
[3] 同上,第460~461页。
[4] 《马克思恩格斯选集》第1卷,人民出版社2012年版,第167页。
[5] 同上,第169页。
[6] 《马克思恩格斯全集》第3卷,人民出版社1960年版,第515页。
[7] 《马克思恩格斯选集》第1卷,人民出版社2012年版,第199页。
[8] 同上,第202页。

将"人的解放"目标提升和转变为"人的发展"目标，又将人的发展价值取向归结为无产阶级解放的现实追求，进而归结为对现存资本主义制度的批判，并以人的解放和发展为尺度，提出了消灭现存资本主义私有制的任务。指出："个人隶属于一定阶级这一现象，在那个除了反对统治阶级以外不需要维护任何特殊的阶级利益的阶级形成之前，是不可能消灭的。"①"单个人所以组成阶级只是因为他们必须为反对另一个阶级进行共同的斗争……各个人的社会地位，从而他们个人的发展是由阶级决定的，他们隶属于阶级。"②他们因此主张，无产者应当消灭他们至今所面临的生存条件，消灭这个同时也是整个旧社会生存的条件，即消灭劳动，应当推翻与自己处于直接对立中的现存的国家。

在《共产党宣言》中，马克思恩格斯运用唯物史观和阶级斗争学说，从"每一历史时代主要的经济生产方式和交换方式以及必然由此产生的社会结构，是该时代政治的和精神的历史所赖以确立的基础"③的唯物史观基本原理出发，分析了资本主义社会形成发展的历史过程、资产阶级的革命作用以及资本主义必然灭亡的趋势，揭示了资产阶级社会"自由"和"个性"的虚伪性，指出"在资产阶级社会里，资本具有独立性和个性，而活动着的个人却没有独立性和个性"④。资产阶级"所理解的个性，不外是资产者、资产阶级私有者。这样的个性确实应当被消灭"⑤。他们认为，实现真正的自由和个性，就必须消灭私有制，即无产阶级"通过革命使自己成为统治阶级，并以统治阶级的资格用暴力消灭旧的生产关系，那么它在消灭这种生产关系的同时，也就消灭了阶级对立的存在条件，消灭了阶级本身的存在条件，从而消灭了它自己这个阶级的统治"⑥。在此基础上，他们预测了消灭阶级之后的未来理想社会的根本特征："代替那存在着阶级和阶级对立的资产阶级旧社会的，将是这样一个联合体，在那里，每个人的自由发展是一切人的自由发展的条件。"⑦这一著名论断提出了未来理想社会将是自由人联合体的设想，并将"每个人"

---

① 《马克思恩格斯选集》第1卷，人民出版社2012年版，第199页。
② 同上，第198页。
③ 同上，第385页。
④ 同上，第415页。
⑤ 同上，第416页。
⑥ 同上，第422页。
⑦ 同上，第422页。

的自由发展确立为未来理想社会的总体目标，使人的发展价值取向具有了完整性。

在这一个阶段，马克思恩格斯对人的关注已从合乎人性、人的解放上升到人的发展，其人的发展诉求从此前的思想萌芽演变为成熟的理念。《形态》最为集中并比较全面地阐述了人的发展思想，既确立了关于人的发展的价值取向，又将对人的发展的理解建立在对社会历史科学认识的基础之上，界定了人的发展的基本的含义，揭示了人的发展的内涵，设定了人的发展目标。人的发展思想在《形态》中得到了充分的展开和比较成熟的表达，因而《形态》既为马克思主义人的发展理论提供了比较全面的研究纲领，也凸显了人的发展理念在马克思主义理论中的地位。《共产党宣言》则在《形态》的基础上，对人的发展思想做出了最为简洁的经典表述。因此可以认为，马克思恩格斯人的发展思想成型于《形态》和《共产党宣言》。

三、人的发展理论的发展

马克思恩格斯人的发展理论在《共产党宣言》之后得到了进一步的发展。这一时期，马克思恩格斯在《经济学手稿（1857—1858年）》《资本论》《哥达纲领批判》《反杜林论》《社会主义从空想到科学的发展》等论著中，对人的发展问题做出了进一步展开的阐述，丰富了人的发展价值取向，深化了人的发展科学认识，将对人的发展的理解同对社会历史发展的认识有机地结合了起来。

在《经济学手稿（1857—1858年）》中，马克思进一步丰富了人的发展的科学认识。一是从唯物史观出发，揭示了人的发展的社会条件及其历史性，认为"个人的全面性不是想象的或设想的全面性，而是他的现实联系和观念联系的全面性"[1]。生产力的普遍发展和交往的普遍性"是个人全面发展的可能性"[2]的基础，并指出"全面发展的个人——他们的社会关系作为他们自己的共同的关系，也是服从于他们自己的共同的控制的——不是自然的产物，而

---

[1] 《马克思恩格斯全集》第30卷，人民出版社1995年版，第541页。
[2] 同上。

是历史的产物"①。二是从历史演进的大尺度上定位人的发展阶段,以人的发展程度为标志,区分了社会演进的三大形态,预言了未来社会的根本特点:建立在个人全面发展和他们共同的社会生产能力成为他们的社会财富这一基础上的自由个性。三是强调必要劳动时间的减少和自由时间的增加是人的发展的前提,提高生产力水平、节约必要劳动时间而增加自由时间是实现人的发展的重要途径。指出:"正像在单个人的场合一样,社会发展、社会享用和社会活动的全面性,都取决于时间的节省。一切节约归根到底都归结为时间的节约。正像单个人必须正确地分配自己的时间,才能以适当的比例获得知识或满足对他的活动所提出的各种要求一样,社会必须合乎目的地分配自己的时间,才能实现符合社会全部需要的生产。"②

在《资本论》中,马克思在批判继承劳动价值论的基础上,通过对资本主义生产方式的分析批判,创立了剩余价值学说,揭示了资本与人的本质上的对立关系即资本增殖与人的价值贬值的关系,分析了资本主义分工背景下人的悲惨的生存境遇,特别是资本主义分工造成的人的片面、畸形的发展,揭露了资本主义社会自由、平等的虚伪性。他还指出了未来必要劳动时间缩短、自由时间增加后人自由全面发展的前景,进一步强调了自由时间是人们发展的必要条件:"自由王国只是在必要性和外在目的规定要做的劳动终止的地方才开始;因而按照事物的本性来说,它存在于真正物质生产领域的彼岸。……在这个必然王国的彼岸,作为目的本身的人类能力的发展,真正的自由王国,就开始了。"③因此,"这个自由王国只有建立在必然王国的基础上,才能繁荣起来。工作日的缩短是根本条件"④。他针对资本主义制度对工人的摧残进一步阐述了人的发展的现实条件,尖锐地指出:"时间是人类发展的空间。一个人如果没有自己处置的自由时间,一生中除睡眠饮食等纯生理上必需的间断以外,都是替资本家服务,那么,他就还不如一头役畜。他不过是一架为别人生产财富的机器,身体垮了,心智也变得如野兽一般。"⑤"在资本

---

① 《马克思恩格斯全集》第30卷,人民出版社1995年版,第112页。
② 同上,第123页。
③ 《马克思恩格斯文集》第7卷,人民出版社2009年版,第928~929页。
④ 同上,第929页。
⑤ 《马克思恩格斯选集》第2卷,人民出版社2012年版,第61页。

主义生产中,发展劳动生产力的目的,是为了缩短工人必须为自己劳动的工作日部分,以此来延长工人能够无偿地为资本家劳动的工作日的另一部分。"① 他还深刻地指明了实现人的自由全面发展的社会物质基础,以及相应的社会关系特别是生产关系条件,认为只有生产力高度发达、社会关系合理化,"社会生活过程即物质生产过程的形态,作为自由联合的人的产物,处于人的有意识有计划的控制之下的时候"②,才会消除人的能力片面发展而实现人的自由全面发展。他提出了"自由人联合体""自由联合的人"等科学概念,指出,"设想有一个自由人联合体,他们用公共的生产资料进行劳动,并且自觉地把他们许多个人劳动力当做一个社会劳动力来使用"③。并明确指出未来共产主义是"一个更高级的、以每一个个人的全面而自由的发展为基本原则的社会形式"④。

在《论住宅问题》中,恩格斯指出:"正是由于这种工业革命,人的劳动生产力才达到了相当高的水平,以致在人类历史上破天荒第一次创造了这样的可能性:在所有的人实行明智分工的条件下,不仅生产的东西可以满足全体社会成员丰裕的消费和造成充足的储备,而且使每个人都有充分的闲暇时间去获得历史上遗留下来的文化——科学、艺术、社交方式等等——中一切真正有价值的东西;并且不仅是去获得,而且还要把这一切从统治阶级的独占品变成全社会的共同财富并加以进一步发展。"⑤进一步指明了生产力的高度发展、物质财富的丰裕、自由时间的充足以及生产资料公有制是人的发展的条件,指明了未来社会人的发展的主要内容,包括在科学、艺术、社交领域的发展等。

在《哥达纲领批判》中,马克思进一步指出了人的发展的社会历史条件。他反对抽象地谈论人的权利,指出"权利决不能超出社会的经济结构以及由经济结构制约的社会的文化发展"⑥。他认为,人的发展有赖于社会进步,既

---

① 《马克思恩格斯选集》第2卷,人民出版社2012年版,第206页。
② 同上,第127页。
③ 同上,第126页。
④ 《马克思恩格斯文集》第5卷,人民出版社2009年版,第683页。
⑤ 《马克思恩格斯选集》第3卷,人民出版社2012年版,第199页。
⑥ 同上,第364页。

有赖于生产力的增长、社会制度的合理化,也有赖于消灭传统的私有观念以及消灭脑力劳动和体力劳动的对立等,并指出了个人的全面发展与社会进步根本上的一致性。他预言:"在共产主义社会高级阶段,在迫使个人奴隶般地服从分工的情形已经消失,从而脑力劳动和体力劳动的对立也随之消失之后;在劳动已经不仅仅是谋生的手段,而且本身成了生活的第一需要之后;在随着个人的全面发展,他们的生产力也增长起来,而集体财富的一切源泉都充分涌流之后,——只有在那个时候,才能完全超出资产阶级权利的狭隘眼界,社会才能在自己的旗帜上写上:各尽所能,按需分配!"①

在《反杜林论》中,恩格斯指出人的发展有赖于文化的进步和生产力的发展。指出:"文化上的每一个进步,都是迈向自由的一步。"②将同自然和谐一致的生活以及参加社会的理论的和实际的公共事务视为人的发展的重要组成部分,认为"唯有借助于这些生产力,才有可能实现这样一种社会状态,在这里不再有任何阶级差别,不再有任何对个人生活资料的忧虑,并且第一次能够谈到真正的人的自由,谈到那种同已被认识的自然规律和谐一致的生活"③。丰富了人的发展的内涵。他还进一步指出了生产力发展以及从劳动中解放出来对于人的发展的意义,认为,到现在为止的一切剥削阶级和被剥削阶级之间的对立,都可以从人的劳动的相对不发展的生产率以及不合理的生产资料所有制中得到说明,并将参加社会的公共事务作为人的发展即人的本质力量实现的重要内容,指出:"只要实际从事劳动的居民必须占用很多时间来从事自己的必要劳动,因而没有多余的时间来从事社会的公共事务——劳动管理、国家事务、法律事务、艺术、科学等等,总是必然有一个脱离实际劳动的特殊阶级来从事这些事务;而且这个阶级为了它自己的利益,从来不会错过机会来把越来越沉重的劳动负担加到劳动群众的肩上。只有通过大工业所达到的生产力的极大提高,才有可能把劳动无例外地分配给一切社会成员,从而把每个人的劳动时间大大缩短,使一切人都有足够的自由时间来参加社

---

① 《马克思恩格斯选集》第3卷,人民出版社2012年版,第364~365页。
② 同上,第492页。
③ 同上,第492页。

会的公共事务——理论的和实际的公共事务。"[①]

在《社会主义从空想到科学的发展》中，恩格斯进一步揭示了人的自由全面发展的现实条件及其社会历史性，宏观地预测了未来消灭私有制之后社会演进的趋势及其过程，论述了在这一过程中人的地位的变化、人自由全面发展的前景，以及人的自由全面发展的主要含义和意义。指出，一旦实现了生产资料公有制，消除了社会生产内部的无政府状态，人们将"第一次成为自然界的自觉的和真正的主人，因为他们已经成为自身的社会结合的主人了。……至今一直统治着历史的客观的异己的力量，现在处于人们自己的控制之下了。只是从这时起，人们才完全自觉地自己创造自己的历史；只是从这时起，由人们使之起作用的社会原因才大部分并且越来越多地达到他们所预期的结果。这是人类从必然王国进入自由王国的飞跃"[②]。"人终于成为自己的社会结合的主人，从而也就成为自然界的主人，成为自身的主人——自由的人。"[③]

在这一个阶段，马克思恩格斯在全面确立人的发展价值目标的基础上，进一步深化和拓展了对人的发展含义的理解特别是对人的发展的科学认识，揭示了人的发展与生产力发展和社会关系变革之间的关系，指明了实现人的发展的现实途径。其中对人的发展认识最主要的推进，是比较系统地总结和表述了对人的发展宏观制度条件和演进阶段以及人的发展内涵的理解。关于人的发展的宏观制度条件，最根本也是最重要的是消灭私有制，即"社会占有了生产资料"，这是人的发展制度前提。社会占有了生产资料，就能使人与人、人与社会在根本利益上得到统一，就必然会消除人们之间的利益对立和利益博弈，消除社会关系对人的束缚，使人们摆脱客观异己力量的支配，自觉地控制自己的行为，发挥自己的能力、自己的主动性和创造性，真正成为自身的社会结合的主人，完全自觉地创造自己的历史。关于人的发展的演进阶段，就是从消灭私有制到国家消亡，从而实现人类从必然王国进入自由王国的飞跃，并进入共产主义社会。关于人的发展的内涵，既包括达到人与人

[①] 《马克思恩格斯选集》第3卷，人民出版社2012年版，第562页。
[②] 同上，第815页。
[③] 同上，第817页。

和人与社会的统一，人成为自己的社会结合的主人，又包括达到人与自然的协调发展，人成为自然界的主人，还包括人与自身的和谐，人成为自身的主人。这些认识上的推进使人的发展理论更加完善并初步形成，为未来人的发展理论和现实问题研究奠定了基础。

第三章　人的发展理论的演变

马克思恩格斯之后，人的发展理论在不同的时代、不同的环境中经历了"一源多流"的演变过程，其中最有代表性的，是东西方的马克思主义研究者分别对其做出的解释和发挥，他们的解释和发挥可以统称为"次生态"的人的发展理论。

一、人的发展理论的初步解读

马克思恩格斯之后，由于时代条件、生存境遇、价值立场以及解读方式的不同，后人对人的发展理论的内容、本质、特点、功能和意义的理解和发挥见仁见智，使人的发展理论进入了"次生态"阶段。

麦克莱伦在《马克思以后的马克思主义》中将马克思以后的马克思主义划分为德国社会民主党人、俄国的马克思主义、两次世界大战之间的欧洲马克思主义、中国和第三世界的马克思主义、欧洲和美国的当代马克思主义几个阶段或几个部分，这一划分大体上可以为叙述马克思恩格斯之后马克思主义发展过程所借鉴。其中有待商榷之处，就是将恩格斯列入"德国社会民主党人"的范围。笔者不同意他将恩格斯仅仅理解为马克思思想解释者的看法，而认为恩格斯同马克思一样都是马克思主义的创始人。基于此，笔者借用麦克莱伦"马克思以后"一说而提出"马克思恩格斯以后"的说法。认为，在马克思恩格斯以后，马克思主义经历了一个"一源多流"的演变过程。"一源"就是一个源头，即马克思恩格斯的思想，"多流"就是流向了不同的方向，即后人对他们的思想做出了不同的解释和发挥。

后人对马克思恩格斯人的发展理论的解释和发挥开始于马克思恩格斯之

后的下一批理论家,他们是马克思恩格斯同时代及稍后的第一批马克思主义解释者,其代表人物有拉法格、拉布里奥拉、梅林、伯恩斯坦、考茨基、饶勒斯、卢森堡等。他们对马克思恩格斯人的发展思想的重视程度及解读各不相同。

拉法格坚持历史唯物主义社会存在决定社会意识的立场,坚持社会发展具有客观规律性,强调阶级和阶级斗争学说以及社会主义革命和无产阶级专政的必然性。他认为"经济决定论或唯物史观、历史唯物主义、经济唯物主义都是意义相同的说法"[①],把唯物史观看作"经济唯物主义"或"经济决定论",忽视了上层建筑对经济基础的反作用,忽视了马克思主义的价值取向和人学意蕴。拉布里奥拉强调从实践出发理解社会与人,将对历史唯物主义阐释的重点置于人这一社会主体上,认为阐释社会与人关系的要义在于"弄清楚人在社会中的生活方式——它是借助于人本身在一定的和正在改变的条件中活动的继承性和完善化而形成和发展的——特点,在于寻找构成意志和行动的基质的种种需要的协调和从属关系"[②]。他对唯物史观的阐释始终指向人的需要和人的发展,认为唯物史观"过去和现在都是在揭示任何人类发展,包括在一定具体条件下所有被我们称为观念的那些东西的真正原则和动力"[③]。主张在对唯物史观的阐释中重树人的主体地位,深挖人的需要、人的目的性对历史的影响,抛弃决定论式的阐释而回归辩证的理解。他对唯物史观的理解重新确立了人在认识和改造世界活动中的主体地位,纠正了片面强调经济基础的"经济决定论",在一定程度上凸显了唯物史观的价值维度。梅林认为历史唯物主义就是整个马克思的世界观,"我们并不认为只有一种真正的理论哲学存在,而是认为,任何理论哲学都具有某种真理,但这某种真理总只是有条件的真理。在它们之中没有一种可以是'最后审级的'最终真理"[④]。他认为历史唯物主义是研究人类发展过程的科学方法,在强调马克思主义科学性的同时却将其实证化、简单化了,忽视了马克思主义的价值取向和人学维度。

---

① 保尔·拉法格:《思想起源论》,生活·读书·新知三联书店1963年版,第221页。
② 拉布里奥拉:《关于历史唯物主义》,人民出版社1984年版,第54页。
③ 同上,第57~58页。
④ 梅林:《保卫马克思主义》,人民出版社1982年版,第229页。

伯恩斯坦反对将马克思主义阐释为经济决定论，认为历史发展是由诸多因素共同作用的结果。他比较重视马克思主义的价值取向。"在伯恩斯坦看来，社会主义是人人都有平等自由的政治民主的实现。"[1]考茨基虽然对经济基础的决定作用做了机械理解，主张"唯物主义的历史观是纯粹的科学"[2]，排斥了唯物史观的价值因素，但他认为，马克思反对资产阶级"自由意志"却并不否定意志的作用，更不否定个人在社会历史中的位置，马克思并没有"使生产关系的发生和以此为基础而产生的历史发展，同人们的意向和知识、从而同人们的精神分开。相反，唯物主义历史观以意向和知识为必要的前提"[3]。他认为，唯物史观比以往关于"自由意志"的学说更好地揭示了意志的作用。他还提出了无产阶级"精神贫困化"论题，认为无产阶级在精神上陷入了贫困，因而必须通过人为的方式唤醒无产阶级的意识，推动无产阶级的斗争。他指出，自然界本身没有目的，只有人有自觉性，只是其自觉性并非与生俱来的，必须通过引导教育和斗争实践来引导。饶勒斯试图以新康德主义等唯心主义思想"修正"马克思主义，声称"唯物史观并不妨碍对历史做唯心主义的解释"[4]，试图以"正义"等价值概念改造唯物史观，认为人生来追求"正义"，观念本身是运动和行动的原则，断言马克思主义同样以"正义"为前提。卢森堡意识到了凸显马克思主义价值维度的必要性，并以"资本积累"理论发展了马克思主义政治经济学，认为"马克思有一把有魔力的钥匙，这把钥匙使他揭开了一切资本主义现象最深奥的秘密"[5]。

佩里·安德森指出，马克思和恩格斯以后继承他们的下一代理论家，"他们著作的主要方向事实上可以视为恩格斯本人最后时期的继续"[6]。这批理论家对马克思主义的解读，可以视为马克思主义发展史上一个承上启下的环节。总体上看，这一批理论家中的多数人对马克思主义的解读都存在着一个共同问题：仅仅或主要对马克思主义做出了科学化阐释和发挥，忽视了马克思恩

---

[1] 宾克莱：《理想的冲突——西方社会中变化着的价值观念》，商务印书馆1983年版，第85页。
[2] 《考茨基文选》，人民出版社2008年版，第81页。
[3] 考茨基：《唯物主义历史观》第三分册，上海人民出版社1984年版，第370页。
[4] 沙尔·拉波波尔：《饶勒斯传》，生活·读书·新知三联书店1982年版，第46页。
[5] 《卢森堡文选》，人民出版社2012年版，第45页。
[6] 佩里·安德森：《西方马克思主义探讨》，人民出版社1981年版，第13页。

格斯对人的论述及其价值，忽视了对马克思主义价值取向的阐发，其中的一些理解甚至退回到了旧唯物主义和机械决定论的水平。他们中只有少数人提及或凸显了马克思主义的价值取向，"关心以不同的方式将历史唯物主义作为有关人和自然的全面理论而加以系统化，使之能替代对立的资产阶级学科，并为工人运动提供其战斗者们易于掌握的广泛而一贯的世界观。这个任务使他们像恩格斯一样，承担双重使命：一方面，把马克思主义总的哲学内容作为一种历史观念提出来；同时，把它扩展到马克思所未曾直接触及的领域"[①]。正是从这个意义上说，这些解读开启了马克思恩格斯之后对马克思主义人的发展理论解释和发挥的历程。这一批理论家的解读虽然尚未形成成型的解读模式，因而在马克思主义发展史上只是一个过渡，却为后来东西方的学者对马克思主义不同的解释和发挥埋下了伏笔。

对马克思主义解读模式的成型开始于19世纪末20世纪初。在这一时期，东西方开始了马克思主义阐释"一源多流"的分化，形成了最有代表性和影响力的两大支流：东方马克思主义者的解释和发挥以及西方马克思主义者的解释和发挥。就其基本态度和总体取向而言，可以将两大支流分别定位为强调马克思主义科学认识功能和改造社会意义的解读模式，以及强调马克思主义价值取向功能和精神解放意义的解读模式。东方的马克思主义解释和发挥主要有滥觞于普列汉诺夫而初步成型于列宁的苏俄和东欧社会主义国家的解读，以及渊源于苏俄并结合中国革命和建设实践而形成的中国马克思主义者的解读，大致对应于麦克莱伦所谓"俄国的马克思主义"以及"中国和第三世界的马克思主义"；西方的马克思主义解释和发挥肇始于卢卡奇和葛兰西，并一直延续至当代的西方马克思主义的解读，大致对应于麦克莱伦所谓"两次世界大战之间的欧洲马克思主义"以及"欧洲和美国的当代马克思主义"。从总体上（而不是全部）来说，包括苏联和中国在内的东方马克思主义理论界，在一个较长的时期中往往侧重于马克思主义科学认识方面的意蕴及其意义。与之不同的是，西方的马克思主义（尤其是人本主义思潮）研究者则特别关注马克思主义人学意蕴，侧重于其价值取向的方面。正是这一差异以及

---

① 佩里·安德森：《西方马克思主义探讨》，人民出版社1981年版，第13页。

其相关理解上的见仁见智,导致两者各自经历了一个演变和发展过程,使得20世纪的马克思主义解释逐渐分野为"东方的"和"西方的"两大支流。

就人的发展理论研究而言,在一个较长的时期中,东方的马克思主义研究者因为关注无产阶级的解放问题从而致力于改变剥削制度的阶级斗争和社会革命,而对人的发展有所忽略。这一情形在苏联直到20世纪50年代以及80年代才有所改变,在中国,则到20世纪80年代才有根本性的改变,即人的发展理论开始受到广泛的关注。至于西方的马克思主义研究者,则一直比较重视对马克思主义人学意蕴的阐发,对人的发展问题也多有强调和发挥。

二、人的发展理论在东方的演变

马克思主义研究在东方国家的演变过程开始于苏俄而展开于二次世界大战后之各个社会主义国家。

普列汉诺夫坚持马克思主义基本原理并做出了新的解释和发挥,推进了唯物史观对社会发展规律、动力和机制的认识。他反对把唯物史观歪曲成"经济唯物主义",认为社会发展是在生产力基础上通过各种因素相互作用实现的,影响社会发展的因素有"五项":"一定程度的生产力的发展,由这个程度所决定的人们在社会生产过程中的相互关系,这些人的关系所表现的一种社会形式;与这种社会形式相适应的一定的精神状况和道德状况;与这种状况所产生的那些能力、趣味和倾向相一致的宗教、哲学、文学、艺术。"[①]"五项因素"相互作用与制约构成了社会运动和发展。列宁认为,马克思主义是一块整钢,辩证唯物主义认识论与历史唯物主义基本原理是内在统一的。他指出,马克思从社会生活中的各种领域中划分出经济领域,从一切社会关系中划分出生产关系,即决定其余一切关系的基本的原始的关系,并以生产关系来说明资本主义社会形态的构成和发展,确立了科学的历史观和方法论,马克思"完全用生产关系来说明该社会形态的构成和发展,但又随时随地探究与这种生产关系相适应的上层建筑,使骨骼有血有肉"[②]。《资本论》就是运

[①] 《普列汉诺夫哲学著作选集》第2卷,生活·读书·新知三联书店1962年版,第186页。
[②] 《列宁选集》第1卷,人民出版社2012年版,第9页。

用唯物史观科学方法的一个成功典范。他还认为，历史唯物主义追溯到决定人类历史活动思想动机背后的原因，并且以自然科学的精确性去研究人们生活的社会条件以及这些社会条件的变化，最终探明了资本主义社会形态的发展是自然历史发展的过程。他坚持人的实践活动与社会关系的统一，从"生产的社会关系"出发理解"现实的人"，认为社会是人的社会，社会关系在人们的实践活动中形成、体现和发展，社会性是人的本质属性；他坚持个人与社会的辩证统一，关心劳动者的个人利益，主张个人利益与集体和社会利益相结合，认为社会主义为新型人际关系的建立和人的个性全面发展创造了可能，应当基于公有制基础上在人们之间建立共同劳动、平等互助、团结一致的新型社会关系；他倡导发挥广大人民群众的社会主义建设的历史主动性、积极性和独创精神，要求帮助劳动者克服旧制度遗留下来的旧习俗，培养青年人重视有益于社会的劳动，使他们成为社会主义新人。这些观点为苏联以及东方马克思主义研究者理解马克思主义人的发展思想确定了根本方向，划定了基本范围。

  苏联理论界对作为指导思想的马克思主义进行了比较系统的解释和发挥。在一个较长的时期中，由于前述影响，学者们研究马克思主义的总倾向是将马克思主义主要甚至仅仅视为一种开创性的科学认识，一种伟大的认识工具，例如 Г. А. 巴加图利亚在《马克思的第一个伟大发现——唯物史观的形成和发展》中界定唯物史观时就认为，"唯物主义历史观是马克思创立的关于人类社会发展的普遍规律的科学"[①]，"唯物主义历史观，这同时既是社会一般规律性的观点，又是历史一般规律性的观点。这是社会在其一定发展阶段上怎样运动和社会在历史进程中怎样发展的观点。这同时是社会的理论，又是历史的理论"[②]。基于这种理解，相对而言比较忽视马克思主义的价值取向及其人学意蕴，正如弗洛姆所指出的，俄国和苏联马克思主义者的这种理解实际上"更接近于马克思所反对的19世纪资产阶级的机械论的唯物主义，而不接近于马克思的历史唯物主义"[③]。

[①] Г. А. 巴加图利亚：《马克思的第一个伟大发现——唯物史观的形成和发展》，中国人民大学出版社1981年版，第1~2页。
[②] 同上，第4页。
[③] 弗洛姆：《马克思关于人的概念》，旭日出版社1987年版，第65页。

弗洛姆指出了这一倾向形成的原因,认为,就历史原因来说,主要是因为马克思的经典的解释者没有读到马克思具有丰富人本主义思想和人学意蕴的两部手稿,从而对马克思主义人学意蕴缺乏足够的了解。"第一个事实是《经济学——哲学手稿》直到1932年才发表,在此之前,人们甚至还不知道有这份手稿。第二个事实是《德意志意识形态》直到1932年才得以发表,而在1926年才第一次发表了全书的一部分。"① 就现实原因来说,一是社会政治方面的原因,即俄国社会制度的目标与马克思追求人的人格和个体性发展的人本主义有距离,"因为他们的思想以及他们的社会制度和政治制度跟马克思的人本主义在一切方面都是相矛盾的。在他们的制度中,人是国家和生产的奴仆,而不是一切社会安排的最高目的"②。二是现代化即现代性的初步成功遮蔽了人性,即"这种精神的人本主义传统——马克思还是生活在这种传统中——几乎被成功的工业主义的机械唯物论的精神所淹没"③。由于这些原因,"马克思的经典的解释者,不管他们是像伯恩斯坦那样的改良主义者,还是像考茨基、普列汉诺夫、列宁或布哈林那样的正统的马克思主义者,都不把马克思解释为是以他的人本主义的存在主义为中心的"④。宾克莱也看到了相似的原因及其结果,指出,苏联和东方社会主义国家的一些领导人"修改马克思主义使之适应他们国家的需要,这是不足为奇的。在这种修改马克思主义的过程中,有时改变是那样的彻底,以至卡尔·马克思原来的人道主义几乎所存无几了"⑤。这些评价虽然偏颇或有片面性,却并非空穴来风。

苏联理论界将马克思主义主要视为一种科学认识的倾向在20世纪50年代后期曾有所改观。是时,理论界高举人道主义旗帜,提出一切为了人、一切为了人的利益的口号,掀起了一股强大的研究和宣传人道主义的思潮,然而,这种情形随着现实的变化最终只是昙花一现。到了70年代后期,苏联理论界对马克思主义的理解又出现了新的变化。一些学者开始关注马克思主义的人学意义,并形成了以N.T.弗罗洛夫的《人的前景》为代表的哲学—人本主义

---

① 弗洛姆:《马克思关于人的概念》,旭日出版社1987年版,第65页。
② 同上,第64页。
③ 同上,第66页。
④ 同上,第65页。
⑤ 宾克莱:《理想的冲突——西方社会中变化着的价值观念》,商务印书馆1983年版,第91页。

研究范式。他们的马克思主义研究更加关注现代社会与未来发展,与此同时,原有的科学主义和认识论的研究范式影响减弱。弗罗洛夫认为,马克思第一次把人道主义根植于物质生产的沃土之中,使对现实的人道主义的价值诉求成为历史的、辩证的而非玄虚的政治实践,并在此基础上提出"每个人的自由与全面发展"以及"全人类的彻底解放"的理想。他指出:"马克思主义所揭示的共产主义远景从一开始就确立了如下目标,即克服异化和分散性,克服个性的分化,以使普遍性与特殊性和唯一性,社会性与个性在人身上统一起来,形成全面而协调发展的个性。"[1]"人的自由而全面的发展是共产主义的前提和最终目的——马克思列宁主义科学就是这样提出问题的。"[2]他还多角度地论述了马克思主义对人的理解,认为马克思"在社会科学领域,首先是在哲学领域发生了一场真正的革命。于是,传统上作为哲学认识的中心的关于人的学说就有了客观的分析方法,有了研究人及其发展的完整的方法论"[3]。"马克思主义关于人的定义深入到分析人的社会本质的水平,深入到把人理解为一切社会关系的总和的水平"[4],同时又赋予人的存在和发展的自然生物因素和生物本性以重要的意义。他认为,社会主义社会的一切领域,从生产领域到精神领域都是为了人、为人的培养和教育、为人的发展服务的。他还对人的问题做出了界说,认为"人的问题包括人在现代世界中的地位问题,人的未来、人的发展和作为个性的人的命运问题,人对周围环境的积极的、更加有力的影响问题以及日益增长的人对环境的依赖等问题。……在对世界发展的进程进行现代理论的特别是哲学—社会学思考的时候,人的问题是一个中心问题"[5]。"人的发展的辩证法——或许可以这样来定义科学的人的哲学或关于人的哲学科学(学说)的对象。它是辩证唯物主义和历史唯物主义的有机组成部分,同时它贯穿于科学的哲学的所有其他部分,也贯穿于包括辩证法在内的世界观和方法论的基础之中。"[6]这些看法无疑在一定程度上凸显了马克

---

[1] N.T.弗罗洛夫:《人的前景》,中国社会科学出版社1989年版,第259页。
[2] 同上,第1页。
[3] 同上,第25页。
[4] 同上,第30页。
[5] 同上,第15页。
[6] 同上,第18页。

思主义的人学维度和人文精神，恢复了马克思主义人的发展理念并做出了一些新的阐释。

在南斯拉夫，以彼得洛维奇、马尔科维奇、弗兰尼茨基、坎格尔加为代表的"实践派"理论家们虽然在一些具体问题上存在着不同的理解，但是从根本精神和基本立场上看，则具有一致性，即把人置于哲学思考的中心。人在他们的理论中处于核心地位，人的概念实现了异化、革命、辩证法等术语之间特殊意义的链接与重新整合。实践派认为，马克思思想的核心是人，他不反对在一般意义上讨论人和人性问题，认为人是实践的、历史的存在物。这些理论家在完整和系统理解马克思哲学思想的基础上强调人的自由和责任对社会发展的重要作用，并在强调人和人性问题的基础上阐释和发挥了"马克思主义的人道主义"。

其中弗兰尼茨基等学者的观点颇有代表性，可以窥斑见豹。他们对苏联的政治经济制度进行了反思，对马克思主义理论实质做出了新的理解，着重揭示了马克思主义的人学思想，提出了"新人道主义"。弗兰尼茨基指出，马克思主义是在人类追求自由的最崇高的理想中历史地诞生的，因而曾经是并且仍然是历史上最光辉事业的继续。"马克思通过对历史和当代文明作历史唯物主义的分析，对人类历史作出了迄今最深刻的理论探讨，为新人道主义提供了最深刻的理论基础。"[1]"马克思主义为自由而诞生，为人在其不停顿的历史进程中和创造自己的自由的历史社会中继续迈步前进而诞生。"[2]"人们往往不了解马克思主义创始人的全部事业。在这一事业中，从一开始，甚至当他们还没有产生关于历史和人的新思想时，就贯穿着一个基本思想，即人从当代人所共知的一切异化（其中包括政治异化）形式中解放出来。"[3]马克思主义的理论"既是解放当代社会基本阶级即工人阶级的理论，也是使人们摆脱今天人所共知的一切异化形式的理论。……他们的思想贯穿着深刻的人道主义"[4]。"马克思主义正如历史上迄今任何一个革命原则或革命思想一样，实质

---

[1] 弗兰尼茨基：《马克思主义和社会主义》，人民出版社1982年版，第8页。
[2] 同上。
[3] 同上，第20页。
[4] 同上，第21页。

上是人的生存的新的人道主义理想,是对人的生活、文化和意识的更高级形态的强烈愿望。"① 他指出:"在许多社会党那里……他们非常有力地提出了自己的社会主义观点:社会主义是民主社会,它不仅应继续保证已取得的全部公民自由,而且应通过社会组织的自治形式来进一步发展这些自由。"②

这些认识上的转变一度产生了比较广泛的影响,但随着苏联和东欧社会形势的巨大变化,其作为一种社会思潮逐渐退出了历史舞台。在当代,东方的马克思主义人的发展研究的主流已经转移到中国。

三、人的发展理论在西方的演变

马克思恩格斯之后马克思主义研究的又一条重要支流,是西方学者的马克思主义研究。其理论归属即麦克莱伦说的两次世界大战之间的欧洲马克思主义、欧洲和美国的当代马克思主义。

马克思主义研究在西方经历了一个纷繁复杂的演变过程。从总体上看,西方马克思主义研究者特别是"西方马克思主义"者在马克思主义研究中比较强调其价值取向的方面,特别重视其人学(人本)意蕴和精神价值。这是由他们所处的社会背景以及所关注的现实问题决定的:"'西方马克思主义'出现于俄国十月革命以后和苏联、东欧社会主义国家开始走下坡路之前的西欧大陆,其主要目标是探索一条不同于俄国的在西方资本主义国家实现社会主义的道路。这种背景决定了其理论研究的两个主题:一是批判现存的资本主义制度,二是批评苏联的社会主义模式。英美的马克思主义则是在苏联、东欧社会主义国家已开始趋于解体和资本主义加速全球化进程的背景下出现的,因而,它更关注的是发达资本主义国家如何走向社会主义和如何应对资本主义在全球的扩张。"③ 这种社会背景概括地说就是:一方面,作为马克思主义批判对象的当代资本主义发生了重大变化,另一方面,苏联社会主义模式出现了一系列与马克思主义不符甚至相背离的问题,二者都需要在理论上做

---

① 弗兰尼茨基:《马克思主义和社会主义》,人民出版社1982年版,第212页。
② 同上,第182页。
③ 乔纳森·沃尔夫:《当今为什么还要研读马克思》,高等教育出版社2006年版,第2页。

出新的反思。此外还要注意的是，他们不同于东方马克思主义研究者的身份。在卢卡奇、葛兰西之后的多数西方马克思主义研究者（包括西方马克思主义者和英美的马克思主义学者），都仅仅是马克思主义理论的研究者而非实践者，他们关注的不是通过现实的革命实践对资本主义进行"武器的批判"，从根本上改变资本主义制度，而是力图将马克思主义特别是其社会批判理论同现当代西方社会现实问题结合起来，寻求资本主义（以及现代性等）环境中人的解放道路和方式。这就决定了他们理论研究的兴趣和焦点不在经济和政治制度的根本改变上，而在于人的改变和文化的改变上，因而他们在对马克思主义的解释和发挥中更加看重价值取向，特别是人学意蕴和精神文化价值。

西方的马克思主义研究是以西方社会和文化（哲学）视角重新解读马克思主义和分析资本主义及社会主义社会现实的理论，主张以开放性、多元化的视角来解释、补充和重建马克思主义，实现马克思主义的现代化。他们注重从总体性的角度来理解当代资本主义，重视从哲学和文化意识形态层面对资本主义展开批判，将马克思主义研究的重心从政治、经济等现实问题转向哲学和文化问题，致力于对资本主义社会及其相关的现代性和精神文化危机等问题进行分析和批判。他们对马克思主义以及资本主义和社会主义的解释和态度既不同于东方的马克思主义，也不同于西方的其他社会思潮。

西方的马克思主义对人的问题的研究既有批判性的内容，也有建构性的内容，可以说是在批判中有建构，在建构中有批判。他们对现当代资本主义社会对人生存发展的负面影响进行了深刻反思，并在此基础上提出了对人的理想状态的理解，其中特别关注的是人的生存状态。西方马克思主义对人的问题的重视涉及对人的解放和发展的理解，并结合当代资本主义以及社会主义现实中的问题对人的解放和发展问题做出了新的阐释。当然，他们对人的解放和发展的解释及发挥在许多地方与马克思恩格斯相去甚远，例如在人的解放道路和方式上，就放弃了暴力革命。有学者曾为此做出辩解，认为法兰克福学派放弃暴力革命并不意味着背叛马克思的基本理论，因为暴力革命仅仅是改变资本主义的具体方式。马克思的根本追求是全人类的解放和人的发展，这可以通过破除资本主义的文化统治来实现。就此而言，他们继承了马克思的人道主义和社会批判精神，拓展了马克思的理论，是对马克思主义的发展。这种辩解能否成立，有待于未来实践的检验。

西方的马克思主义研究特别是作为其主体的西方马克思主义，始于卢卡奇、柯尔施和葛兰西等人对马克思主义的解读。在对马克思主义的解读中，卢卡奇率先恢复和阐发了马克思的人本思想及其人学意蕴。诚如弗洛姆所言，"卢卡奇是第一个恢复马克思的人本主义的人"①。作为西方马克思主义者的弗洛姆的说法，直接指明了卢卡奇在西方马克思主义研究转向过程中起到的引领者作用。

卢卡奇批判第二国际理论家忽视人及其能动性、见物不见人的机械决定论观点，强调人的主体性以及意识的能动作用，从人的视角解释社会发展和历史演变过程，创造性地提出了"物化即异化""总体性的辩证法""阶级意识""自然是一个社会范畴"等理论。他强调马克思主义的人道主义特征，对人类历史和无产阶级使命做出了人道主义的解释。在他看来，人类的历史就是一个异化和异化扬弃的过程。他认为马克思主义的人道主义具有优越性，有助于克服物化，并从人道主义和异化的观点出发对资本主义社会中人的异化生存状况进行了深刻剖析，探索了无产阶级争取解放的道路和途径。他批判资本主义的物化现象，认为在资本主义社会，物化即异化，由于物化，"人自己的活动，人自己的劳动，作为某种客观的东西，某种不依赖于人的东西，某种通过异于人的自律性来控制人的东西，同人相对立"②。"人无论在客观上还是在他对劳动过程的态度上都不表现为是这个过程的真正的主人，而是作为机械化的一部分被结合到某一机械系统里去。他发现这一机械系统是现成的、完全不依赖于他而运行的，他不管愿意与否必须服从于它的规律。"③"随着劳动过程越来越合理化和机械化，工人的活动越来越多地失去自己的主动性，变成一种直观的态度，从而越来越失去意志。"④不仅官僚统治的劳动方式和处理问题的机械化方式与单纯的机器操作相一致，而且"分工中片面的专门化越来越畸形发展，从而破坏了人的人类本性"⑤。"在主观方面——在商品

---

① 弗洛姆：《马克思关于人的概念》，旭日出版社1987年版，第65页。
② 卢卡奇：《历史与阶级意识》，商务印书馆1992年版，第147页。
③ 同上，第150~151页。
④ 同上，第151页。
⑤ 同上，第162页。

经济充分发展的地方——，人的活动同人本身相对立地被客体化，变成一种商品，这种商品服从社会的自然规律的异于人的客观性，它正如变为商品的任何消费品一样，必然不依赖于人而进行自己的运动。"①他还运用马克思的"商品拜物教"理论分析资本主义对人的危害，揭示了物化乃是资本主义社会的普遍的必然的现象，认为资本主义的物化生活特别是拜物教的发展，使人成为物，人与人的关系成为物化关系，人的意识成为物化观念。卢卡奇对马克思主义人学意蕴的挖掘和阐发，开启了马克思主义研究重点向人的存在的转向，对其后西方马克思主义的演变产生了深远影响。

柯尔施对马克思主义的实质及其发展做出了不同于第二国际"正统的马克思主义者"和苏俄马克思主义者的理解，认为他们完全没有认识到马克思主义与哲学的关系是一个非常重要的理论和实践问题，因而强调要恢复马克思的理论传统，对马克思主义和哲学问题做出新的探讨。他批评第二国际"正统的马克思主义者"的一个理论缺陷就是将马克思主义理解为一堆原理的总和，而没有将其理解为一个总的体系，他们肢解了马克思主义，使其丧失了对于无产阶级革命的指导作用。"尽管他们在理论上和方法上都承认历史唯物主义，但是第二国际的马克思主义者们事实上将社会革命理论肢解了……后来的马克思主义者越来越把科学社会主义视为一系列与阶级斗争的政治或其他实践没有任何直接联系的纯科学观察……关于社会革命的统一的总体理论变成了对资产阶级经济秩序、资产阶级国家、资产阶级国家教育、资产阶级宗教、艺术、科学和文化的批判。"②他指出，马克思一直坚持对资本主义社会整体的批判，马克思主义的革命实质就体现在对社会的总体把握上，所以它"应被看作并理解为一个活的总体的社会发展的理论，或者说得更确切一些，应被理解并实践为一个活的总体的社会革命理论"③。他还认为，社会主义，无论就其目的还是手段而言，都是一场实现自由的斗争。真正的马克思主义意义上的专政是无产阶级的专政，而不是对无产阶级的专政，是一个阶级的专

---

① 卢卡奇:《历史与阶级意识》，商务印书馆1992年版，第147~148页。
② 周凡，黄伟力主编:《新马克思主义评论:哲学的政治及其辩证法》，上海三联书店2015年版，第228页。
③ 俞吾金，陈学明:《国外马克思主义哲学流派新编西方马克思主义卷》上册，复旦大学出版社2002年版，第95页。

政,是革命的、进步的专政,其目的是为大多数人创造更多的自由。

葛兰西致力于探索与俄国革命道路和战略不同的西欧国家的革命道路和战略,是欧洲共产主义的思想先驱。他强调马克思意味着一个进入到意识统治着的人类历史中去的智慧的入口。认为,实践是人的存在方式,人正是以实践的方式建立起人与自然和人与人的关系,马克思主义具有显著的实践性,"马克思并不仅仅是一个学者,他是一个行动的人。他在行动中和在思想中一样伟大和富有,他的著作不但改变了思想,而且改变了世界"[①]。因此,应当把马克思的思想作为"实践哲学"来把握。他对经济基础、上层建筑及其与市民社会的关系提出了不同于马克思的理解,指出:"目前我们能做的是确定上层建筑的两个主要层面:一个可以被称作市民社会,即通常称为私人的社会组织的集合体;另一个则是'政治社会'或'国家'。"[②]他认为,马克思主义主要强调社会经济结构,对思想文化等上层建筑的影响以及个人的主动性不够重视。他反对"正统马克思主义"将马克思主义理解为经济决定论,强调"知识的伦理的指导权",强调在马克思那里存在从必然向自由,基础向上层建筑,既定条件向自我决定的提升的"净化"方向。他注重思想文化等上层建筑因素的影响,创造性地提出了"文化上的领导权"问题,提出无产阶级要夺取文化领导权。他指出了马克思主义对人的理想状态的期待,即"对马克思主义者来说,'人是什么'的问题其实是一个关于人能够成为什么的问题"[③]。

卢卡奇、柯尔施、葛兰西对马克思主义的新理解以及对社会现实问题的分析和思考,直接或间接地影响到此后形成的欧洲共产主义对不同于俄国革命道路和战略的西欧国家革命道路和战略的探索。欧洲共产主义认为,当代世界出现了许多当年马克思、列宁没有预见到的新问题,因而对马克思主义的解释必须"现代化"。意大利共产党、法国共产党和西班牙共产党领导人在被称作"欧洲共产主义的宣言"的《在民主、自由中实现社会主义》的纲领

---

① 俞吾金,陈学明:《国外马克思主义哲学流派新编西方马克思主义卷》上册,复旦大学出版社2002年版,第114页。
② 葛兰西:《狱中札记》,人民出版社1983年版,第12页。
③ 奥尔曼:《辩证法的舞蹈——马克思方法的步骤》,高等教育出版社2006年版,第154页。

中，主张重新认识和评价苏联的社会主义理论和实践，强调要独立自主地确定自己的政治路线。他们认为，由于时代和社会条件不同，各个国家革命的道路也不一样，不存在某种固定不变的走向社会主义的道路和模式。各国应当根据本国的现实情况、历史文化传统和民族特点确定自己不同的革命道路。随着科学技术的进步和经济的高速增长，西欧国家的社会结构和社会关系出现了一系列新的情况。在政治领域，民主制度的范围有所扩展，从而可以经过民主与和平方式对现有政治和经济结构进行一系列改革，进而循序渐进地走上社会主义道路。也就是说，不用采取暴力革命而是通过和平民主的方式，利用现有的资产阶级民主制度逐步过渡到社会主义。欧洲共产主义强调对历史上优秀思想文化特别是价值取向的继承和发展，其代表人物之一的西班牙共产党领导人卡里略就认为："西欧国家社会主义……是一种更加进步的社会主义，这种社会主义将对今天存在的各种社会主义的民主发展产生积极的影响。"[1]他认为，资产阶级倡导的民主权利和人权是人类向前发展的无法否认的历史成果，提出要"实现这样一种社会主义，它将保持和丰富政治上的民主权利和人权，并赋予这些权利以新的经济和社会内容"[2]。他对资本主义制度持彻底否定的态度，主张划清欧洲共产主义与社会民主主义之间的界限，指出两者的区别在于"在思想领域，在'欧洲共产主义'与社会民主主义之间，至少与迄今为止所说的与社会民主主义之间，不可能有丝毫混淆。通常所谓的'欧洲共产主义'主张改造而不是管理资本主义社会"[3]。

海德格尔从哲学的终极问题——人的存在问题开始，对以往的哲学（传统形而上学）体系进行了人学角度的反思。他认为，传统形而上学对于存在本来的意义早已遗忘了，总是把探索的目光对准外部世界。他主张应当转向人之生存世界、人本身之生存。他认为，人处于无家可归的状态，这种状态是人自己塑造出来的而并非外在原因所致。"这种无家可归状态尤其是从存在之天命而来在形而上学之形态中引起的，通过形而上学得到巩固，同时又被形而上学作为无家可归状态掩盖起来。"[4]要改变这一状态必须通过人自身的努

---

[1] 卡里略：《"欧洲共产主义"与国家》，商务印书馆1982年版，第32页。
[2] 同上，第6页。
[3] 同上，第93页。
[4] 海德格尔：《路标》，商务印书馆2000年版，第400~401页。

力。就此而言，他认为"因为马克思在经验异化之际深入到历史的一个本质性维度中，所以，马克思主义的历史观就比其他历史学优越"[1]。他还对人的存在与他物的存在做出了区分，认为"以存在方式存在的存在者乃是人。唯独人才生存。岩石存在，但它并不生存。树木存在，但它并不生存。马存在，但它并不生存。……'人生存'这句话的意思是：人是这样一个存在者，这个存在者的存在是通过在存在之无蔽状态中的保持着开放的内立——从存在而来——在存在中显突出来的"[2]。从某种意义上说，他对人的存在与他物的存在的区分凸显了人的生存的本质，也凸显了人不同于他物并高于他物的价值。

萨特尤其重视对马克思哲学人学意蕴的阐释，认为马克思"研究的中心是具体的人，这种人同时由他的需要、他的生存的条件和他劳动的性质，即他反对的事物和人的斗争性来确定"[3]。他肯定马克思主义是当代唯一不可超越的哲学，认为"马克思主义非但没有衰竭，而且还十分年轻，几乎是处于童年时代：它才刚刚开始发展。因此，它仍然是我们时代的哲学：它是不可超越的，因为产生它的情势还没有被超越"[4]。马克思主义之所以仍具有鲜明的当代性，是因为它所面对的问题还未解决，"只要社会关系的变化和技术进步还未把人从匮乏这个桎梏中解放出来，马克思的命题在我看来就是一种不可超越的证明"[5]。他断言马克思之后的马克思主义者对人的社会存在和本质的经济分析和阶级分析的方法太简单，忘记了具体的生活实践，使马克思主义中存在着一个"人学空场"，即对人特别是对个体的存在价值的忽视，人的地位不见了，人"失落"了，"马克思主义今天是一个无人地带"[6]，进而"指责当代马克思主义在偶然性方面抛弃了人类生活的一切规定性，并且不保留属于历史整体化的任何东西，只保留有其普遍性的抽象轮廓，结果它完全失去了人的含义"[7]。他认为，存在主义思想的复兴是因为人被从马克思主义的知识

---

[1] 海德格尔：《路标》，商务印书馆2000年版，第401页。
[2] 同上，第442页。
[3] 萨特：《辩证理性批判》，安徽文艺出版社1998年版，第15~16页。
[4] 同上，第28页。
[5] 同上，第32页。
[6] 洪谦主编：《现代西方资产阶级哲学论著选辑》，商务印书馆1964年版，第401页。
[7] 萨特：《辩证理性批判》，安徽文艺出版社1998年版，第71页。

中排除出去了，因此要"在马克思主义内部重新恢复人"①。他指出："马克思主义如果不把作为自己基础的人重新纳入自己之中，就将变为一种非人类的人类学。"②而"马克思主义的基础作为历史的和结构的人类学，就是研究人本身，因为人类的生存和对人类的理解是不可分离的"③。他肯定"人学辩证法"，主张从人的存在的社会历史关系角度理解辩证法，建立起以人的具体实践为基础的历史的人类学。他认为"存在主义和马克思主义的目标是同一个，但后者把人吸收在理念之中，前者则在他所在的所有地方，即在他工作的地方、在他家里、在街上寻找他"④。存在主义的对象就是在社会领域中的个别人，是由于劳动分工和剥削而被异化、物化、神秘化而又用歪曲的工具手段同异化进行斗争的个人，而对这些个别的人的忽视正是马克思主义的缺陷。他试图从存在主义的角度对马克思主义进行改造，把存在主义"补充"到马克思主义中去，创立一种涉及人的存在与本质、自由与责任、命运与价值的将人置于哲学中心的"新人学"，给所谓"停滞的马克思主义"注入新鲜的活力。

对马克思主义人的发展理论最为重视的是法兰克福学派。霍克海默尔将"批判理论"作为马克思主义的代名词，认为马克思主义的主导思想就是批判，即主张彻底否定资本主义，只是由于过分强调经济基础的决定作用，所以"马克思主义"忽视了人的主体性，逐渐变成失去了活力的封闭体系。他阐述了"社会批判理论"同资产阶级"传统理论"的区别，认为二者的对立在于"'传统理论'的目的是以纯粹智力劳动来维护现存制度的再生产过程。与之相反，'批判理论'的目的并不是简单地消灭这一种或哪一种社会弊病……恰恰相反，它要怀疑那些被人们视为现存秩序中有用的、合适的、创造性的、富有价值的范畴，作为对人们毫无用处的非科学的东西加以拒斥"⑤。他强调社会批判理论的人学意蕴，认为社会批判理论也是一种人道主义，因为这一理论的前提是确认存在着普遍人性，并且将追求人性的实现作为社会发展的重要动力。

---

① 萨特：《辩证理性批判》，安徽文艺出版社1998年版，第71页。
② 同上，第141页。
③ 同上，第139页。
④ 同上，第27页。
⑤ 俞吾金、陈学明：《国外马克思主义哲学流派新编西方马克思主义卷》上册，复旦大学出版社2002年版，第134~135页。

他从实现人性的目标出发，提出要对资本主义社会进行坚决的批判，使之改变成为一个更加正义和更加人道的社会。他在与阿多诺合著的《启蒙的辩证法》中，对西方启蒙运动及其所倡导的理性进行了反思和批判，深刻揭示了作为传统人本主义理论基石的启蒙精神的实质，尤其是深刻反思了启蒙（也就是文明）给人的生存造成的侵害，认为启蒙已经异化为另一个神话，甚至认为启蒙引导的社会进步导致了人性的堕落。"万物有灵论使客观精神化，甚至在总计划之前，经济设备就自动地使商品具有决定人的行为的价值。从那时以来，随着自由交换的结束，商品已失去了全部的经济特征，而只具有拜物教的特点。更重要的是，拜物教的影响已扩大到了社会生活的一切方面。"[1]他们指出了启蒙以及理性的确立、科学技术的进步导致了社会发展的严重失衡，出现了工具理性遮蔽价值理性、道德危机、物欲横流、享乐主义、贫富差距加大、自然环境恶化等问题，凸显了社会经济和文化进步给人类生存发展带来的负面影响。

马尔库塞特别关注马克思思想的人学意蕴，认定《1844年经济学哲学手稿》是马克思思想发展过程中具有划时代意义的文本，是历史唯物主义的思想渊源和科学社会主义的思想基础，其关于人的论述是马克思思想的核心内容，认为马克思在"关于共产主义革命的必要条件的科学"中将人置于了中心地位。他将自己提出的"爱欲解放论"同马克思的"劳动解放论"关联起来，提出了通过艺术实现爱欲的解放作为解放人类的方案。他揭露了发达工业社会中人的生存状况和精神面貌，认为当代资本主义社会是全面异化的"单向度"社会，这个社会不同于之前社会的对抗性，在其中，科学技术的迅猛发展压制了一切，科学技术的进步导致了人的单向度化。在资本主义社会中，"生产机构及其所生产的商品和服务设施'出售'或强加给人们的是整个社会制度。公共运输和通讯工具，衣、食、住的各种商品，令人着迷的新闻娱乐产品，这一切带来的都是固定的态度和习惯，以及使消费者比较愉快地与生产者、进而与社会整体相联结的思想和情绪上的反应。在这一过程中，产品起着思想灌输和操纵的作用；它们引起一种虚假的难以看出其为谬误的意

---

[1] 俞吾金，陈学明：《国外马克思主义哲学流派新编西方马克思主义卷》上册，复旦大学出版社2002年版，第147页。

识"①。技术进步和商品生产增加了人对物的依赖，造成了虚假的消费需求，这些需求本质上是资本强加给个人的东西，是控制人的外部力量，它诱导人们扩大消费，使人们在消费中获得满足感，丧失了对现实的批判精神。技术进步又导致了单向度的思想文化，这种文化成为社会控制人的思想的工具，导致了人的单向度化。由此，人性普遍受到压抑，人的生存状态异化，人成了"单向度的人"。而这种"单向度"的社会现实必然会导致社会革命。他认为，当代资本主义社会的形势和革命的力量都发生了变化，马克思的无产阶级革命理论已经过时，应当由新的革命理论来替代。他的新革命理论认为，现代发达的资本主义社会与马克思所处的资本主义社会已经有很大的不同，革命的根本目的也有了变化，不再是以往所追求的改变人们的贫穷状态而使他们过上富裕的生活，而主要是克服社会中存在的各种形式的异化，实现人的精神解放和自由。

  弗洛姆充分肯定马克思哲学的人学意蕴，并做出了新的阐释。他认为，马克思的哲学继承了西方人道主义倡导人类尊严和友爱的哲学传统，是以人为中心，将人作为唯一目的的人本主义哲学，其人本主义是指每一个人均体现了全部的人性，其核心问题是现实的个人的存在。马克思的哲学充满着对人的关怀和对人的信念，相信人能够使自己得到解放，使自己的潜在才能得到实现，是对资本主义社会人的本性丧失的抗议，"抗议人的异化，抗议人失去他自身，抗议人变成物。这是一股反对西方工业化过程中人失去人性而变成自动机器这种现象的潮流。……他的哲学来源于西方人道主义的哲学传统。……这个传统的本质就是对人的关怀，对人的潜在才能得到实现的关怀"②。他批评一些马克思的解释者忽视马克思的人本主义，忽视马克思哲学的人学意蕴和价值取向，甚至误认为马克思只重视人的物质需要的满足，在这些人看来，"仿佛马克思认为人的最主要的心理动机是希望获得金钱与享受……马克思的'理想人物'是那种吃得好、穿得好然而'没有灵魂的'人"③。他针对这种理解强调指出，马克思追求的主要目标不是使人获得物质财富，

---

① 马尔库塞:《单向度的人》，上海译文出版社2006年版，第12页。
② 弗洛姆:《马克思关于人的概念》，旭日出版社1987年版，第1页。
③ 同上，第7页。

而是使人从经济需要中解脱出来，成为具有充分人性的人。"马克思对资本主义的批判，恰恰就是因为资本主义把对金钱和物质利益的关心变成了人的主要动力，而马克思关于社会主义的概念正是指这样一个社会，在这个社会中物质利益不再是占支配地位的。"① "马克思的目标是使人在精神上得到解放，使人摆脱经济决定论的枷锁，使人的完整的人性得到恢复，使人与其伙伴们以及自然界处于统一而和谐的关系之中。"② 虽然弗洛姆的解读过分强调了马克思哲学的人性论色彩，却强调了马克思主义的人学价值取向及其精神解放意蕴，在一定意义上弥补了以往对马克思人学思想的忽视，凸显了马克思主义研究为了人的生存发展的宗旨。

阿尔都塞对马克思主义的理解迥异于其他西方的马克思主义研究者。他反对将马克思主义归结为人本主义，强调马克思主义的科学性与客观性，强调马克思主义哲学体系是唯物主义科学。他不同意将马克思早期著作置于成熟期著作之上的看法，认为其早期著作和成熟著作之间存在着两种思想体系的"认识论断裂"："在马克思的著作中，确确实实有一个'认识论断裂'；据马克思自己说，这个断裂的位置就在他生前没有发表过的、用于批判他过去的哲学（意识形态）信仰的那部著作：《德意志意识形态》。总共只有几段话的《关于费尔巴哈的提纲》是这个断裂的前岸；在这里，新的理论信仰以必定是不平衡的和暧昧的概念和公式的形式，开始从旧信仰和旧术语中表露出来。"③ "这种'认识论断裂'把马克思的思想分成两个大阶段：1845年断裂前是'意识形态'阶段，1845年断裂后是'科学'阶段。第二阶段本身又可以分成两个小阶段，即马克思的理论成长阶段和理论成熟阶段。"④ 并认为，断裂前马克思思想处于人道主义时期，这个时期又分为两个阶段，第一阶段占主导地位的是理性加自由的人道主义，第二阶段占主导地位的是费尔巴哈的"共同体的"人道主义。他强调马克思对人道主义的批判以及与人道主义的分离，指出，从1845年开始，马克思制定出了建立在崭新概念基础上的历史理论和

---

① 弗洛姆：《马克思关于人的概念》，旭日出版社1987年版，第17页。
② 同上，第8页。
③ 阿尔都塞：《保卫马克思》，商务印书馆2010年版，第15页。
④ 同上，第16页。

政治理论，彻底批判了一切哲学人道主义的理论要求，实现了同一切哲学人本学和哲学人道主义的决裂。断裂前，马克思是费尔巴哈式的抽象人道主义者和历史唯心主义者；断裂后，马克思开始建立科学的社会历史观，成为马克思主义创始人。阿尔都塞还认为，断裂前后体现着两种截然不同的思想模式。这两种模式在理论框架及其概念和问题、中心命题等方面都存在着本质的区别：在青年时期，马克思关于人的异化和自我实现的观点在很大程度上是建基于黑格尔哲学基础上的，而后来形成的历史唯物主义，则是关于社会形态及其历史的科学理论，该理论具有生产力和生产关系，经济的决定作用，上层建筑、国家和意识形态等结构意义上的科学概念。他反对认为马克思将人的本质作为历史发展动因的看法，认为人本主义马克思主义所坚持的人的本质为历史发展的推动力的观点不能成立，历史发展并非人的本质的实现过程，而是一个多元的无主体的过程，因而人不能随意决定历史发展的进程。他看到了马克思主义主张的阶级斗争与人道主义之间的关联，承认"历来的革命斗争，其目的始终是为了结束剥削和实现人的解放。但是，正如马克思所预见的，革命斗争在其第一个历史阶段，不能不采取阶级斗争的形式，那时革命人道主义只能是阶级人道主义，即'无产阶级的人道主义'"[1]，并预测这种人道主义将会发展成为社会主义人道主义。

哈贝马斯试图将经典马克思主义学说与晚期资本主义社会实践结合起来，对历史唯物主义进行重建。他认为，以往历史唯物主义存在时代局限性的原因是没有提出真正的"交往"概念，在历史唯物主义中加入"交往"概念是对其理论的发展和完善，是历史唯物主义的重新构建。在他看来，历史唯物主义就是社会进化理论，社会形态的演变是一种进化的过程，所以历史唯物主义的研究要从社会历史发展问题出发。他认为，"二战"之后尤其是20世纪70年代以来，西方资本主义社会进入晚期资本主义，出现了许多新变化和新特点，已经不同于马克思时代的自由资本主义，不再是马克思、列宁所描述的那个阶级矛盾和阶级斗争日趋尖锐的社会。他提出了晚期资本主义合法性危机问题，分析了资本主义出现的经济危机趋势、政治危机趋势和社会文

---

[1] 阿尔都塞：《保卫马克思》，商务印书馆2010年版，第215~216页。

化危机趋势，认为自己既看到了资本主义社会的异化本质，又把这种异化的社会现象理解为资本主义社会结构转型和社会变迁的必经之路，理解为资本主义社会发展的必然过程，因而对晚期资本主义合法性危机的分析为认识和把握当代资本主义社会提供了新的视角。他根据现代资本主义社会的现实和出现的新问题，进一步强调了马尔库塞"科学技术是意识形态"的思想，并认为随着科学技术社会作用的增强，马克思主义唯物史观和阶级斗争学说的许多观点都过时了，例如经济基础、上层建筑范畴不再像以往那样起作用了，生产力已经不再是解放的潜力，再也不能引起解放运动了。

德里达驳斥了国际社会流行的贬低马克思主义的言论，充分肯定马克思思想的重要意义及其在当代的巨大影响。他认为马克思主义没有过时，不会退出历史舞台，今天仍然在影响着人们，是当代人值得追求的目标，它在某一时刻总会重新显形，并断言"地球上所有的人，所有的男人和女人，不管他们愿意与否，知道与否，他们今天在某种程度上说都是马克思和马克思主义的继承人"[①]。他强调"不能没有马克思，没有马克思，没有对马克思的记忆，没有马克思的遗产，也就没有将来；无论如何得有某个马克思，得有他的才华，至少得有他的某种精神"[②]。他认为，马克思主义的遗产是一种精神——马克思主义精神，要继续从马克思思想中获得灵感，就必须忠实于其中的原则，特别是构成马克思主义的一种激进的批判的东西，马克思的社会批判精神和方法仍渗透在日常生活之中，仍占据着人们的头脑，任何人都无法回避马克思主义这笔人类文化遗产，都无法绕过它而独立活动。马克思主义往何处去是一个摆在我们时代绝大多数年轻人面前的问题，我们要继承的是马克思主义最本质、最有价值的东西，是马克思主义分析问题的完整的方法论。他阐明了马克思主义在全球化时代的意义，讨论了当代资本主义社会存在的问题，列举了包括失业、公民权利被大量剥夺、发达资本主义国家之间无情的经济战、规范和现实的矛盾、军火工业和贸易、核武器的扩散等在内的资本主义"新世界秩序"的十大危害，认为当今的经济战争、民族战争、种族主义、排外现象、文化和宗教冲突等，正在撕裂整个世界。

[①] 德里达：《马克思的幽灵》，中国人民大学出版社1999年版，第127页。
[②] 同上，第21页。

与西方马克思主义者不同,当代英美的马克思主义学者致力于探讨资本主义国家如何走向社会主义和如何应对资本主义在全球的扩张等问题,对马克思主义进行了比较深入的学术探讨。麦克莱伦揭示了马克思主义的当代性和世界意义,认为"不仅仅是在马克思主义国家,马克思的思想产生了影响。在世界其他地方,他已经改变了人们的思维方式。不论我们是否赞同马克思他都已经塑造了我们的观念"[1]。他还充分肯定了马克思主义对人的科学理解以及唯物史观及其方法的当代价值,认为"在某种意义上可以说,我们现在都是马克思主义者。我们倾向于把人看作社会的人,而不是孤立的个体;随着社会学的发展(这极大归功于马克思),我们得以研究改变和改善社会的种种方法;我们以历史的观点来正确评价经济因素在人类发展中的中心地位;我们看到,在特定的时代,思想是与特定的社会经济集团的利益是联系在一起的;马克思的批判已教会很多人看到资本主义制度的不平等和不公正现象,教他们至少要努力去减少这些现象"[2]。肖恩·塞耶斯认为,马克思主义包含丰富的人性思想,其人性理论是一种历史主义的人性观,主张从人性与历史之间的关系去理解人性,并运用自己提出的内在关系辩证法对马克思主义的人性理论进行深入阐释。他从普遍的人性、发展的人性以及自然对人性的限制几个方面对马克思主义人性理论进行研究,认为马克思主义的人道主义是"一种独特的历史观,它以人性的历史发展为基础,并且源于人性的历史发展"[3]。他指出,人性与历史的发展是一个相互促进、辩证统一的过程,是"一种社会活动与人性的互动。在此过程中,相互作用的双方都不是固定不变的;相反,它们总是处于发展和变化之中"[4],并认为"随着人类各种力量和能力的发展,人性也会随之得到发展"[5]。他还探讨了所主张的历史主义人性观的内容、历史进步的评价标准等问题,同时对马克思主义劳动观进行了辩护,指出人性发展的根源在于劳动,因而应当在物质生产活动以及由此产生的社会关系中促进人的需要、能力、自由和个性的发展。麦克莱伦和肖恩·塞耶斯等还

---

[1] 麦克莱伦:《马克思传》,中国人民大学出版社2006年版,第482页。
[2] 同上,第486页。
[3] 肖恩·塞耶斯:《马克思主义与人性》,东方出版社2008年版,第203页。
[4] 同上,第209页。
[5] 同上,第212页。

认为"马克思主义中有'死去的部分'和'活着的部分'。前者主要有从资本主义向社会主义过渡、暴力革命理论、指令性计划经济、市场作用等理论；后者主要有剥削的理论、正义的理论、人的权利和解放的理论、马克思的唯物史观以及资本主义经济危机的分析等等"[1]。前者已经过时，后者仍具有现实意义。乔纳森·沃尔夫认为，虽然时代发生了巨大变化，但是马克思不会被抛弃。他特别肯定了马克思思想中批判性内涵的当代性，指出"正是马克思，而且首要的是马克思，仍在为我们提供批判现存社会的最锐利的武器"[2]。"他的确讲出了许多真实的和鼓舞人心的东西。他的著作充满了洞察和启发。……马克思仍然是资本主义的最深刻和最尖锐的批判家。"[3]

  以上对马克思主义人的发展思想在西方国家流变过程的回溯和梳理，涉及部分西方马克思主义学者代表人物的主要观点。从中可见，一方面，他们对马克思主义及其人的发展意蕴的解读见仁见智甚至大相径庭。另一方面，他们对马克思主义及其人的发展意蕴的解读也存在着一些共同之处：一是强调或凸显马克思主义的人学意蕴及其当代性，以新的视角甚至创造了一些新的方法对马克思主义经典文本进行解读；二是运用马克思主义对现当代资本主义和社会主义现实问题进行深刻反思，并结合对这些问题的分析得出的新认识对马克思主义进行重新阐释，既指出了马克思的缺陷或局限，更指出了一些马克思解释者的缺陷和误读，并在此基础上给马克思主义添加了一些新的东西。在对马克思主义的解读、反思和阐发中，除阿尔都塞等少数人之外，多数人都比较注意挖掘和阐释其中的价值取向，包括其中的人学意蕴和精神文化价值。

  应当承认，西方的马克思主义研究者由于具有语言、文化和社会背景等方面的优势而关注到了一些我们以往所忽视的内容，因而对马克思主义的解释和发挥具有自身的特色和优点，其中最显著之处，就是对人的关注，对当代社会现代化进程中西方社会的人生存状态遭遇的新的问题的反思，对社会发展中凸显的价值问题关注，对人的精神生活价值的重视，特别是在反思的

---

[1] 曾枝盛：《20世纪末国外马克思主义纲要》，中国人民大学出版社1998年版，第12页。
[2] 乔纳森·沃尔夫：《当今为什么还要研读马克思》，高等教育出版社2006年版，第3页。
[3] 同上，第127页。

基础上提出了一些对人的问题的新认识，以及一些因应的思路和对策。这些研究在理论上可以为我们的马克思主义人的发展理论研究所吸收，在实践上可以为我们反思当下的现代化及现代性问题以及探讨实现人的发展的路径所借鉴。他们的研究启示我们，人的发展理论的当代建构既要基于文本又不能拘泥于文本，而是要从变化了的社会现实出发即"接着讲"。

当然，由于立场站位以及社会经历和认识上的局限性，西方的马克思主义研究也存在一些显著的缺陷。总体上说，他们的马克思主义研究不同程度地淡化甚至否定了马克思主义的科学认识及其意义，这一缺陷也体现在对人的解放和发展的理解上。他们对人的解放和发展的探讨不是或不注重基于经济事实和历史发展规律，而仅仅或主要是从价值取向出发，在许多地方离开了马克思主义的立场或背离了其分析和解决问题的方法。更重要的是，他们的目标与马克思恩格斯的目标相去甚远，例如对资本主义的批判。西方马克思主义对资本主义的批判可谓是有限度的批判，他们不是要彻底改变资本主义制度和资本逻辑，而只是要在精神文化方面对社会发展做出一些修正，因此，往往回避资本主义制度特别是资本主义私有制对人的存在方式的根源性影响，而且只是把资本主义社会的问题解释为单向度社会、消费社会、晚期资本主义或者景观社会等。相应地，他们提出的解决问题的方式，就是在肯定资本主义根本制度的前提下在其内部进行局部的调整，这种对资本主义的批判及其解决问题的方式从马克思主义的角度看，显然是舍本求末、治标不治本。

四、人的发展理论在中国的发展

在当代，马克思主义人的发展理论研究的主流已经转移到中国，这种转移既有国际的原因又有国内的原因。由于内外因素共同的影响，当代中国具有世界上最大规模的社会主义实践，具有世界上最为自觉、最具有代表性的人的发展实践和与之相关的人的发展理论研究。

人的发展理论研究在中国经历了一个从不够重视到比较重视再到更加重视的过程。对马克思恩格斯之后到当代马克思主义在东方国家演进过程的回顾表明，人的发展研究一百多年来经历了被淡化和遮蔽到再次进入马克思主义理论研究论域的两次转变过程。在中国，人的发展受到重视并展开的研究也经历了一个过程。在改革开放之前一个相当长的时期内，人的发展在中国未得到实践上的凸显和理论上的探讨，其所以如此，既有客观方面的原因也有主观方面的原因。从客观方面看，是由历史环境和任务决定的。在新民主主义革命时期，所要解决的是人的解放即改变旧的生产关系和上层建筑、推翻旧的社会制度的问题；在社会主义建设的早期，主要任务则是建立新的政治经济制度和发展生产力，人的发展未能提上议事日程。在改革开放初期，由于经济建设欠账过多、发展生产力是第一要务，确立了以经济建设为中心、一心一意进行现代化建设的方针，人的发展也没有受到普遍的关注，而只是学术界少数人讨论的话题。从主观方面看，则与认识上的失误有关。由于受到苏联马克思主义研究片面性的影响以及对世情和国情的误判，在一个时期中，只重视制度的改变和建设而忽视了人的需要和人的发展。这种偏向反映在理论上，就是人和人的发展问题在中国马克思主义理论研究中几乎处于空白状态，有关人的问题以及马克思主义与人的关系问题在学术界、理论界曾经受到误解甚至曲解，主要表现在如下几个方面。

一是将马克思主义与人对立起来，对"人"的问题敬而远之，谈"人"色变，讳言人性和人道主义，否认有一般意义上的人道原则，否认人是马克思主义的出发点和目的，忽视马克思主义人的发展价值取向。即使有时候谈到过重视人，也主要停留在手段的意义上，认为人之所以宝贵，就在于他具有工具性的价值，将人的价值归结于其创造能力和社会作用。相对地，比较忽视目的意义上的人及其人的生存价值和意义。

二是忽视马克思主义对人的需要和利益的肯定，忽视人的权利，甚至将利益和理想、个人和集体对立起来。其突出表现是片面理解马克思主义对集体（共同体）和个人关系的定位，将集体利益与个人利益对立起来，不加分析地以集体利益否定个人合理的需要和利益，轻视个人的权利，离开人的需要、利益和权利以及人的发展要求谈论社会发展。

三是忽视马克思主义经典作家对"自由"的价值和意义的肯定和倡导，例如在谈论人的发展时，往往只强调"全面发展"而忽视"自由发展"。与之相关，无视马克思主义关于确立和发展人的"个性"的思想，甚至将个性等同于个人主义或资产阶级思想而加以拒斥。

这些偏向在改革开放后开始改变。改革开放以来，中国理论界通过文本解读、借鉴西方学者研究成果和总结实践经验等路径，对人的发展问题做出了创造性的研究，对当代中国人的发展理论和现实问题做出了系统的探讨，这一研究是在马克思主义哲学特别是马克思主义人学论域中展开的。在理论上既缘起于对马克思主义经典著作的重新解读，也缘起于国外学界对关于人的问题讨论译介到国内。它肇始于真理标准问题讨论。真理标准讨论带来的思想解放运动开启了关于马克思主义与人的关系的一系列学术探讨，带来了人学研究的拓展和深入，使马克思主义人的发展理论重新受到重视并得到新的发展。

改革开放伊始，对人的发展理论研究影响最大的学术事件首先是人道主义与异化问题讨论。这一讨论虽然发端于对马克思《1844年经济学哲学手稿》等早期文本的解读以及对国外马克思主义研究的借鉴，但一开始就有极强的现实针对性，因而既是对马克思主义经典著作重新解读和对国外马克思主义研究借鉴的结果，更是对中国长期以来社会主义现实和实践中存在问题的理论反思的结果。讨论虽然直接针对的是一个时期中对民主法制的破坏以及对人性和人的权利的侵犯等实际问题，但并没有停留在具体问题的层面，而是上升到了人性、人道主义和人的异化等理论层面上，关联到马克思主义对人性、人道主义、人的价值以及人的异化等基本哲学问题的理解。

在人道主义和异化问题的讨论中，一种观点认为，当前正在进行的改革，必定而且正在引起价值观念的变化，而适合社会主义现代化需要的新的价值观念，又必定而且正在促进改革的发展。在这种情况下，提出人的价值和社会主义人道主义的问题是有现实意义的，是与改革的步伐合拍的。相关学者主张马克思主义的人道主义，主张社会主义也要重视人，批评那种认为社会主义只讲发展生产力、增加物质财富而不重视人的发展的错误观点，回应了对"人是马克思主义的出发点"观点的质疑，对马克思主义的人道主义和人性理论进行了辩护，对人性论和人道主义做出了区分，认为人性论和人道主义两者尽管有密切联系，却不是一回事。他们还引用马克思关于首先要研究人的一般本性，然后要研究在每个时代历史地发生了变化的人的本性的观点，说明马克思反对抽象人性论而承认具体的人性，即不承认抽象的、永恒不变的人性而承认具体的在历史中变化的人性，并认为马克思主义对具体的、在历史中变化中的人性研究，就是马克思主义的人性论。另一种观点把人道主义分成两种：一种是作为世界观、历史观的人道主义，这种人道主义是"资产阶级的唯心论"，是和马克思主义根本对立的；另一种是作为伦理道德的人道主义，这种人道主义立足在社会主义经济基础之上，是可以为马克思主义所包容的。

关于人道主义和异化问题的讨论产生了深远的影响，引发了对马克思主义与人的关系的思考。"马克思主义应当研究人的问题"成为人们的共识，对人的发展问题的思考开始进入哲学研究的论域中，后来马克思主义哲学领域的诸多讨论，都可以视为这场讨论的余波。此后，学术界对"人的问题"的探讨转换到了更为学术性的"实践唯物主义""主体性"等问题上，这些问题从学术、学理的层面强化了对人的问题的思考。

"实践唯物主义"讨论始于对马克思主义哲学根本特征及学科定位的反思。在传统的理解中，马克思主义哲学被称为辩证唯物主义和历史唯物主义。一些学者对这一理解提出了疑问。他们认为，一方面，"辩证唯物主义"并无马克思恩格斯文本的依据，并且，辩证唯物主义和历史唯物主义的二分法不符合马克思主义哲学之本意。所谓历史唯物主义是辩证唯物主义在社会历史领域中的推广和运用的说法也不符合马克思主义哲学发展的历史事实。另一方面，他们认为实践是马克思主义哲学最本质的特征，马克思的唯物主义与其他唯物主义哲学认识和理解世界的出发点不同，是从现实的人和人的实践出发解释世界，因而强调人和世界的关系是实践的关系，是改造和被改造的关系，并且，他们有"对实践的唯物主义者即共产主义者来说，全部问题都在于使现存世界革命化，实际地反对并改变现存的事物"[①]的说法。基于这种理解，他们认为，马克思主义哲学是实践的唯物主义，即以实践为首要的和基本的观点的唯物主义，亦即为了付诸实践、指导实践、改造世界并接受实践的检验和修正、在实践中发展自身的唯物主义，实践的唯物主义应当永远建

[①] 《马克思恩格斯选集》第1卷，人民出版社2012年版，第155页。

立在时代最先进的实践基础上。

　　实践唯物主义凸显了人在社会发展中的作用,一些学者就此进一步认定,马克思哲学主要就是历史唯物主义或唯物史观。他们赞同卢卡奇的说法——"对马克思主义来说,归根结底就没有什么独立的法学、政治经济学、历史科学等等,而只有一门唯一的、统一的——历史的和辩证的——关于社会(作为总体)发展的科学。"①这一观点当然不无可议之处,但大体上是符合马克思哲学思想发展史实的。纵观马克思主义哲学形成和发展的历史可见,马克思本人虽然在一些文本例如博士论文、《1844年经济学哲学手稿》、《神圣家族》以及《资本论》等论著中讨论过唯物主义和辩证法,但他确实没有在唯物史观之外创立一个一般的哲学宇宙观即辩证唯物主义。历史事实是,马克思的哲学研究始终是围绕着社会历史和人的问题进行的,早期的研究主要是政治、法律和宗教批判以及创立唯物史观,中期的研究主要是运用唯物史观解释社会历史问题特别是资本主义经济关系,并通过上述解释来丰富和发展唯物史观,晚期研究主要是对唯物史观做出新的反思,研究古代社会或者所谓"亚细亚生产方式"问题,对西欧之外的俄国等东方社会发展道路和革命条件进行考察。这表明,即使唯物史观不能涵盖马克思主义哲学的所有内容,至少也是其主要的、主体的部分。

　　有学者还进一步从学理上对马克思主义哲学就是唯物史观的看法做出了论证,认为这是因为唯物史观超越了以本体论为核心的传统形而上学,实现了对传统形而上学哲学观念的彻底变革,它从物质实践出发来解释客观世界、人以及人与世界的关系,解释观念的形成和发展,将整个人类历史看作以人的实践为基础的能动的、客观的、物质的过程,人在改变世界的过程中实现全面自由发展。有学者就此提出了"马克思的核心哲学思想是大唯物史观"的看法,认为"大唯物史观认为历史是自然界、人类社会和人本身基于劳动实践活动的相互作用协同发展,这种历史观的理论基础是劳动实践辩证法,它的价值目标是人类解放。迄今得到学界肯定的马克思的许多思想只是大唯物史观的一个个组成部分"②。"马克思哲学研究的宗旨不在于揭示物质世界的

---

① 卢卡奇:《历史与阶级意识》,商务印书馆1992年版,第95页。
② 安启念:《马克思的核心哲学思想是大唯物史观》,《北京日报》2017年1月23日第16版。

运动规律，而在寻找人类从物的支配下获得解放进入自由王国的道路。大唯物史观就是他找到的道路。"①

能否用实践唯物主义指称马克思主义哲学迄今仍然存在争论，但这场讨论的意义在于，凸显了唯物史观在马克思主义哲学中的地位，也凸显了人的问题在社会历史研究乃至于整个马克思主义哲学研究中的地位。

与实践唯物主义讨论相关联的是主体性问题讨论。这一讨论是改革开放实践和社会现实在哲学上的反映。改革开放使中国融入人类文明高速发展的现代化时代，使人们的主体性显著增强，这既表现在人改造世界能力的巨大提升，创造了前人闻所未闻的巨大成就，又表现在市场经济天然的逐利、平等、自由特征导致了人们之间的利益分化进而个体和类的分化，使人成为独立、自主的个体，还表现在全球化进程中社会的经济、政治和文化（价值）的多元化趋向急速发展。作为这一社会现实的理论反映，哲学界对主体性问题的研究兴趣凸显，使其成为马克思主义哲学研究的重要课题。主体性研究涉及对社会发展和认识中人的主体性、主体意识和主体作用的理解。一些研究者侧重于从主体与客体的相互关系上理解主体性，认为人的活动的本质及其特性决定了主体性的本质与特性，主体性就是"人作为活动主体的质的规定性，是在与客体相互作用中得到发展的人的自觉能动和创造的特性"②。同时认为，人的认识过程及其内容不仅与客体相关，也与主体相关，实践的观点是马克思哲学区别于以往旧哲学的首要标志，正是从实践的观点理解主体—客体关系，才摆脱了传统哲学的抽象理解，正确说明了主体在认识论以及社会历史观中的重要地位和作用。在此基础上，一些学者开始从主体或主客体统一的视角看问题，对诸多哲学问题提出了新的理解。

人道主义和异化问题以及实践唯物主义、主体性问题讨论既凸显了人在社会历史中的作用，也凸显了人在马克思主义哲学研究中的地位。正是在这些讨论的基础上，马克思主义人学研究及其理论建构便水到渠成地出场了。

改革开放开启的中国式社会现代化进程，一方面极大地改变了中国社会的面貌，为人的发展创造了新的条件，使人的发展具有了现实性而提上了议

---

① 安启念：《马克思的核心哲学思想是大唯物史观》，《北京日报》2017年1月23日第16版。
② 郭湛：《人的主体性的进程》，《中国社会科学》1987年第2期，第57页。

事日程；另一方面也给人的发展带来了一些新的问题，并且这些问题往往是由人的因素所致——源于人们认知或价值方面的因素，因而要通过人的改变来解决。社会现代化进程的双重效应从不同侧面凸显了研究人和人的发展问题的重要性，使人和人的发展话题重新回归哲学视野。一些马克思主义哲学者展开了人学理论和现实问题研究及人学学科建设，对关于人学的一些基本问题进行了讨论。

关于什么是人学亦即人学学科特点的讨论。有人认为人学是泛指一切关于人的研究（human Studies），有人认为人学是人的科学（human science）即与自然科学相对立、人文社会科学领域中的"人的研究"，有人认为人学是人文科学或学科（humanities），属于价值领域的研究。还有人认为，定义人学的坐标主要有二：一是如何与其他科学（学科）相区别，二是学科归属为哲学。基于这两个坐标，人学就是关于人的哲学，是对人的哲学研究。

关于人学研究对象的讨论。对人学研究对象有代表性的观点，一是"类本位"说，认为人学的研究对象是人类，即认为人类经历了群体本位、个人本位后，正走向类本位时代。人学是这一走向的哲学反映和表达。二是"完整个人"说，认为个人是最现实、最具体、最基本的人，比人类、群体的内涵丰富，且个人问题在当代更为突出，因而人学的研究对象是"完整个人"，人学是研究"完整个人"及其本质、存在和历史发展规律的学科。三是认为人学的研究对象是"现实的人"，应当从现实的人及其社会关系出发，直接探讨当代人类真实的生存状态，关注制约人生存的现实问题及其解决条件和途径，关注人的全面发展。四是认为人学要研究人与外部世界的关系，因为人的发展与社会发展是互为前提和相互促进的，人的发展程度越高，从事物质和精神生产的能力就越强，就会创造更多的社会财富，人民的生活就越能得到改善，而物质文化条件和人民生活的改善又会进一步促进人的自由全面发展。

关于人学学科主要研究内容的讨论。多数人认为，人学不同于自然科学和具体人文社会科学对人的研究，所讨论的是关于人的一系列深层次的哲学问题。人学是从整体上研究人的存在、人性、人的本质、人与人及人与社会的关系、人的形成和进化、人的存在和发展、人生存的意义和价值、人类未来的前景等问题。在内容上包括关于人及其发展的生存论、本质论、规律论、目的论、价值论、需要论、利益论、素质论、能力论、交往论等。

关于人学与具体科学关系的讨论，一致的意见是：一方面，人学以具体科学对人的研究为基础，要吸取具体科学（包括自然科学和人文社会科学）的研究成果，随着具体科学的进步而不断发展；另一方面，人学对具体科学关于人的研究具有指导意义，例如对人性、人的本质的研究有助于正确认识人的行为及社会发展的规律和趋势，可以对生物学、医学等的研究做出价值规范和引领。但是，人学又不能代替具体科学的研究。

关于人学与哲学关系的讨论，有人认为，人学是哲学的一部分，包含在哲学之中，属于哲学学科中的一个分支学科，是与逻辑学、伦理学、美学、宗教学和科技哲学等哲学分支学科并列的学科，它作为关于人的哲学，具有反思性。也有人认为，人学是哲学的当代形态，人是世界的主体，哲学应当以人为本，以人为全部理论的出发点、中心和目的。哲学的发展经历了古代本体论、近代认识论阶段，哲学的当代形态就是人学，这是哲学发展的逻辑使然，因为当代社会发展越来越凸显出人是世界的主体。还有人认为，人学的含义比哲学更为宽泛，人学包含着哲学，哲学是人学的一部分，是一种反思的人学。

人学研究的一个重要进展，是凸显了马克思恩格斯人的发展思想的当代价值，使人的发展理念重新回到马克思主义理论研究中，重启了人的发展理论和现实问题研究。在实践上，使人的生存发展问题进入社会大众的视野，其在社会宏观政策层面最显著的体现，就是确立了以人为本为核心的科学发展观和人民为中心的发展理念，使关注人、人性化等要求成为制定各项政策必须加以考量的重要因素。而以人为本理念和人民为中心的发展理念的确立，又使关于人的讨论得到了新的拓展和深化。在理论上，凸显了人的发展问题以及人的发展理论在马克思主义理论中的地位，使"人学研究的中心问题是人的发展"成为共识，并为人的发展理论的当代建构提供了新的启示和新的思想资源。正是在这一背景下，学术界对人的发展理论做出了进一步展开和深入的探讨，从不同角度论及人的发展的一系列重要理论和现实问题。

一是对马克思恩格斯人的发展理论萌芽、形成和发展过程的探讨。研表明，人的发展理论萌芽于马克思的博士论文到《关于费尔巴哈的提纲》时期。在这一时期，马克思恩格斯在实现两个转变的过程中，从政治—哲学批判深入到经济学批判，揭示了"政治解放"和"人的解放"的本质区别，揭露了专制制度和资本主义制度下劳动异化等人的悲惨境遇，明确了对资本主义制度批判的主体力量，以及通过消灭私有制从社会关系特别是经济关系中解放人、扬弃异化、还原人的自由自主性的本质要求，提出了对"人的类特性"的理解，开启了对人的哲学层面思考，初步确立了人的彻底解放的目标，为确立人的发展理论提供了基础。人的发展理论形成于《关于费尔巴哈提纲》《德意志意识形态》《共产党宣言》时期。在这一时期，马克思恩格斯建立了科学的实践观，对人的关注从合乎人性、人的解放上升到人的发展，明确提出了人的发展概念，既确立了关于人的发展的价值取向，界定了人的发展的基本的含义，揭示了人的发展的内涵，设定了人的自由全面发展目标，又将对人的发展的理解建立在对社会历史科学认识的基础之上，使人的发展理论初步成型。在此之后，人的发展理论在《经济学手稿（1857—1858年）》《资本论》《哥达纲领批判》《反杜林论》《社会主义从空想到科学的发展》等论著中得到了进一步的发展。在这一时期，马克思恩格斯将对人的发展的理解同对社会历史发展的科学认识有机地结合起来，进一步深化和拓展了对人的发展含义的理解以及对人的发展的科学认识，揭示了人的发展与生产力发展和社会关系进步之间的关系，指明了人的发展的现实途径，使人的发展理论更加臻于完善，既为未来实现人的发展提供了理论指引，也为未来进一步推进人的发展理论和现实问题研究奠定了基础。

二是对人的发展含义的探讨。在对经典文本发掘和阐释的基础上，对人的发展的当代含义做出了深入的论述。有人认为，"人的发展包含两种发展，一是个体的发展，一是作为类的人的发展，但不管哪一种发展都离不开人类社会的发展"[①]。个体的发展包括"身体的发展""人的实践活动的发展""人的精神活动的发展"；作为类的人的发展包括"作为类的人的身体的发展""作为类的人的实践的发展""作为类的人的主观世界的发展"。有人认为，在马

[①] 陈志尚主编：《人学原理》，北京出版社2005年版，第513页。

克思那里，人的全面发展首先是作为人类一种理想和人的终极关怀而存在的。人的全面发展体现了人们对社会历史发展最终目标的一种理想和追求，并揭示了人的全面发展的历史和现实规定。"它是一个不断超越某种历史束缚进而推进人的解放的历史过程，是当前作为现实社会主义的人文价值取向来追求的一种不断推进的现实过程。"[1]有人认为，在当代中国，人的发展包括：满足人的体面生活需要，就是小康水平的生活，即人们经济条件比较宽裕，在衣食住行以及教育、医疗等方面具有较好的条件，日子过得比较舒适和讲究；保障和促进人的自我实现，包括人通过创造性的活动展示和提升自己的能力，以及人的社会权利得到保障和实现；发展和满足精神需要，包括满足人们的日常文化需要、提升人们的精神境界，以及建构现代文明价值；提升人的素质，使人们成为个性分明、品德高尚、文明礼貌的现代公民；实现社会公平，保障和促进每一个人的发展，并认为，人的发展各项内容之间是互为条件、相互促进的。

三是对人的发展规律的探讨。有人认为，人的发展是一个过程，"人是一种具有多种多样的存在状态、活动方式和规定性，并处在变易的绝对运动之中的存在物。……'人是未完成的'，人始终走在不断地创造世界与自我创造的过程之中……"[2]。推进人的发展既要认识人的发展的现实条件，也要认识人的发展的规律。有人比较系统地揭示了人的发展的规律，认为人的发展的规律包括"人和环境相互作用的规律""人的实践活动和其他活动之间相互作用的规律""人的存在和意识相互作用的规律""人的个体发展的有限性和类的发展的无限性相互蕴含的规律""人的实践的自发性递减与自觉性递增的规律""特殊个人的作用递减与人民群众的作用递增的规律""人的发展的不自由性、片面性递减和自由性、全面性递增的规律"[3]等。

四是对人性和人的本质的探讨。有人认为，人性是人作为类存在物所具有的共性，即人区别于他物的类特性。马克思承认人性，并将人性主要理解

---

[1] 韩庆祥：《思想是时代的声音：从哲学到人学》，新世界出版社2005年版，第182页。
[2] 张鹏举：《知行结合究天人——夏甄陶的哲学思想贡献》，《中国社会科学报》2015年3月23日，第B03版。
[3] 黄楠森：《略论人的发展的规律》，《安徽大学学报·哲学社会科学版》，2002年第4期。

为人的实践或生产劳动的性能,即自由的有意识的活动,肯定了生产实践是人区别于动物的标志。因此认为,人性作为人皆共有的类特性,是普遍的,人性作为使人区别于他物的类特性,又是特殊的。马克思提出"合乎人性"、向"合乎人性的人"复归,是对未来共产主义社会中人的解放和发展的初步表达。人的本质是马克思主义关于人的社会属性的概念。马克思主义从实践出发理解人与社会的关系,通过对现实的、从事实际活动的人的考察,揭示了人生存发展对社会存在和社会关系的依赖性,对人的本质做出了科学的解释,认为人的本质是由社会关系决定的,"人的本质"和"人性"都属于人的规定,但二者的含义不同:人的本质作为社会关系的总和,是现实的人的现实的规定性,因而是具体历史的,是不断变化和发展的;人性是人这个类中人皆有之的共性,因而具有普遍性,是相对稳定的。人的本质表征着在特定的社会关系中的人(或群体)与他人(或群体)的区别,人性表征着人与他物的区别。马克思主义反对抽象人性论,认为其错误在于只承认抽象的人性,而以其取代了人的具体的社会特性,即人的本质。

五是对人的个性的探讨。有人认为,从人的发展视角看,个性是个人成为其自身的诸种内在规定性的统一,是个人人性丰富性的体现,也是个人独特价值的体现,个性的确立是人自我确证和自我实现过程,个性的充分展示和发展是人的发展的重要内容,个性的完善和发展是人的发展的集中体现。个性是人的主动性和创造力的基础。个性发展不仅表征人个体发展的状况,也是个人的创造性以及他的社会贡献力的基础,是人的社会性发展程度的标志。因此,"在社会主义制度下可以而且应当提倡个性的发展"[①]。发展个性必须合理地理解个性与社会性的关系。一方面,不能以社会性淹没个性,制约人的自由全面发展,压抑人的创造性,而是要以个性来丰富社会性,适应时代和实践发展的要求积极地倡导、丰富和发展个性。为此,要"高扬人的主体性,使人在现实生活中保持一种独立自主、开拓进取、健康向上的心态和能力,并在外在现实世界和内在观念世界的改造中不断追求自由自觉的实现,

---

[①] 《王锐生文集》,广东人民出版社2003年10月版,第189页。

从而实现其全面发展"[1]。另一方面，不能通过否定社会、集体和他人来张扬个性，离开社会和他人，个性不可能得到真正合理的发展，反而会与他人和社会发生冲突而被扭曲。

六是对人的素质的探讨。关于人的素质的含义，有人认为，人的素质是一个综合性概念，既包括自然素质也包括社会素质，既包括体力素质也包括精神素质。完整的现代人的素质具有综合性，是建立在合理的生存态度之上的高水平的知识与能力的统一、健康的身体与精神的统一、合理的个性与共性的统一。有人认为，"人的素质包含着十分丰富的内容，概括地说，这就是德、智、体、美、劳、才、知、心、政、文等十项基本要素"[2]。关于提高人的素质的意义，认为具有双重意义，一方面是有利于社会发展，另一方面是有利于人的发展。两种要求的统一，才是现代化过程中提高人的素质的整体目标。为此，提高人的素质既要服从于外在的目的即着眼于社会的需要，又要服从于内在的目的即着眼于人自身的自由全面发展。这两个方面是相互促进的：人的素质的提升有助于人更好地服务他人、改造社会，同时，人的素质的提升又要在服务他人、改造社会中实现。关于提高人的素质的内容，认为从人的发展要求看，提高人的素质主要包括身心两个方面，在精神领域又包括认识和价值或者能力和品德两个方面。为此，提高人的素质包括提升人自身的内在修养（德智体美等）和培养人的爱好、潜质以及能力。"人的全面发展，也就是人的思想道德素质、科学文化素质、身体素质和审美素质的全面提高和进步。"[3]

七是对人的发展理论与唯物史观关系的探讨。认为，唯物史观既建立了科学的社会历史解释框架，又确立了以人的发展为核心的价值取向，但长期以来，人的发展理论没有受到应有的重视，以人的发展为核心的价值取向在唯物史观理论中一度被淡化甚至遮蔽了，人们谈及唯物史观内容和意义时，

---

[1] 丰子义："人文精神的批判与建设"，中国人学学会编：《人学与现代化》（四），广西人民出版社2002年11月版，第434页。
[2] 崔自铎："人的素质三题"，中国人学学会编：《人学与现代化》（三），广西人民出版社2001年6月版，第9页。
[3] 袁贵仁："人的全面发展学说的新境界"，中国人学学会编：《人学与现代化》（四），广西人民出版社2002年11月版，第42页。

往往只强调其科学认识的方面，相对忽视其价值取向的方面，既未对马克思主义人的发展思想做出系统的梳理和深入的挖掘，也没有将以人的发展为核心的价值取向理解为唯物史观中与认识维度相对应的另一基本的价值维度。因此，应当深入探讨人的发展理论与唯物史观的关系。一方面，运用以人的发展为核心的价值取向对唯物史观做出新的理解，在唯物史观中确立以人的发展为核心的价值取向，使唯物史观真正成为科学认识与价值取向统一的、完整严密的社会历史观，能够全方位地引领当代社会生活和社会实践；另一方面，在唯物史观的层面理解人的发展问题，确立人的发展理论的历史观基础，以唯物史观为理论背景和视角，研究当代社会人的发展的主要内容，进而构建内容丰富、结构合理、逻辑清晰、理论与实践相结合的人的发展理论体系，为理解人的发展问题、推进人的发展实践提供坚实的学理支撑。

八是对人的发展理论与人道主义关系的探讨。认为，人的发展理念与人道主义既有内在关联又有本质区别：马克思恩格斯既批判继承了近代人道主义和启蒙思想家重视人、肯定人的价值优先性的理念，又扬弃并超越了其局限性，坚持从现实的人和人的本质出发，将人的价值优先性主张提升为人的彻底解放和自由全面发展的价值诉求，赋予人的发展以全新的、丰富的内涵，开启了人类优秀价值发展的新路向。"人道主义在马克思那里具有了现实性、科学性，与唯物史观完全一致，与以往的各种人道主义理论有了原则区别。马克思思想的出发点是对资本主义不人道现实的批判，宗旨是实现共产主义即人的本质回归、人道主义实现，共产主义的实现立足于劳动实践活动的自我发展，同样体现了人道主义精神。马克思主义是人道主义，但是是新人道主义。"[①]并进一步认为，人的发展理论对近代人道主义的超越主要体现在三个方面：一是在价值取向上超越了人道主义，人的发展比人道诉求在价值上更加具有彻底性；二是在人的解放和发展主体范围的理解上超越了人道主义，提出了每个人自由全面发展的要求；三是在历史观基础上超越了人道主义，将人类的优秀价值建立在了现实的、科学的唯物史观的基础之上。

除对上述人的发展基本问题的探讨之外，还结合时代和实践特别是当代

---

① 安启念：《马克思与人道主义》，《教学与研究》2015年第7期，第5页。

中国特色社会主义建设的现实背景，对涉及人的发展的一系列现实问题进行了深入和展开的探讨，如现代化与人的发展的关系，市场经济与人的发展的关系，科学技术与人的发展的关系，教育与人的发展的关系，文化与人的发展的关系，精神生活与人的发展的关系，可持续发展与人的发展的关系，国家治理现代化与人的发展的关系，社会和谐与人的发展的关系，以人为本与人的发展的关系，社会主义核心价值观与人的发展的关系，社会公平与人的发展的关系，共同富裕与人的发展的关系，美好生活与人的发展的关系，全球化与人的发展的关系，人类命运共同体与人的发展的关系，人的尊严与人的发展的关系，人工智能与人的发展的关系，等等。

这些探讨凸显了人的发展研究在人学研究以及马克思主义研究中的重要地位，呈现了当代中国人的发展理论面临的主要问题，确立了当代中国人的发展理论研究的主要论域，丰富了对人的发展理论和现实问题的理解，为形成人的发展理论研究体系的框架、建构当代人的发展理论体系准备了理论素材，提供了新的启示和新的思想资源，为人的发展理论体系的当代建构奠定了基础，也为理解由不平衡不充分的发展导致的当代人生存发展的现实问题提供了方法论原则和基本思路。

第四章 人的发展理论体系当代建构的背景和意义

人的发展理论当代建构的历史方位是当代。为此，一方面，必须充分认识人的发展理论当代建构的背景，从当代中国以及世界的时代特征和现实条件出发，观照并回应中国特色社会主义现代化建设进程中人的生存发展要求及其面临的新问题；另一方面，必须充分认识人的发展理论当代建构的意义，明确理论建构的目的性，增强理论建构的自觉性。

一、人的发展理论体系当代建构的背景

人的发展理论体系当代建构归根结底是时代和实践的要求。与马克思恩格斯所处的时代相比较，当代社会已发生了全方位的深刻变化。新的时代特征以及社会生活和实践的变化既给人的发展创造了新的条件，也给人的发展带来了新的问题。为此，人的发展理论体系当代建构首先必须明确其现实背景。这个背景总体上说就是：世界范围的全球化进程的展开和中国特色社会主义现代化建设进程的深入，其中对人的发展影响最大也是最直接的因素，就是中国融入全球化进程以及进行现代化建设并建立市场经济体制。如果用几个最具有代表性的关键词来表征当代中国人的发展的时代背景，就应当是"全球化""现代化""市场经济"。当代中国人的发展面临的新条件和新问题都与这几个因素密切相关。融入经济全球化进程以及进行现代化建设和建立市场经济体制既为当代中国人的发展提供了新的条件和新的机遇，也带来了一些制约人的发展的新问题。

人的发展理论当代建构的现实背景之一，是融入经济全球化进程以及进

行现代化建设和建立市场经济体制。这为当代中国人的发展创造了条件，使人的发展开始从以往的理想向当代的现实转变。这一社会背景转变凸显了人的发展理论当代建构的可能性。

首先是全球化为当代中国人的发展设置了新的外部环境。经济全球化进程的扩展促进了各个国家和地区之间经济、科技和文化的交流。高新技术的运用，网络文化的扩张，使人们之间的交往日趋快捷和频繁，不仅深刻地改变了社会的运行方式，也拓展了人们的交往空间，丰富了人们的社会联系，优化了人们的生存环境，深刻改变了人们的思维方式和行为方式。随着改革开放的深入，中国以更加积极的姿态参与世界和平与发展事业，推进全球治理，构建人类命运共同体，更加深入地融入经济全球化进程，进而扩大和加强与外部世界的互动。中国在参与全球化进程、构建人类命运共同体的过程中借鉴了发达国家的社会、经济、科技和文化成果，推进了社会的转型与变动，不仅使中国社会发展愈益受到世界经济、政治、文化形势的深刻影响，加速了社会的发展，也使中国人的生存和发展愈益受到世界经济、政治、文化发展的影响。这为当代中国人的活动提供了更为广阔的空间，搭建了更大的平台，提供了更多的机遇，开启了新的视野，加深了人们之间超越地域性的普遍交往，确立了人们的世界眼光以及人类意识，提升了人的社会性，丰富了人的时代感。

其次是现代化建设和市场经济体制的建立为当代中国人的发展提供了新的内部条件。作为人类最大规模的理性的社会行为，现代化是由落后的、传统的农业社会向先进的、现代的工业社会转变的进程，是由科学技术革命推动生产力急剧发展的进程，是生产关系及建立在其上的所有社会关系显著改变的进程，也是人的思想观念急剧变化的进程。中国改革开放以来的现代化建设使整个社会运行的逻辑发生了根本性的转换，转向以经济建设为中心、重视效率和利益、强调工具理性，从而使经济、社会、科技、文化、教育呈现出加速发展的态势，极大地改变了社会的面貌，将社会运行推上了一个更高的阶段。作为现代化进程的必然要求，中国选择了社会主义市场经济体制。市场经济体制的建立使市场在资源配置中起决定性作用，使经济体制更加适合生产力发展的要求，使个人利益得到承认并与其作为和贡献直接相关，在根本上调动了人的积极性和创造性。社会主义市场经济体制的建立，带来了经济活动要素活力的充分迸发、社会财富源泉的充分涌流，极大地促进了科技进步，提高了生产力发展水平，使中国经济建设取得了以往不可比拟的重大成就，经济增长在世界主要国家中名列前茅，国内生产总值稳居世界第二，开放型经济新体制逐步健全，对外贸易、对外投资、外汇储备稳居世界前列。在此基础上，脱贫攻坚战取得决定性进展，城乡居民收入增速超过经济增速，中等收入群体持续扩大，就业状况持续改善，覆盖城乡居民的社会保障体系基本建立，人民健康和医疗卫生水平大幅提高，保障性住房建设稳步推进，一大批惠民举措落地实施，生态环境保护的状况明显改变，生态文明制度体系加快形成，生态环境治理明显加强，环境状况得到改善。现代化建设和市场经济体制的建立，既显著地改善了人们的生产和生活环境，也使社会的经济、政治体制和社会关系以及思想文化观念发生了深刻的结构性变革，提升了人的主体自觉、现代意识和综合素质，为当代中国人的发展提供了现实的物质、制度和思想文化条件。

人的发展理论当代建构的又一现实背景，是融入经济全球化进程以及进行现代化建设和建立市场经济体制，给当代中国人的发展带来了一些新的问题，使价值定位和选择对社会进步和人的发展的意义更加紧要。这一社会背景转变凸显了人的发展理论当代建构的必要性。

融入经济全球化进程、展开现代化建设和建立市场经济体制，造成了社会发展不平衡以及社会矛盾加剧，带来了一些制约人的发展的新问题。其中最突出的问题就是：市场经济体制的建立一方面充分调动了人们的积极性；另一方面也导致了人们之间的利益分化、对立和博弈，导致资本对人的统治即物的依赖性，导致资本逻辑通行于社会生活中，造成了社会发展失衡。全球化、现代化和市场经济的双重效应在社会主要矛盾语境中的体现就是：既在一定程度上缓解了"不充分的发展"问题，又带来了"不平衡的发展"问题。正因为如此，随着社会现代化进程的深入和市场经济的运行，中国社会的主要矛盾已经转化为"人民日益增长的美好生活需要和不平衡不充分的发展之间的矛盾"。

不平衡的发展是社会现代化进程在一定历史阶段的必然结果。社会现代化和市场经济对人的发展既具有正面效应也具有负面效应，其双重效应在任何国家或地区都不例外。在任何国家或地区进行现代化建设，都不可能只享受现代化带来的成果而不遭遇到其造成的问题。中国改革开放和现代化进程的深入，在极大地推动社会进步和人的发展的同时，也带来了一些新的社会问题，给人生存发展造成了新的障碍。从宏观上看，现代化建设作为向现代国家和现代文明转型进步的过程，是人类历史上最大规模的推动社会进步的理性行为，它聚焦于社会的加速发展，以科技进步和经济增长为首要目标。这种现代化的价值和行为取向体现在社会制度和政策层面，就是政府在政策制定和行为方式上特别重视效益和效率；体现在个人和群体层面，则是将利益最大化作为主要行为诉求。在此背景下，价值合理性方面的诉求便在社会生活中退居次要位置。中国式现代化具有社会主义的特征，因而我们曾前瞻性地注意到上述问题，提出了一部分人、一部分地区先富起来，先富的帮助后富，逐步实现共同富裕的目标，以及"两手抓，两手都要硬""效率优先，兼顾公平"等原则以应对可能出现的不平衡发展问题。但由于现代化重效益和效率的逻辑，人们追求利益最大化的行为取向，以及发展生产力、提高综合国力的急迫性，两种政策取向在力度和结果上都很不平衡，"先富"和"效率优先"得到了充分体现，"共富"和"兼顾公平"却未如所愿。

在当代中国，社会现代化和市场经济的负面效应及其造成的不平衡发展主要体现在如下几个方面：一是资本逻辑通行于经济领域进而渗透于整个社会生活，导致拜金主义盛行。对一些人来说，"生活的中心就是对金钱、荣誉和权力的追求"[1]。金钱成了一切事物围绕旋转的中心，成了衡量人的价值的尺度，成为他们主要的甚至是唯一的精神或价值追求。人与人的关系往往转化为赤裸裸的物与物的关系、物与钱的关系，物质主义、享乐主义、拜金主义气息在社会中弥漫，以至于在不健全的市场经济环境中出现了钱与权交换的关系，引发腐败案件频发。二是在价值取向多元化的背景下传统价值失落。人们在告别传统价值观念中一些落后、陈旧因素的同时，也抛弃了其中一些优良的价值，如对生存意义的重视、对人格理想的追求等人文精神和道德传

---

[1] 弗洛姆：《占有还是生存》，生活·读书·新知三联书店1989年版，第24页。

统,与此同时,信仰危机、道德失范在某些社会生活领域成为比较普遍的现象,一些人在价值上陷入了无所适从、随波逐流的价值虚无境地,唯利是图,诚信缺失,精神空虚,关系紧张,相互伤害。三是消费主义盛行。消费主义生活方式渗透于社会生活的各个方面,消费从维持生活的手段变成了生活的目的,成了一种生活方式,甚至成为一种时代潮流、一种普遍的心理享受和经常性的文化活动,消费能力和消费层次成了衡量人生存价值和意义的标准,少数人甚至以炫耀富有为荣,以浪费钱财为乐,追求奢靡、刺激的生活享受,由此引发了社会上一些盲目甚至畸形的消费心理和行为。四是科技负面效应凸显。人在生产过程中受到技术的控制,成了机器的附属物,在生活中形成了对技术的依赖和崇拜,对科技的依赖既体现在生理机能上也体现在心理上,科学技术的不当使用威胁着人类的生存,转基因技术等一些新技术的应用带来了一系列社会伦理的问题,使传统伦理面临着新的挑战。五是社会建设缺位。社会事业和民生设施建设相对于经济建设比较滞后,为人们提供生存保障的公共产品供给严重不足,老百姓住房难、上学难、就业难、看病难等民生问题突出且长期得不到根本缓解,社会保障制度不够完善,社会治安、食品药品安全和生产安全问题凸显等社会矛盾集聚,直接影响着人们的生存质量。六是人与自然关系紧张。资源和环境危机随着现代化生产的发展和消费主义生活方式盛行以及人口的快速增长而愈趋加深。前所未有地大量消耗自然资源并严重污染环境所导致的资源匮乏和生态失衡,已经达到触目惊心、积重难返的境地,不仅直接威胁到当代人的生存发展,也将深度地影响到后代人的生存发展。七是社会公平缺失。社会发展不平衡体现在阶层之间的不平衡、区域之间的不平衡、城市与农村之间的不平衡、行业之间的不平衡,其中最为突出也是最受关注和诟病的,是阶层之间、区域之间和城乡之间经济社会发展程度的不平衡。其集中表现是社会公平缺失:城乡、地区、社会贫富差距拉大,基尼系数居高不下,两极分化趋势凸显,贫富分化问题严重,以及由其决定的不同阶层在劳动权利、受教育机会、医疗服务质量、职业选择等社会生活诸多方面的严重不公平。

这些问题本质上是人的问题。一方面,它们愈益深刻地影响着人的生存质量,制约着人的发展;另一方面,它们又是由人的因素所致,起因于不合理的生存态度、价值取向、需要定位、生活方式,以及相关的社会制度安排和政策导向,因而需要通过人的发展,通过提升人的素质、改变人的生存态度、价值取向、需要定位、生活方式以及调整相应的制度安排和政策导向来解决。

与不平衡的发展问题相伴随,随着社会现代化和经济全球化进程的深入,当代中国社会发展及社会生活呈现出新的特点:一方面,社会发展进入了高速运行的快车道,社会生活中的经济、政治、社会和文化等各方面因素比任何时代都更加变动不居;另一方面,随着经济、政治体制的变化特别是民主法治建设的加强和人的依赖关系的淡化,社会呈现出多样化的发展态势,人的主体性及主体能力显著提升,个体意识、权利意识、民主法治意识显著增强,人们在价值定位和价值选择上更加趋于多样。

社会运行加速和社会生活多样化,以及人的主体性和能力的提升,拓展了人们的动机定位和行为选择进而参与实践活动的空间,使人们的生存环境更为宽松,同时也引发了一些空前复杂的新问题和新挑战。由于人与社会的这些变化给社会发展带来了一些不确定的因素,既带来了一些新的机会也带来了一些潜在的风险。形象地说,在当今,整个人类社会就像一艘高速航行中的巨轮,一方面是速度加快,另一方面是歧路太多且进入了深水区,因而既容易出现操作性甚至方向性的失误,又绝不能承受出现颠覆性错误的结果。这就意味着人们对自己目标的定位和行为的选择较以往任何时代都更为重要,同时也更为复杂,人们所做的选择合理与否不仅决定着自己生存发展的状况,也关系到未来社会发展的前景。就此而言,在当代及未来,社会发展将比以往更加取决于人的动机和行为,更加体现出"成事在人"的特点,也就意味着当代社会进步将在更大程度上有赖于人自身的改变,有赖于人的素质的培育和能力的提升,有赖于人的发展。

社会运行加速、社会生活多样化的直接后果,是人的行为以及对社会事物评价和选择尺度的多样化:站在不同的立场、以不同的尺度去衡量和评价人们的行为或社会发展中的各种问题,往往会得出大相径庭甚至截然相反的判断或结论。而评价的差异又直接影响着对未来社会发展方向和目标的定位,影响着人们的行为选择。为了超越这一困境从而在多样化的环境及评价标准中确定并选择正确的方向、目标和行为，就应当确立一种总体性的、能贯穿并统摄各种社会评价尺度的高层次的尺度，并将这一价值尺度作为判定社会发展目标和人们行为合理性、判定社会事物是非曲直以及判定社会发展程度高低之根本性的依据。我们认为，这一根本的、总体性的价值尺度，就是人的发展。只有确立以人的发展为核心的价值取向，才能在社会运行加速、社会生活多样化的条件下更加有效地应对各种类型的不平衡发展问题，促进社会的全面进步以及和谐发展。

综上所述，内外环境的改善以及制约人的发展的新问题的出现，既使人的发展问题在当代中国趋于凸显，也为人的发展奠定了现实的基础，使追求人的发展不仅具有必要性而且具有了现实的可能性，使推进人的发展开始成为亟待完成的现实任务，成为当代中国社会发展现实的目标和主题。与之相关，对人的关注不再像以往那样仅仅是未来社会的理想，或者仅仅是社会历史理论探讨的逻辑起点和历史趋向，而是成了需要在当下现实生活和实践中着力解决的问题本身，当然也就成了需要深入和展开研究的课题。正是在此背景下，在实践上，人的发展问题在社会生活和实践中受到广泛的重视，人们在解决制约人的发展现实问题的实践中推进了对人的发展含义、目标、条件和途径的理解；在理论上，人已经不再只是马克思主义的出发点，而是已经成为马克思主义理论研究的主要对象，各种关于人的和人的发展的讨论接踵而至，"以人为本"理念得以确立并且成为社会广泛使用的热词，相关的词语如人性化设计、人性化安排、人性化举措等一度成了流行语。与之相关，关于人的各种现实问题讨论成为各学科的研究热点。这些讨论的核心和旨归就是人的发展，因而对人的发展理论和现实问题的探究逐渐展开和深化。

然而应当指出的是，虽然人的发展议题开始受到重视并逐渐进入社会话语的中心，但有关人和人的发展的一些基本理论问题却尚未得到哲学层面的、比较透彻和系统的说明。如果不对这些问题在理论上做出深层次的、系统的说明，人的发展理论就仍将缺乏学理上的彻底性。相应地，推进人的发展的行为就可能止于表面和暂时。这就要求对人的发展理论和现实问题做出系统深入的探讨，进而建构人的发展理论体系。只有在马克思主义哲学特别是马克思主义人学的基础上建构人的发展理论体系，才能对人的发展的基本理论和现实问题给予透彻阐释，为人的发展实践提供正确的理论指导。就此而言，人的发展理论体系建构是当代中国社会主要矛盾转化提出的必然要求，是在新的时代背景下推进社会进步和人的发展的现实需要。

以上所述表明，中国式现代化建设既提出了人的发展理论体系建构的现实要求，也为人的发展理论体系建构提供了新的条件，为推进人的发展提供了新鲜的经验，使建构当代人的发展理论体系既有了必要性也有了现实的可能性。概言之，人的发展理论体系当代建构的时机已经基本成熟。应当看到，理论体系即成型的理论形态的建构是一个过程，不可能一蹴而就，因而理论体系建构的条件和时机是否成熟是相对而言的。还应当看到，人的发展理论体系建构并不只是为了反映人的发展现实或总结人的发展经验，更是为了指导和引领人的发展实践，正如德国诗人海涅所说："思想走在行动之前，就像闪电走在雷鸣之前一样。"因此，人的发展理论体系建构可以也应当在一定程度上先行或超前于人的发展现实条件和实践。按照通常的说法，人的发展理论体系构建乃是人的发展实践的"舆论准备"，就此而言，在当代初步构建人的发展理论体系正当其时。

二、人的发展理论体系当代建构的意义

人的发展理论体系当代建构具有重要的现实意义。它将凸显马克思主义引领人的发展的意蕴，提升马克思主义回答人的生存和社会生活中深层次价值问题的能力，增强马克思主义引领社会进步、促进人的发展的功能，为人的生存发展提供坚实的价值支撑。

人的发展理论体系的当代建构，将增强马克思主义的实践性，凸显马克思主义引领社会进步、促进人的发展的使命和功能。

马克思主义理论自创立始就具有鲜明的实践性。马克思恩格斯超越了以往哲学家们对哲学功能的理解，自觉地将哲学的根本使命定位于改造世界，将认识世界视为改造世界的一个环节，不仅是哲学，整个马克思主义理论都是如此。这种实践性建基于对人的彻底解放和自由全面发展的价值追求，他们创立马克思主义的根本目的就在于指导工人阶级和人民大众推动社会进

步、推进人的发展。因此，马克思主义具有认识社会和改造社会的双重使命和功能。正是在这个意义上，卢卡奇在评论作为马克思主义哲学核心部分的历史唯物主义时认为，"历史唯物主义的首要功能就肯定不会是纯粹的科学认识，而是行动。历史唯物主义不是目的本身，它的存在是为了使无产阶级自己看清形势，为了使它在这种明确认识到的形势中能够根据自己的阶级地位去正确地行动"[①]。就马克思主义而言，改变世界的功能比之于认识世界的功能更加重要也更为根本。正如柯尔施所言，"马克思主义不是实证的，而是批判的"[②]，"马克思主义的主要目的不是观赏现存的世界，而是对它进行积极的改造"[③]。由此可见，马克思主义所以能够正确地把握世界及其与人的关系，不仅在于它比其他社会历史理论对世界的认识更为全面、准确和深刻，更为接近"事实"本身，还在于它从根本上改变了把握对象的方式：不是站在历史之外价值中立地、纯客观地观察和分析历史现象，而是以内在地介入历史过程的姿态审视历史现象，进而引导人的活动、干预历史的进程、实际地改变社会的现状。为此，就需要有以人的自由全面发展为核心的马克思主义价值取向的引领。

马克思主义理论的实践性在革命时期主要体现为追求人的彻底解放，在社会主义建设时期，则主要体现为追求人的自由全面发展。在革命时期，马克思主义的实践性及其实践功能得到了充分的、淋漓尽致的体现，获得了巨大的成功。然而在社会主义建设的一个较长的时期中，马克思主义追求人的自由全面发展的实践性及实践功能却未得到充分的体现。究其原因，既是因为对社会主义时期的主要矛盾及其根本任务产生了误判，又是因为出现了一些对马克思主义使命和功能的误读。例如在对马克思主义内容及其意义的解读时淡化甚至忽视了人的发展理论，人的发展理论在马克思主义理论中没能居于应有的地位，本应当作为马克思主义根本价值的人的发展价值取向未能确立起来。其结果是，人的发展理念在实践上未受到足够的重视，马克思主

---

① 卢卡奇：《历史与阶级意识》，商务印书馆1992年版，第307页。
② 周凡、黄伟力主编：《新马克思主义评论：哲学的政治及其辩证法》，上海三联书店2015年版，第5页。
③ 同上，第5~6页。

义在社会主义建设中引领人的活动和社会进步的实践、为人的活动和社会发展提供价值导向的功能受到弱化,未能充分体现在现实的方针政策和社会行为中。人的发展理论建构将在马克思主义理论中全面确立以人的发展为核心的总体性、根本性的价值取向,从根本上提升马克思主义在社会主义建设时期引领人的自由全面发展、促进社会进步的功能。

人的发展理论的当代建构,将增强马克思主义设定社会发展方向和目标、指导人的发展和社会进步的价值导向功能。

社会主义的根本目的是促进人的发展,在当代,就是满足人们的美好生活需要,这是制定经济、社会、文化和环境建设相关政策的根本价值遵循。在社会主要矛盾的转化、社会发展任务转换从而价值问题凸显的背景下,许多制约人生存发展和影响人们美好生活需要满足的问题,都与不平衡不充分的发展问题密切相关。"不平衡的发展"和"不充分的发展"应当统筹解决,统一于人的发展目标上。"不平衡的发展"和"不充分的发展"之所以成为问题,是因为二者从不同角度影响着人的生存、制约着人的发展,因而解决问题的目标、思路和方法都要围绕着人的生存发展来确定。着眼于满足人们的美好生活需要,不充分的发展问题要通过以生产力发展为基础的经济、社会和文化的进一步发展来解决;不平衡的发展问题的解决则应当从满足多数人的美好生活需要的价值取向出发,做出相应的制度安排和政策导向。以不平衡发展中最受关注的公平问题为例,研究表明,人的幸福程度与社会公平实现的程度密切相关,社会进步状况不仅要以社会总体富裕的状况来衡量,而且要以社会公平正义实现的程度来衡量。综上可见,解决社会主要矛盾、满足人们美好生活需要,既要注重社会更快地发展,关注社会发展的速度和效益,加速经济、社会、文化事业建设,又要注重社会更合理地发展,关注发展的目的和效果,切实实现公平正义、共同富裕,使经济、社会和文化发展的成果更好地为人们所共享。

解决不平衡的发展问题与解决不充分的发展问题一样,归根结底是为了满足人们美好生活需要,促进人的发展,因而应当也能够在马克思主义人的发展理论的层面给予透彻的阐释和说明。只有在人的发展理论层面,才能深刻认识和把握人的发展的动机、规律和趋势,设定社会发展的目标,为人的活动提供价值根据，对社会生活中的各种价值问题做出说明和评价，合理地引导和规范人们的行为。在当代，建构人的发展理论体系有助于从学理上深层次地说明人的发展面临的价值问题，为理解和解决社会不平衡发展问题、调整社会发展和社会生活中的利益关系、化解社会转型中的各种矛盾冲突、制定相关的社会政策，提供根本的价值依据和价值遵循，引领和规范人们的行为和社会运行过程。

人的发展理论体系的当代建构，将为人的生存发展提供坚实的价值支撑。

人作为具有自我意识的主体，总是要追寻生存的意义和价值，要明白为什么活着即生活的目的是什么，怎样的生活更有意义，个人的生存发展与他人以及与群体和社会的关系等问题，要在探究并明确这些问题的基础上追求更加美好、更加理想、更有意义的生活，进而设定生存和发展的目标。因此，人的生存和发展需要有价值说明和价值支撑。正如《增长的极限》一书所言："人必须探究他们自己——他们的目标和价值——就像他们力求改变这个世界一样。献身于这两项任务必然是无止境的。因此，问题的关键不仅在于人类是否会生存，更重要的问题在于人类能否避免在陷入毫无价值的状态中生存。"[1] 帮助人们确立正确的世界观、人生观、价值观，为人的生存发展提供坚实的价值基础，是马克思主义现实功能的重要体现。以往在谈论马克思主义的实践功能时，往往着重于其指导人们改变客观世界的方面，这种理解是不全面的。马克思主义作为科学的理论和优秀的价值观，既可以指导人们改变客观世界，也可以指导人们改变自己的主观世界。在当代人的主体性和能力显著增强，价值选择趋于多样化的背景下，建构人的发展理论体系，可以从历史观层面对人的生存发展的深层次价值问题做出科学而合理的系统说明，为人们理解生存的意义、确立合理的生存态度和行为提供坚实的价值基础，为人们的社会活动提供道义上的辩护；可以从根基上激发人们向往美好生活、创造理想社会、追求理想境界的动机，为个人的发展提供价值定位和价值选择上的学理支撑。

人的发展理论体系当代建构具有重要的理论意义：有助于克服对马克思

---

[1] 丹尼斯·米都斯：《增长的极限》，吉林人民出版社1997年版，第32页。

主义特别是马克思主义哲学理解的片面性,深化马克思主义哲学的理论内涵,强化马克思主义哲学的价值之维,重塑马克思主义哲学科学认识与价值取向统一的完整性,增强马克思主义哲学的解释力。

人的发展理论体系的当代建构有助于深化马克思主义哲学的理论内涵。在既往的马克思主义哲学研究中存在着强调科学认识而忽视价值取向的片面性,在对马克思主义哲学理论形态的描述上具有单向度和简单化的特征,往往将其主要甚至仅仅解读为一种科学认识或科学的世界观。这种看法虽然凸显了马克思主义哲学作为伟大认识工具的实质,具有显著的优点,却存在着轻视其价值取向的缺点。马克思曾明确指出:"哲学家们只是用不同的方式解释世界,问题在于改变世界。"[①]对马克思主义哲学的使命和功能做出了高度的概括,深刻揭示了马克思主义哲学的实践性。作为改造世界的哲学,马克思主义哲学不仅要正确地认识世界,成为伟大的认识工具,还要合理地理解世界,设定社会发展的目标,引领人的行为,从而推动社会进步,成为优秀的价值取向。而其前提就是确立一种哲学层面根本性的优秀价值取向。

由于历史任务的限制以及后人的误读等原因,马克思恩格斯确立的以人的发展为核心的价值取向一度被轻视甚至遗忘了。所谓历史任务的限制,是指马克思恩格斯当时面临的任务并非实现人的发展,而是解决人的发展的前提问题即实现人的解放,所以他们将个人的发展归结为阶级的解放,致力于现实地分析和批判资本主义制度,探求无产阶级解放的条件和途径,将哲学地设定和论证人的发展要求和目标,转为了实现"无产阶级解放"的现实诉求,转为了对现存资本主义社会制度和资本逻辑的批判。为了探究人的解放条件和道路,他们将主要精力放在对社会结构和社会发展规律的探讨,并运用所创立的社会历史科学认识分析当时的社会现实问题、指导工人运动、实际地反对和改变现存资本主义制度。以《共产党宣言》和《资本论》为代表的对资本主义政治、经济的批判,对无产阶级解放条件和途径的探讨,以及对未来理想社会基本特征的预测和设定,便是这种转向的鲜明体现。这就不难理解,在马克思恩格斯中、后期的著作中并未专门展开论述人的发展问题,

---

[①] 《马克思恩格斯选集》第1卷,人民出版社2012年版,第136页。

而是专注于讨论人的解放、阶级斗争、社会革命、无产阶级专政等问题。

由于这一转向，人的解放价值维度在马克思主义哲学中由"显在"状态转为了"潜在"状态，在一定意义上"退场"了。这一转向曾经在西方引起过关于马克思社会历史研究主旨的争论，甚至被一些西方马克思主义者解读为"青年马克思"与"老年马克思"的对立。其中的多数人抬高马克思早期思想而贬低马克思成熟时期的思想，认为后者违背了前者的初心。而阿尔都塞等人则反其道而行之，断言马克思早期和晚期思想之间存在着"认识论断裂"，其后期建立在崭新概念基础上的历史理论和政治理论彻底超越了早期哲学人道主义的理论要求并完全与之决裂。这两种解读结论不同，但基本思路和理论逻辑却一样，都忽视了价值维度在马克思主义哲学中一以贯之的"在场"状态。

事实上，马克思恩格斯的上述转向只是研究重点的转换，而并非研究主旨的根本嬗变。转向并不是放弃对人的解放和发展的追求，而只是将这一追求置于现实的基础之上。因为对社会历史发展动力、价值、规律和趋势的探讨、对资本主义制度的批判以及对无产阶级解放的追求，正是要为实现人的发展创造条件。就此而言，人的发展理念在马克思主义中从未退场，而是以潜在的方式仍然在场，因为人的解放、阶级斗争、社会革命、无产阶级专政的理论和实践归根结底就是为了实现人的彻底解放，从而实现人的全面发展。

所谓后人的误读，则是一种典型的解释学语境中的"意义"遗漏，即后人（这里主要讨论东方的马克思主义研究者）在对马克思主义的阐释和发挥中轻视甚至忽视了人的发展理论。对此前文已有详述。

任何完整的哲学理论都包含着一定的价值取向，对于以改变世界为目的的马克思主义哲学来说更是如此。事实表明，价值维度的缺失影响到马克思主义哲学理论上的完整性。以往马克思主义哲学研究中侧重于其科学认识甚至将其诠释为"一维"（认识维度）的哲学理论的做法虽然有一定的原因及合理性，却存在着片面性，并且不符合当代社会现实和实践对马克思主义哲学的要求。在社会实践和社会生活中价值问题凸显的当代，马克思主义哲学作为完整严密的哲学理论，不仅应当为人们认识自然、社会和人自身提供科学的理论和方法，还应当为人们对待和改变自然、社会和人自身提供价值依据。

例如在社会历史问题研究中回应社会生活中的公平、正义、自由民主、共同富裕、社会和谐等价值方面的问题。也就是说，马克思主义哲学不仅应当包含哲学层面的普遍真理，亦应当包含哲学层面的普遍价值，真正成为既科学又合理的完整严密的哲学理论。

作为完整严密的世界观，马克思主义哲学既不能离开物质条件和社会关系解释社会历史，否则就会陷入泛伦理化，就不能对社会历史做出科学的说明；也不能仅仅从物质条件和关系出发解释历史，否则就会见物不见人，忽视社会发展中人的因素，忽视人的发展要求、人的需要、人的生存意义以及公平、道义、精神需要等价值方面的因素，就不能对人的行为从而对人类历史做出科学而合理的阐释。为了确立马克思主义哲学的完整性，就应当进行人的发展理论体系的当代建构，使其成为马克思主义哲学的重要组成部分。

人的发展理论体系的当代建构将增强马克思主义哲学的科学性。马克思主义哲学致力于改变世界，以实践为基础，从实践出发理解人与自然、与社会以及与自身的关系。例如对自然的理解，马克思恩格斯反对对自然只是从客体的或者直观的形式去理解，主张从实践去理解，从主观方面去理解。一方面，认为人们"周围的感性世界决不是某种开天辟地以来就直接存在的、始终如一的东西，而是工业和社会状况的产物，是历史的产物，是世世代代活动的结果"[1]，已经在很大程度上成为打上了人的意识和行为烙印的人化自然；另一方面，认为人与自然的关系是建立在人的实践基础上的。人认识自然是为了改造自然以便在有用的形式上利用自然物维持自己作为人的生存和发展，为自己的目的服务。因而实践和人的生存方式的互动，是人改造自然最深刻的根源。又如对社会历史的理解，马克思恩格斯认为社会生活在本质上是实践的。其一，实践是有生命的个人存在的基础。"全部人类历史的第一个前提无疑是有生命的个人的存在。"[2] "我们首先应当确定一切人类生存的第一个前提，也就是一切历史的第一个前提，这个前提是：人们为了能够'创造历史'，必须能够生活。但是为了生活，首先就需要吃喝住穿以及其他一些东西。因此第一个历史活动就是生产满足这些需要的资料，即生产物质生活

---

[1] 《马克思恩格斯选集》第1卷，人民出版社2012年版，第155页。
[2] 《马克思恩格斯选集》第1卷，人民出版社2012年版，第146页。

本身，而且，这是人们从几千年前直到今天单是为了维持生活就必须每日每时从事的历史活动，是一切历史的基本条件。"①其二，实践是社会关系形成的基础。"通过劳动而生产自己的生命……就立即表现为双重关系：一方面是自然关系，另一方面是社会关系。"②其三，实践是社会精神财富的基础。这是因为"人们首先必须吃、喝、住、穿，然后才能从事政治、科学、艺术、宗教等等"③，又是因为精神产品的内容往往来源于人们的劳动和生活实践。可见，一方面，从追根究底的意义上说，社会生活就是人的活动，社会发展的动力就在人之中，离开人的活动及其动机，便不能对社会发展的基本问题做出透彻的说明；另一方面，从实践出发就必须重视人的作用，只有从人的发展、人的需要和利益、人们追求生活幸福的愿望和行为出发，才能对人与自然、社会及自身的关系做出科学的解释。

人的发展理论体系的当代建构将凸显马克思主义哲学的价值合理性追求。马克思主义哲学从实践出发研究对象及其与人的关系、明确人是历史主体之又一要义在于，肯定人以自己为目的，人改变自然、社会和自身的所有行为，归根到底是为了自己的生存和发展。正是这一根本目的，决定了人们的活动必须遵循一些基本的价值取向，追求一些基本的价值目标：例如从事物质资料的生产和再生产是为了创造社会财富，满足人们日益增长的物质和文化需要；又如改变或改革社会制度是为了促进社会关系的合理化，建构和谐的社会秩序，实现社会的公平正义，维护和发展人们的各项社会权利；再如促进人与自然的和谐是为了实现人与自然的协调发展；等等。动机和行为的合目的性，决定了人们对自身的行为以及社会发展不仅会提出合规律性的要求，会注重它们的正确性、科学性和有效性，还会提出合目的性的要求，会注重它们的合理性，做出价值评价。由此可见，人改变自然、社会和自身的活动总是要受到动机和目的支配，须臾不能离开价值取向。而合目的性之"目的"的设定，价值合理性之"合理"的判断，本质上都必须是一种哲学的作为，当然也就是马克思主义哲学应有的理论担当。人的发展理论体系建构将使马

---

① 同上，第158页。
② 同上，第160页。
③ 《马克思恩格斯选集》第3卷，人民出版社2012年版，第1002页。

克思主义哲学从以科学的世界观为主转向科学的世界观与优秀的价值取向并重，成为既反映自然、社会和思维发展基本规律，又设定人的活动价值目标的、科学认识与价值取向相统一的完整严密的哲学理论。

人的发展理论体系的当代建构，将使马克思主义哲学站在当代社会道义的制高点。设立明确的价值取向、回答人们在社会生活中价值定位、价值选择方面的问题，是哲学研究的题中应有之义，更是马克思主义哲学义不容辞的理论担当。马克思主义哲学作为当代最深刻、最全面、最进步的世界观和社会历史观，不仅应当成为哲学层面的普遍真理，能够站在当代社会历史认识的最高峰，深度反映社会发展的规律和趋势，而且应当成为哲学层面的普遍价值，能够站在当代社会道义的制高点，定位人类发展的方向和目标，引领和规范人们的行为，担当衡量和分析社会现实问题的价值尺度。人的发展理论体系的当代建构将在马克思主义哲学中全面确立以人的自由全面发展为核心的根本价值取向，使马克思主义哲学不仅成为科学的世界观，而且成为先进的价值取向，始终站在当代社会道义的制高点，为应对当代社会实践中的各种新的价值问题，理解社会生活、社会发展一系列深层次价值问题提供哲学层面的普遍价值，为人的活动进而为社会发展提供基本的价值支持，从根本上承担起引导人的行为、促进社会进步和人的自由全面发展的使命。

第五章　人的发展理论体系当代建构的理论起点

从理论建构本身的角度看，人的发展理论体系当代建构的前提是明确其理论起点。由于人的发展理论演进过程的特殊性，明确其理论起点主要且首要的工作是对马克思恩格斯人的发展思想做出定位，指明其贡献和局限。马克思恩格斯确立了人的发展的价值取向和科学认识，提出了人的发展理论的核心概念和重要原理，使人的发展理论体系当代建构成为可能；但他们尚未确立人的发展理论体系，又使人的发展理论体系当代建构成为必要。更加重要的是，马克思恩格斯人的发展思想是人的发展理论体系当代建构的理论基石和起点，确定了人的发展理论体系建构的根本方向和基本原则，厘清这一理论基石和起点，明确其主要内容和理论定位，是人的发展理论当代建构的前提。

一、马克思恩格斯人的发展理论的价值取向

马克思恩格斯人的发展理论的主要贡献之一，是确立了人的发展价值取向，将人的自由全面发展设定为人类生存的理想状态和一切历史活动的根本目标。

一是确定了人的发展含义和目标，认为人的发展的理想状态是自由全面发展。首先是人"全面地发展自己的一切能力"[1]，即人的活动及其能力的自由全面发展，包括体力和智力在内的人的能力在创造性活动中充分地发挥和展

---

[1] 《马克思恩格斯全集》第3卷，人民出版社1960年版，第330页。

示并得到提升，人可以在任何领域中培养自己的兴趣，发挥和发展自己的创造性，展示自己的情感和审美，使自己的活动真正成为自由自觉的活动，成为实现自己"本质力量"的需要。其次是确立、丰富和发展人的个性，即人的个性和能力不再受到不合理的社会制度等异己力量的限制和压抑，可以充分地展示和发展，个人的自由和创造力可以不断地提升。最后是人的社会关系的全面发展。包括人的社会关系的合理化，即克服了人与人之间社会关系的异化，将人的关系还给人自身，以及人的经济、政治、文化、道德、交往等各种社会关系充分地丰富和展开，人活动的范围得到充分拓展，例如突破了地域甚至民族国家的限制而成为具有世界历史关联和广阔视野的人。

马克思恩格斯在表达人的发展的理想状态时使用了"自由发展"和"全面发展"两个概念。"自由发展"是指个人的体力和智力获得充分的、不受限制的运用和发展。从实质上说，这里的"自由"是意志自由意义上的，即随心、随意，其本意是人的发展领域不受外部条件的限制，可以在自己愿意并且有能力的任何领域发挥和发展自己的能力。"全面发展"是就人的发展的可能性或趋势而言的，即人的发展不被限定于特定的领域，而是有可能在他所感兴趣的、有益于身心的并且有能力的任何领域展示和发展自己。因此，对全面发展不能做静止的理解，它不是某种既成的不变的状态，并非面面俱到地在所有领域、所有方面都得到发展（这在任何时代都是不可能的），而是动态的、不断生长和展开的状态，就此而言，人的全面发展的全面性是不断生长着、展开着的全面性。

"自由发展"和"全面发展"是人的发展一种状态的两种表现，二者是内在统一、相互关联、互为前提、相辅相成的。"自由发展"是"全面发展"的前提，"全面发展"是"自由发展"的必然结果和表现。就人的发展的可能性而言，只有"自由的"发展才可能是"全面的"发展。反之，只有"全面的"发展才能体现出"自由的"发展。因为"全面"发展的前提就是不受任何外在因素限制地可以在任何领域"自由"发展，因此，"自由发展"和"全面发展"都不可能一蹴而就，而是动态的、逐渐深入和展开的过程，是一个由比较自由、比较全面到更加自由、更加全面的过程。

二是界定了人的发展的主体域，认为人的发展是指"每个人"的发展。

首先，人的发展最终要归结为"个人"的发展。他们在论及人的发展时，多以"个人"为主词，明确指出"要不是每一个人都得到解放，社会也不能得到解放"①。在未来的自由人联合体中"每个人的自由发展是一切人的自由发展的条件"②。这体现着他们对未来社会中人的发展主体的基本理解，即人的发展最终应当定位或落脚于个人，虽然实现个人的发展有赖于社会进步，有赖于共同体的发展，但个人的发展是社会进步的根本目的。其次，人的发展是"每一个"个人的发展，即人的发展之"个人"并非社会中某一部分个人，而是"每一个"个人即一切人，这与马克思恩格斯反复强调的人类解放在价值取向上是完全一致的，也是他们在价值取向上超越近代人道主义的关键点。

人的发展是马克思主义的总体价值取向。众所周知，以"改变世界"为宗旨的马克思主义具有鲜明的价值诉求，体现在马克思主义的各种或各层次理论中，如唯物史观、科学社会主义、价值哲学、伦理学、政治哲学。其主要内容包括消灭私有制、消灭剥削、实现共同富裕，使人民生活得幸福美好，以及追求民主、自由、公平、正义等。我们认为，这些价值是分层次的，其中人的发展是总体性、根本性的价值取向。在此意义上，可以将马克思主义的总体价值取向简称为"人的发展"。

人的彻底解放和自由全面发展是马克思主义的总体价值取向，是指它是马克思主义最根本的价值旨归或核心价值，是马克思主义理论和实践最根本的出发点，体现了马克思主义价值取向上的"初心"，又是指它是马克思主义的"元价值"，在价值取向上具有价值本原性以及最大程度的价值包容性，具有普遍性以及总体性的特征，能蕴含和统摄马克思主义的一系列主要价值诉求，是这些价值诉求的最高目标或集中体现。

人的发展价值取向的总体性集中体现为它的高阶性。人类迄今已经确立了一系列优秀的价值取向，人的发展价值取向是对以往优秀价值取向的继承和超越，与这些价值取向一道构成为相互关联的价值系统。这一系统中的价值取向是可以分层次的，相互之间具有逻辑上的递进和蕴含关系。其中人的发展是人类有史以来最高层次、最高阶位的价值，从它出发，可以衍生出一

---

① 《马克思恩格斯选集》第3卷，人民出版社2012年版，第681页。
② 《马克思恩格斯选集》第1卷，人民出版社2012年版，第422页。

系列"低阶"的价值取向。对人的发展价值取向的"高阶"性，可以从价值层次、价值适应性和价值指向三个方面来理解。

从价值层次看，人的发展价值取向的高阶性是因为它是历史观层面的价值取向，具有最大的包容性和统摄力。人的发展虽然是马克思恩格斯时代无产阶级现实需要和根本利益的理论表达，是对一定社会客观条件和现实关系的反映，但其作为历史观层面的价值取向，却具有间接性和抽象性，体现着马克思恩格斯对人类生存发展理想状态的追求，是他们基于现实生活做出的主观价值设定，是人类进入资本主义社会以来社会进步和人的觉醒进展到一定程度的理论表现。从形成过程上看，这种反映和表达经历了一个从具体上升到抽象的逐级提升的过程，最终才形成历史观层面的具有普遍意义的价值取向。由于人的发展是一种总体性的价值取向，因而只有在唯物史观的层面上才能对其含义和意义加以确定并给予合理的解释，只有在唯物史观的基础上建构人的发展价值取向，才能使其具有普遍的性质和意义。

从价值适应性看，人的发展价值取向的高阶性，体现在它是既指向未来理想社会又适应当下社会现实的价值定位。指向未来，即人的自由全面发展只有在"代替那存在着阶级和阶级对立的资产阶级旧社会"的未来的理想社会中才能真正实现，因而这是一个非常高远的目标和理想，它要以其他一系列价值取向（例如民主、自由、公平、正义、法治以及消灭私有制、消灭剥削、消除两极分化等）的实现为前提和基础。就此而言，它要以其他马克思主义和社会主义价值取向的实现为前提，这是马克思恩格斯对人的发展理解的本意。适应当下，即虽然现在还不能完全实现人的自由全面发展，但这种价值取向对当代人的发展同样具有现实的引领性。这种适应当下的价值定位，是将经典作家对其理解的"本意"与当代现实相结合得出的结论。《史记》有言："虽不能至，然心向往之。"人的发展就是如此，理想意义上的"自由全面发展"虽然在当下还不能实现，却可以成为我们努力的目标。就是说，在当代，我们可以在这一目标的指引下，通过改变外部世界并改变自身而使自己的生活和活动更加自由、更加全面，使自己的能力，自己的知、情、意进一步实现和体现，使自己的素质进一步提高，使自己的个性进一步发展和完善。

从价值指向看，人的发展价值的高阶性还体现在它是一种倡导性的价值取向。价值取向因其功能可分为两种：一种是限制性的价值取向，旨在确立区分好与坏、善与恶的界限，告诫人们应当根据这些价值取向划设行为的底线，去恶向善；另一种是倡导性的、积极的价值取向。人的发展价值取向便属于后者，它以其他价值取向的实现为前提，是一种没有上限的对理想状态的表达。从追根究底的意义上看，人的发展之所以具有总体性，是因为它从根本上合乎人性、反映了人性的要求。这里的人性与马克思讲的合乎人性之人性是一致的，是指人作为人必须受到应有的最高对待之根据（禀赋），以及人向好、趋善、求美的本性。这里的"好"、"善"与"美"不限于个人的修养，而是包括个人修养在内的人的身心取向的总称。

确认人的发展价值取向的总体性特征及其在马克思主义价值取向中核心地位的关键，是明确人的自由全面发展与人的彻底解放之间的关系。

由于所处时代决定的现实任务，马克思恩格斯对价值取向的论述经历了从"人的发展"到"人的解放"的转变过程，他们在现实中最关注且谈论最多的价值诉求，是人的解放，包括消灭私有制、消灭剥削、推翻资本主义制度，工人阶级上升为统治阶级，实现无产阶级的解放进而实现全人类的解放。同时，他们还身体力行地参加了推翻资本主义制度和无产阶级解放的事业。但不能忽视的是，这些理论和行动的最高目标，则是人的自由全面发展。

马克思恩格斯认为，人的自由全面发展与人的彻底解放具有根本上的一致性，二者在逻辑和历史上都是一种依次递进的关系，人的彻底解放是人的自由全面发展的前提和起点，人的自由全面发展是人的彻底解放的必然结果。按照马克思恩格斯的说法，人的彻底解放就是彻底消灭私有制，社会占有生产资料，克服人对物的依赖关系、摆脱物对人的统治，消除人与人之间的利益博弈，使人与社会、人与他人的根本利益完全一致而不再有任何阶级差别，不再有对个人生活资料的忧虑，使人拥有充分发展自己的物质、制度、文化条件和自由时间，实现真正意义上的自由全面发展，成为自己的社会结合的主人，成为自然界的主人，成为自身的主人即自由的人。由此可见，实现人的彻底解放和人的自由全面发展，无论从逻辑还是历史的角度看，都是一个统一的、一以贯之的过程。正如弗洛姆所指出的："马克思的目的不是仅限于工人阶级的解放，而是通过恢复一切人的未异化的，从而是自由的能动性，使人获得解放，并达到那样一个社会，在那里，目的是人而不是产品，人不再是'畸形的'，变成了充分发展的人。"①人的解放最终指向人的发展这一价值设定表明，马克思对资本主义的批判既是基于科学认识也是基于道义。从工人阶级的解放到人类的解放再到人的发展，这就是马克思的理论和实践逻辑。这一逻辑表明，实现无产阶级的解放就是为了实现人的彻底解放，进而实现人的自由全面发展。

基于人的彻底解放与人的自由全面发展的内在关联，马克思恩格斯论述了人的彻底解放的含义及其与消灭私有制、消灭剥削、实现共同富裕之间的关系，从人的自由全面发展角度对人的彻底解放进行了道义上的辩护。

在马克思主义诞生之前，资产阶级提出并逐步实现了"政治解放"，在政治法律上宣布了人的平等，保障人的权利，包括生命权、自由权、财产权以及政治权利。马克思肯定政治解放的历史意义，认为它废除了人们在政治法律上的不平等，使国家从宗教束缚下解脱出来，是人类历史的重大进步。同时又认为政治解放是有局限的，这种"解放"是针对封建等级和专制制度而言的，它没有消灭私有制这一社会不平等的根源，而这正是以私有制为前提的，因而并没有消除人们在经济、社会上的不平等。为此，他断定"政治解放本身并不就是人的解放"②，认为"人的解放"是人彻底的、全面的解放，其基础是人的经济解放，只有彻底消灭私有制，实现经济的解放，才能有人彻底的、全面的解放。

对于这一道理，马克思恩格斯曾以"自由"的实现为例做出过精辟的分析。他们驳斥资产阶级关于共产党人消灭私有制就是否定自由竞争、否认自由的观点，认为资本主义社会实现的自由只是资本的自由而非人的自由发展，并尖锐地指出，有"一种荒谬的看法，把自由竞争看成是人类自由的终极发展，认为否定自由竞争就等于否定个人自由，等于否定以个人自由为基础的社会生产。但这不过是在有局限性的基础上，即在资本统治的基础上的自由发展。因此，这种个人自由同时也是最彻底地取消任何个人自由，而使个性完全屈从于这样的社会条件，这些社会条件采取物的权力的形式，而且是极

---

① 弗洛姆：《马克思关于人的概念》，旭日出版社1987年版，第48页。
② 《马克思恩格斯文集》第1卷，人民出版社2009年版，第38页。

其强大的物，离开彼此发生关系的个人本身而独立的物"[1]。"在现今的资产阶级生产关系的范围内，所谓自由就是自由贸易、自由买卖。"[2]从本质上说，"在自由竞争中自由的并不是个人，而是资本"[3]。这种资本的"自由"显然与马克思恩格斯理解的人的自由相去甚远甚至南辕北辙。在他们的理论逻辑中，资本主义的自由竞争并非多数人的真正意义上的自由，而是与资本主义内在关联的，是资本增殖的实现方式。与之截然相反，马克思恩格斯关注的是使人从那种毁灭人的个性、使人与物的关系异化、使人成为物的奴隶的异化劳动中解放出来。他们所追求的人的自由，是在人的彻底解放基础上的、摆脱了一切不合理社会关系束缚的、消灭异化劳动基础上的自由发展。只有否定资本主义制度并推翻使人成为被侮辱、被奴役、被遗弃和被蔑视的东西的一切关系，才能消除阶级剥削和阶级压迫，才能消除人与人、人与社会之间的对立，才能真正确立人的自由个性，实现人的自由全面发展。

以上所述表明，人的自由全面发展要求人的彻底解放，人的彻底解放要求消灭私有制、消灭剥削、实现共同富裕，真正彻底地实现社会的公平正义，因而人的发展蕴含着马克思主义的全部价值诉求。正因为如此，虽然人的发展是马克思恩格斯针对资本主义社会中人的异化这一具体社会现象提出的，但这一价值诉求却反映了他们对人的理想生存状态的理解和期望，具有一般的意义；与之相关，虽然由于历史、经济和文化发展的差异，人的发展的具体要求、目标和含义在不同的地域、不同国家民族或社会发展的不同阶段会呈现出殊异性并且人的发展的实现路径会各有特点，但是在历史观的层面上，人的发展的根本要求、总体目标和基本特征则应当是共同的，具有"放之四海而皆准"的普遍性。无论是人的本质力量的实现、人的社会关系的全面发展，还是人的个性的确立和丰富，这些马克思恩格斯确立的人的发展总体目标和要求，都广泛地适用于一切国家和民族。至于当代社会人的发展所要求的更一般的含义即"人生活得更加幸福、美好，更有意义"，更是具有普遍的适用性和长久的生命力。

---

[1] 《马克思恩格斯全集》第31卷，人民出版社1998年版，第43页。
[2] 《马克思恩格斯选集》第1卷，人民出版社2012年版，第416页。
[3] 《马克思恩格斯全集》第31卷，人民出版社1998年版，第42页。

人的发展价值取向的总体性和高阶性决定了它与马克思主义其他价值取向之间是逻辑蕴含和递进的关系：在马克思主义价值取向体系中，人的发展是最高层次的价值取向。在这一价值取向之下，是科学社会主义人的解放的价值观、马克思主义伦理学的集体主义等道德原则、马克思主义政治哲学的公平正义等价值追求。这些价值观都是人的发展价值取向的体现和展开，是人的发展根本要求在不同层次、不同阶段上的具体体现。

人的彻底解放和自由全面发展价值取向的确立，使马克思主义站在了社会道义的制高点，为理解人的生存发展的意义和目标、处理人与社会的关系，为人们的社会生活和实践提供了根本的价值遵循。

二、马克思恩格斯人的发展理论的科学认识

马克思恩格斯人的发展理论的又一个主要贡献，是提出了关于人的发展的科学认识，为人的发展价值取向确立了科学基础，使人的发展理论成为科学认识与价值取向相统一的完整严密的社会历史理论。

马克思恩格斯对作为人的发展主体的"人"做出了科学界定。他们反对从抽象的人出发研究社会历史，强调人的本质的社会性、实践性，坚持人是社会历史的存在，坚持从现实的、从事实际活动的人以及人的现实活动出发理解社会运动和历史发展，理解人的发展的现实基础、条件和途径。指出，"我们的出发点是从事实际活动的人"[1]，"我们开始要谈的前提不是任意提出的，不是教条，而是一些只有在臆想中才能撇开的现实前提。这是一些现实的个人，是他们的活动和他们的物质生活条件"[2]。"这些个人是从事活动的，进行物质生产的。"[3]

马克思恩格斯认为人的发展必须在改造世界的实践活动中来实现。认为："环境的改变和人的活动或自我改变的一致，只能被看做是并合理地理

---

[1] 《马克思恩格斯选集》第1卷，人民出版社2012年版，第152页。
[2] 同上，第146页。
[3] 同上，第151页。

解为革命的实践。"①人的社会实践具有改变环境与改变人自身主观世界的双重意义。主观世界的改变与客观世界的改变是一个在实践基础上的统一的过程,因此,人对环境的改造和人自身的改造都只能在实践中得到实现。人的发展,人们素质的提高,既是一个认识问题,更是一个实践的问题,人只有在改造客观世界的过程中才能改造自己的主观世界,才能完善自己、提高自己的素质。

马克思恩格斯注重个人发展与他人发展的统一。认为,一个人的发展取决于和他直接或间接进行交往的其他一切人的发展,个人的发展只有在与他人的关系中、在共同体中才能实现。他们以共同体是否代表其成员的利益以及代表的程度将其区分为"虚假的共同体"和"真正的共同体",认为"在真正的共同体的条件下,各个人在自己的联合中并通过这种联合获得自己的自由"②。只有在真正的共同体中通过各个人的联合,个人才能获得全面发展其才能的手段,才可能有个人自由。

马克思恩格斯强调人的发展有赖于社会关系的合理化。认为,个人的生存和发展要受到社会关系的制约,社会关系决定着一个人发展的程度。由于社会条件的变化,人的发展要经历人的依赖关系、物的依赖性、个人全面发展三个阶段。因此,实现人的发展的前提是改变不合理的社会关系和社会制度,只有对资本主义制度进行现实的改造,消灭资本主义私有制和阶级剥削,才能使社会自觉地调节生产,实现按劳分配并最终实现按需分配。

马克思恩格斯强调生产力发展是人的发展的前提条件和基本途径。认为,生产力发展将缩短必要劳动时间,增加自由时间从而扩大人的发展空间。马克思指出,作为人的发展重要体现的自由自觉的创造性活动,可以也只能在必要劳动时间之外的"自由时间"中实现。必要劳动时间是劳动者用于生产维持自身劳动力再生产(包括满足劳动者生存、娱乐和发展的需要及其家庭生活的需要)所必需生活资料的劳动时间。必要劳动之"必要"就在于不劳动不得食,意味着劳动是不得已为之。长期以来,由于生产力水平低下,人们为了维持基本的生存,往往要花费一生中的绝大部分时间和精力投入到物

---

① 《马克思恩格斯选集》第1卷,人民出版社2012年版,第134页。
② 同上,第199页。

质资料的生产中，终身且终日为生计奔波，除必要的恢复体力的时间外，基本上没有自由支配的时间，既没有休闲的条件，更没有时间培养、发展和实现自己的能力及个性。自由时间是人在必要劳动时间之外能够自主支配的时间，由于"所有自由时间都是供自由发展的时间"①，自由时间是制约人的活动以及人们生活质量的重要因素，自由时间的延长是人的发展之前提，所以马克思认为自由时间是人类发展的空间。

自由时间的增加与必要劳动时间的减少成正比。人维持生存所需花费的必要劳动时间越少，获得的自由时间就越多，活动的空间和自由度就越大。因此，社会发展以及人的社会享用和社会活动的全面性都取决于节省时间，即"节约劳动时间等于增加自由时间，即增加使个人得到充分发展的时间"②。由于自由时间在必要劳动时间之外，马克思认为它只是在必要劳动终止的地方才开始。在自由时间中，作为目的本身的人类能力的发挥才能成为现实。从趋势上看，随着劳动生产率的提高，人们为维持生存所需要的必要劳动时间将逐渐减少，供自己自主支配的自由时间将相应地增加，人们活动的自由度将进一步扩大，将能够更加充分地享受闲暇时光以及展示并发展自己的能力、爱好和个性。

他们认为，生产力发展将改善劳动环境，将人从繁重的、异化的劳动中解放出来。在生产力水平低下的时代，劳动仅仅是人满足生活需要、维持生存的手段，是被迫进行的活动，既缺乏自觉性和自主性，又十分辛劳，甚至是对人的一种严酷的折磨乃至损伤。资本主义机器大工业的出现既提高了劳动生产率，推动了生产的进步，又使人从属于机器，导致了人的活动片面化和被动化，使人处于资本的束缚之中。马克思认为，未来生产力发展将改善劳动环境和条件，减轻劳动强度，将人从繁重的劳动中解放出来。在消灭了异化劳动的社会中，随着劳动环境的根本改善和劳动强度的极大降低，劳动将成为人自由自觉的活动，在那时，"劳动生产力向前发展，而达到这样的程度，以致一方面整个社会只需用较少的劳动时间就能占有并保持普遍财富，另一方面劳动的社会将科学地对待自己的不断发展的再生产过程，对待自己

---

① 《马克思恩格斯全集》第31卷，人民出版社1998年版，第23页。
② 同上，第107~108页。

的越来越丰富的再生产过程,从而,人不再从事那种可以让物来替人从事的劳动"①。生产力发展将改变劳动的方式和性质,使创造财富的活动具有自主性。"只有在这个阶段上,自主活动才同物质生活一致起来,而这又是同各个人向完全的个人的发展以及一切自发性的消除相适应的。同样,劳动向自主活动的转化,同过去受制约的交往向个人本身的交往的转化,也是相互适应的。"②当生产力发展到消灭了旧式分工、极大地缩短必要劳动时间、优化劳动环境并改善了劳动条件时,人就能在生产劳动中充分发挥自己的能力,并在所擅长的活动领域自由地展示和发展自己的才能,到那时,劳动才真正成为人自由自主的活动,成为人的第一需要,成为一种享受。

在马克思恩格斯的论述中,人的发展的价值取向与科学认识是内在统一、相互支撑、相互促进的。一方面,价值取向引领着科学认识的深化。他们在确立人的发展价值取向、说明为什么要实现人的发展以及人的发展的含义和目标的同时及之后,提出了关于人的发展的科学认识,说明了怎样实现人的发展以及实现人的发展的条件和路径。随着人的发展价值取向即其含义的明晰,人的发展的科学认识也不断深化。另一方面,科学认识支撑着价值取向的发展。随着对人的发展条件和路径认识的深入,他们更加坚信人的发展的历史必然性,对人的发展含义的理解更为全面、深入,提出了"自由人联合体""自由王国"等更为清晰的人的发展目标。

三、马克思恩格斯人的发展理论的理论定位

对人的发展理论形成过程及其理论内涵的梳理可见,马克思恩格斯结合当时的时代和实践,全面确立了人的发展的目标,揭示了人的发展的内涵,指明了人的发展的现实条件和实现途径。然而有待讨论的是,着眼于人的发展理论体系建构,应当怎样看待和评价马克思恩格斯创立人的发展理论的工作?他们创立的人的发展理论是否已经成熟,是否已经完善?

对马克思恩格斯创立人的发展理论的工作可以从两方面来评价:一方面,

---

① 《马克思恩格斯全集》第30卷,人民出版社1995年版,第286页。
② 《马克思恩格斯选集》第1卷,人民出版社2012年版,第210页。

他们提出并论述了人的发展理论的基本部分或核心内容，为人的发展理论的发展和理论建构奠定了基础；另一方面，他们并未完成人的发展理论的体系建构，其理论内核虽然已经成熟，但理论内容并未完善，尚未在体系上成形。正如黄楠森所指出的："马克思主义的诞生为社会科学和精神科学研究提供了有效的思想指导，马克思本人也发表了丰富的人学思想，但由于种种原因，他没有建立起马克思主义的科学的人学。"[①] 作为人学思想之重要组成部分的人的发展理论亦是如此。

"理论"和"理论体系"不同，前者具有更为宽泛的含义，后者则是前者的特殊表现，是系统化的理论。判定一种理论是否具有系统性的标志之一，是理论框架是否建构。马克思恩格斯人的发展理论尚未完成，是指从严格的意义上说，他们人的发展理论的内涵还未做出体系化的建构或系统化的表达。文本梳理可见，虽然马克思恩格斯在各个时期的论著中对人的发展问题做出了多角度的论述，其中也贯穿着比较清晰的理论逻辑，但这些论述往往是在论及其他问题时做出的，其中许多观点还是论战中反驳论敌时提出的，因而这些论述并非对人的发展问题做专门的阐释。例如，在他们论及人的发展的文本中，没有出现过含有"人的发展"一词的标题，没有哪一个章、节，更没有哪一篇论著专门讨论人的发展问题。事实是，这些论著中关于人的发展的论述，或是蕴含于对资本主义制度的批判中，或是蕴含于唯物史观理论阐述的过程中，或是蕴含于共产主义社会特征的论述中。在人的发展价值取向方面，标志性的论述，例如《德意志意识形态》说的在共产主义社会里任何人都可以在任何部门内发展，以及《共产党宣言》说的每个人的自由发展是一切人的自由发展的条件，就是对共产主义社会人的发展状况的描述。在人的发展科学认识方面，标志性的论述，例如在《资本论》及其手稿中关于时间是人类发展的空间，自由王国只是在由必需和外在目的的规定要做的劳动终止的地方才开始等人的发展条件的论述，就是在批判资本主义制度对工人的摧残而造成人的畸形发展中提出的。由此可见，虽然马克思恩格斯人的发展理论已经具有丰富的价值取向和科学认识内涵，但尚未形成人的发展理

---

① 陈志尚主编：《人学原理》，北京出版社2005年版，总序。

论体系。

马克思恩格斯没有对人的发展问题做出专门、系统的研究，有其社会历史条件和现实任务方面的原因。社会历史条件方面的原因，在于他们所处的资本主义社会的历史环境根本不具备推进人的发展的现实条件；现实任务方面的原因，在于社会历史条件决定了他们面临的直接任务是实现人的解放而非人的发展。在他们看来，推进人的发展的前提条件，是高度发达的生产力、充分丰富的物质和精神文化财富，是消灭阶级剥削，实现人类的解放。为此，他们面临的理论任务，就是正确认识无产阶级解放的条件和道路、分析批判资本主义制度、正确认识社会发展的规律和趋势。亦因此，人的发展在他们的理论研究中只是价值起点，是创立唯物史观和科学社会主义理论的出发点，却不是他们理论探讨的重点。正是由于身处存在着阶级对立的资本主义社会，理解人的发展的具体内涵、要求和目标等并不是时代迫切要求他们回答的问题，他们对人的发展的理解和阐述是零散的（虽然不乏明晰和深刻），特别是针对资本主义社会人的生存发展问题反其道而行之的理解和期望，因而不会有人的发展理论的体系建构意识和行为。

在做出上述评价的同时又应当指出，马克思恩格斯人的发展理论的内涵十分丰富，思想极为明确和深邃。应当看到，理论和理论体系的区分是相对的，所谓系统的认识之"系统"，本身就具有相对性。就马克思恩格斯创立人的发展理论来说，虽然还不是对人的发展专门、系统的研究和论述，虽然其人的发展理论还缺乏体系建构，但就其提出了关于人的发展的主要观点，包括明确提出了人的自由全面发展要求和目标，揭示了人的发展的现实条件和实现路径而言，他们对人的发展各种分散的论述之间本质上具有一定的系统性，或存在着一些内在的逻辑关联。具体来说，他们在从早期文本到《德意志意识形态》、《共产党宣言》和《资本论》及其手稿中，提出了关于人的发展的主要观点，这些观点明晰且一以贯之，从中可以提炼出一定的理论框架来。这一理论框架包括关于人的发展的价值取向和关于人的发展的科学认识两个相辅相成的方面，既从根本上回答了为什么要实现人的发展问题，又从总体上回答了怎样实现人的发展问题。

四、马克思恩格斯人的发展理论的适应性

以上论述可见,马克思恩格斯关于人的发展的价值取向和科学认识,为当代中国人的发展实践和人的发展理论当代建构提供了根本的理论遵循。同时又应当看到,由于时代任务决定的理论探讨重点的限制,他们提出的人的发展理论又具有比较强的时代性从而包含一定的时代局限性,需要结合当代的社会条件和社会实践做出新的发展。为此,就应当明确马克思恩格斯人的发展理论的适应性。

首先,应当看到马克思恩格斯人的发展理论具有普遍的适应性。

一种理论的适应性首先取决于该理论的普遍性。马克思恩格斯确立的人的发展价值取向和科学认识,虽然是针对当时资本主义人的生存发展的现实问题的反映,却是对这些问题深层次的反映,并在此基础上进行了理论的提升,因而具有普遍的适用性和持久的生命力。在价值取向方面,他们确立了人的发展的根本含义、要求和目标,预测了未来人的发展的基本特征,提出了人的发展理论的主要概念和基本观点。其所提出的人的本质力量的实现和发展、人们社会关系的合理化以及人的个性的发展等含义和目标,既是针对资本主义社会的现实问题,又是指向未来的。并且更为重要的是,人的自由全面发展在价值取向上具有极大的包容性和可拓展性,可以涵盖人的本质力量的实现和发展、人们社会关系的合理化以及人的个性的发展之外的其他内容。在科学认识方面,他们对人的发展主体做出了科学的理解,揭示了人的发展与社会进步的关系,指明了人的发展的现实条件和实现路径,分析了人的发展与人的解放的关系。这些认识既适用于当时,也适用于现在,还将适用于未来。就此而言,他们对人的发展的基本理解为分析和理解不同时代、不同国家民族、不同社会条件下人的发展的现实问题提供了基本原则和方法,也为当代中国人的发展理论和现实问题研究提供了理论基石和基本的研究范式,是确定人的发展当代含义的理论依凭。

就普遍的适用性和持久的生命力而言,人的发展理论在马克思主义社会历史理论中是具有代表性的。

从一定意义上说，可以将马克思主义社会历史理论区分为"批判性"的内容和"建构性"的内容两个部分。东方的马克思主义学者和西方的马克思主义学者对两者的价值和意义存在着不同的认识。西方学者在论及马克思主义当代性及其当代价值时，往往只是涉及和强调其"批判性"的内容，对其"建构性"的内容不以为然甚至予以否定。例如，他们只承认马克思主义社会批判理论（主要是资本主义制度和资本逻辑批判）的当代性及当代价值，并运用其分析当代西方社会的问题，揭露社会弊病，探究其中的原因。一个典型的事例是，每当资本主义经济（金融）危机出现时，他们都会回望马克思，借助甚至求教于马克思。而对于马克思主义对社会发展规律的揭示，对未来社会发展趋势的预测，对未来理想社会状态的设想，对达到理想社会条件和途径的认识等"建构性"的内容，西方学者则往往持怀疑甚至否定的态度。这其中的原因是复杂的：有现实方面的原因，如对既有的社会主义（尤其是苏联模式社会主义）的不足或缺陷原因的误读；有阶级立场方面的原因，如愿意修正、改进而不是彻底改变资本主义制度；也有认识方面的原因，如不接受甚至拒斥历史唯物主义对社会发展及其规律的认识。这些原因使他们对马克思主义中的"建构性"内容视而不见甚至不屑一顾，即使像宾克莱这样的马克思主义研究者也断言："作为我们选择世界观时的一位有影响的预言家的马克思永世长存，而作为经济学家和历史必然道路的预言家的马克思则已经降到只能引起历史兴趣的被人遗忘的地步。"[①]

西方马克思主义研究者对马克思主义理论中"批判性"和"建构性"内容不同的对待虽然事出有因，但从总体上说是片面的。毋庸置疑，马克思主义理论中许多"建构性"内容都是科学的，既是对他们时代社会现实正确的反映，又为后来的社会主义实践所证实。在这些"建构性"的内容中，最有代表性的，就是人的发展理论。应当看到，西方马克思主义研究者对马克思主义"建构性"内容最集中的质疑，是其对未来社会趋势的预测，以及对未来理想社会制度的设想，等等。这些质疑固然存在偏见，但也不完全是凭空

---

① 宾克莱：《理想的冲突——西方社会中变化着的价值观念》，商务印书馆1983年版，第106页。

臆断，因为马克思恩格斯"建构性"理论的某些具体论述，特别是其解释者对这些具体论述的发挥和放大，与后来的社会现实存在着一定的距离，或者后来的行为及其结果与当初的预想有一定的距离甚至背离。就马克思恩格斯的本意而言，他们的社会历史理论多是涉及未来社会的总体趋势和根本特征，而并未试图具体描述未来社会的具体情形。因为在他们看来，对未来社会状态的描述越具体就越容易陷入空想，这一特点集中体现在人的发展理论中。他们在论及人的发展问题时，总是着眼于未来人的发展的基本特征。即使偶尔具象地谈到过未来社会人的发展的情形（比如《德意志意识形态》中的情景性描述，这一描述具有显而易见的局限性），也是意欲表达抽象的含义，即说明在未来共产主义社会中人是自由发展的。因此，无论是人的发展理论中的价值取向还是科学认识，都是具有普遍意义的"建构性"理论，具有最大程度的普遍性和长久的生命力。

　　一种理论的适应性又取决于该理论所涉及的问题是否解决或时过境迁。马克思恩格斯人的发展理论针对的是资本主义制度及其相关的资本逻辑、阶级剥削和人的异化。虽然一百多年来资本主义社会的社会面貌发生了巨大的变化，但万变不离其宗的是，整个社会仍然按照资本的逻辑运行，资本家剥削工人的实质并无改变。就此而言，人的发展理论面对的根本问题仍未解决。

　　马克思恩格斯提出人的自由全面发展要求的现实背景，就是资本主义制度对人（工人）的活动及生存发展的桎梏，即人的活动异化和人的生存状态的片面化。资本主义制度对人生存发展的影响体现在两个方面。从正面看，它克服了人的依赖关系，使人获得了人身自由，在一定程度上解放了人，例如使工人阶级得到了成长，成为与大工业这种先进的生产力相联系的最先进的阶级。此外，科学技术的发展以及机器大工业带来的生产的社会化，提升了劳动者的生活水平，提高了其素质并促进了其社会关系的发展，在一定程度上提升了劳动者的能力，并激发了劳动者的潜能。从反面看，它带来了物的依赖性，即资本对人的统治以及资本逻辑通行于整个社会生活，其结果正如马克思所指出的，"在私有制的前提下，它（指劳动——引者注）是生命的外化，因为我劳动是为了生存，为了得到生活资料。我的劳动不是我的生命"①。在资本主义生产中，工人处于异化的状态中，失去自由享受劳动及其成果的乐趣，工人与劳动，与劳动产品，与"类"本质，与人（资本家）产生异化；亦如恩格斯《英国工人阶级状况》中所指出的，在资本主义生产方式下，工人阶级失去一切财产，他们的劳动成为一种最残酷最带侮辱性的痛苦，并且生活得穷困不堪，极其悲惨。

马克思恩格斯针对资本主义社会人的异化问题认为，人的发展的前提是将其从异化劳动中解放出来，包括从导致阶级剥削的不合理的生产关系中解放出来，从异化的、繁重的劳动过程中解放出来。为此，劳动的解放既要求消灭私有制，改变不合理的社会关系，也要求生产力高度发展，使人们的物质需要充分满足，劳动条件根本改善，自由时间大幅度增加。唯有如此，劳动才能成为人自觉自愿、自由自主的、充分发挥劳动者创造性的活动，成为人发展和发挥自己的本质力量的方式，成为人真正的对象化活动，成为人实现自我的需要。

毋庸置疑，马克思恩格斯关于人的发展的理解迄今仍然具有普遍的适应性和持久的生命力，是人的发展理论当代建构的基础。

其次，应当看到马克思恩格斯人的发展理论具有一定的时代局限性。

由于时代任务的限制，他们对人的发展的理解具有特殊的时代背景和历史语境，打上了特定的时代印记，因而具有适应性上的相对性或限制性。对此，可以从直接的和间接的两个层次来看。

从直接的层次来看，他们关于人的发展的一些具体描述，无论是"批判性"的描述还是"建构性"的描述，已经时过境迁。前者如对资本主义异化劳动一些具体情境的揭示和描述，例如他们当时所说的工人在自己的劳动中"使自己的肉体受折磨、精神遭摧残"，或者一切发展生产的手段"都使工人畸形发展，使工人受劳动的折磨"的情况，由于科学技术的发展、资本输出以及整个人类文明程度的提高等原因，显然已经有了改变，因而相关说法不能完全对应于当代西方社会的现状。后者如认为在共产主义社会中人们可能随自己的兴趣上午打猎，下午捕鱼，傍晚从事畜牧，晚饭后从事批判的说法，

---

① 马克思：《1844年经济学哲学手稿》，人民出版社2000年版，第184页。

显然具有比较明显的自然经济时代的特征而不能成立。

从间接的层次来看。他们对人的发展的预期和设想有待于后人做出新的拓展。对此，可以从时间和空间两个维度来解读。

从时间维度看，其特殊的时代印记在于两个方面：其一，他们提出人的发展要求和目标针对的是资本主义社会中人的异化状态，是着眼于消除资本主义社会中资本与人的对立，是解决资本主义制度与人的生存发展应然的理想状态之间的矛盾。其人的发展要求和目标的设定具有较强的现实针对性，显然是受到了当时资本主义时代特征的影响，是由对资本主义社会人的生存状态"反其道而行之"的特点所决定的，因而他们所理解的人的自由全面发展具有特殊的含义。例如：资本主义社会中人是片面的，所以他们认为未来社会人就应当全面发展；资本主义社会人没有自由，所以他们认为未来社会人就应当自由发展；资本主义社会资本有独立性和个性而活着的个人没有独立性和个性，所以他们认为未来社会的人就应当确立个性，如此等等。也就是说，他们理解的人的发展之所以主要是人的活动的创造意义上的，是个性的发展，是社会关系的全面化，是因为其对应性的坐标是资本主义社会的相关状况，对此，《1844年经济学哲学手稿》《共产党宣言》《资本论》中均有明示。其二，他们预设的人的发展的社会环境是与资本主义社会根本对立的未来的理想社会。在他们的理解中，人的发展是人类未来的理想而并非当下的现实，由此又决定了他们所提出的人的发展目标是理想化的、未来式的，是对未来理想社会中人的生存状态的一种总体特征上的期望和描述，而他们眼中的"未来社会"是消灭了阶级和阶级对立的理想的共产主义社会。他们认为，人的自由全面发展有赖于社会关系和社会制度的合理化，有赖于"社会调节着整个生产"[①]。他们分析了个人发展对社会条件和社会关系的依赖性，认为人的发展程度是由社会关系决定的，人的发展以人的解放即消灭私有制和阶级剥削、消除人与人之间的不平等为前提。因此，人的发展就其长远目标和未来走向来看，就其最终的实现途径而言，只有进入消灭了阶级和阶级对立的共产主义社会才能实现，只有在那时才能有每个人的自由全面发展。也

[①] 《马克思恩格斯选集》第1卷，人民出版社2012年版，第165页。

就是说，他们确立的人的发展要求和目标在时间维度上相对于共产主义之前的社会（如社会主义初级阶段），具有超前性或超越现实性。

从空间维度看，其特殊的时代印记在于，马克思恩格斯认为人的自由全面发展本质上是一个"全人类"的问题，只有在世界范围内才能实现。他们曾明确指出，共产主义事业亦即人的解放事业具有世界性，认为无产阶级只有在世界历史意义上才能存在，每一个单个人的解放的程度是与历史完全转变为世界历史的程度一致的，全人类的解放是人的发展的前提，共产主义革命是世界性的革命，所以将有世界性的活动场所，因而"联合的行动，至少是各文明国家的联合的行动，是无产阶级获得解放的首要条件之一"[①]。指明了人的解放的世界性。基于这一道理，以人的解放为前提的人的发展当然也是全人类的问题，要在未来共产主义社会的"自由人联合体"或"自由王国"中才能实现。可见，他们提出的人的发展要求和目标在空间维度上相对于共产主义之前的社会（如社会主义初级阶段），也具有超前性和超越性。

特殊的时代背景和特殊的适应性，决定了马克思恩格斯确定的人的发展的含义具有一定的时代局限性。在价值取向方面，虽然确定了人的发展的基本内容和总体目标，但由于针对的是消除资本主义社会中资本与人的对立和人的异化状态，主要着眼于人的活动及其能力的自由全面发展，因而并没有也不可能穷尽人的发展在不同时代和不同环境中的内涵和要求。在科学认识方面，虽然揭示了人的发展的基本条件，指明了人的发展的根本途径，但与当代人的发展现实和实践也有一定的距离：他们设想的人自由全面发展的环境是理想社会，而当代中国人的发展现实环境却是存在着市场经济的初级阶段的非理想化的社会主义社会；他们设想的人自由全面发展只有在世界范围内才能实现，而在当代现实中，人的发展却是一国之内的事情。由此可见，时代境遇和任务使马克思恩格斯不可能考虑到实现人的发展在特殊的经济、政治和文化背景下可能遭遇的现实问题以及因应的方式和路径，更不可能涉及当代中国社会发展的特殊问题，例如社会主义初级阶段或市场经济所导致的问题。

---

① 《马克思恩格斯选集》第1卷，人民出版社2012年版，第419页。

综上所述，一方面，马克思恩格斯确立了人的发展的价值取向和科学认识，提出了人的发展的目标，揭示了人的发展的基本含义，指明了人的发展的现实条件和实现人的发展的现实途径，提出了对人的发展一系列重要问题的理解，其人的发展思想各部分内容之间也有一定的内在关联，为人的发展理论体系的当代建构奠定了基础，提供了可能性；另一方面，马克思恩格斯并未对人的发展问题做出专门系统的探讨，相关思想并未展开，尚未建构系统的人的发展理论体系，并且他们创立的人的发展理论的特殊适应性决定了其应当随着社会条件的变化而不断做出新的深化和拓展。基于这两点以及当代社会现实和实践的变化及其带来的一系列新问题，人的发展理论体系的当代建构既是必要的，也是可能的。

第六章　人的发展理论体系当代建构的路径

在当代中国，人的发展理论体系建构主要有四条路径：回归文本，借鉴西方学者的研究成果，吸取中国文化的优秀思想资源，在实践中创新理论。

一、重释马克思恩格斯文本

人的发展理论体系当代建构的路径之一，是回归马克思恩格斯的经典文本并对之做出新的解释。社会意识具有历史继承性，人的发展理论体系当代建构既要以新的社会条件和新的实践为基础，又要在理论上不忘本来、有所依凭，以马克思恩格斯的思想作为理论上的依据和出发点，这就要求回归文本，继承经典作家的思想。应当看到，人的发展思想虽然源远流长，但本质上是马克思主义的话语，只是到了马克思恩格斯，才揭示并确立了其核心理念，赋予其真实的含义，因而人的发展理论的"本来"就是马克思恩格斯的思想，回归他们的文本是人的发展理论体系当代建构的起点。

人的发展理论体系当代建构要回归文本，是因为马克思恩格斯之后人们对他们思想的解释和发挥存在着误读，在一定程度上忽视了人的发展理论。从解释学的角度看，由于时间间距、时代境遇以及立场站位和时代任务的差异，后人对经典作家思想的解释和发挥可能出现两种情况：首先是意义的"添加"，即后人在解释经典作家思想时添加了原来没有的内容。这种"添加"可能会呈现两种状况：一种是对经典作家思想正确的解释和发挥，即与时俱进地添加了一些与经典作家思想相一致的东西，也就是通常所说的发展；另一种是误读，即对经典作家思想错误地解释和发挥，添加了一些与经典作家思想相背离的东西。其次是意义的"遗漏"，即后人在解释经典作家思想时遗漏了一些重要的内容。

如前所述,人的发展理论在马克思恩格斯之后在东西方的各种马克思主义研究者那里得到了不同的解释和发挥。从总体上说,西方的马克思主义研究者比较强调马克思主义的人学意蕴、精神价值及社会批判精神,对人的发展问题也多有关注和论述,但对马克思主义的科学认识及其意义却不够重视。相反,东方的马克思主义研究者则强调其科学性,强调马克思主义是一种科学认识,是认识世界的伟大认识工具。由于这一侧重,在一个时期内,包括人的发展理论在内的马克思主义人学思想被忽视了。其突出表现是:忽视甚至否认马克思主义对近代优秀价值取向的批判继承,讳言人、人性和人道主义;忽视马克思主义人的发展思想,没有对经典作家人的发展思想做出专门、系统的阐述,在理论上仅仅将人的发展视为社会发展之最终结果;没有结合时代特征和实践特点对人的发展现实问题进行深入的探讨;忽视人的发展现实问题研究和人的发展理论研究的当代价值和意义。一言以蔽之,既往对马克思主义的理解中存在着对人的发展理论的"遗漏"以及一些不合理的"添加"。

既然对马克思恩格斯人的发展思想的解读中存在"遗漏"和不合理的"添加",建构当代形态的人的发展理论首先就应当厘清马克思恩格斯人的发展思想"基础",正本清源,清晰地还原他们文本中的相关内容,弄清马克思主义人的发展理论原生态的、本真的面貌,以确定当代马克思主义人的发展理论研究的历史起点和方位。

回归文本的第一项工作,是深入挖掘和系统梳理马克思恩格斯人的发展思想,厘清马克思主义人的发展理论原生态的、本真的面貌,厘清其从人的发展到人的解放,从人的解放到无产阶级解放,从无产阶级解放到阶级斗争,从阶级斗争到社会革命,从社会革命到社会主义建设之间的逻辑演进关系,揭示人的发展理论从显在到潜在的演变过程及其原因,进而明确经典作家对人的发展理论的基本理解,明确在经典文本中人的发展理论与马克思主义其他理论内容之间的内在关联,以确认人的发展理论当代建构的文本依据,找准人的发展理论当代建构的理论基点。

回归文本的第二项工作,是对经典文本中的基本原理即理论内核做出深度的解释和发挥。应当看到，人的发展理论当代建构实质上是马克思恩格斯人的发展理论在当代的重建，是在时代和实践基础上对它做出新的解释和发挥，不是对他们的理论"照着讲"，不是亦步亦趋地简单复归原有的理论，而是要对他们的理论"接着讲"，做出创造性的发展。"接着讲"既不能停留于原来的理论起点而要从当代现实和实践出发，又不能完全离开原来的理论起点而要在其基础上进行延伸。为此就要明确人的发展理论建构的生长点，明确马克思恩格斯人的发展理论中的基本原理，质言之，回归文本之要义在于阐发其基本原理或理论内核。

任何科学理论都有理论内核和外围结构。理论内核就是库恩所说的科学理论的基本"规范"或"范式"，拉卡托斯所说的科学研究纲领中的"硬核"。它们是理论的核心，是理论大厦的基石。马克思主义理论亦不例外，也有内核和外围之分，其内核就是基本原理。基于这一区分，发展马克思主义理论既要坚守基本原理又要在理论外围上与时俱进。坚持基本原理就是不忘文本之"初心"，离开基本原理或理论内核的"发展"就不是发展而是背离；与时俱进就是不能故步自封、不越雷池一步，就是要在新的条件、新的实践基础上进一步发展马克思主义，体现马克思主义的当代性和当代价值。就"坚守"而言，前提是对内核即基本原理的挖掘、梳理和厘定。我们认为，就整个马克思主义理论而言，其内核主要包括两个部分：一是价值取向上的，概括地说就是追求人的彻底解放和自由全面发展；二是科学认识上的，如实事求是原则、实践批判精神，以及唯物史观的基本原理等。就人的发展理论而言，也有一些基本原理，包括人的发展价值取向和科学认识中的一些核心内容，如对人的发展的内涵、目标、主体的界定，对人的发展条件、途径以及人的发展与他人和社会关系的理解等。鉴于此，就应当在回归文本过程中认真梳理、确认并且回到马克思恩格斯人的发展理论的基本原理上。只有从人的发展理论的基本原理出发，在坚守基本内核的基础上拓宽外围，才能做出真正意义上的创新和发展。

二、借鉴西方学者的研究成果

人的发展理论当代建构路径之二，是借鉴西方学者的人学研究成果。

首先是借鉴马克思诞生之前西方传统文化的优秀成果。如前所述，自从古希腊苏格拉底开启哲学转向，将认识人自己作为哲学研究的重点以来，在欧洲历史上的每一个阶段，西方哲人们都对人的问题进行了认真的思考，提出了诸多富有启迪性和普遍意义的人学思想。这些关于人及人的生存发展的思想，曾经是马克思恩格斯人的发展理论的思想渊源，同样也应当成为人的发展理论当代建构的理论来源。

应当看到，马克思恩格斯对西方优秀人学思想的批判继承，是对其做出了取其精华、去其糟粕的科学分析和改造，这为我们借鉴西方人学思想提供了基本原则和理论遵循。同时，我们也应当在马克思恩格斯工作的基础上，对西方人学思想做出进一步系统的挖掘和梳理，结合全球化和现代化建设的时代特征，对其进行新的鉴别和创造性的阐释、改造。例如对"人性"和"人道主义"的重新发掘和阐释就是如此。人性论和人道主义是人的发展理论的思想来源，但众所周知的是，马克思恩格斯少有对它们的明确肯定和正面阐述。究其原因，主要是因为在他们之前，近代启蒙思想家们已经对之做出了深入、展开的阐释，因而与之相关的价值取向不是他们研究的重点。他们的重点一方面是批判抽象人性论，澄清人性论和人道主义的历史观基础，划清同旧历史观的界限；另一方面是创立唯物史观，将人性论和人道主义优秀价值取向置于科学的历史观基础之上。在当代，一方面，随着全球化、现代化进程的深入，随着构建人类命运共同体成为现实的任务，时代背景发生了深刻变化，各个国家、民族之间的联系日趋紧密，人类的共同利益趋于凸显，面临的共同问题不断增加；另一方面，对人性和人道主义的研究已经有了科学的社会历史观即唯物史观为指导。因此，对人性和人道主义的重新发掘和阐释既具有必要性，又具有现实的可能性。

其次是借鉴西方马克思主义研究者的成果。马克思恩格斯之后，马克思主义发展中重要的一支，是西方学者的马克思主义研究，特别是西方马克思主义者的研究。由于独特的历史境遇、社会地位、时代任务和理论视角等原因，西方学者的马克思主义研究既存在着对经典作家思想的诸多误读，也在研究视角及理解方式上有一些独特性及其优势。

西方学者在马克思主义研究中的独特优势在于：

其一，在语言和文化上与马克思恩格斯直接相通。马克思恩格斯是德国人，其文本主要以德文书写，另有一部分以英文书写，此外还有少许以法文等书写或修订，因此，西方的马克思主义研究者与经典作家没有语言上的隔绝。由于"语言是最切近于人之本质的"①，即语言并非外在于思想，而是思想内容和特质的直接表征，因而西方的马克思主义研究者与使用其他语言的研究者相比较，往往在语言文字上比较容易阅读进而深度理解经典作家的文本。文化上亦是如此。马克思恩格斯成长于西方文化背景中，其对人的问题的理解深受西方文化的影响，这既体现在他们价值关注的重点，如在人的发展问题上特别关注个人的发展，关注自由发展，又体现在他们在相关问题的阐释中往往引用许多欧洲古代和近代的文学作品作为例证、比喻加以形象说明。因而他们所述、所思的意蕴更易于为处于同一文化背景中的西方学者所理解。

其二，所处社会环境与马克思恩格斯具有本质上的一致性。与马克思恩格斯生活的19世纪资本主义社会相比较，当代资本主义的社会面貌已经发生了显著变化，例如当代资本主义社会中工人的生产环境、劳动强度和劳动时间，他们的生活条件和生活质量，等等，都已经迥异于恩格斯写作《英国工人阶级状况》时的状况而有了改善，但万变不离其宗的是，整个社会仍然与一百多年前一样，是按照资本逻辑运行的。当年资本家剥削工人的实质并无改变，即使主张阶级一体化的马尔库塞也不否认这一事实，认为"如果工人和他的老板享受同样的电视节目并漫游同样的游乐胜地，如果打字员打扮得同她雇主的女儿一样漂亮，如果黑人也拥有凯迪拉克牌高级轿车，如果他们阅读同样的报纸，这种相似并不表明阶级的消失，而是表明现存制度下的各种人在多大程度上分享着用以维持这种制度的需要和满足"②。故此，西方学者身处的发达资本主义社会仍是资本主义社会，与马克思恩格斯所处社会境遇

---

① 海德格尔：《在通向语言的途中》，商务印书馆2004年版，第1页。
② 马尔库塞：《单向度的人》，上海译文出版社2006年版，第9页。

具有本质上的一致性。而由于人的发展理论以及整个马克思主义社会历史理论本质上是以资本主义批判为根据、为旨归的,所以身处资本主义社会的西方学者对资本逻辑及其危害有着切身的感受,当然就会对其中存在的问题及原因做出更为深入或全面的理解。

其三,他们经历了完整的现代化进程,更加了解现代化的利弊及其原因。由于现代化的原发性或先发性,西方国家已经完成了现代化进程,现代化主要的优缺点在他们那里已经展示无余。从社会批判的角度看,现代化在推动社会进步、为人的发展创造了条件的同时,也给人的发展带来了一些问题,即通常所说的现代性问题。这些问题主要有:不同阶级、阶层之间贫富分化严重、拜金主义盛行;传统价值观失落、信仰危机、道德失范、暴力犯罪、贩毒吸毒等现象泛滥;人的生存片面化,人的能力片面发展;工具主义被张扬到不适当的程度,工具的有效性往往遮蔽目的的合理性,从而导致人文精神失落;科技负面效应增长,科技的不当运用放大了人的破坏能力,对新技术负面效应认识的滞后引发了一系列社会伦理问题以及潜在的风险;消费主义生活方式盛行,加深了资源和环境的危机,威胁着人类的持续发展。这些问题及其带来的危害在西方社会已经暴露无遗,引起了西方马克思主义研究者的重视和广泛、深入的探讨。

由于这些优势,西方马克思主义者可以读出其他研究者在马克思主义文本中不易读出的含义,可以洞察到社会生活中一些处于其他境遇和站在其他视角难以察觉和体认的东西,因而其研究成果对于我们的马克思主义研究,特别是马克思主义人的发展理论研究具有重要的参考价值和借鉴意义。

一是有助于认识当代资本主义。西方马克思主义对马克思解读的一个显著特点,是秉持强烈的批判意识并深植于当代社会语境,直接关联资本主义社会运行及日常生活中各种类、各层次的现实问题,并对其做出深刻的反思或分析批判。特别是针对当代资本主义的一些非制度性问题,如人的活动片面化问题、精神文化危机问题、消费主义盛行问题、科技负面效应问题、资源环境危机问题等,都运用或借鉴马克思主义的资本批判理论做出了较系统的探究和批判。他们的相关批判和反思既加深了对现代化问题及其原因和影响的理解,提出了一些有益的解决问题的思路和对策,也凸显了马克思主义理论的当代性和当代价值。这些的研究可谓认识西方社会现实问题的一面镜子，透过这面镜子，可以深度地透视当代资本主义的现状及本质。

二是有助于认识马克思思想的人学意义。正如前文所指出的，西方的马克思主义研究的社会背景决定了其理论研究的主题是批判（而不是根本改变）现存的资本主义制度以及批评苏联的社会主义模式，因而他们重点关注的不是通过现实的革命实践从根本上改变资本主义制度，而是寻求在资本主义社会环境中人的解放（主要是精神、文化解放）的道路和方式。这种关注点，就决定了他们理论研究的兴趣主要在于人的改变和精神文化的改变方面，决定了他们对马克思主义的解释和发挥特别看重的是其精神价值和人学意蕴。他们挖掘和阐发了马克思社会历史理论的精神解放和文化批判意蕴，并结合现代性问题对马克思思想的精神价值和意义做出了深度的时代性解读。他们中的一些人认为，马克思哲学来源于西方人道主义的哲学传统。马克思哲学主要关心的事情是现实的个人的存在问题，是使人作为个人精神上得到解放，恢复完整的人性。这种对马克思思想的"人学"阐释无疑回避了彻底改变资本主义制度、实现人的彻底解放这一主要问题，却开启了马克思主义社会批判意蕴的转换，凸显其精神、文化批判的价值。

三是有助于反观中国的现代化问题。现代化作为社会发展的通行模式，其效应在所有国家或地区都具有同质性，这既表现在正面效应上也表现在负面效应上，即现代化对人生存发展的正面和负面影响在任何国家和地区都概莫能外。由于西方社会现代化进程的先发性，西方学者比较早地感受和了解到现代性的利弊，并进行了深入系统的反思和批判。中国的现代化进程是后发的，正在经历西方国家业已经历的现代化过程，西方现代化过程中出现的许多问题都已经或逐渐在中国重现。由于现代化问题的同质性，西方学者运用马克思主义理论对现代化负面效应的反思和批判及其建立的社会批判理论和方法，对中国的现代化建设具有直接的借鉴意义，有助于前瞻性地预测并防止和缩小现代化的负面效应，也有助于理解中国的现代化问题，矫正人们的行为，缓解或消除现代化问题对人的负面影响。

三、吸取中国文化的优秀思想资源

人的发展理论体系当代建构路径之三,是吸取中国传统文化的优秀思想资源。

在马克思主义人的发展理论建构中吸收中国古代的优秀人学思想资源是必要的。马克思主义之所以能够在一百年来逐渐"中国化",成为"中国的"理论,一是因为它具有普遍性或普适性,具有"放之四海而皆准"的特性,可以在西方之外的其他国家、民族中生根、发芽、开花、结果,发挥指导革命和建设实践的作用;二是因为这一理论在进入中国之后,不仅结合了中国的社会实践和社会生活,也逐渐融入了中国的文化之中,吸取了中国文化的一些思想精髓,在一定程度上采取了中国语言和文化的表达方式。就此而言,马克思主义中国化有两方面的含义:一是与中国革命和建设实践相结合,二是与中国文化相结合。

马克思主义传入中国后,中国马克思主义者凭借深厚的中国文化修养和哲学素养,以中国文化和哲学的概念及风格阐述了马克思主义的有关内容。但毋庸讳言的是,同马克思主义与中国革命和建设实践相结合的巨大成果相比较,马克思主义与中国文化相结合从整体上看还不尽如人意,马克思主义与中国文化的关系还比较疏离,既有的相关做法仍限于以中国语言表述马克思主义理论,尚未有二者真正意义上的全方位的对话。这集中体现在,在马克思主义研究中未能充分理解并确认中国文化特别是中国哲学学术资源的价值,未能自觉对接中国哲学的学术传统,未能系统挖掘和梳理中国文化的优秀思想资源,中国文化和哲学至少在学术层面上尚未全面地融入马克思主义之中。虽然马克思主义深刻地影响了中国文化的研究和发展,但这种影响却未能较深度地进入社会心理的层面。究其原因主要有两方面:一方面,以往的马克思主义研究总体上比较固守既有的经典包括从苏联舶来的概念体系;另一方面,在以往的马克思主义研究中比较缺乏文化自觉,往往从固守自身的角度判断中国文化和哲学的性质,取舍中国文化的思想资源。这无疑影响了马克思主义"中国化"的深入和拓展。

当代马克思主义要有效地引领中国的社会文化发展和精神生活，为中国人在理智和情感、认知和价值上所理解、所认同、所喜闻乐见，就必须接中国的"地气"，真正成为"中国的"理论，成为中国主流的文化精神，就要回应中国人面对的现实问题，又要在理论体系概念和语言上具有中国特色、中国气派和中国风格。这就要自觉地与中国文化对话，吸取中国文化的优秀思想资源。这一点对马克思主义人的发展理论研究来说尤其重要。马克思主义人的发展理论建构是为了指导当代中国人的发展实践，影响当代中国的社会生活，特别应当适应中国的国情和人情，应当充分吸收中国优秀的人学思想资源。

在马克思主义人的发展理论建构中吸收中国优秀人学思想资源是可能的。中国传统文化尤其是哲学特别关注人，注重人性的完善和人格修养，对以善恶为中心的人性问题和人的道德修养的蕴意及途径进行了持续的思考，蕴含着独具特色的人学思想、传统美德和人文精神，其中有仁、义、礼、智、信、忠、孝、悌、节、恕、勇、让，以及气节、崇德、宽恕、谦敬、乐群、重义、慎独、善良、达观、宁静、兼善、和谐等关于个人修养和理想人格的理念；有"修身、齐家、治国、平天下"、"为天地立心，为生民立命，为往圣继绝学，为万世开太平"以及"先天下之忧而忧，后天下之乐而乐"等崇高的人生志向和境界；有"自强不息、厚德载物""富贵不能淫，贫贱不能移，威武不能屈"的气节；有"民为贵，社稷次之，君为轻""民惟邦本，本固邦宁""水可载舟，亦可覆舟""仓廪实而知礼节，衣食足而知荣辱"、"己所不欲，勿施于人""和而不同"，"老吾老以及人之老、幼吾幼以及人之幼"，"天人合一"，以及"惟德惟贤""中庸""和谐"等关于人与人、人与社会关系的生活哲理和实践智慧。

这些优秀价值、道德原则和人生智慧与马克思主义多有相通或相似之处，如人本思想之于马克思主义人的发展价值取向，天人合一观念之于马克思主义自然观，传统美德和人文精神之于人的发展理念以及人的素质提升和人格培育理念，等等。这些人文理念和精神通过现代转化，可以与马克思主义人的发展理念内在契合，无疑是建构当代中国马克思主义人的发展理论独特的思想资源。

应当指出的是，在当代中国进行马克思主义人的发展理论建构过程中，吸收中国优秀人学思想资源不能照搬古人，而应当结合新的时代特征和实践特点对其进行现代转化。中国传统人文精神形成于旧时代，其中既有精华也有糟粕，并且即使是精华，也具有历史的或阶级的局限性，与当代社会生活和实践在时代的间隔上相去甚远，因而不能不加分析、不加取舍地直接"古为今用"，而是要进行现代转化，做出创造性的、现代的阐释。例如"人本"思想。古人强调民本，主张"君轻""民贵"，民是社稷的基础和根本，民比君更加重要，要求统治者实行"仁政"，善待百姓。这种思想在一定程度上可以提醒统治者缓解对百姓的控制和压榨，有积极的一面，但其出发点则是维护"君"的统治，而不是将民（老百姓）的地位和利益置于统治者的地位和利益之上，正相反，"民"在该语境中本质上只具有工具性的意义。因此，对古代的民本思想必须做出现代的转化，使其名副其实，真正将民（人民群众）及其利益置于中心、至上的地位。又如"天人合一"思想。古人提出天人合一的宇宙观，认为宇宙和人是相通的，进而得出了敬畏自然、善待自然的观念，同时又演绎出许多神秘主义的说法，例如将天人关系理解为"天人感应"等。我们应当吸取"天人合一"思想中认为人与自然内在关联，应当敬畏自然、善待自然的思想，同时又要运用科学方法去除其神秘主义的因素，结合时代和实践要求，将对人与自然不可分离、内在关联关系的理解置于科学认识的基础之上。只有对中华优秀传统人文精神和价值进行合乎时代精神的阐发和运用，才能凸显其当代性而超越时代局限，在现实上将其融入当代中国的国民教育、道德建设、文化创造及社会生活中，在理论上将其融入人的发展理论中，成为其有机组成部分。

四、在实践中创新理论

人的发展理论体系当代建构主要的路径，是面向时代和实践，在实践中创新理论。

实践创新是人的发展理论创新的主渠道，这是由马克思主义的使命决定的。任何承载改变世界使命的理论都直接或间接地指向实践和生活，对于以推进人的发展为旨归的马克思主义人的发展理论而言尤其如是。马克思指出，哲学家们只是用不同的方式解释世界，问题在于改变世界。他和恩格斯指出，全部问题都在于使现存世界革命化,实际地反对并改变现存的事物。改造世界是马克思主义的使命,也是马克思主义生存和发展的根基。自马克思主义传入中国后,实践创新一直是马克思主义中国化、时代化,即马克思主义在中国发展的主渠道,而实践创新既在于结合国情运用马克思主义创造性地解决中国问题,又在于在运用马克思主义指导中国实践的过程中不断地总结经验和教训,在理论上做出新的推进。

"历史从哪里开始,思想进程也应当从哪里开始,而思想进程的进一步发展不过是历史过程在抽象的、理论上前后一贯的形式上的反映;这种反映是经过修正的,然而是按照现实的历史过程本身的规律修正的。"[①]问题意识是人的发展研究及人的发展理论建构的灵魂。在马克思恩格斯时代,人的发展理论的形成和演进一直是从现实问题出发的,是基于对资本主义现实中人生存现实状况的分析,是对资本逻辑批判的结果。在当代中国,人的发展条件和面临的问题较马克思时代已经发生了全方位的深刻变化,只有直面人的发展面临的现实条件和问题,才能进一步深化并拓展人的发展理论研究,不断发展具有鲜明实践特点、民族特色和时代特征的中国化、时代化的马克思主义人的发展理论。基于这一道理,马克思主义人的发展理论研究既不能停留于经典文本,也不能满足于以往的解释和发挥——无论是中国学者自己的解释和发挥还是西方学者的解释和发挥,而是要反映时代特征和现实生活,总结实践发展的新成果。就此而言,对当代中国人的发展现实问题的解答,是人的发展理论研究的根本出发点以及理论创新的主要切入点。

在实践中创新和发展人的发展理论,应当从当代人的发展要求与其面临的现实条件和问题出发。作为社会实践和社会生活理论指导的人的发展理论既是人的主观要求和理想,又要基于人们的社会生活和实践。人类生存发展的历史是一个改变外物与主体意识生长两者相互促进的过程。人对外物的改变一方面满足了衣食住行等生存需要;另一方面又增强了人的能力,提高了人追求更好的生活和存在状态的期待和追求。这种期待和追求发展到一定阶段,即随着人实践能力增强以及环境和条件的改善而逐渐从自发转为自觉后,

---

[①] 《马克思恩格斯选集》第2卷,人民出版社2012年版,第14页。

就逐渐形成为人的发展意识。也就是说,一方面,人的发展要求具有主体性,要基于人追求更好生活状态的主观意识,以一定的自我理解和价值预设为前提,这些理解和价值预设是确定人的发展主要内容,如人的发展要求、目标、任务、途径等的主体性根据;另一方面,人的发展要求又具有现实性,要受到客观条件的制约,这种制约既体现为人的发展要求并非从来就有,而是在一定社会条件基础上历史地形成的,又体现在人的发展要求的实现不能仅凭主观愿望,还要以一定现实条件为基础。马克思恩格斯提出人的自由全面发展要求和目标,反映了他们对人理想生存状态的理解和追求。但现实却往往与理想有距离,会存在着一系列制约人的发展的障碍,这种理想目标和要求与社会现实之间的差距或矛盾,就构成了"人的发展问题",也就提出了通过解决这些问题以推进人的发展的任务。"人的发展问题"出现既有主观方面的原因也有客观方面的原因。主观原因即人对生存意义、价值取向、需要定位、生活方式等的理解和选择上的失误或错位,如在社会现代化进程中由于价值观、人生观扭曲出现的信仰危机、道德失范、享乐主义、唯利是图、诚信缺失、精神空虚等,直接制约着人的发展。客观原因即由于人的发展要求与社会现实条件之间差距制约着人的发展的实现或实现的程度。制约人的发展的主客观原因决定了人的发展"问题"在不同时代或不同条件下会呈现出不同的特点,需要用不同的方式来解决,因而实现人的发展首先要明确制约人生存发展的问题及原因,对问题的实质及其根由做出到位的把握,从而确定针对性的解决对策和举措。

在实践中创新和发展人的发展理论,应当在分析现实问题的过程中证实、修正和发展理论。与时代和实践中的问题对话,就是运用马克思主义人的发展理论分析和解决人的发展现实问题。"对话"可能出现两种情况:一种情况是,运用理论顺利地说明了问题及其原因,提出了理解和解决问题的思路和对策,证明了理论的正确性,证实了理论的当代价值和意义。例如,马克思曾将作为未来财富尺度的"自由时间"分为"闲暇时间"和"从事较高级活动的时间"[①],由于生产力及其他社会条件的束缚,这一前瞻性的认识以往未

---

① 《马克思恩格斯全集》第31卷,人民出版社1998年版,第108页。

受到重视。在当代,随着科技进步、生产力发展和生活方式的变化,"从事较高级活动"即个人在艺术、科学等方面得到发展以及休闲活动开始成为现实,马克思对于未来人们理想生活状态预期的价值和意义便得到证实,其结果是有效地激活了马克思主义经典作家这一人的发展思想。另一种情况是,理论在指导实践过程中与现实之间出现差距,进而通过修正理论来发展理论。当代社会全方位的深刻变化,给既有人的发展理论提出了许多新的、难以直接回答的问题,为了回答这些问题,就不能削足适履,而应当量体裁衣,通过总结新的经验来修正、改变理论并解释出现的新问题,进而提出新的观点或方法,发展理论。只有在解决人的发展现实问题的过程中才能引出新话题,得出新经验,深化和拓展人的发展理论研究。就此而言,对当代中国人的发展面临的现实问题的解答,是人的发展研究的根本出发点,也将成为当代中国人的发展理论新的生长点。

五、实现几种路径的互补

应当指出的是,人的发展理论研究和建构路径是多样的,但各种路径的作用和地位却是不同的,其中回归文本是前提,借鉴西方学者的研究成果和吸取中国文化的优秀思想资源是参照,在实践中创新理论是根本。当前马克思主义人的发展研究中亟须解决的一个问题,是实现上述几种路径的互补。

毋庸讳言,在当前的马克思主义研究中,一定程度上存在着几种路径相互隔绝甚至排斥的状况。不同路径的研究者往往各说各话,相互之间缺乏深度的对话、交流与融合,从方法论上看,就是存在着过分的路径依赖。理论研究中的路径依赖本是研究路径成熟的表现,但问题在于路径依赖不能过"度"。过分的路径依赖即过分强调某种研究路径的优越性、至上性甚至唯一性,则可能会一叶障目、唯我独尊、画地为牢,有意无意地导致路径排斥,忽视甚至轻视其他研究路径,使自己的研究态度和方法陷入片面性。

路径依赖的一种表现,是认为只有文本研究才具有学术性,强调文本研究而忽视其他。这种态度体现在研究方法上,就是强调文本研究中的解释保护,以"考古"的眼光看待经典文本,视文本为"文物",限定文本研究的论域和范围，只允许"照着讲"，不允许"接着讲"，拒绝对文本中相关思想的解释、发挥和重建，拒斥阐释文本的当代性和当代价值，其结果是将马克思主义理论归结、限定为马克思或恩格斯个人的思想。这种做法本质上是为回归文本而回归文本，忘却了回归文本之目的是进一步发展马克思主义理论，是为了运用马克思主义理论改变世界。

路径依赖的另一种表现，是在借鉴西方学者马克思主义研究成果过程中的主体缺位。这集中体现为在马克思主义理论研究中缺乏"以我为主"的主体意识，往往言必称"西马"，止于代言西方学者的论述及观点，对西方学者马克思主义研究的理解甚于对马克思恩格斯思想的理解。更有甚者，以西方学者对马克思主义的理解作为自己马克思主义研究学术"合法性"的尺度，似乎一种观点只有得到西方学者的认同才能够成立，在论证中只有引证西方学者的论述才有底气，从而造成了反客为主或主次颠倒。

路径依赖的又一种表现，是轻视马克思主义理论的学术化取向，离开它的科学性、学术性谈论实践性和革命性，在马克思主义研究中将其意识形态特征与学术性对立起来。马克思主义是致力于改变世界的理论，具有鲜明的实践性和革命性，但它之所以能发挥巨大的实践功能，能够成为认识和改变世界的强大思想武器，有效地指导人们改变世界，推进社会进步和人的发展，是因为它是科学的认识和先进的价值，而其科学性和先进性不仅取决于以社会实践为基础，还取决于理论上的学理性，取决于系统、深入、缜密的科学研究。毋庸置疑，基于实践的学术研究是持续保持马克思主义科学性和先进性的前提。

上述几种路径依赖虽然表现形式各异，但都不同程度地造成了马克思主义理论研究中各种路径之间互相疏离甚至相互轻视的心态和做法，这显然不利于包括人的发展理论在内的马克思主义理论的研究和综合创新。应当看到，人的发展理论研究路径是多样的，其中每一种路径都各有优势和局限性，因而不可或缺即相互之间不能替代。为此，当前马克思主义人的发展理论研究亟须解决的问题之一，就是超越路径依赖，正确理解并处理各种路径之间的关系。其中尤其应当注意两个问题：一是消除各个路径之间相互隔绝甚至排斥的倾向，充分肯定并尊重其他路径的作用，在各种路径之间保持一种必要的张力，使它们能够并行发展，并使每一种路径在当代人的发展理论研究中各自发挥独特的作用；二是实现不同研究路径之间的借鉴和互补。马克思主义人的发展理论研究路径之间相互借鉴和补充有两种方式：一种方式是不同的研究者从各自擅长的路径对这一理论做出研究，从不同角度和层面对其做出理解，然后相互补充和借鉴，得出对马克思主义人的发展理论综合的、全面的认识；另一种方式是研究者在研究中运用不同的路径对马克思主义人的发展理论做出研究，在研究中使各个路径获得的认识相互借鉴和补充，进而为综合而全面地阐述马克思主义人的发展理论内涵及其当代价值和意义提供多重视角。

第七章 人的发展理论体系当代建构的环节

人的发展理论体系当代建构是一项系统的工程，包含着厘定人的发展理论思想资源、确立人的发展基本概念、建构人的发展理论体系几个环节。这些环节之间是依次递进的关系，前一环节是后一环节的基础，后一环节是前一环节的目标。

一、厘定人的发展理论思想资源

人的发展理论体系当代建构的第一个环节是厘定人的发展理论思想资源，明确人的发展理论体系当代建构的理论基础和起点。

厘定人的发展理论思想资源首先要有所本，那就要追寻马克思主义人的发展理论的"初心"，追溯并复原马克思恩格斯人的发展理论的原貌。

厘定人的发展理论思想资源的第一步是文本的挖掘和梳理。马克思恩格斯提出了内涵丰富的人的发展思想，但囿于时代条件和任务，他们对人的发展问题并没有专门系统的论述，相关论述往往散见于对其他理论和现实问题的讨论中，因而需要进行系统、深入的挖掘和梳理，并在此基础上加以整理。囿于篇幅，本书梳理的对象只限于一些代表性的文本，这些文本以早期著作为主，其中人的发展思想最直接且最丰富的，是《德意志意识形态》、《经济学手稿（1857—1858年）》和《资本论》。《德意志意识形态》第一次明确、系统地表达了人的发展理念，确立了人的发展价值取向；《经济学手稿（1857—1858年）》和《资本论》则阐述了关于人的发展的条件，补充了许多关于人的发展的价值取向和科学认识。这些以及其他著作是挖掘和梳理人的发展思想的主要文本。

广义地说，人的发展思想贯穿于马克思恩格斯所有重要的文本中，区别只在于有的文本蕴含的思想比较直接或比较丰富一些，有的则比较间接或比较少一些。前者如《黑格尔法哲学批判》《〈科隆日报〉第179号的社论》《〈黑格尔法哲学批判〉导言》《论犹太人问题》《1844年经济学哲学手稿》《神圣家族》《英国工人阶级状况》《关于费尔巴哈的提纲》《德意志意识形态》《共产党宣言》《经济学手稿（1857—1858年）》《资本论》《哥达纲领批判》《反杜林论》《社会主义从空想到科学的发展》等，后者则更加多样，如《路德维希·费尔巴哈和德国古典哲学的终结》《家庭私有制和国家的起源》《人类学笔记》以及马克思恩格斯的一系列通信等，即使是《自然辩证法》，在对马克思主义自然观和自然科学观的阐发中，也包含着丰富的人的发展思想，如关于"两个提升"，即"在物种方面把人从其余的动物中提升出来"[1]和"在社会方面把人从其余的动物中提升出来"[2]的论述，对劳动在从猿到人转变中的作用的论述，对人的能力提升路径的论述，对人与自然关系的论述，等等。这些思想都应加以深入挖掘和梳理。

厘定人的发展理论思想资源的第二步是在文本挖掘和梳理的基础上提炼人的发展思想的基本原理。所谓基本原理，就是人的发展理论之最基本的部分也是最高层次的理论，属于人的发展理论的内核。由于马克思恩格斯没有专门系统地论述人的发展问题，其相关思想蕴含散见于对其他问题的论述中，所以其中的基本原理不会自然地呈现出来，这就需要在挖掘和梳理的基础上进行整理和提炼。整理和提炼首先要尊重原著，要基于文本而不能望文生义甚至无中生有；整理和提炼又要注重不同文本相关思想内容之间的联系，尤其是要关注经典作家在不同文本中一以贯之的思想。基于初步的整理和提炼，我们认为，马克思恩格斯提出的人的发展理论基本原理包括价值取向和科学认识两个部分，每一部分又包括一些基本的原理，如价值取向包括对人的发展目标的理解，对人的发展含义的理解，对人的发展的主体的理解，等等。如科学认识包括对人的发展主体的界定，对个人发展与他人发展关系的理解，对人的发展社会条件的理解，对人的发展基本途径的理解，等等。这些基本

---

[1]《马克思恩格斯选集》第3卷，人民出版社2012年版，第860页。
[2] 同上，第860页。

原理是人的发展理论体系当代建构的理论起点,也是当代人的发展理论研究的基本理论遵循。

厘定人的发展理论思想资源的第三步是回溯人的发展理论的演进过程,整理、甄别和借鉴、吸收马克思恩格斯之后人的发展研究成果。

如前所述,在马克思恩格斯之后,东方和西方的马克思主义研究者对人的发展理论和现实问题进行了有益的探讨,提出了许多新的见解,其中最值得关注的,是西方马克思主义研究者和当代中国学者的研究成果。西方学者的研究直接或间接地反映了经典作家所没有遇到的当代资本主义社会人生存发展面临的现代性或后现代问题,例如消费主义盛行问题、传统价值消解问题、人文精神失落问题、工具理性甚于价值理性问题、资源环境危机问题等,他们在反思这些问题过程中提出的对人生存发展的思考及由此形成的理论,具有独特的价值和鲜明的时代性,对我们的研究具有特别的借鉴意义。西方学者对马克思恩格斯人的发展思想的解读,对西方现当代社会人生存发展现实问题的深入反思,是当代人的发展理论的重要内容,对之应当做出系统的整理、评价和取舍,吸收于当代人的发展理论体系中,作为其有机的组成部分。中国学者的研究及其成果具有独特的优势和意义。这首先是因为,中国学者亲身经历和感受到经典作家没有亲身经历和感受的社会主义社会的各种生活和实践问题,尤其是知晓社会主义初级阶段经济、政治、社会和文化条件对人生存发展的影响,例如社会主义市场经济对人生存发展的影响,社会主义社会中现代化和现代性问题对人生存发展的影响,等等,其研究具有独特的价值和鲜明的当代性。这又是因为人的发展理论体系当代建构与当代中国人的发展理论研究是一脉相承的,是这种研究的进一步深化和阶段性总结。就此而言,当代中国马克思主义人学研究成果对于人的发展理论体系当代建构具有重要的价值,应当与经典作家的思想一道构成当代人的发展理论之主体内容。

二、确立人的发展基本概念

人的发展理论体系当代建构的第二个环节,是在分析和回答现实问题、总结人的发展实践经验的过程中将现实问题转化为理论问题,并将一些普遍性的认识提升为人的发展基本概念。

任何一种理论体系都要由一系列概念构成,概念在理论体系建构中具有承上启下的作用,因而理论体系建构要从概念的凝结开始。从实践到理论,就是对实践中遇到的问题进行理论的概括和抽象。而概括和抽象之起步,便是形成概念。列宁曾指出:"人的实践经过亿万次的重复,在人的意识中以逻辑的式固定下来。这些式正是(而且只是)由于亿万次的重复才有着先入之见的巩固性和公理的性质。"[①] 人的发展理论建构的起点就是在反映实践经验的基础上形成一系列基本概念。通过这些概念对生活和实践中得来的认识加以巩固、提升和理论表达,然后以一定的逻辑结构使概念之间相互关联,构成理论体系。

从理论构建的角度看,实践中遇到的问题可以分为两个层面:一是直接、具体的现象层面的问题,即人的发展直接面临的障碍或矛盾,对这些问题可以直接做出经验性的反映;二是现象层面问题之后间接的、深层次的、本质性的问题,对这些问题必须在理性的层面加以把握。当前制约人生存发展的具体问题虽然种类繁多、形式各异,但其中都蕴含着一些深层次问题,如对人性和人的本质的理解,对人生意义的理解,对个人与共同体关系的理解,对社会发展合规律性与合目的性关系的理解,对生存与占有的关系的理解,对效率与公平的关系的理解,对物质生活与精神生活的关系的理解,对市场取向与价值取向关系的理解,等等,对这些深层次关系的理解并上升为理论认识的第一个环节,就是形成概念,界定并阐释这些概念的内涵,分析它们之间的关系,将其作为建构理论体系之网的节点,在此基础上建构概念体系。人的发展理论体系当代建构中的概念一部分要在新的实践中形成,一部分要从中外历史上的相关优秀概念中借鉴,更多的要在经典作家及其研究者们确立的人的发展概念中撷取。为此,就应当对既有的与人的发展相关的概念进行整理、甄别和定位,首先是对这些概念做出分类。

对人的发展理论相关的概念可以有狭义的理解和广义的理解。狭义的理

[①]《列宁全集》第55卷,人民出版社1990年版,第186页。

解即直接关涉人及其生存发展的概念，广义的理解即间接涉及人及其生存发展的概念。广义的人的发展概念涉及面比较宽泛。例如，马克思主义社会历史理论的相关概念都可以纳入其中，尤其是唯物史观理论的一系列概念，它们对于科学说明人及其生存和发展的内涵、条件和途径是不可或缺的。又如，当代中国人学研究中涉及或使用的诸多概念亦可以纳入其中，这些概念分别涉及人的属性，人类发展史，政治生活、经济生活、精神生活、生活方式、交往方式、人与社会、人学研究史、人的发展规律等各个领域，同样为人的发展研究不可或缺。就此而言，人的发展概念与马克思主义其他概念之间是一种交叉重叠的关系，相互之间不存在绝对的界限。狭义的人的发展概念则是直接涉及人及其生存发展的概念，其范围则要小于前者。

直接涉及人及其生存发展的概念是人的发展理论的基本概念，对这些概念既可以从涉及的内容做出分类，也可以从其来源做出分类。从涉及的内容看，大致可以区分为几个层次，如关于"人"及其规定的概念，关于人与他人和社会关系的概念，关于人生存的概念，关于人的解放的概念，关于人的发展的概念，等等。从其来源看，大致可以区分为几类：日常生活中使用的关于人的基本概念、欧洲近代哲学关于人的概念、马克思主义关于人的概念。此外，在当代中国建构人的发展理论体系，还应当吸收中国传统文化中的优秀观念。就后一种分类而言，日常使用的概念和欧洲近代哲学的概念为前人所确立，但马克思主义在继承前人的基础上赋予了它们不同于以往的新的含义，后一类概念则为马克思主义所独创。故此，人的发展理论概念既包括以往概念的合理含义又具有新的内涵。

首先是日常使用的关于人的基本概念，如人、个人、个性、群体、集体、生活、劳动、生产、需要、利益、求知、善良、邪恶、审美、爱好、修养、素质等。这些概念是人们在日常生活中逐渐形成的，虽然经常使用，但在理论上本身并无确切的定义，或者说其含义具有约定俗成的特点，源于生活、成于历史。将这些概念纳入人的发展理论时必须加以意义的转化和厘定：一是从日常词汇向哲学概念的转化，这就要对原有的含义做进一步抽象的概括和清晰的界定；二是对这些概念做出马克思主义的科学的界定，赋予其新的含义，并阐释它们相互之间的关系。例如对"人"的认识。"人"是人自有自我意识以来对自己的称呼,以区别自己与他物。近代人道主义和启蒙思想家在建构抽象人性的过程中虚拟了抽象的"人"。为了克服这一理解的缺陷并超越其抽象的理解,马克思恩格斯提出了"现实的人"的概念,认为社会历史研究的出发点应当是现实的、从事实际活动的人。他们还揭示了人的社会性,认为现实的人要受到社会条件和社会关系的制约,因而人是在现实的实践活动中不断生成和发展的。这一界定赋予了"人"这个概念全新的、更加丰富的理论内涵。

其次是近代以来西方思想家确立的概念,如人民、公民、共同体、人性、人道、人权、人格、理性、自由、平等、博爱、民主、法制、法治、公平、正义、意志、尊严、权利、主体、主体性、生存、存在、交往、人的价值、人的需要、人的利益、人的解放、社会关系、市民社会、合目的性、合规律性、人类中心主义等。这些概念是资产阶级革命之前及其过程中人道主义和启蒙思想家以及现代西方学者提出的,意在反对专制制度和宗教神学对人的蔑视、对人性的压制,强调人相对于神及相对于他物的重要性,强调尊重人、肯定人的价值优先性。依照马克思的划分,这些概念所蕴含的价值诉求属于"政治解放"和"物的依赖关系"的范畴,因而具有显著的时代特征和历史局限性,将其纳入人的发展理论时必须做出新的阐释。马克思恩格斯曾对这些观念进行了改造,重新做出了科学的界定,甚至做出了与前人完全不一样的理解,赋予其新的含义并阐释了它们之间的关系,例如对"平等"的界定。恩格斯认为,平等观念是历史的产物,它既可以以资产阶级的形式出现,又可以以无产阶级的形式出现。平等本来是资产阶级针对封建等级制度提出的政治要求,是"社会的经济进步一旦把摆脱封建桎梏和通过消除封建不平等来确立权利平等的要求提上日程"①,因而这种平等是指一切人,或至少是一个国家的一切公民,或一个社会的一切成员,都应当有平等的政治地位和社会地位。这正是资产阶级"政治解放"的题中应有之义。马克思恩格斯指出了资产阶级平等的缺陷,但并未否定平等本身,而是赋予了新的含义,正如恩格斯所说,无产阶级抓住了资产阶级所说的话,指出:平等应当不仅仅是

---

① 《马克思恩格斯选集》第3卷,人民出版社2012年版,第483页。

表面的，不仅仅在国家的领域中实行，它还应当是实际的，还应当在社会的、经济的领域中实行。"无产阶级平等要求的实际内容都是消灭阶级的要求。任何超出这个范围的平等要求，都必然要流于荒谬。"[①]这一理解超越了资产阶级"政治解放"的范畴，赋予了平等概念全新的、更为丰富的内涵，使其更加全面也更加彻底。

再次是马克思主义经典作家独创的概念，如人的本质、现实的人、人的发展、自由发展、全面发展、人的素质、实践、对象化活动、类特性、类生活、自我实现、扬弃异化、人的依赖关系、物的依赖性、人的独立性、自由个性、自由人联合体、政治解放、人的解放、真正的共同体、虚假的共同体等。这些概念直接涉及或体现着经典作家对人的发展的理解。

最后还有中国传统文化中的优秀观念，如仁、义、礼、智、信、忠、孝、悌、节、恕、勇、让、修身、气节、良知、崇德、宽恕、谦敬、乐群、重义、慎独、善良、达观、淡泊、宁静、兼善、诚信、谦卑、和谐、民本、和合、大同、修身、齐家、治国、平天下、立德、立功、立言，自强不息、厚德载物，知行合一，天人合一，等等。

上述概念都可以也应当纳入马克思主义人的发展理论体系中。当然，对日常使用的关于人的基本概念和近代以来西方思想家确立的概念应当在遵循其本意的前提下做出新的理解和发挥，做出符合时代特征的新阐释，对中国传统文化中的优秀价值观念应当取其精华去其糟粕，做出现代的转化。另外，除上述概念之外的广义的人的发展概念亦可根据理论建构和思想表达的需要而纳入人的发展理论体系中。

三、建构人的发展理论体系

人的发展理论体系当代建构的第三个环节是体系的建构，即以一定的逻辑关系将上述基本概念构成为人的发展理论。构建理论体系的关键是确定其内容，而前提则是明确建构的基本要求和方式。

[①]《马克思恩格斯选集》第3卷，人民出版社2012年版，第484页。

当代人的发展理论体系应当具有时代性。"理论在一个国家实现的程度，总是取决于理论满足这个国家的需要的程度。"[①]人的发展理论创立一百多年来，人类社会的经济、政治、文化和社会环境已经发生了翻天覆地的变化，人们生存发展的需要及对生存质量的要求也发生了变化，人的发展面临的问题已迥异于以往。为此，作为人的发展新问题、新要求和新实践主观反映的人的发展理论，其理论内容、当代性和当代价值就不能停留于以往，而应当随着时代和实践的变迁而做出新的改变，体现时代特征，反映当代新的社会现实以及人的发展新的要求和新的经验，在观照新的现实和实践的基础上设定人们追求美好生活的目标，引领人们的行为。因此，人的发展理论体系当代形态的建构必须是人的发展理论的创造性重建。作为创造性的"重建"，人的发展理论体系建构既要继承并基于经典，从马克思恩格斯的思想出发，恢复并阐发以往解读中被忽视甚至遮蔽的人的发展思想的内核，明确经典作家对人的发展理论的基本理解，找准人的发展理论当代建构的理论基点，又不能囿于经典作家的理解，而应当在遵循经典的基础上超越经典，从新的时代特征、社会条件和实践经验出发，观照并解释现代化背景下人的生存发展面临的各种新问题，根据社会变化给人的生存发展带来的新问题和新要求，总结人的发展的新经验，对经典作家的思想做出创造性的阐释和发挥。

创造性的阐释可以分为两种情况：一种是提出前人没有提过的反映时代特色且符合人的发展基本原理的新观点，这就是通常理解的理论创新；另一种是将经典作家提出的观点具体化，注入更加丰富的内涵并给予新的表达。如前所述，虽然马克思恩格斯提出的人的发展目标和含义是指向未来的，但同时又具有特殊历史语境要求和目标，针对的是资本主义社会中特定的问题，因而具有一定的时代局限性或特殊的适应性，这就需要结合当代生活和实践对其做出新的解释或展开说明。例如"保障人的自由""维护人的尊严""实现公平正义"这些内容在马克思恩格斯人的发展目标中是不存在的，因为这些问题只存在于人的依赖关系和市场经济环境中，而他们谈到的人的自由全面发展的社会环境是消灭了私有制和阶级从而自由、尊严和公平正义已经实现

[①] 《马克思恩格斯选集》第1卷，人民出版社2012年版，第11页。

的未来理想社会。这就要求我们将这些问题纳入人的发展论域加以解释，并且，这种解释既要基于自由、尊严和公平正义的本意，又不能停留于以往的理解，而要着眼于未来人的自由全面发展要求，以及着眼于满足人民美好生活需要的要求。又如促进"自我实现"的含义，在马克思恩格斯理解中主要是指人在生产劳动中全面地展示和发展自己的一切能力，在当下则具有更为丰富的含义。

当代人的发展理论体系应当具有先进性。人的发展理论作为对理想生存状态的理解和表达，具有引领人的行为和社会发展的功能，因而应当具有先进性，既能够为当代社会政策的制定提供基本的价值原则和规范，为当代人文社会科学研究提供基本的价值依据，对当代人的行为起到引领和塑造的作用，又能够面向未来，着眼于人的发展的长远目标，科学把握社会发展的基本趋势并预测未来社会发展的基本状态。因此，人的发展理论中的价值取向和科学认识也必须具有超前性或前瞻性，可以超越现实条件的界限，反映和代表人类文明发展的趋势。当然，这种超越现实是以根植于现实为前提的，既要从当前的现实条件和实际需要出发，又要超越当前的现实和实际而指向未来。在这方面，马克思恩格斯堪称典范。他们在19世纪资本主义社会资本逻辑统治整个社会生产和生活以及工人处于普遍的劳动异化的环境中，基于对这种现实的批判，前瞻性地提出了在未来自由人联合体中人自由全面发展的理想和目标，使其既适用于当时，适用于批判资本主义、资本逻辑和劳动异化，又适用于当代，适用于超越物的依赖性而促进人的发展，还适用于未来，适用于人自由全面发展。确立人的发展理论先进性必须站在科学认识和价值取向的制高点。为此，人的发展理论当代建构既要自觉吸取历史上优秀的社会历史科学认识和价值取向，又要着眼于当代社会的新变化和人的发展的新要求，准确反映时代特征和现实问题，反映人们追求更加幸福、美好、更有意义生活的愿望和理想，合理地确定社会发展的价值目标。

当代人的发展理论体系应当具有完整性，是科学认识与价值取向的统一。人的发展价值取向与科学认识的统一是必要的。一方面，合理的价值取向必须建立在正确认识的基础之上，既要以正确的认识来说明，又要在正确的认识指导下来实现，否则就只能停留于空想；另一方面，正确认识的形成要以合理的价值取向为前提、为先导，离开了价值取向，人的发展认识就会失去方向。以价值取向引领科学认识以及将价值取向置于科学认识的基础之上，可以使价值维度和认识维度相互支撑、相互推进，这是马克思人的发展理论超越以往人学的理论特征之所在，也应当是当代人的发展理论建构的基本原则。人的发展价值取向与科学认识的统一是必然的。从指导人的发展的要求看，人的发展理论既要有合目的性，禀赋价值引领的功能，又要有合规律性，禀赋科学指导功能，因而在理论建构中应当使价值取向与科学认识相互促进。一方面，通过确立合理的价值取向引发对社会进步和人的发展问题的探讨，促进对人的发展规律、机制、实现路径、条件的科学认识；另一方面，通过发展科学认识把握社会进步和人的发展条件、规律和途径，推动社会进步和人的发展，引发人们对进一步改善和优化社会环境的渴望，提升人们更高层次的价值追求，使合理的价值取向建立在更加坚实、理性、科学的基础之上。

上述价值取向与科学认识统一的必然性和可能性是从人的发展总目标和根本趋势来说的，在现实中，二者不会自然而然地统一，反而会存在一定的差异，在某些情况下甚至还会相互背离。这是因为价值取向关涉的是合理性问题，科学认识关涉的是正确性问题，二者属于不同性质的范畴，在问题域和目标指向上有显著的区别。因此，在现实的社会活动中，二者不仅不会自然地契合，有时候反而会发生矛盾甚至冲突，导致离开科学认识抽象地谈论价值取向以及离开人的发展价值取向谈论科学认识两种片面性。

前一种片面性在现实中的表现，是不顾客观条件将未来才能实现的要求和目标提前，例如在社会主义建设中离开生产力发展水平和客观要求不断地"变革"生产关系和上层建筑，导致社会经济成分单一化，平均主义的大锅饭盛行，非但没有巩固社会主义制度并推动社会发展，反而在理论上带来了极大的混乱，在实践中造成了巨大的损害，影响了生产力发展、综合国力的增强和人们生活水平的提高，使社会主义理论和实践陷入困境，迟滞了社会进步和人的发展的步伐。

后一种片面性在现实中的表现，是在社会实践过程中只强调认知正确性而忽视价值合理性，导致手段遮蔽目的。这一问题在社会现代化过程中表现得尤为明显。现代化的根本目的是促进人的发展，但由于人们在这一过程中特别注重如何达到目标，注重发展的手段，注重效率和效益，往往会将最终目的搁置起来，导致手段与目的、认识与价值的脱节甚至异化，忘记了做事的初心。造成这一问题的原因主要有两点：一是价值取向具有相对稳定性。价值合理性是建立在一定认识及其成果基础上的，但价值取向一经确立，就比较稳定，而认知因素则相对易变，往往随着外部条件和人们主观因素的变化而变化，如果认识发生了变化，而以之为基础的价值取向未发生相应的变化，二者之间就会出现差距。二是认识的演变和发展过程具有相对独立性。虽然就实践功能而言，认识本质上应当服从、服务于价值，但在价值取向确定后，往往会将作为其实现手段的认识视为阶段性的目标，甚至将其作为独立的目的来对待，这就可能使最终目的被忽视甚至遗忘，进而使人们为了发展而发展，导致不平衡的发展尤其是社会公平的缺失，反过来制约人的发展。

鉴于价值取向与科学认识的差异及其在现实中可能存在矛盾和冲突，为避免上述两种片面性，无论从学理上看还是从时代特征或实践要求看，人的发展理论都应当既是一种价值取向也是一种科学认识，并应当对二者的关系做出科学而透彻的说明，在二者之间确立一种相辅相成的关系，保持一种合理的张力。既要承认二者的差异，看到价值取向和科学认识都不可或缺，不能相互混淆甚至相互替代，又要注重二者的联系和统一，以科学认识阐释和支撑价值取向，使人的发展目标建立在现实的基础之上。以价值取向引领认识，使之随着人的发展实践的进行而不断深入和拓展。与之相关，还要正确阐明长远的价值与阶段性的价值之间的关系。价值具有层次性从而具有阶段性，在一定条件下，人们往往会为了实现高层次的、长远的价值而牺牲低层次的、暂时的价值，因此，必须阐明长远的价值与阶段性的价值之间的关系，以防止对两者做出非此即彼的理解和选择，引导人们在实现人的发展问题上将长远目标和现实目标统一起来，既要志存高远、心向往之，又要脚踏实地、从实际出发。

人的发展理论体系的当代建构可以有两种方式：一是在梳理现有人的发展理论成果的基础上先建构体系，然后在体系框架的规范下研究并确定具体内容；二是先研究并确定人的发展理论的具体内容，然后在此基础上根据内容之间的关系建构体系。这两种做法各有特点，也各有优势及缺点。前一种方式可以使具体内容建构的方向、目标和范围更为明确，增强体系建构的自觉性和自主性；后一种方式则可以更好地保持体系建构的开放性和动态性，随着人的发展条件、问题和实践的变化以及相关研究的深入和拓展增添新的内容。鉴于人的发展理论在理论体系方面不同于马克思主义哲学其他理论（这些理论的体系结构和内容相对明确并成熟，如四大块中的"唯物论""辩证法""认识论""历史观"都是如此），所以比较合适的做法是将二者结合起来，即在上述几个环节的基础上，从经典文本与时代和实践的结合上确立理论体系的结构和框架，以其为参照和规范梳理并归纳人的发展理论的基本观点和原则，确定人的发展理论的新概念和新内容，将其充实于理论框架中，并明确各部分理论之间的逻辑关系，以一定的结构关联起来，将人的发展理论体系化、层次化，建构内容丰富、逻辑严密、层次分明、前后贯通、表达流畅，能够深刻、系统地阐述和表达人的发展理论思想内涵并能深刻、系统地观照人的发展现实问题的理论体系。

人的发展理论体系的当代建构不可能一蹴而就，更不会一劳永逸。这是因为人的发展面临的问题、要求和目标是随着时代的变迁和实践的深化而不断变化和推进的，人的发展理论不可能完全反映不断变动着的人的发展现实和实践。这就决定了人的发展理论体系是开放的，要不断完善和充实，因而体系建构和体系的形态没有固定不变的模式。为此，建构人的发展理论体系之要义不在于建构或确定某种模式或框架，而在于建构或确定人的发展理论的内容，以及各部分内容之间的逻辑关系，当然，其内容也是要随着现实和实践的变化以及相关认识的深入和拓展而不断充实。就现有的时代背景、实践经验和研究成果而言，我们认为，人的发展理论体系应包括如下内容：

人的发展理论的思想渊源。通过追溯从古希腊到近代的西方人学思想的发展脉络及其进展，梳理欧洲历史上人学观念演变的历史，呈现马克思主义人的发展理论的思想渊源，并为人的发展理论当代建构提供思想资源。

人的发展理论的形成和发展。还原人的发展理论的创立过程，挖掘并梳理马克思恩格斯经典文本中人的发展思想，包括关于人的发展含义、目标的理解以及关于人的发展现实条件和实现途径的理解。回溯一百多年来人的发展理论的演变过程，甄别、厘定后人对人的发展理论的贡献，梳理人的发展理论演变的规律和趋势，分析其中的得失及原因，从中得出人的发展理论研究的经验、教训和启示。

人的发展理论建构的背景和意义。明确人的发展理论当代建构的现实背景，包括世界范围的现实背景：全球化进程以及科技革命、信息化、知识经济对人的发展的影响；中国国内的现实背景：改革开放、现代化建设、市场经济对人的发展的影响。阐明人的发展理论当代建构的意义，包括其对于推进当代中国人的发展的现实意义，对于深化和拓展马克思主义研究的理论意义。

人的发展理论的哲学基础。基于马克思主义实践观、唯物辩证法和唯物史观，科学界定人的发展的主体，确立人的发展的价值取向，说明人的社会性，包括人的发展与他人的关系、个人发展与共同体发展关系、人的发展与社会进步的关系、人的发展与构建人类命运共同体的关系。

人的发展理论的基本原理。这是人的发展理论体系的主干。一是关于人的发展的价值取向，包括对人、人的发展基本含义的理解，在哲学层面建构人的生存论、价值论、人性论、个性论、人格论、人权论、目的论、需要论、利益论、素质论、能力论、交往论等。二是关于人的发展的科学认识，在哲学层面阐释人的发展的条件、动力、机制、途径、人的发展规律和趋势、人的发展阶段性。阐述人的发展的普遍性、特殊性以及人的发展普遍性与特殊性的关系，从坚持人的发展普遍要求、根本目标和科学认识与从中国特殊国情和实践的统一出发，探讨人的发展的中国特色。基于人的发展的基本含义和拓展性含义并从当代中国社会主要矛盾转化即满足美好生活需要的要求出发，确定当代中国人的发展的主要含义和目标，包括满足物质需要，满足精神需要，满足休闲需要，促进自我实现，保障人的自由，确立人的个性，提升人的素质，维护人的尊严，实现公平正义，等等。

第八章 人的发展理论与人道主义和人性论

人的发展理论之所以能反映人类共同而长久的价值追求，成为具有普遍意义的先进价值取向，既是因为它根植于现实，反映了时代特征和实践要求，又是因为它继承和发展了前人确立的优秀价值，其中最直接也是最重要的，是近代人道主义以及作为其理论基础的人性论。人的发展理论是马克思恩格斯对近代人道主义和人性论的批判继承和超越，他们正是在此基础上确立了人的发展的基本含义和总体目标。历史事实启示我们，只有客观、全面地说明人的发展理论与人道主义和人性论的关系，才能从根基上阐明人的发展的主体原因，使人的发展理论具有彻底性和说服力。

一、人的发展理论与人道主义

人的发展理论价值取向方面最直接的理论来源是近代人道主义、空想社会主义和费尔巴哈人本主义，而后两者在价值取向上又都是人道主义的发挥和展开。就此而言，近代人道主义是人的发展理论价值取向最主要的理论来源。在既往人的发展理论研究中，人的发展理论与人道主义的内在关联未得到充分的肯定，因而澄清人的发展理论与人道主义的关系对于理解人的发展理论在人学史上实现的变革及其意义，对于全面理解人的发展理论的价值取向，是十分必要的，而明确人的发展理论与人道主义内在关联的前提，是区分"人道主义"之"一般"和"特殊"，进而明确人道主义价值取向的普遍性。

人道主义是旨在肯定人的价值优先性并提倡关心人、尊重人的理论思潮。毋庸置疑，人道主义是一种伦理观层面的价值取向，可以作为一种伦理原则和道德规范。所谓伦理观层面的价值取向，即被定位为作为伦理原则和道德规范的人道主义，亦即将人道主义作为处理人与人之间道德关系的一种准则，属于调节人与人、人与社会现实关系的行为规范。这一定位没有争议，即使在慎言"人"、"人性"和"人道主义"的时期中，也可以在某些涉及伦理的领域（如医疗领域）倡导实行人道主义。

需要讨论的问题是：人道主义是否可以成为历史观层面的价值取向，作为关于社会历史的根本观点和总的看法？这一问题的实质是，人道主义价值取向是否具有普遍性？

肯定人道主义价值取向普遍性要解释的一个问题是，明确人道主义价值取向与其历史观基础之间的关系。有一种观点认为，承认作为世界观、历史观的人道主义，就是用抽象的"人性""人的价值"等观点来看待历史，看待社会，分析现实生活中的问题，这是历史唯心主义观点，因此人道主义不能是一种历史观。我们认为，这是对人道主义的一种误读，实质是将历史观中的科学认识与价值取向混同了起来，以其科学认识否定价值取向，导致了唯物史观与人道主义的对立。

将唯物史观与人道主义对立的看法事出有因，原因在于，人道主义是由近代资产阶级思想家提出的，而近代人道主义的立论基础是抽象人性论即唯心主义历史观。鉴于此，超越这种"对立"的关键，是从逻辑和历史双重角度厘清历史观中科学认识与价值取向的关系，进而区分人道主义之"特殊"与"一般"。

在逻辑上，任何社会历史观都具有认识和价值的双重维度，因而一种价值取向既可以建立在科学的社会历史认识基础之上，也可以建立在错误的社会历史认识基础之上。人道主义价值取向就是如此。人道主义本质上是一种关注人，秉持人道、人权、自由、平等、博爱、民主、法治等理念的价值取向（因此才被一些学者理解为"人道主义伦理原则"），而唯物史观则是一种坚持从社会存在说明社会意识、从物质资料的生产和再生产说明社会发展科学的社会历史观，二者分别属于科学认识和价值取向，因而既非两种对立的科学认识，亦非两种对立的价值取向，相互之间没有可比性，更不是截然对立的。人道主义既可以建立在科学的社会历史观如唯物史观之上，也可以建立在错误的历史观如唯心史观之上。因此，人道主义并不必然属于唯心史观而与唯物史观相对立，承认人的发展理论中的人道主义并不排斥其承认其科学认识，不应当将唯物观与人道主义对立起来。

就历史而言，人道主义的最初形态近代人道主义是建立在唯心史观基础之上的，但并不能由此断定人道主义与唯心主义史观本质关联。走出这一认识误区的关键，是区分人道主义之"一般"和"特殊"。人道主义倡导一种具有先进性的人类优秀价值，先进性决定了其普遍的适用性和持久的生命力。至于近代资产阶级人道主义，则是人道主义的一种特殊形态即其初始形态。近代资产阶级人道主义是在具体历史环境中形成的，代表了资产阶级利益和诉求。随着时代的变化，人道主义价值由以产生的具体历史环境以及所反映的资产阶级的利益可能时过境迁而逐渐弱化甚至消失，但其中具有普遍性的内容或含义却不断地被抽象出来并沉淀下来。这些抽象出来的价值反映了人类共同的要求，具有一般的意义。近代资产阶级人道主义的根本缺陷不在于其所倡导的价值取向，而在于其在价值取向上缺乏彻底性，以及其价值取向未能建立在科学认识（科学历史观）的基础之上。因此，这种唯心史观的缺陷只是为某种人道主义所具有，而并非为一切人道主义所固有。进一步说，虽然近代人道主义的倡导者资产阶级未能全面、彻底、真实地或一以贯之地实行人道主义，甚至在一定情况下还会有背离，虽然我们应当揭露和批判近代人道主义价值诉求不彻底以及它缺乏科学历史观基础的缺陷，或揭露其在价值运用上的虚伪性，但以近代人道主义的哲学基础是抽象人性论为由而否定人道主义历史观层面的价值取向是站不住脚的。质言之，不能因为近代人道主义的缺陷而否定其价值取向的合理性。

以上两点表明，不应将人道主义的特殊形式近代人道主义等同于人道主义之"一般"，不应将近代人道主义的缺陷加之于一切人道主义，不能就此而否定人道主义可以是具有普遍意义的历史观层面的价值取向。

肯定人道主义普遍意义还要解释的一个问题是，马克思恩格斯为何没有系统地肯定和阐述人道主义价值取向。我们认为，主要原因在于，他们的现实使命是改造资本主义制度，因而在理论上面临着两项任务：一是探究如何克服物的依赖性，即分析批判资本主义制度和资本逻辑，而不是通过倡导人道主义以克服人的依赖关系，因为这一任务资产阶级思想家已经完成了，这些思想家已经提出并充分阐释了人道主义价值理念及其意义。在马克思恩格斯看来，他们所要做的主要是批判资产阶级在实行这些价值过程中的虚伪性或片面性，并使之具有现实性和全面性。二是为了深刻批判资本主义制度，必须在历史观上开创性地发现人类社会发展规律，揭露资本家剥削工人的秘密，揭示资本主义生产方式变化发展及其必然灭亡的趋势。历史事实是，人道主义虽然不是马克思恩格斯社会历史研究的重点，但是他们并未否定人道主义的价值取向，而是对其进行了批判继承和超越，实现了价值取向上的变革：他们提出了人的彻底解放和自由全面发展理念并指明了实现人的解放和发展的现实路径，既继承了人道主义关心人、肯定人的价值优先性的理念，又克服了其缺陷，使其具有了彻底性和现实性。

正是由于人道主义倡导的价值取向具有先进性和普遍性，马克思恩格斯将其改造并吸收于他们的社会历史理论中。正如肖恩·塞耶斯所指出的，马克思主义虽然反对在社会理论和道德价值中寻找普遍的、永恒的人性的本质主义研究方法，但他并不反对人道主义本身。事实上，马克思恩格斯人的发展理论不仅继承了近代人道主义的价值取向，还对其做出了创造性的发挥。

首先是继承。弗兰尼茨基认为："马克思主义不是建立在欧洲和亚洲的野蛮行为的传统之上，而是建立在欧洲文艺复兴即资产阶级启蒙运动和欧洲社会主义和人道主义的最优秀、最光辉的传统之上的。"[①]指出了继承人类优秀价值是马克思主义在价值取向上具有先进性的重要原因，也指明了马克思主义价值取向理论来源的主要内容。如他所言，在西方历代思想家提出的优秀价值理念中，对人的发展理论影响最大且最直接的，是近代人道主义和启蒙思想，以及作为其继承和发展的近代空想社会主义以及费尔巴哈的人本主义。人的发展理念与人道主义和启蒙思想核心理念的一脉相承之处，就是继承了人道主义重视人、关心人、肯定人的目的性和价值优先性的理念，要求合乎人性即消除束缚人的社会关系，使人生活得更加幸福、更有尊严、更有意义。弗洛姆曾指出："马克思的概念在这里和康德关于人必须永远是自在目的而决不是达到目的的手段的原理相接近了。"[②]德曼在论及《1844年经济学哲学手

[①] 弗兰尼茨基:《马克思主义和社会主义》，人民出版社1982年版，第9页。
[②] 弗洛姆:《马克思关于人的概念》，旭日出版社1987年版，第51页。

稿》的意义时亦曾认为，该书"比马克思的任何其他著作都更清楚地揭示了他的社会主义情绪背后的伦理的、人道主义的动机"①。这些说法都指出了人道主义在人的发展理论形成过程中的重要作用：人的发展理论在价值取向上孕育于人道主义之中。

其次是超越。马克思恩格斯对人道主义和启蒙思想的继承并非生吞活剥，而是批判继承，在继承其思想精华的同时又克服了其以抽象人性论为基础的局限性。近代人道主义和启蒙思想家肯定人的价值优先性，但他们对人的认识往往聚焦于人共同性的方面，承认并强调人皆具有的抽象人性，否定或遮蔽了人的具体历史的规定性（即马克思说的"人的本质"），并以这种抽象的人性代替了人的具体历史的本质，否认或淡化了人的社会性，不能科学地说明社会历史现象和现实的人的生存发展问题。马克思恩格斯继承了人道主义和启蒙思想家重视人、肯定人的价值理念，同时又坚持从现实社会条件和人的社会性出发分析各种社会历史现象和人的生存发展问题，实现了对人道主义的超越。人的发展理论对近代人道主义的超越主要体现在三个方面。

一是实现了价值取向彻底性上的超越。近代资产阶级人道主义和启蒙思想家反对封建专制和等级制度，提出了在政治法律上实现公平和平等的"政治解放"诉求，这一诉求不仅在适用范围上局限于政治法律的领域，而且在实现方式上局限于追求起点、机会和规则的公平，忽视了经济上的、结果的、最终的公平。这两个缺陷决定了其在实行过程中必然导致人们之间、群体之间经济地位和社会权利不平等，导致一部分人占有另一部分人的劳动，导致经济公平的缺失和人们之间围绕利益的博弈。马克思恩格斯主张包括经济解放即消灭私有制在内的人的彻底解放以及在此基础上人的自由全面发展，超越了政治解放的局限性，体现了价值追求上的彻底性。更进一步说，人的发展在价值上高于人道主义。这是因为，人的自由全面发展不仅意味着人道主义所期望的人应当在现实生活中获得生存、财产、自由、平等、尊严等作为人应有的对待和权利，而且要求进入更加理想的生存环境，达到摆脱异化的社会关系束缚的更加理想的"自由王国"的状态。这又是因为，人的发展的

---

① 巴日特诺夫：《哲学中革命变革的起源——马克思的〈1844年经济学——哲学手稿〉》，中国社会科学出版社1981年版，第3页。

实现条件高于人道主义。人道主义价值诉求可以与私有制相容或者并行不悖，可以在人获得政治解放的资本主义条件下实现。人的自由全面发展的实现则要求高于资本主义的社会条件，因为实现人的自由全面发展要求人与人之间根本利益一致，要求消除人与人之间的利益差异和利益博弈，要求消灭生产资料私有制和阶级剥削，要求社会真正成为没有阶级和阶级对立的"自由人联合体"。

二是实现了人的解放和发展主体范围上的超越。资产阶级在革命中总是声称它代表的是所有人的普遍利益，并宣布实现了人的解放，但事实上，其革命的阶级属性、解放的主体以及解放的含义都只是属于本阶级。正如恩格斯在《反杜林论》中说的："现在我们知道，这个理性的王国不过是资产阶级的理想化的王国；永恒的正义在资产阶级的司法中得到实现；平等归结为法律面前的资产阶级的平等；被宣布为最主要的人权之一的是资产阶级的所有权；而理性的国家、卢梭的社会契约在实践中表现为，而且也只能表现为资产阶级的民主共和国。"[①] 马克思恩格斯主张全人类的解放以及在此基础上的每个人的自由全面发展，超越了人道主义对人的解放主体理解的局限性，体现了在人的解放和发展价值追求上的全面性。

三是实现了历史观基础上的超越。近代人道主义以及费尔巴哈人本主义确立了人的价值优先性以及人的主体性和个性，但在对人的理解上却陷入了抽象人性论的泥潭。它们只是着眼于人与动物的差别，关注并强调人作为"人类"所共同具有的抽象本性，以作为人普遍规定性的人性代替了作为人的具体历史规定性的人的本质，离开社会现实条件谈论人的问题，使对人的解放和发展的理解停留在主观愿望上。近代空想社会主义确立了社会主义理想，但未能将其建立在对社会历史发展规律的认识之上，没有真正揭示资本家剥削的秘密，找不到实现社会主义理想的现实道路。马克思恩格斯将人的解放和发展主体定位于处于社会关系中的现实的个人，在肯定人的主观动机作用的同时，从社会物质条件和关系出发理解人的解放和发展，揭示了人的解放和发展的必然趋势、现实条件和实现途径。

[①] 《马克思恩格斯选集》第3卷，人民出版社2012年版，第392页。

人的发展理论在价值取向上既将近代人道主义肯定人的价值优先性主张提升为人的彻底解放和自由全面发展诉求，使其具有了价值上的彻底性，在价值观上实现了革命性变革，开启了人类优秀价值发展的新路向，又将这一诉求建立在了现实的、科学认识的基础之上。因此，人的发展理论与人道主义既有内在关联又有本质区别。一方面，人道主义是人的发展理念的价值基础，是其确立的必要条件，两者的关系类似于劳动价值论与剩余价值学说。正是鉴于人的发展与在人道主义价值取向上的密切关联，一些西方学者特别强调马克思主义人学的人道主义旨趣和人学意蕴，例如宾克莱就指出："马克思对我们今天来说，也许还有许多有价值的东西，特别是关于他对异化的概念和他关于全人类自身的经典的人道主义的理想方面。"[①]这种说法虽然不无矫枉过正之嫌，但却道出了马克思思想中通常被忽视的意蕴。另一方面，人的发展理论在价值取向的彻底性、现实性上以及在历史观基础上与人道主义又有本质的区别，决不能将二者直接等同。正如卢卡奇所指出的："马克思的'人道主义'正是在这一点上和一切乍看起来是相似的学说有着最严格的区别。"[②]进一步说，人的发展理论直接蕴含着马克思恩格斯改造过的，更加彻底、真实的人道主义价值取向，这一价值取向已经成为人的发展理论乃至于马克思主义重要的组成部分。就其现实性而言，作为人的发展理论价值起点的人道主义，是衡量人的发展最基本的尺度，是判断人们一切观念和行为的价值底线。在当代及未来，马克思恩格斯改造过的，更加彻底、真实的人道主义将在解放思想、变革观念、推进改革和实现人的发展过程中发挥重要作用。

二、人的发展理论与人性论

人的发展理论所继承的人道主义关心人、尊重人、确认人的价值优先性优秀价值取向的立论基石，就是人性，这就引出了人的发展与人性的关系问题，而理解这一问题的前提，就是弄清楚马克思主义是否承认人性。我们认为，马克思主义承认人性，并且将向合乎人性的人"复归"作为人的发展诉

---

① 宾克莱：《理想的冲突》，商务印书馆1983年版，第95页。
② 卢卡奇：《历史与阶级意识》，商务印书馆1992年版，第280页。

求的逻辑前提。

人的发展理念根源于欧洲古代哲学对人性的理解,特别是欧洲近代人道主义和启蒙思想家的人性论。古希腊哲学家德谟克利特、柏拉图和亚里士多德等人就谈到过人性。亚里士多德认为"求知是人的本性",并提出人在本性上是"政治动物"的命题。斯多葛学派认为人具有理性,能把自身利益与他人利益按照理性的原则进行协调。中世纪经院哲学家认为人性是神性的分有,把人性解释成神性,以同神学的绝对统治相适应。文艺复兴时期的人文主义者开始了人的重新发现,针对中世纪以神为中心、贬低人的地位的观点,在与"神性""兽性"相对立的意义上提出了人性,并鲜明地主张要尊重人性,以人为目的,追求人的现世生活的幸福。此后的人道主义者和启蒙思想家着眼于从根本上肯定人,将人性看成人类天生的本性,或者认为人性是人的善良天性,或者认为人性是人的理性,或者认为人性是人"自我保存"和"怜悯同类"的本性。人性论假定所有人都具有共同的本性即人性,它是人之为人的根据,也是人在价值上高于其他事物之根据,认为正是由于每个人都具有共同的人性,并且由于人性使人在价值上高于他物,故应当确立体现人价值优先性的人道主义原则。人性论和人道主义是对人生存权利的肯定,是对人的价值优先性的认可和主张。这些看法虽然具有认识和时代的局限性,但却推进了对人性的理解,为科学地解决人性问题积累了有益的思想资料。

弗洛姆认为:"马克思与许多当代的社会学家和心理学家不一样,他不相信不存在像人的本性那样的东西,也不相信人生来就是一张白纸,任由教养在这张白纸上留下它的烙印。"[①]马克思恩格斯批判继承了以往哲学家对人性的理解,肯定从各个历史时代现实、具体的人性而抽象出来的人性概念,并用以说明人的解放和发展问题。其直接的证据,就是明确提出了复归人性的要求,并且以是否合乎人性作为衡量社会制度和社会关系合理性的尺度,将复归人性确定为人的发展诉求的根据。

文本追溯表明,马克思曾多次肯定人性,并提出向合乎人性的人"复归"的目标。在《致阿尔诺德·卢格》的信中,他在与"兽性"相对立的意义上

---

① 弗洛姆:《马克思关于人的概念》,旭日出版社1987年版,第25页。

肯定性地提到了"人性",将它视为人之为人的根据,并批判专制制度具有兽性而不可能具有人性。在《〈科隆日报〉第179号的社论》中,他指出"哲学是阐明人权的,哲学要求国家是合乎人性的国家"①。在《1844年经济学哲学手稿》中,他提出共产主义是私有财产即人的自我异化的积极的扬弃,是对人的本质的真正占有,是向社会的即合乎人性的人的复归。在《神圣家族》中,他和恩格斯尖锐地指出,在无产阶级的生活条件中集中表现了现代社会的一切生活条件所达到的非人性的顶点,因而无产阶级只有消灭它本身的生活条件才能解放自己。"必须这样安排经验的世界,使人在其中能体验到真正合乎人性的东西,使他常常体验到自己是人……必须以合乎人性的方式去造就环境。"②在《资本论》中,他又肯定存在着"人的一般本性"③,并进一步强调:"社会化的人,联合起来的生产者,将合理地调节他们和自然之间的物质变换……在最无愧于和最适合于他们的人类本性的条件下来进行这种物质变换。"④"合乎人性的人""真正合乎人性""人类本性"等提法,"非人性"和"真正合乎人性"的对比,以及必须使环境成为合乎人性的环境的要求,皆体现着马克思对人性的肯定、倡导和坚持,将实现人性视为社会进步和人的发展的目标。

马克思在批判继承抽象人性论的基础上对人性做出了科学的说明,深化和拓展了对人性含义的理解,揭示了人性与人的本质的关系。

马克思深化和拓展了对人性含义的理解,他所说人的"真正的天性"或"人类本性"意义上的人性,主要有三种含义。

首先是指人不同于他物的特殊规定性,这种规定性就是"自由自觉的活动"即实践。马克思指出:"生产生活就是类生活。这是产生生命的生活。一个种的整体特性、种的类特性就在于生命活动的性质,而自由的有意识的活动恰恰就是人的类特性。"⑤"正是在改造对象世界的过程中,人才真正地证明

---

① 《马克思恩格斯全集》第1卷,人民出版社1995年版,第225页。
② 《马克思恩格斯文集》第1卷,人民出版社2009年版,第334~335页。
③ 《马克思恩格斯文集》第5卷,人民出版社2009年版,第704页。原文为:"首先要研究人的一般本性,然后要研究在每个时代历史地发生了变化的人的本性。"
④ 《马克思恩格斯文集》第7卷,人民出版社2009年版,第928~929页。
⑤ 《马克思恩格斯文集》第1卷,人民出版社2009年版,第162页。

自己是类存在物。"①他和恩格斯指出："一当人开始生产自己的生活资料，即迈出由他们的肉体组织所决定的这一步的时候，人本身就开始把自己和动物区别开来。"②恩格斯认为，劳动"是人同其他动物的最终的本质的差别"③。这些论述都肯定劳动（实践）的能力及活动是"人的类特性"，是人之为人而区别于其他动物的标志，是人普遍的（人所共有的）且又是特殊的（只有人才有的）规定性，这种人所共有而又使人区别于他物的规定性就是人的类特性即人性。这一理解主要是针对资本主义异化劳动而言的，是要通过强调人作为社会历史存在之"自由的有意识"（自由自觉）的特点，为批判资本主义劳动异化、回归人应然的"自由的有意识"的本性提供依据。马克思说的"自由的有意识的活动"就是人理想的和本真的意义上的实践、劳动、生产。因为正如弗洛姆所说，在马克思看来，"劳动是人的自我表现，是他的个人的体力和智力的表现。在这一真正的活动过程中，人使自己得到了发展，变成人自身；劳动不仅是达到目的即产品的手段，而且就是目的本身，是人的能力的一种有意义的表现；因而劳动就是享受"④。因此，"马克思的中心思想是要使异化的、无意义的劳动变成生产的、自由的劳动，而不是使异化的劳动从私有的或'抽象的'国家资本主义那里获得更好的报酬"⑤。马克思消除异化的目的不仅是工人阶级的解放，而是恢复一切人的自由能动性，使人获得解放，变成充分发展的人。马克思的这一理解揭示了人区别于他物的根本特点在于人的实践，由于实践包含了以往理解的人性的诸种规定而具有开放性，因此，这一看法继承和超越了以往对人性的理解。

其次是指人在价值上高于其他动物的依据，这是人作为最终目的而具有价值优先性意义上的人性。所谓人的价值优先性，即人因具有"自为价值"而在价值上优先于其他一切事物并具有最高价值。因此，这种目的论意义上的人性是人之为人独有的价值规定。根据这一规定，能认定所有人在价值上的一致或同质性，而无论种族、民族、性别、财产状况、宗教信仰等，能认

---

① 《马克思恩格斯文集》第1卷，人民出版社2009年版，第163页。
② 《马克思恩格斯选集》第1卷，人民出版社2012年版，第147页。
③ 《马克思恩格斯选集》第3卷，人民出版社2012年版，第998页。
④ 弗洛姆：《马克思关于人的概念》，旭日出版社1987年版，第40~41页。
⑤ 同上，第42页。

定所有人都具有同等的生存价值、意义和权利，正如福勒所说："我们人人都有一种天生的感觉，觉得不管我们的具体特征和地位怎样，我们都有同样的内在价值。"①就此而言，确定或假定人性的存在旨在从根基上确认人的这种一致性即共有的、平等的禀赋，旨在强调人在价值上截然不同于他物且高于他物，强调所有人都应当受到同等的价值对待。人的其他一些规定性，如个性、人格、尊严、自由、平等，都是以这个意义上的人性为依据、为前提的。虽然马克思本人并没有直接谈论过这一点，但从其对合乎人性的诉求上可以推论出这一含义。

最后是指人满足需要、追求幸福、实现自我的本性。这是人作为人最根本的心理和行为趋向。这种意义上的人性既是抽象的又是具体的。其所以是抽象的，是指人在任何时代、任何情况下都有满足需要、追求幸福并在此基础上实现自我的愿望和行为，这一点是不会变化的；其所以是具体的，是指在不同的时代、不同的条件下，人对需要、幸福、自我实现含义的理解以及需要、幸福的满足程度和自我实现的程度和方式是不同的，是不断变化的。这种意义上的人性既是实然的又是应然的。其所以是实然的，是指它根源于现实，基于一定的现实条件以及对现实中人的生存状态的不满足；其所以是应然的，是指这种人性是对现实的否定而指向理想的，是人的理想诉求，具有超越现实性，总是要趋向于更好。

以上三种含义内在贯通，相互关联，缺一不可。人性的第一层含义表明人性即人不同于他物之"自由的有意识的活动"的特殊规定性。这种规定性内含着人的理性、主体性和目的性及相关意识。它决定了人性的第二层含义，即人的价值优先性、人的"类"意识、人对同类的价值的认同和维护（"仁""恻隐之心""爱人""怜悯同类"），也决定了人性的第三层含义，即人总是要满足从生理需要到自我实现需要，以及自觉追求更加幸福、更加美好、更有意义生活的本性。由此，便可以全面理解"复归人性"或"合乎人性"的丰富含义。所谓向"合乎人性的人的复归"，首先就是恢复上述三层意义上的人性：一是消除异化劳动，恢复人的活动"自由的有意识"的特性，恢复

---

① 罗伯特·W. 福勒：《尊严的提升》，上海人民出版社2008年版，第17~18页。

人作为人的权利和地位；二是消灭私有制、阶级剥削和压迫，实现人的彻底解放和人与人之间实质上的、全面的平等；三是满足人们追求幸福、美好生活的需要，促进人的本质力量的实现。当然，所谓"复归"并不限于其字面上的含义，其本质是"建构"，即理想人性的建构或培育，就是说，"合乎人性的人"在历史和现实中并未出现过，而是马克思对共产主义社会中应然的、理想的人的理解，因而向"合乎人性的人"复归是他所设定的人的解放和发展的目标，而在这个意义上的"人性"是应然的存在，是指人作为人应有的、使人成其为人的规定性。这种应然的人性是人皆具有的，是人作为最高价值和最终目的应有的禀赋和对待。同时，这种应然的人性又不同于以往人性论者假定的人既有的本性，它不是从来就有的，也不是一成不变的或无关社会和历史的，而是在生活、实践中形成并不断丰富和发展的。

马克思科学说明了人性与人的本质的关系，揭示了二者之间的联系和区别。

由于人性和人的本质之间的关系并非马克思关注的重点，他没有直接地论述而只是间接地谈到过，并且在概念的使用上尚未定型，但这并不妨碍我们依据文本的大语境和上下文的小语境对其做出厘定、甄别和解释。马克思认为，自由的有意识的活动恰恰就是人的类特性，人的本质在其现实性上是一切社会关系的总和。根据这两个论断，人性乃人之为人而不同于其他事物的规定性，将人与他物区别开来；人的本质作为社会关系的总和则是人的社会特性，是人在社会关系中的现实规定性，它将人与他人区别开来。

"人的本质"和"人性"都属于人的规定，二者既有区别又有联系。二者的区别在于：人性作为人这个类的规定性，是关于人的共同属性且表征着人与他物本质区别的概念，是相对于他物而言的。人性虽然在人与他物的关系中是人独有的"类特性"，但在人这个类之中则属于人皆有之的共性，因而人性在人类之中具有普遍性、抽象性，是相对稳定的。人的本质作为人的现实的规定性，表征着在特定的社会关系中的人（群体）与他人（群体）的区别，是相对于不同的、具体的人（群体）而言的。由于人要受到社会关系和历史条件的制约，并且社会关系是随着生产力的发展而不断变化的，因而作为人的现实规定性的人的本质是不断变化和发展的，是具体的历史的，在不同的社会条件下会有不同的体现。二者的联系在于：一方面，人性是人的本质的基础，人性使人成为具有实践能力的创建社会生活并构建社会关系的主体，成为社会历史的存在；另一方面，人的本质是人性的具体实现方式，人性要体现在人的本质中，无论是人之为人的类特性，还是人的价值优先性，以及人的需要的满足，都要通过人的本质来体现。

综上可见，在承认人的类特性即人性以及肯定人的价值优先性这一基本价值取向上，马克思主义人的发展理论与近代的人道主义者具有相通之处，后者是前者的理论来源，前者则是后者的继承和发展。问题是：既然马克思肯定人性，为何对抽象人性论做出了深入的批判？这就要澄清一个问题：怎样理解马克思对抽象人性论的批判？

通常认为，马克思恩格斯深入地批判抽象人性论，主张社会历史研究应当从现实的人、人的实践以及社会物质生活条件出发，因而他们只承认人的本质而否认人性，并认为承认人性就是抽象人性论，且必然陷入唯心史观。这一看法看到了抽象人性论的缺陷以及马克思批判抽象人性论的事实，但将马克思恩格斯批判抽象人性论直接等同于否定人性却是一种误读。澄清这一误读进而澄清人性理念与抽象人性论和唯心史观关系的关键，是回答"马克思恩格斯对抽象人性论批判是否意味着否定人性"，而其切入点则是正确理解他们对费尔巴哈人本主义的批判，因为这是他们批判抽象人性论最具代表性的个案。

批判、克服和超越费尔巴哈直观唯物主义和人本主义的缺陷，是马克思恩格斯彻底告别旧哲学并创立新世界观特别是唯物主义历史观的关键。他们在《关于费尔巴哈的提纲》、《德意志意识形态》和《路德维希·费尔巴哈和德国古典哲学的终结》中对于费尔巴哈的人本主义进行了深入的分析和批判。

一是对费尔巴哈抽象人性论的批判。他们认为，费尔巴哈人本主义的根本缺陷在于其基础是抽象人性论，即把"人"作为孤立的个体，以人的一成不变的本性去说明人的存在，以及从抽象人性论出发对社会历史问题做出了唯心主义的解释，指出：费尔巴哈将宗教的本质归结为人的本质，主张专心研究具体的东西、研究现实，但他设定的是抽象的而非现实的历史的人，将人的本质理解为把许多个人纯粹自然地联系起来的一种内在的、普遍性规定性。他没有看到全部社会生活在本质上是实践的，是在实践的基础上形成和发展的，"他还从来没有看到现实存在着的、活动的人，而是停留于抽象的'人'"①。"无论关于现实的自然界或关于现实的人，他都不能对我们说出任何确定的东西。"②他们还分析了费尔巴哈陷入抽象人性论的原因是离开实践理解人，即"费尔巴哈不满意抽象的思维而喜欢直观；但是他把感性不是看作实践的、人的感性的活动"③，并揭示了费尔巴哈离开实践理解人的原因是对实践的本质做出了错误的理解，"没有把人的活动本身理解为对象性的〔gegenständliche〕活动"④，没有认识到实践的革命性、批判性的意义，而是将实践污蔑为卑污的犹太人的行为。

二是对费尔巴哈宗教哲学和伦理学的批判。他们批驳费尔巴哈认为宗教是人心内在的感情，将人与人之间感情上的联系特别是爱情尊崇为宗教，以及夸大宗教社会作用、以宗教变迁作为历史分期的根据、认为人类的各个时期彼此借以区别的仅仅是宗教的变迁的观点，并从阶级和阶级斗争的观点出发，揭露了费尔巴哈宗教哲学的抽象人性论实质。他们批判费尔巴哈在道德问题上宣扬抽象的爱，揭示了费尔巴哈伦理学惊人的贫乏，指出，费尔巴哈在善恶问题上单方面强调善在历史发展中的作用，忽视恶在历史发展中的作用，没有看到恶是历史发展的动力借以表现出来的形式，在这个问题上同黑格尔比起来是肤浅的。他们揭露了费尔巴哈道德原则的虚伪性及其资产阶级性质，认为其道德论是超越时代、超越民族、超越阶级的，是和康德的绝对命令一样软弱无力的。他们还揭示了费尔巴哈在道德上陷入唯心主义的原因是离开社会历史条件谈论道德原则，没有看到道德的历史性和阶级性。他们尖锐地指出，费尔巴哈道德观抹杀了人的阶级性，使他的哲学中的最后一点革命性也消失了，只留下抽象的爱的呓语。他们揭示了费尔巴哈对宗教、道德、自然和人理解上陷入抽象人性论的认识根源和社会根源，认为其原因是没有从实践和社会条件出发，离开实践理解自然和人。由于没有从实践出发

---

① 《马克思恩格斯选集》第1卷，人民出版社2012年版，第157页。
② 《马克思恩格斯选集》第4卷，人民出版社2012年版，第247页。
③ 《马克思恩格斯选集》第1卷，人民出版社2012年版，第135页。
④ 同上，第133页。

理解自然和人，费尔巴哈关于现实的自然界或现实的人都不能说出任何确定的东西，因而在社会历史观上陷入了唯心主义的抽象人性论。

由于马克思恩格斯揭露并批判了费尔巴哈人本主义的抽象人性论实质，所以有人借此断定他们完全否定费尔巴哈的人本主义以及否定人性。我们认为，这是一种误解。

马克思恩格斯批判费尔巴哈人本主义的抽象人性论实质并不等同于否定人性，他们批判抽象人性论并非因为它肯定普遍的人性，而是因为它以人的普遍的类特性取代了人的本质即人的社会特性，从而否定了人及其生存发展的具体性、社会历史性以及阶级性。例如，马克思恩格斯主张不存在抽象的孤立的个人而只存在从事实际活动的现实的人，批判"费尔巴哈设定的是'人'，而不是'现实的历史的人'"①。这种对抽象、孤立个人的否定并非对抽象人性的否定。"抽象的孤立的个人"和"抽象的人性"的含义不同，前者指的是人的整体规定性，即从整体上说存在抽象的孤立的个人，后者指的是人的某一方面规定性，即人不同于他物而特有的规定性。承认抽象的个人与承认抽象的人性的区别在于：承认抽象的个人就是仅仅承认抽象的人性而否定人的其他规定性，如人的社会历史性，即人的本质；而承认抽象人性却不排除承认人的其他规定性，例如人的社会历史性即人的本质。因此，否定抽象、孤立的个人，认定从事实际活动的、处于社会关系中的人，并不意味着否认人普遍和抽象的规定性即人性。人作为主体是具体的、现实的，是因为人所处的环境，所依赖的条件（无论是物质条件、制度条件、文化条件还是自然环境条件），所面对的问题都是具体的、历史的，并且人的生存发展要在改变世界的过程中来实现。人作为主体是抽象的，则是指这里的"人"之所指具有一般性和抽象性，是一般意义上的人。

由此可见，承认人性并不意味着否定人的社会本质，不等同于抽象人性论。抽象人性论的错误不在于肯定人性这种人的抽象的类特性，而在于只承认人性而否认人的具体的社会本质，并以人性取代了人的本质，离开人的社会性和阶级性抽象地解释人的共同本质，离开社会关系去说明人及其活动。

---

① 《马克思恩格斯选集》第1卷，人民出版社2012年版，第155页。

因此，马克思批判抽象人性论的实质并不是否定人性，而是反对以人性代替人的本质，这才是马克思恩格斯批判抽象人性论的本意。

综观马克思恩格斯对费尔巴哈人本主义的批判，他们批评费尔巴哈对人做出了抽象的理解，却并未指责他研究人，反而肯定他将哲学研究的对象从抽象的思维转向感性的人，并进而主张研究现实的、活生生的人，即"把这些人作为在历史中行动的人去考察"①。进一步说，他们并未完全否定费尔巴哈人本主义，而是批判继承了其中合理的部分。

一是肯定费尔巴哈强调人的价值优先性的主张。费尔巴哈提出对人的爱必须是实践上最高的和首要的基则，肯定人具有最高的价值。马克思继承并超越了这一人本（人道）主义原则，认为共产主义是以扬弃私有财产作为自己中介的人道主义，并在此基础上将对人的爱提升为人的解放和发展的价值诉求，主张"德国唯一实际可能的解放是以宣布人是人的最高本质这个理论为立足点的解放"②。未来的理想社会将是"每个人自由发展"的自由人联合体，在那里，社会对人的价值优先性的认定和诉求将达到一个新的境界。二是肯定费尔巴哈"类本质"理念并用以表征人的类特性。认为，人"是类存在物"③。"自由的有意识的活动恰恰就是人的类特性。"④这里的"类特性"实质上就是费尔巴哈的"类本质"的延伸性表达，标志着人所皆有且只有人才具有的区别于他物的内在规定性。他们在此基础上指出，共产主义"是通过人并且为了人而对人的本质的真正占有"⑤。"人以一种全面的方式，就是说，作为一个完整的人，占有自己的全面的本质。"⑥即作为劳动者、工人的"人"，应当超越劳动异化而真正实现自己"自由的有意识的活动"的类特性。三是肯定费尔巴哈的对象化思想。指出："工业的历史和工业的已经生成的对象性的存在，是一本打开了的关于人的本质力量的书，是感性地摆在我们面前的人的心理学。"⑦主张以实践的方式体现人的本质力量的对象化，并在此基础上

---

① 《马克思恩格斯选集》第4卷，人民出版社2012年版，第247页。
② 《马克思恩格斯文集》第1卷，人民出版社2009年版，第18页。
③ 同上，第211页。
④ 同上，第162页。
⑤ 同上，第185页。
⑥ 同上，第189页。
⑦ 同上，第192页。

强调人的活动具有创造的本质，将人的能力（知、情、意）的对象化纳入人的发展的含义之中，认为人的发展首先在于"给每一个人提供全面发展和表现自己的全部能力即体能和智能的机会"[①]，即人通过创造性活动展示和提升自己的能力。马克思恩格斯通过对费尔巴哈"类本质"理念的改造，使人的本质对象化的观点构成为人的发展理论的重要内容。

马克思恩格斯还认为，费尔巴哈哲学在一定程度上体现了人道主义与唯物主义的结合，其人本主义与其唯物主义观点具有一定的关联。正像费尔巴哈的唯物主义曾影响到马克思恩格斯哲学思想的转变一样，他的人本主义也曾影响到他们对人的关注。正是在批判继承费尔巴哈人性观念的基础上，马克思恩格斯提出了人的生存发展要求，表达了对专制制度的批判，对思想和言论自由的追求，对资本主义异化劳动的批判以及对复归人性的倡导。恩格斯所说的"德国的社会主义和共产主义比任何其他国家的社会主义和共产主义都更多地是从理论前提出发的……在公开主张这种改革的代表人物中，几乎没有一个不是通过费尔巴哈对黑格尔思辨的克服而走向共产主义的"[②]就是例证。卢卡奇指出："费尔巴哈所开始的'唯物主义人类学'也只是一个开端，而且是本身容许向各种不同方向发展的开端。现在马克思把费尔巴哈的转变彻底进行到底。"[③]也直接指认马克思继承和超越了费尔巴哈的人本主义。这种继承和超越对马克思恩格斯致力于研究现实的人以及人的解放和发展，实现从唯心主义向唯物主义、从革命民主主义向共产主义转变产生了重要的影响。故此恩格斯曾坦承，"在我们的狂飙突进时期，费尔巴哈给我们的影响比黑格尔以后任何其他哲学家都大"[④]。并认为"对于爱的过度崇拜"[⑤]也加强了费尔巴哈对他们的影响。这表明，在马克思和恩格斯思想急速转变的"狂飙突进"时期对他们产生过影响的"费尔巴哈因素"不仅仅是其"下半截"的唯物主义（这当然是主要的），还有他的人本主义。

问题是：马克思恩格斯受费尔巴哈人本主义的影响是一时的还是长久的，

---

① 《马克思恩格斯选集》第3卷，人民出版社2012年版，第681页。
② 《马克思恩格斯选集》第1卷，人民出版社2012年版，第85页。
③ 卢卡奇：《历史与阶级意识》，商务印书馆1992年版，第279页。
④ 《马克思恩格斯选集》第4卷，人民出版社2012年版，第218页。
⑤ 同上，第228~229页。

在他们超越了费尔巴哈之后是否依然存在？有一种观点认为，这种影响在超越了费尔巴哈之后便不复存在。阿尔都塞便是持此看法的代表。一方面，他肯定费尔巴哈人本主义思想对马克思的影响，认为马克思的许多"著名说法都是直接受到费尔巴哈的启发或者直接从他那里借用来的。马克思的理想'人道主义'的各种提法是费尔巴哈的提法"[1]。"对照费尔巴哈的哲学宣言和马克思青年时期著作，我们可以十分明显地看到：马克思在两三年时间内确实接受了费尔巴哈的总问题；他和这个总问题完全等同了起来。"[2] "费尔巴哈是青年马克思'哲学信仰'的最后见证，是马克思在抛弃这个借用来的形象并取得自己的真实面目以前对照自己的最后一面镜子。"[3]基于这种认识，他主张研究马克思早期思想不能脱离费尔巴哈，并认为将费尔巴哈的著作与马克思青年时期的著作进行比较，可以对马克思的著作进行历史的阅读，从而更好地理解马克思不同时期思想的演变过程。另一方面，他又限定了这种影响持续的时间，认定这种影响在马克思思想发生"认识论断裂"之后便不复存在。

  阿尔都塞的看法虽有一定的依据却难以成立。文本梳理表明，费尔巴哈人本主义与马克思主义哲学特别是人的发展理念之间的关系不仅体现在马克思早期思想中，即使在后来的《资本论》时期，马克思仍然使用了"最无愧于和最适合于他们的人类本性"[4]等人性论的提法表达对未来人类理想状态和目标的理解。正是基于这一事实，弗洛姆认定"马克思从来也没有放弃过关于人的本性的概念"[5]，并认为"事实上，在《经济学——哲学手稿》中马克思所表达的关于人的基本的思想和在《资本论》中所表达的老年马克思的思想之间并没有发生根本的转变；马克思没有……抛弃了他的早期观点"[6]。这一说法虽然比较绝对，但从总体上看还是反映了如下事实：马克思后期思想对前期有超越，但并非完全否定意义上的"断裂"。

  应当指出的是，马克思恩格斯并非未加分辨地吸收费尔巴哈的人本主义

---

[1] 阿尔都塞：《保卫马克思》，商务印书馆2010年版，第29页。
[2] 同上，第30页。
[3] 同上，第33页。
[4] 《马克思恩格斯文集》第7卷，人民出版社2009年版，第928~929页。
[5] 弗洛姆：《马克思关于人的概念》，旭日出版社1987年版，第71页。
[6] 同上，第64页。

思想，而是批判地继承和超越其重视人的价值取向，上述恩格斯《英国工人阶级状况》中的叙述就从一个侧面说明了这一点。他在指出德国的社会主义和共产主义的代表人物几乎都是通过费尔巴哈对黑格尔思辨的克服而走向共产主义的之后，又批评他们只是从包括费尔巴哈人本主义在内的理论前提出发而不关心社会现实："我们德国的理论家对现实世界了解得太少，以致现实的关系还不能直接推动我们去对这个'丑恶的现实'进行改革。"① 由此推断，费尔巴哈的人本主义曾经影响到年轻的马克思恩格斯，但他们并没有停留于此，而是批判和超越了费尔巴哈。即便在"狂飙突进"时期，他们对费尔巴哈也还有批判性的保留意见，既继承了其人本主义哲学的价值取向又克服了其理论和方法上的抽象性。他们在批判继承的过程中虽然使用了一些费尔巴哈的用语，但这些用语只是一种过渡性的概念，他们并没有长期停留于此，而是很快就超越了费尔巴哈，以科学的概念代替了他的用语，因为他们对费尔巴哈的批判是以科学实践观和社会历史观为基础的。正如卢卡奇在谈到马克思对待费尔巴哈人本主义的态度时所指出的："但同时，而且是在他受到费尔巴哈十分强烈影响的时期，他就是历史地和辩证地看待人的。这两者都可以从双重意义上来理解：第一，他从未一般地谈到过人，谈到过抽象地绝对化的人，而是始终把人看作是具体的总体，即社会的一个环节。必须从人出发来解释社会，然而只有当人本身被纳入到这一具体的总体，被提高为是真正的具体的时候，才能这样做。第二，人本身作为历史辩证法的客观基础，作为历史辩证法的基础的同一的主体—客体，是以决定性的方式参与辩证过程的。"②

为此，马克思恩格斯指明了超越费尔巴哈抽象人性论和一切旧历史观的必然性及其途径，认为，费尔巴哈没有能够在社会历史领域推进唯物主义哲学的发展，但"费尔巴哈没有走的一步，必定会有人走的。对抽象的人的崇拜，即费尔巴哈的新宗教的核心，必定会由关于现实的人及其历史发展的科学来代替"③。批判克服费尔巴哈人本主义的途径，就是创立唯物主义历史观，而其中一个关键环节，就是把人当作在历史行动的人去研究，即从费尔巴哈

---

① 《马克思恩格斯选集》第1卷，人民出版社2012年版，第85页。
② 卢卡奇：《历史与阶级意识》，商务印书馆1992年版，第279页。
③ 《马克思恩格斯选集》第4卷，人民出版社2012年版，第247页。

所理解的抽象的人转到在历史中行动的、从事实际活动的人。

肯定马克思主义承认人性要回答的一个问题是：人性是否具有普遍性和抽象性？答案是肯定的。通常否定抽象人性的一个主要理由，是认为人性要受到社会条件的制约，这一看法有待深究。人性作为人所共有从而使人区别于他物的规定性，是普遍与特殊的统一，只要承认人具有共性就必然要承认人性，只要承认人性就必然要承认其普遍性和抽象性。而承认人性是抽象的、人所固有的，并不等于认为其与社会条件无关，因为这里讲的抽象的、人所固有的，是价值意义上而不是事实意义上的，即认为在价值意义上，人的存在与其类特性是同一的。

追溯历史，人性的普遍性曾是古今中外思想家们的共识甚至常识。在中国，孔子认为"性相近也，习相远也"[1]，人的本性是相近的，后天的学习和经历不同才有了差别。孟子认为"人之性善也，犹水之就下也"[2]，"恻隐之心，仁之端也"[3]，人性本来是善的，蕴有仁、义、礼、智、信等道德意识的萌芽，这是人高于禽兽的本质的特征。荀子认为"水火有气而无生，草木有生而无知，禽兽有知而无义；人有气有生有知亦且有义，故最为天下贵也"[4]，庄子提出"性者，生之质也"[5]，把人性说成是人的素质。告子提出"生之谓性"，"食、色，性也"[6]。董仲舒认为，人性是人天生的属性，"如其生之自然之资谓之性"[7]。朱熹以理释性，提出"性即理也"，把人性看作天理的体现。都是主张普遍人性。在西方，文艺复兴时期人文主义思想家赞誉人的高贵，18世纪启蒙思想家认为自我保存和怜悯同类是人的本性，康德认定人是最终目的，都以普遍人性存在为前提，因为这些说法的潜台词就是人人都有某种共同的类特性，因而别人与自己都是一样的人。正因为人人（自己与他人）相同，才会有上述说法和要求。

肯定马克思承认人性要回答的又一个问题是：人性的由来是怎样的？我

---

[1] 《论语》，华夏出版社2017年版，第226页。
[2] 《孟子·告子上》，煤炭工业出版社2017年版，第141页。
[3] 《孟子·公孙丑上》，煤炭工业出版社2017年版，第61页。
[4] 《荀子·王制篇第九》，光明日报出版社2014年版，第113页。
[5] 《庄子全译》，贵州人民出版社1991年版，第422页。
[6] 《孟子·告子上·四》，中华书局2007年版，第241页。
[7] 《春秋繁露·深察名号》，中华书局2012年版，第375页。

们认为，人性既是与生俱来的又是后天形成的，既是稳定的又是不断变化的。所谓人性是与生俱来的，是指其为人皆具有即"人所固有"的。这里的"人"是个人而非人类，即就每一个个人而言，人性是其作为人既有的禀赋或潜质及由此衍生出来的尊严，这种禀赋或潜质使人不同于其他动物而成其为人。对个人而言，人性不同于后天形成的受到社会关系影响的人的规定性即"人的本质"。所谓人性是在后天形成的，这里的"人"是指整个人类，就人类而言，人性作为人的禀赋或潜质及其衍生出来的尊严，是人类个体通过群体世世代代自然和社会的"获得性遗传"而具有的，即前人以及前人的前人在生活和实践中获得的，并通过"获得性遗传"传至后代。只是这里的"获得性遗传"，既是自然性的也是社会性的，即人们长期社会生活和实践的积淀，因此，这种意义上的人性不同于以往人性论者假定的不分个体和人类的"人"既有的本性。所谓人性是稳定的，是指在抽象的意义上说，作为人不同于他物的特殊规定性，作为人在价值上高于其他动物的依据，作为人追求幸福、实现自我本性的人性，其本质是不会改变的。所谓人性是不断变化的，是指这种抽象的规定性之具体体现不是从来就有的，也不是一成不变的或无关社会和历史的，而是在生活、实践中不断生成、丰富和发展的。

接下来的问题是：既然马克思承认人性，为什么不经常、普遍地使用"人性"的提法？我们认为，主要原因在于，人性理念和相关诉求在此前的人道主义和启蒙思想家那里已经得到充分的重视和展开的阐述，并且在马克思社会历史研究和社会批判的语境中只是一个前置性的概念，是其价值取向的起点，因而在他那里无须再予以强调和论证。

三、人性与人的发展动机

承认人性为确立人的发展价值取向奠定了基础。马克思指出："理论只要彻底，就能说服人。所谓彻底，就是抓住事物的根本。而人的根本就是人本身。"[①]这一道理对于理解人性与人的发展的关系尤为贴切。从人性出发，可

[①] 《马克思恩格斯选集》第1卷，人民出版社2012年版，第10页。

以从主体根基上彻底说明人的发展的价值根据，回答为什么要推进人的发展、人的发展的根本目标和要求是什么等人的发展深层次动机问题。

人的发展动机和行为既具有客观基础又具有主体依据。人正是基于一定客观条件基础上的主体动机或自觉意识，才形成了人的发展要求、目标、理论和相应的行为。因此，主体动机是推进人的发展的内在因素，它与客观条件之间的互动构成了人的发展之不竭动力。在人的发展主体动机中，既有需要和利益的因素也有价值的因素。一方面，人的发展动机和行为是在现实生活中历史地形成的，它来源于现实，基于生活和实践，要以人的需要和利益为基础；另一方面，人的发展动机和行为又是人的主体自觉意识，是人基于一定价值取向的主观愿望和理想。价值取向在决定人的动机的主观因素中具有特殊的作用和地位，在很大程度上深刻地影响甚至决定着人们的动机和行为。

人们的生活和实践是人改变对象与自身主体意识生长相互促进的过程。人改变对象的活动既满足了衣食住行需要，也增强了人的能力、提高了人的主体性和主体意识，并在一定阶段催生了人的发展意识。人以人的方式生存，也就在改变对象的同时改变自身，追求自身的发展。随着实践能力增强以及生存条件改善，这种追求便逐渐从自发进展为自觉。当实践创造了一定的物质、制度和文化条件从而人的主体意识达到相当程度时，便有了人的发展的自觉要求和理念，这就是向往并追求生活得更有价值、更有意义，满足创造性需要即自我实现需要。从自我意识形成到主体觉醒再到马克思主义创始人提出人的解放和发展要求，人的发展理念经历了一个漫长的形成过程。因此，人的发展要求既是客观条件和现实生活的反映，又是人的自觉意识即自觉的价值追求。

人的发展自觉意识要以一定的价值预设为前提。价值预设即依据对人及人与世界关系的理解确定基本的价值取向或"元价值"。它既要以客观条件为基础，又具有主体性，其前提是确定价值来源之主体。历史上，人们总是在某些外在的因素中寻找价值依据，如"天""道""理""上帝"，或者康德的"大自然"，黑格尔的"绝对精神"，等等。从尼采开始，这一普遍的做法受到质疑。尼采认为，上帝死了，要重估一切价值，打破了以往试图从一些外在原因中寻找生存价值和意义的迷梦。至此之后，人生的意义就只能在人自身中去寻找。萨特说："如果上帝不存在，也就没有人能够提供价值或者命令。"① 弗洛姆认为，现代人"具有关于物质的全部知识，但对于人的存在之最重要、最基本的问题——人是什么、人应该怎样生活、怎样才能创造性地释放和运用人所具有的巨大能量——却茫无所知"②。基于这种理解，结论必然是，人生的意义非由天赋而由人赋，故而《增长的极限》一书指出，人必须探究他们自己的目标和价值以避免在陷入毫无价值的状态中生存。

马克思恩格斯人的发展价值取向就是基于人生活得更加幸福、美好和更有意义的理想追求。生活得更加幸福、美好和更有意义，就是人的发展最基本的含义即其价值预设。以这一价值预设为起点，才能确定人的发展的本质含义、总体目标，确定实现人的发展的条件、任务和途径。

价值取向与需要和利益一道构成人的发展动机背后的动因，但它们之间既相互关联又各有特点：价值取向是需要和利益的集中体现，代表着人们根本的需要和长远的利益。正因为如此，虽然从追根究底的意义上说价值取向根植于人们的日常生活和实践，但它又往往是超越具体的需要和利益的。一方面，它往往与人们当下的需要和利益无直接关联，具有一定的超越现实性；另一方面，它在动机的形成和变化过程中起着长期的、稳定的作用。正是由于代表着人们的根本需要和长远利益，由价值取向造就的动机总是比较强烈和持久，远胜于具体的需要和利益造就的动机。古往今来仁人志士们为真理、正义和自由而赴汤蹈火、舍生取义、终生奋斗的超越具体的需要和利益的种种壮举，就是这方面典型的事例。正是因为价值取向代表着人们的根本需要和长远利益，人们在研判和权衡自己行为的后果时，往往要判定其是否有价值及价值之大小，即是否符合自己、群体或社会的根本需要和长远利益。价值取向与需要和利益的关联还在于，人的一些高层次需要和利益也就是价值取向，例如马斯洛需要层次理论中的人的"尊重需要"和"自我实现"需要，既是一种需要也是一种价值取向。

与需要和利益相比较，价值因素可以使人的发展要求和目标建立在更加坚实和更加持久的动机之上。

以往在论及社会发展中人的动机之相关因素时，总是关注认识（知识）

---

① 萨特：《存在主义是一种人道主义》，上海译文出版社2012年版，第12～13页。
② 弗洛姆：《为自己的人》，生活·读书·新知三联书店1988年版，第25页。

的作用，例如强调"知识就是力量"以及"科学技术是第一生产力"。相对而言，对价值在人的动机和行为中作用的论说却不到位。历史和现实都表明，价值取向对人的思想和行为从而对社会发展起着一种定向、引领和规范的作用，往往决定着人对未来社会的理解和期望，决定着社会的发展方向和目标。以对人的发展的理解为例，人的发展是马克思恩格斯针对资本主义条件下人生存的异化状态提出的，但同时又体现着人类的理想，体现着历史发展的目标。它不仅反映了人们的需要和利益，比如要求社会关系全面化，消灭私有制和阶级剥削，使人们摆脱异化状态而生活得幸福美好，还反映了人们价值层面的理想追求，比如要求人们的才能和个性充分地展示和发展，素质充分地提升，品质充分地完善。又以对"人民日益增长的美好生活需要和不平衡不充分的发展之间的矛盾"的理解为例。解决这一矛盾的目标是满足人民日益增长的美好生活需要，然而何为美好生活，怎样的生活才是美好生活，却有待于合理地定位。"美好生活"作为社会发展的目标，不是一种实然的社会状态，而是需要在理论上建构并在实践中实现的一种理想的社会状态。对美好生活社会状态的建构既要基于对现实条件的科学认识，也要基于价值取向，即人们对生活意义、人生价值和追求的理解，价值取向不同，对美好生活的理解也会大相径庭。正是基于人的发展价值取向，在人的生存性和享受性需要得到较好的满足后，美好生活将主要体现在人的精神生活的充实和丰富、人的能力的实现和发展以及人的素质的提升等发展性需要方面。这方面需要的拓展及满足将决定未来社会发展的基本趋势，这也就是社会发展将越来越围绕着人的发展来进行，人们将更加重视发展性需要，重视自我实现，社会将更加尊重每个人的首创精神及其成就，人们在改造客观世界的同时将更加重视自身素质的提高，更加重视精神生活的满足和拓展，更加重视人与人、人与社会、人与自然的和谐及协调发展。因此，在论及人的发展动机的主体因素时，至少应当将价值与知识因素等量齐观，视之为社会发展主体因素中的车之两轮、鸟之两翼。

  从主体的方面看，人的发展价值预设与人性密切相关，既涉及对人与人、人与社会、人与自然等关系的理解，又涉及对人自身的理解。马克思恩格斯正是在批判继承人道主义和人性论"合乎、复归人性"优秀价值的基础上，提出了人的发展要求和目标。

　　从人性出发可以逻辑地推论出人的发展要求。其一，承认人性是肯定人的价值优先性，强调人在价值上高于他物的逻辑前提。追求人的发展旨在强调对人的关注，是对人的价值优先性的充分肯定和现实表达。这种肯定所以必须并且可能，是因为人在世间万物中具有最高价值的地位，而其前提则是承认人性，是认定人这个"类"的价值同一性，即所有人，无论先天的或后天（社会）的差别，其作为人的存在价值是完全一样的，既无高下之分，亦无贵贱之别。因此，才可以认定人具有价值优先性。人性乃人皆具有的同质的类本性，它表明人人具有相同的内在价值，决定了人人应当受到同等的对待，因而对所有人都应当一视同仁，同施仁爱。其二，合乎人性是人的发展的前提。人的发展从根本上反映了肯定人在价值上不同于并且高于他物，肯定人应当生活得更加幸福、更有意义等合乎人性的要求，向"合乎人性的人复归"在价值上趋向于人的解放和发展。概言之，人性即人皆具有、将人与他物相区别并使人在价值上成其为人的类特性，是人作为最高价值和最终目的的根据，它决定了人应当受到作为人的对待，决定了人总是要追求更好的生存状态和生存意义。

　　人性理念作为对人的价值同一性及价值优先性的认定，内在地蕴含着对人的关注。这种关注的最高表现，就是人的发展。只有承认人性，肯定人皆具有价值优先性并将人"作为目的本身"，才有必要追求每个人的生活幸福和意义，才有每个人自由全面发展的要求。马克思恩格斯正是基于"合乎、复归人性"的理想诉求，才追溯人的发展动机、确立人的发展的内容和目标，才提出使环境成为合乎人性的环境，才提出共产主义是对私有财产即人的自我异化的积极的扬弃，才致力于在理论上批判和在实践上根本改变资本主义制度。从合乎并复归人性到对资本主义的批判以及追求人的解放和人的发展，就是马克思人的发展研究的内在线索和理论逻辑。肖恩·塞耶斯就此指出："马克思主义认为人类道德发展的理想就是人的全面发展，人类真正财富就在于人性的发展。"[①]"人类社会和道德发展的程度取决于这种发展对人性（即

[①] 肖恩·塞耶斯：《马克思主义与人性》，东方出版社2008年版，第213页。

人类的诸种力量、能力与需求）发展的影响；而人的自我发展与自我实现是马克思主义关于人类道德发展的理论核心，它也是人类所孜孜追求的一种幸福。"① 马克思恩格斯对人性的理解为我们运用人性说明人的发展问题提供了理论指引。在当年，合乎并复归人性是马克思设定的人的解放和发展目标的理论起点，在当代，承认人性、基于人性、复归人性是人的发展价值取向当代构建的逻辑起点。

肯定人性在人的发展中的作用必然涉及能否与唯物史观契合的问题，回答这一问题的关键在于明确二者不在同一个论域。唯物史观是一种科学认识，人性范式则是一种价值取向，涉及的是不同方面的问题，而并非对同一问题的两种不同的回答或主张。

我们可以将从人性出发理解人的发展问题的理论范式，称为人性范式。就解释人的发展问题而言，从人性出发和从唯物史观出发各有其特点和功能，都可以也只能说明人的发展问题的一个侧面，而不能说明人的发展问题的全貌，因而二者都是不可或缺的。例如，人性理念以及合乎、复归人性的要求可以透彻地说明人的发展的主观动机，说明人的发展的主体根据、要求和目标，非此就不能解释为什么要追求人的彻底解放和自由全面发展，为什么要以人为本，为什么要尊重人的权利，为什么要维护人的尊严，为什么要实现社会的公平正义。又如，唯物史观从社会的物质生产和物质关系出发理解人的发展的现实基础和社会条件，从社会基本矛盾出发理解人的发展的规律性和社会历史性，揭示人的发展的条件和机制以及人的发展的宏观过程，指明人的发展的现实途径，理解人的发展面临的实际问题以及社会发展的效果与其代价的关系。离开唯物史观，就不能科学地说明实现人的解放和发展的客观条件和现实途径，对人的发展的理解就会陷入迷茫或停留于空想。鉴于此，既不能离开人性谈论人的发展，又不能离开唯物史观理解人的发展。人性范式与唯物史观是相辅相成而不是相互对立的。

肯定人性与坚持唯物史观不是非此即彼、相互对立的，因为对人性的理解既可以建立在唯心史观的基础之上，也可以建立在唯物史观的基础之上。

---

① 肖恩·塞耶斯：《马克思主义与人性》，东方出版社2008年版，第212页。

事实上，与唯物史观对立的是唯心史观，而唯心史观在研究人的问题上的失误，不在于从主观的方面（例如人性）看问题，而在于仅仅从主观的方面看问题，离开社会条件和关系谈论人性的实现或复归，未能指明人性实现的现实途径。正因为人性范式与唯物史观并不对立且各有优势及缺陷，又因为人的发展问题的综合性，着眼于既要回答人的发展合目的性问题又要回答人的发展合规律性问题，就应当在人的发展研究中实现两种理论或观念的互补，采用唯物史观与人性范式两种理论范式相互补充的方式，全面地说明人的发展问题。

一方面，应当以人性范式引导对人的发展条件、机制、途径和规律的探寻。实现人的发展首先要明确人的发展要求、目标的主观根据这一前提性问题。根据人性范式，人的发展即人追求生活幸福、美好以及实现自己的价值、发展自己的能力是人的本性，是人的一切活动的动机之源泉，当然就应当是人一切活动的根本出发点。正是基于这个动机，人们才致力于探寻人的发展条件、机制和途径，认识客观世界及其与人的关系，进而调整人与自然和社会的关系，发展经济、科学和文化，建构合理的社会制度。从使环境合乎人性，使每个人得到自由全面发展的要求，可以进一步推论出社会发展的目标，推论出合理的社会环境的应然状态，推论出社会生活应当确立和遵循的基本制度、原则和政策，推论出人们的选择和行为。因此，基于人性来解答这些问题是运用唯物史观探究人的发展条件、机制和途径等的前提。

另一方面，应当以唯物史观支撑人性范式。人的发展主体是从事实际活动的现实的人，因而人性的实现具有现实性。人性范式提出了人的发展的主体根据、要求和目标，却不能科学地解释社会发展的机制和规律，不能科学地说明人的发展的现实条件和实现途径，不能科学地说明人的发展面临的各种现实问题。正如肖恩·塞耶斯所说："人性并不能提供一种绝对的、超越历史的道德标准。当现实状况被批判为'非人的'和'有辱人格的'时，这就不可避免地是一种历史的和相对的评判。关于什么是人、怎样才配是人以及什么是人道、什么是有辱人格的当代标准，至少部分是当前条件的产物，它们都是建立在当代资本主义和大工业所创造和发展的需求、渴望和社会关系等基础之上的。"① 只有运用唯物史观，才能正确认识社会发展的机制和规律，解释社会发展中制约人的发展的各种现实问题，指导人们切实有效地推进人的发展。例如，根据唯物史观，"合乎人性"的含义要受到社会条件的制约，在不同的时代会有不同的要求。在马克思恩格斯时代，就是摆脱异化劳动的生存状态；在当代中国，就是满足人们的美好生活需要，使人们生活得更加幸福、更有意义；在未来共产主义社会，就是人的自由全面发展。

肯定人性在人的发展中的作用还要回答的一个问题是：怎样理解价值以及道德立场在马克思主义中的地位。

众所周知，马克思恩格斯坚决反对仅仅从道德出发理解社会主义的"伦理社会主义"，声言"共产主义者根本不进行任何道德说教"②。但这不意味着他们对资本主义的批判和对社会主义的主张中没有伦理原则和道德追求，更不能就此断言他们不重视道德问题。正相反，他们的社会历史研究具有鲜明的价值（道德）立场。罗伯特·韦尔曾指出："马克思是一位努力理解世界的启蒙思想家，他致力于为一个更好的世界——很大程度上是在道德上更好的世界——而改变世界。马克思对经济增长感兴趣，主要是因为它为一个更人性化的，也是在道德上更好的社会提供了重要的基础。""马克思没有进行道德说教，但这并不说明他不宣扬道德。他反对只用道德语言进行说教却忽视了道德的其他用法，而不是反对道德原则本身。"他还提出了例证："据马克思所见，资产阶级的剥削是'掠夺'，而工厂主只是将工人当做机器的附属品，正如他在《资本论》中所声称的那样。这一看法从任何角度听起来都像是道德谴责。在这里马克思采用道德立场并做出了道德指责。"他就此得出结论：马克思无疑是有伦理原则和道德追求的哲学家。这一看法也为宾克莱所持有。他认为："马克思对于我们今天的吸引力仍是一个道德的预言，人们如果根据人类价值考察现在社会上的种种事实，然后根据自己的发现而行动，以使我们的世界成为一个一切人都能变成更有创造性和更为自由的地方，这样我们就是忠于马克思了。"③ 这些说法虽然不无矫枉过正之嫌，却指出了马克思社会

---

① 肖恩·塞耶斯：《马克思主义与人性》，东方出版社2008年版，第163页。
② 《马克思恩格斯全集》第3卷，人民出版社1960年版，第275页。
③ 宾克莱：《理想的冲突——西方社会中变化着的价值观念》，商务印书馆1983年版，第106页。

历史研究的价值维度。

　　马克思主义的道德原则当然不是道德说教，而是体现着人的解放和发展这一合乎人性的价值尺度。他们批判资本主义制度既是基于对社会发展规律的认识，认为资本主义制度束缚生产力的发展；又是基于社会道义，谴责资本主义制度剥削、压迫工人违背人性。更重要的是，这种谴责不是马克思恩格斯对待资本主义批判的全部，而只是其开端，是他们批判资本主义制度的道义起点。因此他们不进行任何道德说教，而是致力于武器的批判，实际地改变资本主义制度。

第九章　人的发展理论与马克思主义

追求人的彻底解放和自由全面发展是马克思主义根本性、总体性的理论旨归。人的发展理论是马克思主义理论重要的组成部分。它以马克思主义科学认识为基础，生成于马克思主义理论体系中，伴随并引领着马克思主义理论的发展，是马克思主义理论的基本价值维度，贯穿于马克思主义理论的主要组成部分。因此，应当将人的发展价值取向渗透于对马克思主义哲学、政治经济学、科学社会主义科学认识的理解和阐述中。

一、人的发展理论以马克思主义为基础

人的发展理论与马克思主义的内在关联，首先在于它以马克思主义哲学为基础。恩格斯在《反杜林论》中指出，社会主义之所以从空想变成科学，是由于马克思做了"两个伟大的发现——唯物主义历史观和通过剩余价值揭开资本主义生产的秘密"[1]，而之所以能够做出"两个伟大的发现"，则是因为他运用了唯物主义辩证法这一最好的工具和最锐利的武器。就是说，由于创立了唯物辩证法，才得以创立唯物主义历史观和剩余价值理论，进而创立科学社会主义理论。这一理论逻辑表明，马克思主义理论的基础是哲学。因此，这一理论逻辑当然也适用于人的发展理论。

人的发展理论与马克思主义哲学是部分与整体的关系，它是马克思主义哲学的一个部分，是其关于人的学说之核心内容。人的发展理论以马克思主义哲学基本原理特别是实践观和唯物史观为基础。马克思恩格斯正是在实践

---

[1]《马克思恩格斯选集》第3卷，人民出版社2012年版，第402页。

观和唯物史观的基础上科学地阐明了人的社会性,界定了人的发展主体,确立了人的发展的内涵及目标,揭示了人的发展的现实条件,指明了人的发展的实现路径,创立和发展了人的发展理论。

马克思恩格斯在创立新世界观的过程中创立了实践观,认为哲学的根本使命是改变世界,实践是人最根本的生存方式,社会生活在本质上是实践的,社会历史领域中的所有问题都能够在实践中得到合理的说明,因而主张从实践出发理解人和社会。

实践观为理解人的发展主体提供了哲学基础。马克思恩格斯反对离开实践抽象地理解人,而是从实践出发科学地界定了人的发展主体,确立了"从事实际活动的、现实的人"的科学概念。他们认为,由于劳动将人从动物中提升出来,人只有通过实践改变自然才能获取生存资料,在有用的形式上占有和利用自然物,维持自身作为人的生存,因而实践是人最根本的生存方式,是人的类特性。为此,他们从物质生产活动、物质生产关系和社会生活出发说明人,确立了"从事实际活动的人"[①]或"现实的人"[②]的科学概念,并从这一科学概念出发揭示了人的社会性。他们认为,"实际活动"首先是生产实践,而人们在生产过程中必然会结成一定的社会关系,即生产"立即表现为双重关系:一方面是自然关系,另一方面是社会关系"[③],因此,从事实际活动的现实的人必然要生存于一定的社会条件和社会关系之中,具有社会性,要受到社会条件和社会关系的制约。他们在此基础上确认了人的社会性,反对将人理解为抽象的、孤立的个体,指出了人的本质是社会关系总和,是各种社会关系相互作用的结果,并指出,由于社会关系随着实践的发展不断变化,人的本质也会随之而不断生成和改变,在阶级社会中人具有阶级性,因而人的发展的"人"是具体、历史的人。

实践观为理解人的发展含义提供了哲学基础。由于实践是人根本的生存方式,是人能动地改变对象的现实活动,它使人的生存和需要具有超越现实性,永远不满足于现状而要趋向更好,永远不会停止对自然和社会现实的改

[①] 《马克思恩格斯选集》第1卷,人民出版社2012年版,第152页。
[②] 《马克思恩格斯选集》第4卷,人民出版社2012年版,第247页。
[③] 《马克思恩格斯选集》第1卷,人民出版社2012年版,第160页。

变，所以，其一，实践能力（禀赋）及实践活动是人具有主体性并具有能动性和创造性的根据，它使人从根本上区别于其他动物。其二，人在改变对象的过程中也会改变自身，这就决定了人截然不同于他物：人不是既定的、一成不变的存在，而是在实践过程中不断变化，不断生长的，亦因此，人的发展可以也必须在改变自然和社会的实践过程中来实现。其三，实践本质上是人的本质的对象化活动，是人将自己的本质力量，自己的知、情、意对象化的过程，因而人是对象性的存在，人具有自我实现的需要，总是期望通过自我实现来表现自己，改变自己。由此可见，实践能力（禀赋）及实践活动，既决定了人的发展具有必要性，也决定了人的发展具有可能性。

唯物史观为科学说明人的发展条件提供了基础。马克思恩格斯创立唯物史观，从社会存在决定社会意识出发揭示了人生存发展对客观条件的依赖，从人们的物质资料生产出发理解社会历史，揭示了人的社会性以及人的发展的历史性，认为社会条件是不断变化的，因而人的发展是历史的产物，要经历一个长期的过程。他们强调人的发展有赖于生产力发展，指出：一切历史的第一个前提就是个体人的存在，人要生存就需要满足吃、喝、住、穿等需要的生活资料，而天然的自然物不能满足人的需要，所以人就要进行物质资料的生产和再生产，这是第一个历史活动，是一切历史的前提和基础。他们还指出，虽然社会发展是多种因素相互作用的结果，但在影响社会生活和历史发展的诸因素中起最终决定作用的因素是物质资料的生产和再生产，经济条件归根到底起着决定性的作用。因此，生产力发展从根本上决定着人的发展状况：生产力发展将改善劳动环境，消除旧式分工，将人从繁重的、异化的劳动中解放出来；生产力的发展将缩短劳动时间，增加自由时间从而拓展人的自主活动的空间。从这个意义上说，发展生产力是社会进步也是人的发展的基础。

唯物史观强调社会关系对人生存发展的制约作用，认为人的发展状况要受到社会制度特别是社会经济制度（其核心是生产资料所有制）的制约。社会关系实际上决定着一个人能够发展到什么程度，社会关系和制度的合理化是人的发展的制度条件。从历史的大尺度上看，与不同的社会关系和制度相关联即由于社会经济形态（自然经济、商品经济）的不同，人（及社会）的发展要经历人的依赖关系、物的依赖性、个人全面发展三个阶段。人的依赖关系和物的依赖性的生存发展阶段都属于生产资料私有制，虽然二者对人的生存发展具有不同的影响（例如后者比前者赋予了人的一定的自由等），但从根本上说都属于剥削制度，因而在这类经济制度以及相应的政治制度下不可能有人的发展。只有到了消灭私有制而建立公有制的第三个阶段即共产主义社会，才能实现社会经济制度和政治制度的合理化，超越人的依赖关系和物的依赖性，消除人与他人和社会的对立，保障和促进人的发展，才会进入以每一个人的自由全面发展为基本原则的社会。这个社会的特点是，它是以高度发达的生产力以及合理的社会制度为前提的个人的一种联合。为此，马克思恩格斯在以唯物史观为基础的政治经济学和科学社会主义理论中，对消灭资本主义私有制、实现社会关系和制度的合理化问题进行了深入探讨。

人的发展理论与马克思主义的内在关联又在于它以马克思政治经济学为依据。马克思主义政治经济学在揭示生产关系产生、发展和变化规律的基础上，对资本主义生产关系进行了条分缕析的研究，创立了剩余价值学说，揭露了资本家剥削工人的秘密，为批判资本主义制度和资本逻辑，确立人的解放和发展目标，揭示人的发展途径提供了道义和科学上的依据。马克思认为，"资本主义生产不仅是商品的生产，它实质上是剩余价值的生产"[1]，是资本家攫取工人创造的剩余价值的过程。在资本主义制度下，资本家通过购买和使用工人的劳动力，占有劳动者所生产的新价值即劳动创造的价值和劳动报酬之间的差额，占有工人创造的剩余价值即由劳动者创造的被资产阶级无偿占有的劳动。他们揭露了资本主义社会中工人在生产和生活中的悲惨遭遇，认为，在资本主义制度下，即使生产力发展也不能带来工人生存境遇的改善，更不能带来人的发展。例如，资本主义生产中机器大工业的使用和发展提高了劳动生产率，缩短了生产特定产品的劳动时间，但并没有增加劳动者的自由时间，因为"在资本主义生产中，发展劳动生产力的目的，是为了缩短工人必须为自己劳动的工作日部分，以此来延长工人能够无偿地为资本家劳动的工作日的另一部分"[2]。资本家是窃取了工人为社会创造的自由时间，即生产

---

[1] 《马克思恩格斯选集》第2卷，人民出版社2012年版，第236页。
[2] 同上，第206页。

力发展本来应当给工人增加的自由时间被资本家所侵占。因而在资本主义社会，工人一生中都是在替资本家创造财富，没有自由时间，其生存条件未能得到根本上的改变，能力、个性和社会关系等也不可能得到充分的发展。因此，增加自由时间既有赖于生产力发展即劳动生产率的提升，又有赖于社会制度的合理化，只有在未来共产主义社会中，缩短必要劳动时间才能真正增加人的自由时间、拓展人的发展空间。

人的发展理论与马克思主义的内在关联还在于它以科学社会主义理论为支撑。科学社会主义作为关于无产阶级解放条件的学说，揭示了资本主义制度产生、发展和必然灭亡的趋势，揭示社会主义的本质、特征和发展规律，科学地预测了社会主义和共产主义社会的前景和特征，指出了解放无产阶级从而解放全人类的现实道路，指明了实现人的解放以及人的发展的根本途径和方式。马克思恩格斯认为，在资本主义社会，人的发展的前提是人的解放，是通过工人阶级的斗争消灭资本主义私有制，实现社会制度和社会关系的变革，消除剥削制度对人的束缚，扬弃物的依赖性，建立生产资料公有制经济，使社会自觉地调节生产，实现按劳分配和最终实现按需分配。只有这样，才能将人从与自己对立的社会关系的束缚中解放出来，消除使个人奴隶般地服从分工的情形，消灭阶级对立、城乡对立以及脑力劳动和体力劳动的对立，使人从劳动中解放出来，使个人获得自由全面发展。正是因为认识到社会关系对人的发展具有重要的制约作用以及基于资本主义社会的现实，他们将实现人的发展目标转换为对资本主义制度的批判，并以毕生精力参与彻底变革资本主义社会制度的现实运动。

二、人的发展是马克思主义的根本价值取向

人的发展理论与马克思主义的内在关联又在于，人的发展是马克思主义的根本价值取向。马克思主义是关于无产阶级和人类解放的学说，具有鲜明的价值取向，包括消灭私有制、消灭剥削、消除人与人之间的不平等、实现共同富裕，使人民生活得幸福美好，以及追求民主、自由、公正等。这些价值取向的根本价值旨归或目标，就是追求人的彻底解放和自由全面发展。人

的发展蕴含着马克思主义的最高价值追求。

人的发展价值取向贯穿于马克思主义哲学，是其价值起点和价值归宿

马克思恩格斯主张哲学的使命在于改变世界，使现存世界革命化，实际地反对并改变现存事物，其中最重要的就是改变旧的社会制度和社会关系。他们认为，哲学与改变世界（社会和自然）内在关联。一方面，可以运用哲学理论推论出改变世界的结论。他们在《神圣家族》中就指出，唯物主义学说同共产主义和社会主义之间有着必然的联系，成熟的共产主义是直接起源于法国唯物主义的，并从人与环境的关系推论出了人改变环境的必要性，揭示了唯物主义哲学内在蕴含着的革命性。又如，马克思明确指出过辩证法的革命性，认为辩证法不崇拜任何东西，按其本质来说，它是批判的和革命的，因为辩证法认为，任何事物都要经历发生、发展和灭亡的过程，都要转化成其他事物，为新的事物所替代。另一方面，哲学作为改变世界的理论，理应提供优秀的价值取向，因为人们改变世界具有合目的性，旨在创设更好的生活条件，要体现对改变后的"理想的"世界的期望、理解和设计，这种期望、理解和设计首先是根本的、宏观的、哲学层面的。哲学的这一使命对于以改变世界为宗旨的马克思主义哲学来说尤为重要，它要求马克思主义哲学能够引领人们的活动，即不仅要正确地说明世界是怎样的，反映社会现象的本质以及社会发展的规律，为指导人们的实践提供科学认识，还要正确地说明世界应当是怎样的，为人们提供引领实践的合理的价值取向。马克思恩格斯创立的唯物史观就是典型的一例。唯物史观作为指导人们改变社会的关于社会历史的总的看法和根本观点，既体现着合规律性追求，包含着对社会历史发展的宏观层面的科学认识，也体现着合目的性追求，包含着对社会历史进程、事件和人物宏观层面的意义解读以及对社会发展方向、愿景及目标的价值设定，致力于推进社会进步。这种合目的性追求的理论表现，就是人的解放和发展价值取向。

人的发展价值取向在马克思恩格斯时代体现了他们消除人的异化，从劳动中解放人的现实追求，在当代则体现了人们自由自觉地追求幸福、价值和意义的本性，对于在理论和实践上全面理解马克思主义哲学的当代性和当代价值具有重要意义。马克思主义作为人类文明发展至今最高的理论成果，不仅应当揭示社会发展的规律和趋势，还应当反映人的发展要求，指导人们改变不合理的社会制度和社会关系并使其合理化。在其中，人的发展状况是判定社会制度和社会关系优劣的根本价值尺度，是人们一切活动——改变自然，改变社会，改变人自身——的根本目标。因此，人的发展价值取向像一根红线贯穿于马克思主义哲学的各个部分，构成它们共同的价值维度。

人的发展价值取向贯穿于马克思主义政治经济学

经济学是研究人类经济活动的本质、规律和机制的理论，其中科学经济学主要研究人类经济活动即价值的创造、转化和实现的机制和规律，政治经济学主要研究社会生产、资本、流通、交换、分配和消费等经济活动、经济关系和经济规律。马克思和恩格斯在批判继承古典经济学的基础上创立了马克思主义政治经济学，以资本主义的社会生产关系作为主要研究对象，致力于从无产阶级的利益出发研究资本主义社会的经济现象和经济规律，揭示资本主义形成和发展的规律、条件及其必然灭亡的历史必然性。他们在政治经济学研究中既注重揭示社会经济发展的规律，又自觉代表无产阶级利益，具有追求工人阶级和人类解放及自由全面发展的鲜明的价值立场，体现了阶级性与科学性、价值取向与科学认识的统一。

马克思恩格斯在以《共产党宣言》《资本论》《哥达纲领批判》《反杜林论》为代表的一系列著作中，深入系统地探究了资本主义生产方式以及生产关系和交换关系，对资本主义制度和资本逻辑进行了深刻的揭露和尖锐的批判，揭示了资本主义生产方式必然灭亡的趋势，指明了工人阶级解放的道路，确立了人的发展目标。首先是在批判地继承古典经济学劳动价值理论的基础上创立了剩余价值理论，揭露了资本家剥削工人的秘密，认为剩余价值是雇佣工人在生产过程中创造的被资本家无偿占有的超过劳动力价值的价值，并在此基础上论证了资本主义制度在价值上的不合理性，揭露了资本和资本家的罪恶。其次是谴责了资本主义制度和资本逻辑，表达了对工人生存发展状况的强烈不满和深切关注。马克思在《资本论》中开宗明义地表达了自己的立场，声明"决不用玫瑰色描绘资本家和地主的面貌"[①]，并一针见血地指出："资

[①] 《马克思恩格斯选集》第2卷，人民出版社2012年版，第83~84页。

本来到世间,从头到脚,每个毛孔都滴着血和肮脏的东西。"①资本家对工人"剥夺的历史是用血和火的文字载入人类编年史的"②。"在资本主义制度内部,一切提高社会劳动生产力的方法都是靠牺牲工人个人来实现的;一切发展生产的手段都转变为统治和剥削生产者的手段,都使工人畸形发展,成为局部的人,把工人贬低为机器的附属品,使工人受劳动的折磨,从而使劳动失去内容,并且随着科学作为独立的力量被并入劳动过程而使劳动过程的智力与工人相异化。"③"工人不是为自己生产,而是为资本生产。……这种生产关系把工人变成资本增殖的直接手段。所以,成为生产工人不是一种幸福,而是一种不幸。"④他还借用资本家为追逐利润就铤而走险、践踏一切人间法律甚至冒绞首的危险的说法,揭示了资本和资本家不顾一切地追求利益最大化的贪婪嘴脸。最后是揭示了资本主义生产方式发展规律和趋势,指出,生产资料私人占有和生产的社会化之间的矛盾必然会导致产生的周期性经济危机,只有实行生产资料公有制和计划经济才能从根本上克服这一矛盾。

应当指出的是,马克思主义政治经济学对资本主义生产方式分析批判贯穿的工人阶级和人类解放价值诉求,都是以人的自由全面发展为旨归或直接指向人的发展。例如在《资本论》及其手稿中,马克思在揭示并分析批判资本家剥削工人的秘密及其实质的基础上,就进一步丰富了人的发展科学认识:揭示了人的发展的社会条件及社会历史性,认为个人的全面性是他的现实关系和观念关系的全面性,全面发展的个人不是自然的产物,而是历史的产物;从历史演进的角度区分了人生存发展的三种形态,确立了实现个人全面发展和自由个性的目标;指出"时间是人类发展的空间"⑤,减少必要劳动时间并增加自由时间是为了促进人的发展,提高生产力水平、缩短工作日是人的发展的基本途径;提出了"自由人联合体""自由联合的人"等科学概念,明确指出未来共产主义是一个更高级的,以每一个个人的全面而自由的发展为基本原则的社会形式。这些论述在人的发展理论形成中具有独特的重要地位,表

---

① 《马克思恩格斯文集》第5卷,人民出版社2009年版,第871页。
② 《马克思恩格斯选集》第2卷,人民出版社2012年版,第291页。
③ 同上,第289页。
④ 同上,第236页。
⑤ 同上,第61页。

明，马克思主义政治经济学研究与马克思主义人的发展理论是内在关联、相辅相成、相互促进的。正因为如此，《资本论》才被誉为"工人阶级的圣经"[①]，马克思主义政治经济学研究才被认为既有利于促进价值的创造、转化和实现，又有助于深刻理解人的彻底解放和自由全面发展。

人的发展价值取向贯穿于科学社会主义理论

科学社会主义作为关于无产阶级解放条件的学说，作为关于社会主义本质、特征和发展规律的科学理论，深刻分析人类社会基本矛盾和历史发展规律，论述了消灭阶级剥削、阶级压迫和阶级差别，消灭资本主义私有制从而实现无产阶级和全人类的解放的条件、规律和途径，预测了未来社会进步的基本趋势，既体现了对社会现实和历史发展的科学认识，又体现工人阶级的价值取向，体现了实现人的彻底解放和自由全面发展的宗旨，其整个理论都是围绕无产阶级和人类解放以及人的发展目标来论证的。因此，科学社会主义与马克思主义人的发展理论是内在统一、相互交融的。科学社会主义与人的发展理论统一的基础，就是工人阶级解放与人类解放的内在关联，以及人的解放与人的发展的内在关联。

马克思恩格斯认为，无产阶级的解放同全人类解放具有根本上的一致性，他们在《共产党宣言》中指出："现代的资产阶级私有制是建立在阶级对立上面、建立在一些人对另一些人的剥削上面的产品生产和占有的最后而又最完备的表现。"[②]资产阶级私有制是私有制的最后形式，正是在这个意义上说，消灭资产阶级私有制就意味着消灭一切私有制，因而"共产党人可以把自己的理论概括为一句话：消灭私有制"[③]。消灭私有制是共产党人的任务，而其目标则在于实现人的发展。正如马克思恩格斯所说，在消灭资本主义私有制之后，将是每个人的自由发展是一切人的自由发展的条件的自由人联合体。由此可见，人的发展是科学社会主义学说的价值旨归。

人的彻底解放和自由全面发展价值取向的确立对科学社会主义创立具有重要意义。恩格斯曾指出，社会主义从空想变为科学是因为马克思和他将其

---

① 《马克思恩格斯文集》第5卷，人民出版社2009年版，第34页。
② 《马克思恩格斯选集》第1卷，人民出版社2012年版，第414页。
③ 同上。

置于现实的基础之上，为其提供了唯物史观和剩余价值学说两方面的科学认识基础，实现了社会主义价值取向与科学认识的统一。除此之外，社会主义变为科学还在于马克思恩格斯批判继承了近代人道主义和空想社会主义关注人的解放的理念，超越了资产阶级思想家关于人的"政治解放"理念以及空想社会主义"想建立理性和永恒正义的王国"[①]的价值诉求，提出了彻底消灭私有制、实现"人的解放"的要求，并在此基础上设定了人的自由全面发展的目标，使社会主义价值取向具备了现实性的可能性和彻底性。正如马克思恩格斯所指出的："共产主义和所有过去的运动不同的地方在于：它推翻一切旧的生产关系和交往关系的基础，并且第一次自觉地把一切自发形成的前提看做是前人的创造，消除这些前提的自发性，使这些前提受联合起来的个人的支配。因此，建立共产主义实质上具有经济的性质，这就是为这种联合创造各种物质条件，把现存的条件变成联合的条件。"[②]

人的解放与人的发展既在价值取向上一以贯之，具有统一性，又具有阶段上的差异性。从发展过程上看，人的解放与人的发展并不完全相同，但二者的差异是阶段性的差异，是同一价值取向在社会发展不同阶段的具体表现和要求。人的解放与人的发展之间是一种逻辑和历史递进的关系。从逻辑上看，人的解放是人的发展的前提，人的发展是人的解放的目标和归宿。人只有获得了彻底解放，克服劳动异化和私有制的制约即人的依赖关系和物的依赖性，消除人与人之间的利益博弈和争斗，使人与他人和社会在根本利益上一致，才可能真正实现人的自由全面发展。与之相对应，从历史上看，人的解放主要是革命时期的任务和目标，人的发展主要是建设时期的任务和目标。正如马克思恩格斯曾指出的，一旦消灭私有制而实行生产资料公有制，社会将进入作为自由人联合体的共产主义阶段，人将终于可以实现自由全面发展。正因为如此，他们将"人的解放"诉求提升和转变为"人的发展"目标。就此而言，社会主义和共产主义的本质要求和根本目标就是人的发展，即使人摆脱异化劳动而充分展示和发展自己的创造性，实现自己的本质，发展全面的社会关系，建立自由个性。正如宾克莱所指出的："按马克思的意思，社会

[①] 《马克思恩格斯选集》第3卷，人民出版社2012年版，第393页。
[②] 《马克思恩格斯选集》第1卷，人民出版社2012年版，第202页。

主义是一个使人人都能在自由和创造力中实现他自己的社会的必要条件。"[1]亦如弗洛姆所指出的:"社会主义就是消除人的自我异化,就是复归作为真正的人的人。"[2]

确认人的发展是贯穿于马克思主义各组成部分中的根本价值取向,有助于凸显人的发展理论在马克思主义理论中的地位和作用,凸显马克思主义理论各组成部分的价值意蕴;有助于明确马克思主义理论各个组成部分之间在价值取向上的内在关联,凸显马克思主义理论作为"一块整钢"的完整性;也有助于提升马克思主义解答社会生活中深层次问题的能力,强化马克思主义引领社会进步和促进人的发展的实践功能。在社会主要矛盾转化、各种价值问题趋于显著以及人的发展成为社会生活主题的当代,在马克思主义理论体系中贯穿人的发展理念,既能使马克思主义站在社会历史认识的最高峰,也能使马克思主义站在社会道义的制高点,使之能够更加有效地应对当代社会发展中各种价值选择方面的新问题,能够全方位地指导人文社会科学研究,能够从根本上承担起引领人的行为、促进社会进步和人的自由全面发展的使命。

---

[1] 宾克莱:《理想的冲突——西方社会中变化着的价值观念》,商务印书馆1983年版,第102页。
[2] 弗洛姆:《马克思关于人的概念》,旭日出版社1987年版,第63页。

第十章　人的发展的当代含义

马克思恩格斯确定了人的发展的基本含义，为人的发展研究和实践提供了理论遵循。在当代中国，推进人的发展，应当在马克思恩格斯理解的基础上明确人的发展的当代含义。由于受到社会历史条件的制约，人的发展具有阶段性，其含义和要求在不同时代、不同条件和不同环境中会有不同的体现。因而确定人的发展的当代含义，既要基于经典文本，又要结合时代和实践，体现人的发展的当代性。

一、人的发展的当代性

确定人的发展的当代含义要不忘本来，从马克思恩格斯确立的人的发展理想目标出发，遵从人的发展的根本规定和总体要求；又要与时俱进，从时代提供的条件和赋予的任务出发，体现中国特色社会主义对人的发展的现实要求和影响。这就应当结合当代人的发展的时代背景、现实问题和新的要求，对马克思恩格斯提出的人的发展本质含义做出拓展性的新理解。

在当代中国，社会环境的变化集中体现在社会主要矛盾已经从"人民日益增长的物质文化需要同落后的社会生产之间的矛盾"转化为"人民日益增长的美好生活需要和不平衡不充分的发展之间的矛盾"。与原来的社会主要矛盾相比较，这是新的更高层次的矛盾。其所以如此，一是因为改革开放和现代化建设在极大促进中国社会发展的同时，也使社会发展不平衡问题凸显。其主要表现是：物质文明建设与精神文明建设不平衡，经济建设与社会建设不平衡，经济发展与环境保护不平衡，不同地区之间、城乡之间以及不同阶层之间发展程度的不平衡。其中最突出的问题是，公平意义上的不平衡问题凸显。二是因为经济社会和文化发展上了新的台阶，人民需要的内容有了新的拓展，需要的层次上了一个新的台阶。

"美好生活需要"与"物质文化需要"之间既有联系又有显著区别。一方面，美好生活需要与物质文化需要之间具有内在联系。美好生活需要包括一般的物质文化需要，并以物质文化需要的满足为前提，是在物质文化需要得到基本满足基础上产生的更高层次的需要。正是由于科学技术显著进步、生产力巨大发展、经济快速增长，稳定地解决了我国十几亿人的温饱问题，全面建成小康社会，才使中国人民对自己的生活提出内容更加丰富的、更高层次的要求，并使人的发展开始从理想向现实转变。另一方面，美好生活需要与物质文化需要又有显著区别。美好生活需要不等于一般性的物质文化需要，前者比后者的含义更为丰富。其一，它是更高层次的需要，"人民日益增长的物质文化需要"是相对于较低层次的经济社会条件而言的，满足这种需要的主要任务是解决温饱问题即实现"衣食足"；"人民日益增长的美好生活需要"则是相对于较高层次的经济社会条件而言的，满足这种需要的主要任务是提升人们生活的品质。其二，美好生活需要比物质文化需要的含义更为广泛，内容更加丰富，正如许多论者所指出的，人民美好生活需要的内容既包括更高水平的物质需要等"硬需要"，又包括以此为基础的人们的获得感、幸福感、安全感和尊严、权利等"软需要"，以及更高层次、更为多样的精神文化需要。

在以上认识的基础上我们进一步认为，从马克思主义人学的视角看，美好生活需要还具有更加丰富的价值内蕴，这就是实现人的发展。对于人的发展可以做出多角度和多层面的理解，但人的发展之本质含义就在于人们生活得更加幸福、快乐、美好，更加有价值、有意义。就此而言，人民的美好生活需要与人的发展要求在内涵上是密切相关的。它前所未有地接近"人的发展"的现实要求，也就是说，当代中国人的发展要求与美好生活需要是直接统一的。满足人民的"美好生活需要"虽然不是人的发展全部内容，却是人的发展要求在当代中国的集中体现。因此，我们对"美好生活"的内涵应当也可以有更高的要求和期许，应当从人的发展目标和要求出发理解美好生活需要。

从人的发展目标和要求看，满足美好生活需要既要改变外部环境，又要改变人的价值观念、生存态度和生活方式，其中核心的问题是合理地定位需要，改变以往对需要的片面理解和自发的期待。

需要定位是必要的。"人以其需要的无限性和广泛性区别于其他一切动物。"[①]需要的多样性意味着它具有多种含义和种类，而不同的需要对人生存发展的意义即其必要性或重要性是不同的，这就应当对需要做出判断进而做出选择和取舍。对需要做出定位是可能的。需要既是人的心理趋向，同时又取决于人与他人，与社会以及与自然的关系，是在社会生活和社会实践中演进和发展的，因而具有可变性，可以对其做出定位和选择。

需要定位的要义之一，是确定需要的合理性。需要的多样性，意味着需要有合理与不合理之分，只有合理的需要才是正当的并应当肯定和满足。为此就应当对需要的合理性做出判定和定位，以肯定合理的需要，否定不合理的需要。需要的合理性可以从"质"和"量"两个方面来确定。从质的方面看，是否有利于人自身的生存发展以及是否有利于他人、社会和自然的发展，是判定需要合理与否的标志。合理的需要是有利于人自己、社会、他人和自然的，是人生存发展要求和趋势的体现；反之，有损自己身心健康，有害于他人、社会或自然的需要则是不合理的。从量的方面看，有些合理的需要（主要是物质性需要）是有限度的。需要就其自发的倾向而言，具有无限膨胀的趋势，满足需要的条件是有边界的：一方面，"与需要相对而言，一切资源都是稀缺的"[②]。资源的支撑能力和环境的承载能力是有边界的，有限的资源和环境之间的矛盾是不可能克服的。另一方面，如果需要是没有限制的，那么再高的生产力水平（生产力水平在任何时候都是有限度的），也满足不了无限膨胀的需要，"如果说需求是无限的，那么即使生产规模扩大到了极点，也跟不上想比别人占有得更多这种幻想"[③]。"不管生产的规模有多大，生产从来不会跟上无限的需求的发展，那么，为了占有最大的份额，必须展开斗争，个人与个人之间充满着竞争和对抗。即使生产的发展达到了一种绝对剩余的阶段，

[①] 《马克思恩格斯全集》第49卷，人民出版社1982年版，第130页。
[②] 丹尼尔·贝尔：《后工业社会的来临》，商务印书馆1984年版，第515页。
[③] 弗洛姆：《占有还是生存》，生活·读书·新知三联书店1989年版，第122页。

斗争仍将会持续下去。"[1]因此，一旦超出了某种界限，合理的需要就会变为"奢侈"、"畸形"或"贪婪"的需要，就会变得不合理。所以，所谓合理的需要既是指这些需要的满足应有利于或至少是无害于自己、他人和社会，又是指这些需要应当与人们的生产能力和自然的可承受能力相适应。就此而言，所谓充分地满足需要，即足够而不奢侈。

需要定位的又一要义，是区分需要的层次和类型。恩格斯曾经指出："一有了生产，所谓生存斗争不再单纯围绕着生存资料进行，而是围绕着享受资料和发展资料进行。"[2]这一论述间接地将需要分为三个层次：生存需要、享受需要和发展需要。参考恩格斯的观点并结合当代社会实际，我们认为，就对人生存发展的意义亦即需要的合理性而言，可以将需要分为两类：一类是基本需要即生存需要，一类是拓展性需要包括享受性需要和发展性需要。

生存需要是维持人生存所必须满足的基本需要。必要性决定了其一般来说都是合理的。拓展性需要则不同，它是在基本需要满足基础上进一步拓展的需要，不是人维持生存所必需，并且在范围上没有界限，在内涵上可以无限扩展。在拓展性需要中，发展性需要在条件具备的前提下是必要的、合理的，而享受性需要的必要性以及合理性则有待于辨析。享受性需要的多样性和复杂性决定了其存在着是否合理的问题，因而应当根据前述标准对享受性需要的合理性进行认定，区分合理的与不合理的享受性需要。应当看到，享受性需要的合理性并非一成不变，而是会随着条件的变化而变化。有些享受性需要在某一时期中是不必要的奢侈性需要，但随着生产和经济发展以及需要水平的提高，会逐渐转化为大众化的、基本的需要，具有合理性。因此，合理的享受性需要又可分为现在合理的和将来合理的两种。应当指出的是，那些随着条件变化从享受型转化为基本需要的需要，主要为精神生活领域的需要，或者为生活资料品质及层次的提升，而非在量上占有并消耗更多的物质资料。

基于对需要合理性的理解，需要定位应当遵循如下原则：

首先是优先满足基本的需要，这是需要定位应当遵循的第一个原则，也

---

[1] 弗洛姆：《占有还是生存》，生活·读书·新知三联书店1989年版，第120页。
[2] 《马克思恩格斯选集》第3卷，人民出版社2012年版，第987页。

是人道和公平原则所要求的。

其次是限定不合理的享受性需要，这是需要定位的第二个原则。不合理的享受性需要即奢侈性或炫耀性的需要。需要的合理性往往取决于需要的界限，超过一定界限的对超出实用和生活必需物品的消费的需要，就是奢侈性或炫耀性的需要。一些有识之士曾指出奢侈性或炫耀性消费的不合理性，如凡勃伦就认为这是富裕的上层阶级人士一种装门面的、摆阔气的消费，意在向他人炫耀和展示自己的财力和社会地位及由此带来的荣耀、声望和名誉，满足自己的虚荣心。又如梭罗曾告诫人们："大部分的奢侈品，大部分的所谓生活的舒适，非但没有必要，而且对人类进步大有妨碍。所以关于奢侈与舒适，最明智的人生活得甚至比穷人更加简单和朴素。中国、印度、波斯和希腊的古哲学家都是一个类型的人物，外表生活再穷没有，而内心生活再富不过。"[①]再如弗洛姆所指出的，当代西方工业社会是一个以物为中心的社会，占有取向是西方这个社会的人的特征，这个社会里生活的中心就是对金钱、荣誉和权力的追求，"现代的消费可以用这样一个公式来表示：我所占有的和所消费的东西即是我的生存"[②]。奢侈性需要形成的社会原因在于资本逻辑，而主观原因则在于"心理上的欲望——每一种欲望都是心理上的——是无止境的，即使这种欲望通过身体而得到满足"[③]。

奢侈性需要的不合理性在于：其一，有违社会道义。收入差距日趋扩大导致的少部分富人一掷千金、锦衣玉食，许多低收入者在温饱线上徘徊的状况，既有违社会公平，因为他们超量地消耗了有限的社会财富从而在客观上剥夺了贫穷者消费同等社会财富的权利，也有违人道原则，因为这类消费是对人所应有的恻隐之心的无视和背离。其二，有违人自身的发展。因为这类消费会使消费者堕入奢靡的生活方式之中，违反人应当通过创造实践实现自己能力、个性发展进而确认自己并贡献社会的本性。其三，有违社会文明。这类消费会对他人和社会起到了消费诱导的示范作用，对社会风气和生活环境造成不良影响。其四，有违可持续发展。无节制的消费使世界变成了人满

---

① 亨利·梭罗：《瓦尔登湖》，吉林人民出版社1997年版，第12页。
② 弗洛姆：《占有还是生存》，生活·读书·新知三联书店1989年版，第32页。
③ 同上，第120页。

足自己贪欲的对象，成了人们可以任意侵害与掠夺的东西，严重地侵蚀环境并消耗资源。

最后是发展并满足合理的拓展性需要即合理的享受性需要和发展性需要，这是需要定位的第三个原则，是需要定位中与人的发展最为相关的原则。发展并满足合理的享受性需要和发展性需要是人追求生活幸福的必然要求，也是人的发展的必由之路。研究表明，经济收入和财富增加并非生活幸福的充分条件或唯一因素，人们生活的幸福程度与其占有并享受财富的数量并不完全成正比。正如学者们认识到的，一个国家或地区的生活水平一旦达到某一合理标准，财富的继续增加不一定会给其人民带来更多的益处。"大多数作者都一致同意，物质消费的不断提高并不一定就是幸福"。[①]"消费者社会不能兑现它的通过物质舒适而达到满足的诺言，因为人类的欲望是不能被满足的。人类的需要在整个社会中是有限的，并且真正个人幸福的源泉是另外的东西。"[②]这"另外的东西"就是物质需要之外的其他高层次需要，例如"家庭和社会关系，有意义的工作以及闲暇"[③]。"宗教实践、社交、家庭和集体集会、剧院、音乐、舞蹈、文学、体育、诗歌，对艺术和创造的追求……"[④]其中就包括享受性需要和发展性需要。

合理的享受性需要和发展性需要既有区别又有联系。它们的区别在于：前者直接关乎人的生存质量，关乎满足人的美好生活需要；后者直接关乎展示和发展人的能力、个性，关乎人生活的意义。它们的联系在于：一方面，二者都属于高层次的需要，要以基本需要的满足为前提，并且都属于应当创造条件加以满足和发展的合理的拓展性需要；另一方面，二者在内容上有交叉和重叠，并且可以相互转化，有的合理的享受性需要从另一视角看也就是发展性需要，或者在一定条件下会转变为发展性需要，反之亦然。

对需要定位的理解关系到重新定义幸福。重新定义幸福的关键是超越物质需要，将幸福理解为人的各种需要和欲望得到满足获得的快乐的心理体验。

[①] 弗洛姆：《占有还是生存》，生活·读书·新知三联书店1989年版，第173页。
[②] 艾伦·杜宁：《多少算够》，吉林人民出版社1997年版，第26~27页。
[③] 同上，第102页。
[④] 同上，第102页。

基于这一理解，幸福感既是对生活的客观条件和环境状态的反映，又是对生活的主观意义和满足程度的价值判断，是客观因素和主观因素的统一。衡量幸福感或幸福程度的标志，就是幸福指数。

从20世纪70年代开始，一些国家和机构创设"幸福指数"作为衡量生活质量和幸福程度的综合性指标。联合国开发计划署《1990年人文发展报告》首次发布了人文（类）发展指数，用以衡量各成员国经济社会发展水平。此后一些发达国家展开了对幸福指数的研究，并创设了不同模式的幸福指数。幸福指数不同于作为衡量国家和民众富裕程度的GDP，它包含政府善治、经济增长、文化发展和环境保护等多方面指标，涉及教育、心理幸福感、健康、时间支配、文化多样性和恢复力、善治、社区活力、生态多样性和恢复力、生活水平等诸多内容，更强调社会发展的综合性，强调社会发展对人的影响，是一种衡量百姓幸福感的标准，体现了以人为中心的基本理念。

这些理论和实践启示我们，重新定义幸福可以拓展幸福的内涵，有助于对需要的多样性和发展性的认识，也有助于改变对生活方式及社会发展的理解和评价，有助于对美好生活需要以及人的发展的认识。

需要是多样的，又是由低级到高级逐渐上升的。根据马斯洛的观点，人们首先是满足较低级的需要，在较低级需要得到满足的基础上又会形成较高级的需要，在由低级向高级依次递进的需要结构中，最基本的是生存性的需要（物质需要、安全需要等），它是需要的基础。满足生存性需要是满足其他需要的前提和基础。"毋庸置疑，这些生理需要在所有需要中占绝对优势。具体说，假如一个人在生活中所有需要都没有得到满足，那么生理需要而不是其他需要最可能成为他的主要动机。一个人同时缺乏食物、安全、爱和尊重的人，对于食物的需要可能最为强烈。"[1]然而，在物质需要满足之后，"其他（更高级的）需要会立即出现，这些需要（而不是生理上的饥饿）开始控制机体。当这些需要满足后，又有新的（更高级的）需要出现了，依次类推"[2]。由此可见：一方面，物质需要的满足是人们一切活动最基本的目标，是人们生存（生产等）活动动机的来源；另一方面，物质需要的满足又并非人们生

---

[1] 马斯洛:《动机与人格》，华夏出版社1987年版，第41~42页。
[2] 同上，第43页。

活追求的全部，并非一切活动的主旨。随着生存性需要的满足，人活动的动机将发生改变，从创造丰裕的物质财富和更好的物质条件转向追求精神文化、公平正义、社会权利等软需要，进而提升为追求自身的发展，追求生活的价值和意义。

需要定位为确定人的发展当代含义提供了基础。根据马克思主义人的自由全面发展要求和满足人民美好生活需要的现实，我们认为，在当代中国，人的发展应当是在满足基本需要基础上的创造性发展与合理的享受性发展的统一，其含义主要应当包括满足物质需要、满足精神需要、满足休闲需要、促进自我实现、保障人的自由、确立人的个性、提高人的素质、维护人的尊严、实现公平正义。

二、满足物质需要

实现人的发展、满足美好生活需要，首先应当满足人们过上更加舒适、幸福生活的物质需要。

物质需要是最基本的需要，是人作为生物体求生存的生理本性的体现。追求物质生活幸福自古以来被哲人们视为人的天性。在西方，文艺复兴时期的人文主义者反对中世纪宗教神学宣扬的封建禁欲主义，肯定人追求现世生活幸福的欲望和权利。18世纪法国唯物主义者爱尔维修认为，人是一个能感受外界作用的有机体，趋乐避苦的肉体感受性是人的"利益"所在，"肉体的感受性乃是人的唯一动力"[1]。"快乐和痛苦永远是支配人的行动的唯一原则。"[2] 从而指明了需要是人们行为的主要动力和支配人的行动的主要原则。在中国古代，也有对"仓廪实""衣食足"的期望，一些有识之士对物质需要作为需要之基础的地位有着清醒的认识，如认为"国无九年之畜曰不足；无六年之畜曰急；无三年之畜曰国非其国也"[3] 等。马克思恩格斯继承了前人重视物质需要的合理思想，肯定物质生活需要对人生存发展的基础性意义，并认为，

---

[1] 北京大学哲学系外国哲学史教研室编译：《十八世纪法国哲学》，商务印书馆1963年版，第496页。
[2] 同上，第497页。
[3] 《礼记全译·孝经全译》，吕友仁，吕咏梅译注，贵州人民出版社1998年版，第263页。

满足物质需要是人生存发展最基本的愿望,是人的发展之最直接的动因,也是最基本的依据,是社会进步和人的发展的前提,因而人类生存的第一个前提就是必须能够生活。生产物质生活本身是一切历史的基本条件。他们强调物质资料生产及生产力在社会发展中起决定作用,实际上就是对人的物质需要间接的肯定。

在由低级向高级依次递进的人的需要中,物质需要是基础,物质需要的满足和物质生活质量的提高是人的发展的前提,也是人的发展最基本的含义。正是基于这一点,马克思恩格斯认为,人们首先必须满足吃、喝、住、穿等物质需要后,才能从事政治、科学、艺术、宗教等其他社会活动,所以物质的生活资料的生产,从而一个民族或一个时代一定的经济发展便构成基础,强调生产力发展是社会发展最终的决定性的因素。

有一种观点认为,马克思说的人的发展并不等于更高层次的物质享受,不等于创造更多的物质财富和更加丰裕的生活条件,而是人的本质力量的实现和提升。例如弗洛姆就曾指出:"马克思的学说并不认为人的主要动机就是获得物质财富;不仅如此,马克思的目标恰恰是使人从经济需要的压迫下解脱出来,以便他能够成为具有充分人性的人;马克思主要关心的事情是使人作为个人得到解放,克服异化,恢复人使他自己与别人以及与自然界密切联系的能力。"[①]这种理解有一定的道理,但这只能是就未来的理想社会而言的,因为在马克思的理解中,人的自由全面发展是有前提的,这就是人的基本生活需要得到了充分的满足以及社会关系的合理化。为此,马克思提出了在对资本主义私有制进行否定的基础上"重新建立个人所有制"[②]的目标。从哲学的层面看,重新建立个人所有制的实质就是要消灭生产资料为少数人占有的私有制,使社会的生产资料归每个社会成员个人所有,而不是私有制条件下少数人占有生产资料,多数人没有生产资料,从而消灭劳动成果和劳动过程的异化,使劳动者真正获得自己的劳动成果,成为自己活动的主人,使劳动真正成为自由自觉的活动,这与马克思关于实现人的自由全面发展的追求是一以贯之的。从历史演进的角度看,人的发展要求是从对幸福生活的追求中

---

① 弗洛姆:《马克思关于人的概念》,旭日出版社1987年版,第20页。
② 《马克思恩格斯文集》第5卷,人民出版社2009年版,第874页。

产生的，是这种追求演进到较高级阶段的产物，因而肯定人的本质力量的实现并不排斥人的享受意义上的发展，而是以之为前提的，实现人们对美好生活的向往，首先应当关注他们的现实利益，满足他们体面生活的需要。

物质需要和利益直接关联。利益是人为了满足生存和发展而产生的对于一定对象的各种客观需求。需要和利益的关联在于，需要是利益的基础，利益是需要的现实表现或现实表达。中国古人认为，利益是对人对事的好处，即利生益世的功德，西方人则将利益解释为个人或个人的集团寻求得到满足和保护的权利要求、愿望或需求。人们行为的动机首先反映着他们的需要和对利益的追求，对利益的追求来源于人满足需要、趋利避害、追求幸福的本性。霍尔巴赫认为："人永远服从他的理解得正确的或不正确的利益。这是一条事实上的真理；无论人们不把它说出来还是把它说出来，人的行为永远会是一样的。"[1]"利益是我们的唯一动力"。[2] 马克思主义关注人的生存发展首先体现在关注人的物质需要和利益。马克思指出："人们为之奋斗的一切，都同他们的利益有关。"[3] 恩格斯指出："革命的开始和进行将是为了利益，而不是为了原则，只有利益能够发展为原则。"[4] 他们还指出，"共产主义者既不拿利己主义来反对自我牺牲，也不拿自我牺牲来反对利己主义"。[5] "思想"离开"利益"就会使自己出丑，离开需要和利益追求的思想和原则一定是虚妄的。

满足人民日益增长的美好生活需要，实现人的发展，首先应当充分肯定人们追求幸福生活的权利，关注人们的现实利益，这应当是一切方针政策、制度安排的基本旨归。在人的物质需要尚未得到充分满足的情况下，强调这一点尤为重要。人们的现实利益是具体的、历史的，在社会主要矛盾转化的当下，集中体现为过上体面生活的需要。所谓体面生活，就是小康水平的生活，即人们经济条件比较宽裕，在衣、食、住、行以及教育、医疗等方面具有较好的条件，日子过得比较舒适和讲究。由于经济发展不平衡等原因，当前一部分人的基本生活需要仍未得到满足，更谈不上满足体面生活的需要。

---

[1] 北京大学哲学系外国哲学史教研室编译：《十八世纪法国哲学》，商务印书馆1963年版，第536页。
[2] 同上，第537页。
[3] 《马克思恩格斯全集》第1卷，人民出版社1995年版，第187页。
[4] 《马克思恩格斯全集》第1卷，人民出版社1956年版，第551页。
[5] 《马克思恩格斯全集》第3卷，人民出版社1960年版，第275页。

因而充分满足合理的物质生活需要是他们改善生存状态、实现个人发展的前提，也是其首要的含义。

物质需要是人的基本需要，但又不能仅仅理解为底线需要，因为物质需要不仅是其他需要的基础并会发展为高层次的需要，而且物质需要本身也是不断发展的。物质需要作为人获得生理满足的心理倾向，既是与生俱来的，又随着生产进步而不断发展。与之相关，人们不仅希望能够生存，而且总是希望生活过得更好，更加舒适、便捷、快乐。这就决定了物质需要总是由低级到高级、由简单到复杂、由粗放到精细不断发展的。正如马克思所说的："已经得到满足的第一个需要本身、满足需要的活动和已经获得的为满足需要而用的工具又引起新的需要。"① "生产不仅为需要提供材料，而且它也为材料提供需要。……因此，生产不仅为主体生产对象，而且也为对象生产主体。"② "消费生产出生产者的素质，因为它在生产者身上引起追求一定目的的需要。"③ 这就解释了物质需要发展的内在动力，即需要和生产是相互促进、互为因果的：人在满足需要的劳动过程中创造出新的需要，新的需要驱使人进行新的生产并形成新的生产力，新的生产力和新的生产又会产生新的需要。由此，需要的产生、发展和生产力的发展是一个相互促进、螺旋上升、辩证统一的过程。以食物为例，早在中国古代，孔子就有"食不厌精，脍不厌细"④一说，人们对食物的需要作为基本需要是相对不变的，但其具体内容例如精致程度或营养程度等，在不同的社会条件下却不尽相同且要求越来越高。以前的人讲究的是色、香、味，现在的人又加上了养生和绿色方面的要求。由此可见，每一个时代，人的物质需要都是经过那个时代的特殊的社会条件改变了的。正如肖恩·塞耶斯所指出的："随着经济的发展，人类的诸种需求——人性自身——也是不断变化和发展的。"⑤

在当代，实现人们对美好生活的向往，关注并满足人的体面生活的需要和利益，就必须建立保障人们具有享有体面生活、维持正常物质文化生活的

---

① 《马克思恩格斯选集》第1卷，人民出版社2012年版，第159页。
② 《马克思恩格斯选集》第2卷，人民出版社2012年版，第692页。
③ 同上，第692页。
④ 《论语·乡党第十》，张燕婴译注，中华书局2007年版，第140页。
⑤ 肖恩·塞耶斯：《马克思主义与人性》，东方出版社2008年版，第172页。

制度和条件，包括较好的居住环境、享受健康的权利、享受文化生活的权利、受教育的权利，人们吃得更绿色健康，穿得更个性时尚，住得更舒服宽敞，行得更便捷顺畅，用得更智能高档，日子过得更宽裕和舒心。为此，应当加强社会建设，做到经济增长、社会进步和改善民生并重，切实解决劳动就业、社会保障、教育卫生以及居民住房等关系到人们切身利益的民生方面的突出问题，改善社会的经济、政治和文化条件，为人们提供比较稳定的工作、比较满意的收入、比较到位的社会保障、比较好的医疗卫生服务以及更加舒适的居住条件。应当努力实现绿色发展，建设天更蓝、山更绿、水更清、环境更优美、人与自然和谐共生、协调发展的资源节约型、环境友好型社会。

由于需要由低级到高级、由简单到复杂、由粗放到精细发展的这一总趋势，不断提升人们在物质生活方面的获得感和幸福感，是满足人民日益增长的美好生活需要并实现人的发展的题中应有之义。

三、满足精神需要

实现人的发展、满足美好生活需要，应当充分满足和发展人们的精神需要。

就人的生活领域而言，与物质需要并列的另一种基本需要是精神需要，即对精神性对象的需求。从必要性以及满足的顺序看，满足物质需要是满足精神需要的前提和基础，当物质需要得到一定的满足时，就会产生更高层次的精神需要。从需要的发展及其满足的趋势看，物质需要是有限的，精神需要则具有无限发展的可能性。

物质需要的有限性可以从两个方面来理解。从主体的方面看，物质需要的满足受到人的生理状况的限制，相对来说是有限的。"人的身体有许多需要，比如说饥饿，这些需要是受生理条件限制的，总有一个极限。"[1] 由于这一点，即使人们的物质生活水平在将来总是会随着科技和生产的进步有新的提高，但其程度和范围是有限的，在量上尤其如此。从客体的方面看，各种自然资源的总量以及环境的承受度是有限的，人们不可能也不应当无止境地消

---

[1] 弗洛姆：《占有还是生存》，生活·读书·新知三联书店1989年版，第120页。

耗物质资源。此外，从生产能力看，任何时代生产力水平都是有限的，不可能满足无止境的物质需要，因而消费不能超过生产。精神需要则不一样。从主体方面看，精神需要属于拓展性需要，具有无限扩展的特点。从客体方面看，在消费上，同一精神产品（思想、知识、文学艺术作品）具有共享的性质，具有无限的可分享性，可以无限复制、重复使用，为不同的人共同享用而不会影响到它的使用价值。在生产上，精神产品的生产没有限度，可以无限增长而不受资源、环境以及人们创造力的限制。由于这些原因，从趋势上看，精神生活的资源不仅不会在消费中枯竭，反而会随着时代的进步而无限扩展，当代知识爆炸以及文化产品日趋繁荣的现象就是明证。随着社会进步，精神需要从而精神生活将逐渐取代物质需要从而物质生活成为需要的主体部分，成为拓展性需要的主要领域，精神生活质量将成为衡量人们整体生活水平的主要标志。

与未来需要主要领域的转变相关联，精神需要的发展将在人的发展中居于愈益重要的地位。人的发展包括"身"与"心"两个方面，身体的发展是精神发展的物质基础，精神发展影响着身体发展，两者相互促进、不可偏废。身心发展应当是全面的，又应当是充分的，即人在身心各个方面得到尽可能的发展，其身心各个方面的全部潜能得到全面的、充分的展示和提升。满足人们日趋增长的精神需要，提升人们的精神境界，有助于提升人的整体素质，有助于人生存状态的全面化，也有助于和谐人与外部世界的关系。因此，精神生活的丰富、精神世界的和谐以及精神境界的提升，直接关系到人的发展的质量和程度。在未来，社会进步将不仅仅以技术和物质生活方面的标准来衡量，更要以精神文化方面的标准来衡量。精神生活将在整个生活领域中占据更为显著的位置，满足和发展精神需要将成为未来人的发展的主要方向。

马克思恩格斯曾前瞻性地注意到满足精神需要对人的发展的意义，指出，人的发展包括使个人"在艺术、科学等等方面得到发展"[1]，在未来，社会将"使每个人都有充分的闲暇时间去获得历史上遗留下来的文化——科学、艺术、社交方式等等——中一切真正有价值的东西"[2]。将精神需要的满足和精神

---

[1]《马克思恩格斯全集》第31卷，人民出版社1998年版，第101页。
[2]《马克思恩格斯选集》第3卷，人民出版社2012年版，第199页。

生活质量的提升视为未来人的发展的题中应有之义甚至主要内容。

　　精神生活的内容是丰富多样的，满足人的精神生活首先需要满足人享受性的精神需要。享受性的精神需要亦即日常文化生活需要。当代中国人在创造和享受现代化物质生活的同时，亦应创造和享受现代化精神生活，包括满足日常文化生活需要。日常文化生活是在日常生活中享受性、愉悦性、消遣（休闲）性的精神活动，表现为阅读、写作、娱乐、体育、艺术等参与性的活动以及文艺、体育、娱乐、旅游等观赏性的活动，它可以将人们带入充满情趣和意境的世界，使人在其中体验和享受真善美，产生对美好的事物和情感的期待和追求，达到愉悦、怡情、审美的效果，从而使人放松精神、愉悦心情，调整生活状态、丰富和充实精神生活、提高生活质量、促进身心健康，因而是人最基本、最普遍的精神需要。社会现代化进程使人们处于高度紧张的生活节奏中，增大了人们的工作压力，导致人的活动单一化和片面化，满足日常文化生活需要对于人们调节生活节奏、维护身心健康、提高生活质量尤为必要。着眼于满足人的日常文化需要，应当大力推进文化建设，繁荣文化事业，发展文化产业，生产更多群众喜闻乐见、丰富多彩、有益于人身心健康和社会和谐发展的高质量的大众文化产品，充实人的精神生活，提高人的文明修养和文化品位，使人们在文化娱乐和文化活动中体验和享受真、善、美，产生对美好事物的期待和高尚的情感追求。

　　满足人的精神生活需要又要提升人的精神境界，构建与人的发展相适应的精神价值。境界是指人的思想觉悟和精神修养，体现为人的思想觉悟、精神修养和人生追求，决定着人们的人生信仰、价值取向、生活情趣、心胸眼界以及行为举止。与客观因素和主观修养相关联，精神境界可分为不同的层次，例如冯友兰先生就做出了"自然境界""功利境界""道德境界""天地境界"的层次区分。提升精神境界，构建优秀的精神价值，培育高尚的理想信念，可以满足人们高层次的精神需要，充实人的精神生活，开阔人的胸怀，纯洁人的心灵，丰富人的情感，发展人的个性，是人的发展的内在要求。提升精神境界一个重要内容是确立人的内在信念和精神追求，设定和追求人生存的理想目标，为人的生存发展提供坚实的精神基础和价值支撑。在中外古代，哲人们都对设定和追求人生存的理想目标做出了有益的探讨，不约而同地提出了相同或相似的理解：例如对人生意义的理解，中国古人主张人生在世应当"立德、立功、立言""修身、齐家、治国、平天下"，苏格拉底认为不加思考的生活等于徒费时光；例如对理想世界的理解，《礼记·礼运》提出"天下为公"的"大同世界"，柏拉图提出"理想国"；例如对人的理想状态的理解，诸葛亮主张"淡泊明志、宁静致远"，伊壁鸠鲁主张"身体的无痛苦和灵魂的无纷扰"。这些理解诚可谓人同此心、心同此理。在当代，提升人的精神境界的主要内容，就是要建立正确的世界观、价值观和人生观，建构现代文明价值。

现代文明价值是继承历史并面向未来、反映人的发展要求与社会进步趋势的价值。由于中国社会演变进程的特殊性，一些旧时代遗留下来的封建观念如等级观念、宗法观念和人身依附观念等尚未彻底消失，还在一定程度上禁锢着人们的头脑，制约着人们的思维方式和行为方式，不仅影响社会进步的速度，也阻碍着人的发展，为此，必须继续未竟的文化和思想启蒙事业。康德有言："启蒙运动就是人类脱离自己所加之于自己的不成熟状态。不成熟状态就是不经别人的引导，就对运用自己的理智无能为力。当其原因不在于缺乏理智，而在于不经别人的引导就缺乏勇气与决心去加以运用时，那么这种不成熟状态就是自己所加之于自己的了。Sapere aude！要有勇气运用你自己的理智！这就是启蒙运动的口号。"[1]在当代，启蒙就是要进一步解放思想，突破僵化、封闭的思想观念的束缚，建构起与时代特征和民族特色相一致的、有利于社会进步和人生存发展的现代文明价值，就是要使人在精神上独立成人，能够自觉运用自己的理智。在全球化和社会现代化背景下，当代中国精神价值的建构既要以马克思主义人的发展理论为引领，又要积极发掘、继承和吸收中国传统文化优秀的精神价值，并在对其实现现代转化的基础上进行合乎时代精神的阐发运用，同时还要积极借鉴西方文化中优秀的精神价值，充分体现马克思主义与中国文化和西方文化的结合与融通，建构以人的发展为导向的、具有民族特色和世界视野的人性、理性、民主、自由、人权、法治等现代文明价值，使其融入当代中国的国民教育、道德建设、文化创造及

---

[1] 康德：《历史理性批判文集》，商务印书馆1990年版，第22页。

社会生活中，促进人们形成现代的主体意识、权利意识和民主法治意识，使每个人都成为能够基于人民、尊重事实、运用理性、独立思考、个性分明、品德高尚、文明礼貌、有气节和境界的现代公民。

四、满足休闲需要

实现人的发展、满足美好生活需要，应当充分满足和发展人们的休闲需要。

马克思重视自由时间的原因之一，在于自由时间为人们的休闲活动提供了可能。他指出，在未来的理想社会中，"一方面，社会的个人的需要将成为必要劳动时间的尺度，另一方面，社会生产力的发展将如此迅速，以致尽管生产将以所有的人富裕为目的，所有的人的可以自由支配的时间还是会增加。因为真正的财富就是所有个人的发达的生产力。那时，财富的尺度决不再是劳动时间，而是可以自由支配的时间"。[①]他将自由时间视为财富的尺度，是因为自由时间是人的发展的基本条件。他在阐释自由时间时，颇有预见性地指出了自由时间包括"闲暇时间"和"从事较高级活动的时间"[②]，揭示了自由时间对人的发展的双重意义：一是可以用于休闲，二是可以用于从事较高级活动。

所谓从事较高级活动，就是从事创造性的活动，以展示和发展人的能力，即人的自我实现，而"闲暇时间"则显然是指人休闲生活的时间。囿于文本的主旨，马克思没有对闲暇时间的含义及其对人的发展的意义做出说明，但可以肯定的是，作为与"从事较高级活动的时间"相并列的"闲暇时间"，无疑是用于休闲的时间，而将自由时间区分为"闲暇时间"和"从事较高级活动的时间"，体现了他对未来人们理想生活状态的设想。联系到现时代休闲成为人们生活基本内容的新态势以及将成为未来社会生活重要内容的趋势，"闲暇时间"一说既具有前瞻性也具有启示性。

休闲是一种身体放松、精神愉悦的过程，人们在休闲过程中可以摆脱无休止的、繁忙的劳动而拥有自由自在的时光，干自己愿意干的事情。休闲的

[①] 《马克思恩格斯全集》第31卷，人民出版社1998年版，第104页。
[②] 同上，第108页。

方式和内容是丰富多样的，健身娱乐、游戏消遣、观光旅游、阅读作品、欣赏文艺表演体育比赛以及文学书画创作，乃至于作为爱好的体力劳动等，都属于其范围。人们可以在自己所感兴趣的休闲活动中从身心等方面放松自己，或寄情于山水，或沉醉于文学作品，或陶冶于自然美景，或健身锻炼，通过娱乐、欣赏、体验获得美的享受、放松身心、振作精神。

从人生存发展的视角看，休闲作为一种健康快乐、积极向上、悠然自得的享受性发展，既可以使人在其中赏心悦目，获得乐趣，陶冶性情，提升修养，升华境界，也可以使人在科学、艺术等创作过程中充分发挥和展示自己的才华，发展自己的情趣和爱好，培养和展示自己的天赋，是充分体现人的意志和愿望的自由自觉的活动，是人确证自己知、情、意的能力和修养的积极的精神享受，是人身心和谐的实现，可以提高人的生活质量，扩大人的活动范围，丰富人的生活内容，促进人的自由全面发展。罗尔斯曾经指出："如果闲暇时间包含在基本善的指标中，社会就必须确保每个人一般来说都有机会能得到富有成果的工作。……关键在于，如果这样做是可行的，是表达这种思想的最好方式，即所有公民都应该在社会合作工作中承担他们应分担的那部分任务，那么我们就可以把闲暇时间包括在基本善的指标中。"[1]将休闲作为"基本善"，实质上是将其视为当代社会人的一种基本生活需要和权利。

作为人们在社会必要劳动时间之外的一种自由自在的、享受性的活动，休闲的前提是整个社会的进步，特别是生产力发展带来的基本生活资料的满足以及"自由时间"的充裕。随着生产力发展和社会的全面进步，作为人类由来已久理想的休闲在当代开始成为许多人生活中的现实，成为一种基本的生活方式、消费方式和享受性发展。在一些发达国家和地区，这一趋向尤其明显。改革开放以来随着人们经济收入的增长、工作和生活条件的改善、法定劳动时间的缩短以及交通的便利和旅游、文化、体育设施的完善，以旅游和文化体育活动为主要内容的休闲开始进入大众的生活领域，逐渐成为人们的基本生活需求和生活方式，在人们的消费中占有愈益重要的地位。可以预见，随着社会进步、自由时间的充裕、物质文化条件的改善及其内容的丰富，

---

[1] 约翰·罗尔斯：《作为公平的正义——正义新论》，上海三联书店2002年版，第294页。

休闲的方式和内容将会继续增加，休闲活动将成为促进人身心健康和自由全面发展的主要方式之一。

作为人的发展内容，休闲与较高级活动以及与精神生活发展具有内在的关联。

休闲与较高级活动是内在关联的。基于消遣时光、放松心情或愉悦精神需要的休闲活动，超越了谋生的需要，摆脱了日常工作的限制，不是不得不从事的劳作，不受生存所迫或功利的驱使，更不是服从于增殖资本等其他外在的目的并受到异己力量的控制，而是人们自觉自愿的行为。正是由于出于自觉自愿，人们的休闲活动在时间、方式和内容上都具有自主性，可以做任何想做的、有益于自己身心健康的事情。随自己的兴趣、需要和方便选择活动内容，确定活动方式，安排活动时间，因而休闲截然不同于生产和其他维持生存的生活活动。但同时又应当看到，休闲与较高级活动之间是可以相互交融的。在当代特别是未来，人们的许多活动将同时具有这两种含义：许多较高级的活动，同时也是休闲，反之亦然。在当代，最典型的活动例如种花养鱼、文学或书画创作、文艺演出以及其他一些脑力或体力劳作，已经不再像以往一样只是属于谋生之需的必要劳动，这些活动之所以能转变为较高级活动或休闲活动，就是因为人们有了一定的经济条件和比较充裕的闲暇时间。更进一步说，随着未来科学技术进步和生产力水平提高以及劳动时间缩短、劳动强度减弱和劳动环境改善，一些生产活动与较高级活动之间的界限将愈趋模糊，一种生产活动是否属于休闲以及休闲程度的高低，不仅仅取决于活动本身的种类，甚至不仅仅取决于物质条件，而主要是取决于活动的意义和状态。例如一些脑力和体力活动如果是基于兴趣，即使处于工作状态，由于环境良好、工作轻松、心情愉悦，也会以休闲的心态去享受劳动的过程。这样的工作也就是休闲。反之，一个人即使在休假过程中，如果仍然在为工作或其他事情所困扰，也不会有休闲的心态，不会感到轻松和愉快。休闲所以能与积极的劳动相互交融，是因为两者对于人来说具有相同或相似的意义，都有益于人确证自我本质、实现自我价值、愉悦自己心情、获得精神享受。

在劳动仍然是谋生手段的情形下，休闲主要是必要劳动时间之外的、与劳动无关的纯享受性活动，但在劳动成为人的第一需要和享受的未来的社会中，休闲将会与作为"较高级活动"的劳动统一起来。这时，人们的工作时间将逐渐缩短而自由时间将进一步延长，工作节奏将大为减缓，劳动强度将趋于缓和。相对地，一方面，休闲的自由度更为宽广，休闲内容的选择更为多样；另一方面，人们工作可选择的空间增大，更有可能选择与自己兴趣和能力相契合的工作。科学技术特别是信息技术的发展和使用，正在改变人们传统的工作方式。可以预计，在信息化水平高度发达和自动化程度显著提升的未来，人们既可以在办公室工作，也可以在家里或在休闲过程中上网工作，工作与较高级活动从而与休闲的关系将越趋密切，相互之间的界限亦将趋于淡化。到那时，人们的工作状态与休闲状态之间的界限将更趋于模糊，工作将逐渐与休闲融为一体，工作本身将具有休闲和享受的性质。正是在这个意义上，我们认为，在未来，劳动和休闲将是人不可分割的存在和发展方式。

休闲与精神生活之间也是相互关联的，许多休闲活动同时也是精神生活，是满足精神需要的过程。研究表明，无论哪种形式的休闲，本质上都是一个身心放松的过程，是一种有益于身心健康的心态或内心体验，也就是说，休闲的本质是身心愉悦，其中当然包括精神生活的发展，如上文提到的阅读、写作、娱乐、体育、艺术等参与性的活动以及文艺、体育、娱乐、旅游等观赏性的活动，无不如此。这些活动既是休闲，也是精神生活即满足精神需要的过程。

随着社会进步，在当代及未来，休闲将在人的发展中占有愈趋重要的地位，这既是因为休闲满足的是人们的精神需要，而精神需要的满足将是人的需要发展的主要方向，这又是因为休闲符合资源和环境可持续发展的要求。从资源环境可承受度的角度看，休闲是一种典型的资源节约型和环境友好型活动，是一种绿色的消费方式。休闲虽然要以一定的物质设施和条件为基础，却不同于直接以物质资料为消耗对象的消费方式，例如即便在观光、游览等与自然相关的休闲活动中，人们也主要不是为了满足物质性的需要而消耗性地享用自然物，而是在欣赏和体验中享受自然之美，与自然进行认知的、情感的和审美的交流，因而在这一过程中，人们欣赏并"融入"自然，而非改变自然并从自然中索取。由于人们在休闲过程中将自然作为认知、怡情和审美的对象，就会自觉地保护自然物，维护自然的原生状态。正因为休闲具有这些特点,以休闲为主要内容的旅游业被人们形象地称为"无烟工业"或"无烟产业";正因为休闲活动的发展将收到促进人的发展与可持续发展一举两得的双赢效果,所以它将成为未来人的发展的重要内容。

五、促进自我实现

实现人的发展、满足美好生活需要,应当保障和促进人的自我实现。

在马克思恩格斯的理解中,人的发展的主要方向是自我实现,即人在实践这种对象化活动中充分发挥积极性和创造性,全面展示和发展自己的知、情、意以及创造能力,并在这一过程中得到肯定和享受。

关于人自我实现的本性,古往今来的学者们曾多有论述。孔子曾评价自己"其为人也,发愤忘食,乐以忘忧,不知老之将至"[①]。康德认为,"人具有一种自己创造自己的特性"[②],讲的都是这个意思。马克思在论及黑格尔的劳动观点时认为:"黑格尔的《现象学》及其最后成果——辩证法,作为推动原则和创造原则的否定性——的伟大之处首先在于,黑格尔把人的自我产生看做一个过程,把对象化看做非对象化,看做外化和这种外化的扬弃;可见,他抓住了劳动的本质,把对象性的人、现实的因而是真正的人理解为人自己的劳动的结果。"[③]指明黑格尔提出了人类通过劳动将自身的本质力量移入对象,使其得到确证和发展,即人的本质力量的实现。

马克思进一步将人的创造欲望和能力提升到人的本性的高度,指出,人的生产生活就是类生活,而自由的有意识的活动恰恰就是人的类特性。他区分了"作为人进行生产"的劳动和"为了生存"而进行的劳动:前者是"自由的生命表现,因此是生活的乐趣"[④]。"我在劳动中肯定了自己的个人生命,从而也就肯定了我的个性的特点。劳动是我真正的、活动的财产。"[⑤]而后者则是"在私有制的前提下,我的个性同我自己外化到这种程度,以致这种活动

[①] 《论语·述而第七》,中华书局2007年版,第94页。
[②] 康德:《实用人类学》,上海人民出版社2002年版,第248页。
[③] 《马克思恩格斯文集》第1卷,人民出版社2009年版,第205页。
[④] 马克思:《1844年经济学哲学手稿》,人民出版社2000年版,第184页。
[⑤] 同上。

为我所痛恨，它对我来说是一种痛苦，更正确地说，只是活动的假象。因此，劳动在这里也仅仅是一种被迫的活动，它加在我身上仅仅是由于外在的、偶然的需要，而不是由于内在的必然的需要"①。在此基础上，他和恩格斯提出了"自由的生活活动"概念，认为人的职责、使命、任务就是全面地发展自己的一切能力，人生存的意义就在于充分实现和发展创造的本性，在对象化的创造性活动中意识到并确证自我，确证自己的能力、情感和审美，并预言共产主义社会将实现个人的独创的和自由的发展。基于这一理解，他们认为，人的发展主要不是享受意义上的，而是能力的提升和发挥，是创造和自我实现，即人的本质力量的实现，这是他们所说的人的发展的核心内容。

马克思恩格斯所说的人的本质力量的实现，是人通过自由的劳动使自己的本质力量（他的天赋和才智，他的能力，他的知、情、意）对象化，如个人在艺术、科学等方面得到发展。这种作为人本质力量实现的劳动（活动）将"给每一个人提供全面发展和表现自己的全部能力即体能和智能的机会"②。"人人也都将同等地、愈益丰富地得到生活资料、享受资料、发展和表现一切体力和智力所需的资料。"③人在这种对象化活动中得到肯定。首先是他人和社会的肯定，其一，人的活动之所以要通过对象化得到肯定，是因为其能力，其知、情、意只有对象化才能为他人和社会所认知、所感受，才能为他人和社会创造价值，才能受到他人和社会的认可或赞赏。其二，他人和社会的肯定作为本人之外的主体际之间的行为，既是映照自己的一面镜子，又具有一定的客观性从而具有较高的可信度。其三，是自己的肯定。虽然自己的肯定具有明显的主观性，但就人的自我实现对自己的本来意义来说，却是十分必要和重要的，可以给人以成就感和满足感。

马克思所说的为了证实和发展自己能力，自己知、情、意的创造性劳动，是指超过维持劳动力生产和再生产需要的自由自觉的劳动，这种创造性的活动的全面实现只有在共产主义社会中才能成为现实。在包括资本主义社会在内的以往社会中，劳动一直是人们谋生的手段，是违背人的自由自觉本性即

---

① 马克思：《1844年经济学哲学手稿》，人民出版社2000年版，第184~185页。
② 《马克思恩格斯选集》第3卷，人民出版社2012年版，第681页。
③ 《马克思恩格斯文集》第1卷，人民出版社2009年版，第710页。

人性的。

马克思在《1844年经济学哲学手稿》中提出了"向合乎人性的人的复归"主张。对"合乎人性"可以从消极和积极两个方面来理解：

从消极的方面看，合乎人性就是顺应或者不违背人的意志或意愿。人在现实中会遇到许多违背自己意志或意愿的事，造成"不如意"的原因很多，有个人自身的原因如能力、水平的限制或努力不够，也有外部的原因如社会经济、政治或文化条件的限制特别是制度的制约，在存在阶级剥削的社会中，后者往往是主要原因。就此而言，合乎人性就是超越这些条件的限制。以马克思提出的消灭异化劳动为例，异化劳动就是违背人性的，因为在资本主义生产中，异化劳动的结果（产品）与劳动者相对立，其过程体现着人与人的对立即资本家对工人的剥削，使劳动者受损害，违背人"自由的有意识"的本性。所以，马克思认为这种劳动对工人来说是外在的，不属于他的本质，工人的劳动不是自愿的，而是被迫的，工人在自己的劳动中不是肯定自己，而是否定自己，不是感到幸福，而是感到不幸，不是自由地发挥自己的体力和智力，而是使自己的肉体受折磨、精神遭摧残。在现实生活中，违背人的意愿的现象还有很多，对每一种违背人的意愿现象的克服或消除，就是朝着合乎人性迈进了一步。

从积极的方面看，合乎人性的主要含义，就是人通过创造活动达到自我实现的本性或发挥、发展自己的天性，就是实现"自由的有意识的"类特性，展示人的才能、审美和情感，发展人的天赋和潜能，满足人的合理的拓展性需要，实现人的本质力量，使人们的能力和个性得到充分的发展，使人成为人。

因此，马克思认为，人的发展前提是劳动者从异化劳动中解放出来，使劳动由作为增殖资本等外在目的的手段转变成劳动者充分发挥自己能力和创造性、充分展示自己个性、实现自己本质力量的过程，由外在于人的尺度转变为内在于人的尺度。这就要消灭私有制，彻底改变生产资料与劳动者分离的状态，使劳动从为他者的、否定自身的活动转变成自为的、肯定自身的活动，成为自由自主、充满创造性的展示人的能力、知识、情感和审美的活动。既创造财富又愉悦自身，既服务他人又丰富自己，既发展人的体力又发展人的智力和个性,增强人的主体性,完善人格,满足人自我实现的需要。

也正是在这个意义上,马克思恩格斯认为,在未来消灭了阶级从而消除了劳动异化的共产主义社会中,"劳动已经不仅仅是谋生的手段,而且本身成了生活的第一需要"①,"生产劳动给每一个人提供全面发展和表现自己的全部能力即体能和智能的机会,这样,生产劳动就不再是奴役人的手段,而成了解放人的手段,因此,生产劳动就从一种负担变成一种快乐"②。劳动将成为人的第一需要,成为一种快乐和享受。这里的"第一"不是就其对人生存的基本性而言的,而是就其层次性而言的,即劳动是人的最高层次的或最重要的需要,因为在科技和生产力的高度发展从而社会财富的一切源泉都充分涌流的将来,物质性的享受性的需要将成为基本的需要并得到充分的满足,人们在此基础上着力追求的,将是在创造性的活动中实现自我、发展自我。在那时,人的自由全面发展就将成为现实。

马克思恩格斯的看法得到了现代的解释。萨特认为:不是上帝创造人,而是我们自己创造自己。马斯洛认为:人的最高层次的需要就是"自我实现需要"。弗洛姆认为:"创造性是一种性格取向,每个感情健康的人都能够具有这种性格取向。"③"我们人生来就有一种要求真正地生存的深刻愿望:去表现我们的能力、有所作为、与别人联系在一起以及摆脱利己欲的束缚。"④塞耶斯主张工作是人类的基本需求。"自我实现需要""性格取向""深刻愿望""基本需求"的含义与马克思恩格斯劳动本身是生活第一需要的论断是相通的,都表明通过劳动、实践证实自己的本质力量,是人的本性,是人的发展须臾不可或缺的实现方式,非此,人就不能作为完善的人而存在,他的精神与情感、他的人格就会退化。正如弗洛姆所说:"一个过着生产性生活的人在他衰老前是不会退化的。相反,在生产性生活的过程中,他所发展起来的精神与情感继续成长,尽管体力已有所衰退。然而,非生产性生活的人当他的体力——他从事活动的主要源泉——衰退时,他的整个人格的确退化了。"⑤

---

① 《马克思恩格斯选集》第3卷,人民出版社2012年版,第365页。
② 同上,第681页。
③ 弗洛姆:《占有还是生存》,生活·读书·新知三联书店1989年版,第97页。
④ 同上,第107页。
⑤ 弗洛姆:《为自己的人》,生活·读书·新知三联书店1988年版,第155页。

自我实现之所以是最高层次的需要，是因为这种需要的满足可以使人获得精神上的愉悦。上述弗洛姆关于创造性是一种性格取向，每个感情健康的人都能够具有这种性格取向，人生来就有一种表现自己的能力、有所作为的深刻愿望，以及人不能运用这种力量则会造成机能失调和不幸福的看法，从正反两个方面表明了创造性及其实现和被认可是人的高层次精神需要。

从更为根本的意义上说，人的创造性活动可以展示和证明自己，用自己的行动、实践及其结果证实自己的存在及其意义，借用笛卡儿"我思故我在"的表述方式，就是"我行故我在"。"我行故我在"是就人的存在价值和意义而言的。关于人的存在的基本理解可以分为两个层次。其一，存在的意义是什么，相关的回答可谓见仁见智、众说纷纭。马克思主义认为，人存在的意义既在于自己得到发展，生活得幸福、充实，又在于有益于他人和社会，即在自为和为我的价值上都得到实现和发展。其二，怎样实现或证实人存在的意义，证实存在的意义可以有两种方式：一是对自身而言，既可以通过主观的自我意识的方式证实自己的意义，也可以在行为、实践的层面通过客观的方式证实自己的意义；二是对他人和社会而言，只能通过行为、实践的层面通过客观的方式证实自己的意义。因此人在外在的、社会的领域的自我实现，只能通过实践使自己的本质对象化来进行。

如前所述，自由的有意识的"较高级活动"与必要劳动在一定条件下是相通的，可以相互转化。马克思恩格斯曾设想超越了纯谋生手段性的"较高级活动"可以是生产活动，他们认为，在未来，随着劳动时间的缩短、劳动强度的减弱、劳动种类选择自主性的增强，生产劳动既是必要劳动，是谋生的手段，又是一种自由自主的、充满创造性的"较高级活动"，是出于人的兴趣爱好，使人愉悦，有利于人的身心健康和自由全面发展的过程，即人的发展将是一个"必要劳动"不断转化为"较高级活动"的过程。

当然，从必要劳动向较高级活动转变须经历一个由量变到质变长期积累的过程。"较高级活动"并不是某种终极的、不变的状态，在不同时期会存在程度的差异，如在"较高级"之前可以有"次较高级"等。从这个意义上说，不能期望"较高级活动"在当下甚至可以预见的将来成为普遍性事实。同时又应当看到，随着科学技术的发展及其他条件的具备，这一转变的进程已经开始。恩格斯早在一百多年前就预言,随着劳动生产力达到了相当高的水平,每个人都有充分的闲暇时间去获得科学、艺术、社交方式等历史上遗留下来的文化中一切真正有价值的东西。科技发展和生产力进步以及社会制度的改良使人们的劳动条件和环境有了很大改善,劳动强度逐渐降低,劳动时间趋于缩短。随着这一趋势的继续,人们活动的创造性程度将逐步提升,将更加凸显出人的发展的意义。

通过自由自觉的活动(实践)使自己的本质对象化,是人自我实现之本义,但这要受到各种社会条件的限制,因而在不同时代,人的自我实现的普遍含义就会有特殊的表现形式。在当代,其含义既包括人自己通过创造性的活动展示和提升自己的能力,又包括人的发展权利得到保障和实现,以及人格、个性和尊严被尊重。

在当代社会中,人自我实现的前提是保障其发展权。人的发展权既包括经济权利、社会权利、文化权利也包括政治权利,这是因为人们不仅渴望通过艺术、科学和其他方式表现自我,也期望参与社会公共生活,为自己的事做主,为他人和共同体的运行和发展做出贡献。恩格斯曾指出参与公共事务的权利在发展权中的重要性,主张通过生产力的大大提高,把劳动无例外地分配于一切社会成员,把每个人的劳动时间大大缩短,使一切人都有足够的自由时间来参加社会的理论的和实际的公共事务。这既指明了参加社会公共事务的重要性,也指出了做到这一点对生产力发展从而增加自由时间的要求。由于所处环境及面对问题的限制,恩格斯没有也不可能谈到在后资本主义社会中做到这一点的社会制度条件,例如,他不可能预测到中国社会主义初级阶段的现实。

人的民主权利的实现是人的自我实现的重要体现,是不能用"仓廪实"和"衣食足"来替代的。正如阿马蒂亚·森所说:"民主绝不是奢侈品,非得等到普遍富裕了才需要它!"①从人的发展来看,民主所以必要,是因为它具有手段和目的双重意义:从手段的意义上说,民主制度作为一种社会决策和运行体制,相对而言不容易出现重大失误,并且因主权在民或人民当家作主而

---

① 葛维钧:《"穷人的经济学家"阿马蒂亚·森——〈惯于争鸣的印度人〉译本序》,《社会科学论坛(学术评论卷)》2008年第1期,第123页。

能够释放人的潜在能力，增强社会的创造性，使整个社会比较具有活力，有利于社会良性、持续地发展；从目的的意义上说，是因为民主是现代人生存发展的基本权利，是人的发展即人的自我实现的需要，其本身对人而言就具有独立的价值。保障和促进人们的各项发展权，特别是参与社会公共事务的权利，提升人们表达自己意愿和表现自己能力的程度，是人的发展权的重要组成部分，是人自我实现的重要内容，也是人的发展和满足美好生活需要的题中应有之义。

人们对民主的要求是逐渐增强的，随着生活条件的改善、科技手段的发展、文化教育的启蒙和宣传媒介的影响，就会有政治上的民主要求和意识，会维护自己的社会政治权利，例如知情权、选择权和参与权。在当代中国，人的依赖关系和物的依赖性同时存在，人的发展权尚未得到充分的保障和实现，这表现为一部分人的生活还面临着种种困难和障碍，也表现在人们为自己的事做主、表达自己意愿的程度较低，表现自己能力从而自我实现程度亟待提升。鉴于此，保障并实现人们的各项发展权已经成为人自我实现的重要甚至关键的环节，是人的发展不可或缺的内容。为此，必须进一步推进民主法治建设，规范社会权力运行，真正落实全过程人民民主，做到众人的事情由众人商量，通过行之有效的民主程序，切实保证人民在日常政治生活中有广泛持续深入参与的权利，切实保障个人社会权利的实现和能力的发挥。

六、保障人的自由

实现人的发展、满足美好生活需要，应当促进人的自由发展。

由于针对的是资本主义社会中劳动异化即人不自由的和片面的生存状态，马克思恩格斯理解的人的自由发展，主要是指人可以按照自己的兴趣做事，从事不受满足生存需要制约的较高级活动，其要义在于人的能力及其活动"自由自觉"意义上的展示和发展。根据他们对自由本质的理解，自由发展实质上意味着人的意志和行为自由。

在马克思之前，孟德斯鸠从政治法律上界定了人的意志和行为自由，认为自由是一个人能够做他想做且法律许可做的一切事情的权利，它既包含按自己的意志行事之意，又包含不干涉别人的自由之意。卢梭强调自由是做人的资格，是不能放弃的人类的权利，认为一个人抛弃了自由，便完全消灭了自己的存在，因而无论以任何代价抛弃生命和自由，都是既违反自然又违反理性的。康德、黑格尔亦肯定过自由的价值，特别是肯定人的意志自由。康德认为，自由使人成为自己生活的目的。黑格尔认为，人所以优越于他事物，就在于人具有"理性"和"自由"，作为人的本质的"精神"是自由的，其核心是意志自由，意志自由是人之为人的根据。密尔则明确指出，个人只要在不伤害他人的范围内，就应该拥有完全的思想自由、言论自由和个性自由（行动自由）。马克思恩格斯继承了前人的自由理念，特别重视自由对于人的价值，从博士论文通过肯定偶然性的存在因而肯定自由意志，到《评普鲁士最近的书报检查令》和《第六届莱茵省议会的辩论》（第一篇论文）强调人的出版自由、思想自由，认为自由确实是人的本质，到《〈科隆日报〉第179号的社论》主张"把国家看作是相互教育的自由人的联合体"，到《致阿尔诺德·卢格》的书信中提出"自由的、真正的人"，到《1844年经济学哲学手稿》将"自由的有意识的活动"确认为人的类特性即人性，到《德意志意识形态》提出"个人的独创的和自由的发展"，到《共产党宣言》认为未来的理想社会是每个人的自由发展是一切人的自由发展的条件的"自由人"的联合体，再到《经济学手稿（1857—1858年）》和《资本论》指称未来的理想社会是"自由王国"，指出未来共产主义是"以每一个个人的全面而自由的发展为基本原则的社会形式"，以及《社会主义从空想到科学的发展》"人终于成为自己的社会结合的主人，从而也就成为自然界的主人，成为自身的主人——自由的人"，他们一以贯之地体现着对自由的肯定和诉求。

孟德斯鸠说："在各种名词中间，歧义丛生，以多种方式打动人心的，无过于自由一词。"[①]自由具有多种含义，其中意志的自由是其初始的、本质的含义。马克思认为，人的自由发展之"自由"的实质就是意志自由，即人不被动地受环境和他人的支配而具有言论与行为自由。在这一点上，他与前人是一脉相承的。然而他对自由的理解与前人又有所不同，这集中体现在对自由

[①] 北京大学哲学系外国哲学史教研室编译：《十八世纪法国哲学》，商务印书馆1963年版，第38页。

的来源和自由的实现这两个问题上。前人普遍认为:"自由是天赐的东西,每一个同类的个体,只要享有理性,就有享受自由的权利。"[1] 马克思则认为,虽然自由是人的本质,但"自由的首要条件是自我认识"[2]。这一认识意味着对自由的自觉以及自由的实现都要受到社会条件的制约,因而自由又是具体的、历史的。

根据马克思的理解并观照当代社会现实,人的自由发展之自由对人来说既是手段性的也是目的性的,但根本上是目的性的,即使是手段性的自由,最终也是目的性的。例如恩格斯《反杜林论》关注的是人与世界关系意义上的自由,认为"自由不在于幻想中摆脱自然规律而独立,而在于认识这些规律,从而能够有计划地使自然规律为一定的目的服务"[3]。其直接含义是将自由作为人改变自然的能力,但"为一定的目的服务",实质上就体现着为了人的目的性。目的性自由是人的自由发展之本意,其要义就是意志自由。意志自由在现实生活中表现为人们选择活动领域或者活动种类的自由,包括表现为人们的思想和言论自由。正如弗洛姆所言,意志是自由自在的,人实现了他的意志,也等于实现了他自己,而这种自我实现对个人来说是一种最大的满足。

从人的发展视角看,自由是人作为有意识、有意志的主体的内在要求,具有自为的价值。马克思恩格斯曾预测理想社会的基本特征:在社会条件方面,是高度发达的生产力和科学文化、合理的社会制度以及和谐的社会关系;在人的状态方面,就是人的自由全面发展。为了尽可能清晰地说明这一点,他们在《德意志意识形态》中对共产主义社会里人的自由全面发展状态做出了情景性的描述,即所有人的活动范围都没有限制,可以在任何部门内发展,随自己的兴趣从事各种活动。这种描述由于非常具体而具有显而易见的局限性,但却以生动、具象的方式表达了抽象的意思,即在未来的自由人联合体中,每个人都是自由发展的,都可以完全根据自己的兴趣和爱好充分发展自己的能力、发挥个性和创造性,实现自己的本质力量。在那时,衡量社会发

---

[1] 北京大学哲学系外国哲学史教研室编译:《十八世纪法国哲学》,商务印书馆1963年版,第427页。
[2] 《马克思恩格斯全集》第1卷,人民出版社1995年版,第139页。
[3] 《马克思恩格斯选集》第3卷,人民出版社2012年版,第491页。

展的现实尺度就是人活动自由的程度。依据这一理解以及基于现代社会的共识，在社会主义社会中，自由本身就是价值，人们都应当享有思想自由、言论自由和创造自由，自由犹如空气和水，为人们社会生活所必需。正如弗兰尼茨基所说："社会主义作为共产主义的第一阶段完全有既定的历史含义、既定的历史条件，这些含义和条件清楚地反映在人的自由这个决定性的和根本的问题上。"[①]自由的实现程度是衡量人的发展水平最主要的标志，也是衡量美好生活需要满足程度的重要标志。

在当代中国，自由发展之所以重要，除了其为社会主义的本质要求外，还有如下的原因：一是发展市场经济需要自由的人即每一个人都可以自由地决定自己在市场经济中的角色和行为；二是由于传统观念的影响以及现实条件尤其是资本逻辑的钳制，自由在现实生活中仍然比较稀缺，自由的实现往往会遇到一些旧的和新的障碍；三是随着经济、政治和文化环境的改善，"衣食足""仓廪实"等硬需要的满足，使得美好生活需要成为现实的向往，人们对自由的渴望前所未有地强烈，自由对人的生存发展具有愈益重要的意义。在此背景下，"自由全面发展"的含义应当有新的深化和拓展，特别是应当充分认识自由的正面意义，因上述问题，有必要对"自由发展"做出新的理解和切实的倡导。

对"自由发展"做出新的理解，就是将其解读为人的意志和行为自由。所以称之为"新"，是因为马克思恩格斯预测的未来人的发展的环境是不同于存在上述三方面现实问题的理想社会，因而人的意志和行为的自由在他们设想的"自由王国"中已经是完成时的状态，无须强调和追求。而在存在着上述现实问题的社会主义初级阶段，人的意志和行为的自由则既是从事"较高级活动"的前提，也是满足美好生活需要的内在要求。阿马蒂亚·森主张"以自由看待发展"，认为发展是消除实质自由的现状与可能达到的状态之间的差距。个人实质自由的扩展是发展的核心，而个人实质自由指的是政治参与、接受基本教育和医疗保健的机会等方面的自由或权利。自由是一个社会最大的福利，在社会发展过程中居于中心地位，它不仅是发展的首要目的，也是

[①] 弗兰尼茨基：《马克思主义和社会主义》，人民出版社1982年版，第178页。

发展的主要手段，因而应当"聚焦于生活质量和实质性自由，而不仅仅是收入或财富"[①]。随着文明的发展，在现代社会，自由权已经成为公认的基本人权。《世界人权宣言》指出，人人生而自由并有权享有自由，包括依法有权享有主张和发表意见的自由。《中华人民共和国宪法》规定，中华人民共和国公民有言论、出版、集会、结社、游行、示威的自由以及宗教信仰自由和人身自由。在当代中国，随着基本生活需要得到满足，自由发展已成为美好生活需要的题中应有之义，个人自由已成为人们的基本追求。为此，应当通过制度改革和政策改进，切实保证人民依法享有广泛的自由，使自由发展落到实处。

七、确立人的个性

实现人的发展、满足美好生活需要，应当使人能够在生活和实践中充分展示和发展自己的个性。

心理学认为，广义的个性是指个人的意识倾向和各种稳定而独特的心理特征的总和，狭义的个性是指个人独特的心理特征。从哲学或人学层面看，个性是人类个体的独特性，是个人成为其自身的诸种内在规定性的统一，是个人在心理行为上区别于他人的身心统一的特征，是个人知、情、意之综合表现，个性表征着个人的主体性亦即人性的丰富性，体现在人格、性格、旨趣、情感、审美、能力等各个方面，表征着个人独特的价值。正如黑格尔所说："个性，就是'我'，就是正式的自由，这种自由只属于精神。"[②]

从自为的角度看，个性的充分展示、完善和发展是人的发展的重要内容和集中体现，个性的确立是人自我确证和自我实现。从个性确立和发展的意义上来说，人的自由发展既是指人不被动地受环境和他人的支配而具有意志与行为自由，也是指在此基础上充分展示和发展自己的个性即其独特的价值，只有个性的充分发展和展示，才能有人的自由全面发展。正是基于这一理解，马克思提出在未来理想社会中，人们将确立在"社会财富这一基础上的自由

[①] 阿马蒂亚·森:《以自由看待发展》，中国人民大学出版社2002年版，第18页。
[②] 黑格尔:《历史哲学》，上海书店出版社2001年版，第26页。

个性"①。

从为他的角度看，个性是人的主动性、想象力和创造力的基础，个性发展是提升个人创造性从而提高社会贡献力的基础，是人的社会性发展程度的重要标志。从更广泛的意义上说，在一个缺乏个性的社会，人必将丧失创新的活力和持续发展的动力。鉴于此，确立和发展个性既是个人自身发展的需要，也是社会进步的需要。

中国传统文化和制度环境向来缺乏对人的个性和主体性的倡导和包容，总是把个人的地位、作用、价值以及生存意义完全置于某种整体（如宗族、家族、国家、民族或某种利益群体）中来理解，单纯强调人的社会角色、职责和义务，回避甚至遮蔽个体生存的独特意义、价值和权利。这种文化和制度环境固然对于构建群体的利益，对于社会的稳定和发展，对于民族或家族的传承有积极意义，但同时也造成了对人的个性的忽视甚至压抑。在这种保守的社会氛围中，人们往往缺乏个体意识、主体意识，缺乏自由意志，缺乏选择生活的可能性，缺乏思想和行为的多元化取向，更缺乏敢为天下先的创新精神。改革开放以来，这种状况已经有了明显的改观，人们的个性发展有了更加宽松的环境，但是，与我们身处的全球化时代，与现代化建设对人的素质的要求相对照，人们个性的发展还任重道远。对处于向现代化转型过程中的中国人来说，仍然应当更积极地倡导个性、丰富个性、发展个性。

发展个性必须明确个性与社会性的关系。人是主体，是独立并独特的个体，同时又具有社会性，时刻处于与他人和社会的关联之中，因此发展个性必须注重个性与社会性的平衡。一方面，不能以社会性淹没个性，压抑人的创造性，制约人的自由全面发展，而应当适应时代和实践发展的要求积极地倡导、丰富和发展个性；另一方面，个性的发展应当有益于而不是有碍于他人和社会，不能通过否定社会、集体和他人来确立和张扬个性，而应当以个性来丰富社会性。否则，个性不可能得到真正合理的发展，反而会与他人和社会发生冲突而被扭曲。

马克思恩格斯认为，个性的确立和发展取决于主客观两方面条件。一方

---

① 《马克思恩格斯全集》第30卷，人民出版社1995年版，第108页。

面，个性的发展是人的主观要求，取决于人对它的意识程度。为此，他们指出："逃亡农奴只是想自由地发展他们已有的生存条件并让它们发挥作用，因而归根结底只达到了自由劳动；而无产者，为了实现自己的个性，就应当消灭他们迄今面临的生存条件，消灭这个同时也是迄今为止的社会的生存条件，即消灭劳动。因此，他们也就……同国家处于直接的对立中，他们应当推翻国家，使自己的个性得以实现。"[①]另一方面，由于人的社会性，个性的发展取决于一定的社会条件，要受客观因素尤其是社会制度的影响。例如"在资产阶级社会里，活的劳动只是增殖已经积累起来的劳动的一种手段"[②]。所以，只有资本具有独立性和个性，活动着的个人却没有独立性和个性，"人的个性的丰富性，人在劳动过程中发展起来并通过他的劳动产品表现出来的一切本质、能力和才能，在私有制条件下都失去了任何独立的社会价值"[③]。正是认识到资本剥夺了人的个性，认识到消灭资本主义制度和资本逻辑是人的个性确立和发展个性的前提，马克思恩格斯坚决主张无产者应当推翻资本主义制度，实现自己的个性。基于这一理解，个性的确立和发展既有赖于人自身持之以恒的努力，又有赖于社会条件的优化即创造有利于个性确立和发展的制度环境。

社会现代化本质上是人的现代化，为消除人的依赖关系、为人性的觉醒、为确立人的个性提供了条件，但同时也对个性的确立和发展带来了一些负面影响。一方面是出现了物的依赖性问题，即资本逻辑对人的掌控和制约，以及由此带来的金钱拜物教、商品拜物教、重占有甚于重生存等人与资本、人与人之间异化的问题；另一方面是出现了大工业生产对人的对象化行为及其价值遮蔽的问题，例如"高度集中、分工严密的企业导致一种新的劳动组织，在这一组织中个人失去了个性，而成为机器中一个可以随时调换的齿轮"[④]。"结果就是现代人对自己、对同代人和对大自然产生异化。他变成一种商品，体验到自己的生命力实际是一笔资本，这笔资本在既定的市场条件下要给他带来最大的利润。人与人之间的关系从本质上来看是互为陌生的，是自动机

[①] 《马克思恩格斯选集》第1卷，人民出版社2012年版，第201页。
[②] 同上，第415页。
[③] 巴日特诺夫：《哲学中革命变革的起源——马克思的〈1844年经济学——哲学手稿〉》，中国社会科学出版社1981年版，第62页。
[④] 弗洛姆：《爱的艺术》，商务印书馆1987年版，第60页。

器之间的关系，其安全感的基础就是要想方设法靠拢一群人，在思想、感情和行动中同这一群人保持一致。"①

在我国，传统文化和社会环境中个性意识的缺乏导致社会生活和教育中缺乏对个性的提倡和培育。对于在全球化进程中面向现代化、面向世界、面向未来的青年人来说，培养和发展人的个性具有特别重要的意义。对个人而言，既有助于确立主体性和主体意识、道德感和责任意识，又有助于丰富精神世界，增强自信心，提升想象力和创造性；对国家、民族而言，有助于改善人们的精神面貌，在实现中华民族伟大复兴的过程中，提升整个民族的素质，使其以全新的姿态屹立于世界民族之林。

在社会转型、社会生活趋于多元、人们生存发展选择空间持续扩大、人的主体意识愈趋增强的当代，追求个性正在成为人的发展的主要内容。培养和发展个性的途径是多种多样的，其中最主要的途径是教育和社会实践。教育不仅能使社会知识个体化，成就人的社会性，而且能启发和培育人的特殊才智和性格，是人类个体特别是青少年个性培养的主要途径。社会实践和社会生活是培养和发展个性的又一条主渠道。人只有在生活和实践中，在与他人和社会的交往中，在特殊的人生经历中，才能形成、丰富以及充分展示和发展自己的个性，因此，个性的发展不能离开社会条件和社会关系的共性。对于个性的培养和发展来说，教育与社会实践和社会生活是相辅相成、相互促进的，人只有在良好的教育中，在社会生活和社会实践中，在与他人和社会的交往中，才能确立与社会发展一致的、与群体和他人和谐相处的个性，并使之不断丰富和充分展示。

八、提升人的素质

实现人的发展、满足美好生活需要，应当提升人的素质。

人的发展的一个重要方面是人的自我完善特别是素质的提升。关于人的素质的具体含义，迄今已有深入的探讨和比较成熟的见解。心理学理解的素

---

① 弗洛姆：《爱的艺术》，商务印书馆1987年版，第61页。

质，是以人的先天禀赋为基质，在教育和生活、实践中形成并发展起来的内在的、相对稳定的身心结构及其质量和水平。在日常语境中，素质是指个人的品德、才智、能力和内在涵养，包括一个人在政治、思想、作风、道德品质以及知识、技能等方面所达到的水平。从人的发展视角看，人的素质是一个综合性概念，既包括自然素质也包括社会素质，既包括体力素质也包括精神素质。完整的现代人的素质具有综合性，应当是建立在合理的生存态度之上的高水平的知识与能力的统一、健康的身体与精神的统一、合理的个性与共性的统一。在现实中，由于社会发展阶段的不同，以及人们在社会关系中所处地位的不同，加上个人在社会生活中的其他差异，如不同的生活环境、文化教养、心理特征等，不同的人在素质上会表现出种种差异。即使人的某些自然素质如脾气禀性等，在现实中也会受到社会关系的影响。因此，人的素质具有社会性，是人的社会特质，应当从社会关系中加以理解和把握。

　　人的素质的社会性意味着它是可以改变、可以提高的。提高人的素质具有双重含义。一是手段意义上的，即有利于社会发展。在科技进步和知识经济来临的时代，人们的主体性和能力大为增强，已经并正在创造出以往任何时代所不能望其项背的巨大成就，人的素质的社会作用较以往任何时代都更为重要，其状况直接决定着一个国家或地区社会发展速度的快慢、发展质量的高低和发展代价的大小。在当代，各个国家和地区之间综合国力的竞争，归根到底是人才的竞争，是人的素质的竞争。在中国式现代化建设中，人的素质对社会发展的影响日趋显著，从根本上决定着社会经济、科技、文化、社会和自然环境发展的状况，在民族复兴以及综合国力竞争中具有举足轻重的作用。中国虽然是一个人口大国，但还不是人口强国，与一些发达国家相比较，人的素质整体上仍然偏低，面临着由人口大国向人力资源大国转变的艰巨任务。提高人的素质以适应现代化建设的需要，已经成为人们的广泛共识，也成为学术界讨论提高人的素质的主要切入点和聚焦点。有关的讨论不仅在理论上为提高人的素质提供了依据，而且为中国建设人力资源大国提出了有益的思路和对策。二是目的意义上的，即本文所关注的有利于人自身的发展。这是从关注作为目的的人，即从有利于人自身的意义上来理解提高人的素质。

诚然，提高人的素质的两方面效应是相互促进的：一方面，人的素质的提升有助于他更好地服务他人和社会；另一方面，人的素质的提升又要在服务他人、改造社会中实现。但问题是，在现实中二者良性互动的局面不会自然地出现，往往会出现重此轻彼的问题，在社会现代化进程中，这种片面性尤其明显。在一个时期中，人们在讨论人的素质时，往往比较重视人作为社会发展手段的意义，较少关注作为目的的人自身，较少关注人自身内在修养的提升、人的能力和个性的发展对于人自身"自为"的意义，比较忽视社会进步（例如现代化建设）应当有利于人的发展的要求，这些突出体现在教育活动中对专业教育比较重视而对素质教育比较轻视。根据马克思主义人的发展理论，提高人的素质要服从于外在的目的，着眼于社会的需要，着眼于提高人适应并服务社会的品德和能力，又应当服从于内在的目的，关注并着眼于人自由全面发展的需要，使人在改造外部世界的同时，自身的素质得到相应的改变和提升。将提高人的素质纳入人的自由全面发展范畴，是因为虽然社会进步是人发展的条件，例如社会现代化进程提升了人的主体性、增强了人的能力，但其在一定时期内又会给人的发展带来一系列问题，例如导致人的生存发展片面化，包括价值取向、需要定位、生活方式、活动领域以及能力发展的片面化，使人们在现代化过程中面临着许多新的问题和困惑。之所以如此，是因为在社会现代化进程中，作为个体的人的素质的提升不一定会与社会变化特别是经济发展同步，反而在一些方面会与之出现距离甚至反差。为此，在社会现代化进程中提高人的素质，尤其要注重服从于人内在的目的，着眼于人自由全面发展的需要。

从人的发展要求看，提高人的素质的首要任务是确立正确的生存态度。生存态度是人对自己生存意义的根本性自觉，对自己生存价值的理解和定位，也是人对自己与他物关系的根本看法，是世界观、人生观、价值观的集中体现。生存态度涉及人的自我认识，涉及对生活意义的理解、期望和追求。中国从先秦孔、孟、老、庄诸子至今，西方从古希腊苏格拉底至今，一直延续着对生活意义的思考，其核心内容就是人为什么活着，怎样的生存才有意义，什么是幸福，理想的生活状态应当怎样，人应当如何生活，怎样理解和处理个人与他人、与社会的关系，怎样理解人与自然的关系等"元价值"问题。

生存态度在影响人的发展的主观因素中最为根本也最为重要。对内而言，它决定着人的理想信念、价值取向和生存姿态；对外而言，它决定着人如何理解自己与社会和他人的关系以及自己在社会中的作用，影响着人的需要的定位和生活方式、思维方式和行为选择，影响着人的能力的发挥，影响着人的生活质量和对生活的感受。正确的生存态度可以使人合理地定位自我，正确认识并处理与他人和社会的关系，充分认识并实现自己的价值、展现自己的能力。反之，对生存意义理解不当，可能使人的思想和行为陷入误区之中，既不利于自身的生存发展，又有碍于他人的生存发展和社会进步。

在社会发展加速和价值多元的社会环境中，确立正确、合理的生存态度和价值定位比以往任何时代都更为重要。这是因为，社会现代化促成了社会生活的开放性和多样化，显著地增强了人的主体性，极大地释放了人的能量，提升了人应对环境的能力，使人生存的意义更加丰富，为生存态度的选择提供了更多的可能和更为广阔的空间，同时给人的生存发展带来了一些潜在的危机，使人们陷入生存态度选择的盲区甚至误区。尤其重要的是，在市场经济环境中，由于资本逻辑的作用，会导致出现人的生存片面化、价值理性失落、消费主义盛行、资源环境危机等一系列制约人的发展的问题。这些问题的出现既有客观方面的因素也有主观方面的原因，特别是生存态度的原因。正是由于对生活意义理解上的偏差，特别是以金钱和财富作为生存的意义，"重占有甚于重生存"，才导致了人无限制的占有和享乐欲望，导致了价值紊乱、道德失范并引发了不合理的生活方式，造成了环境恶化和资源危机。因此，克服社会现代化进程中制约人生存发展的问题，既要从改善外部制度和政策环境入手，又要从人自身入手，确立正确的世界观、价值观和人生观，建构合理的生存态度。

合理的生存态度没有一成不变的含义，却可以有一些基本的要求。概括地说，正确的生存态度应当既有利于自己又有利于社会和他人，既有利于人物质生活的满足又有利于人精神生活的丰富和精神境界的提高，既有利于人们当前利益的满足又有利于人们长远的发展。

人的素质包括身体和精神两个方面，这里讨论的提高人的素质主要在精神方面，包括提升人的内在修养（德、智、体、美等）和培养人的爱好、潜质和能力。亚里士多德把知识分为理论科学、实践科学和艺术三类，概括了精神生活的主要领域。弗罗洛夫在谈到未来理想的人之展望时认为，根据马克思的理解，"未来人是智慧而人道的人，是勤奋好学的人，同时也是富于美感的人；这是完整的、全面发展的个性——正是这种个性体现着人的本质力量、人的精神和肉体尽善尽美的真正统一的理想"[1]。也就是说，理想的人的精神素质，是知、情、意的实现，是真、善、美的统一。根据这一理解，人的精神生活需要主要包括求知、求善和审美，人的精神素质主要体现为认识、价值和审美。鉴于此，提高人的精神素质的主要内容是提升人的知识、道德和审美水平。

首先是提升人的知识水平。"求知是人类的本性。"[2] 人有求知需要，是为了正确地反映客观事物，通过认识自然界和人类社会的性质和规律而改造之，满足自己的物质和社会关系需要，同时，又是为了满足自己的精神需要，享受探索新发现、创造新事物带来的愉悦或兴奋。亚里士多德认为，哲学研究缘起于人的精神需要，"古往今来人们开始哲理探索，都应起于对自然万物的惊异；他们先是惊异于种种迷惑的现象，逐渐积累一点一滴的解释，对一些较重大的问题，例如日月与星的运行以及宇宙之创生，作成说明。……他们为求知而从事学术，并无任何实用的目的。……所以我们认取哲学为唯一的自由学术而深加探索，这正是为学术自身而成立的唯一学术"[3]。此说法虽然过于绝对，却道出了部分事实。爱因斯坦认为科学研究亦是如此，他指出，从事科学研究的动机除了"造福人类"之外，还有满足自己的精神需要，因为"把人们引向艺术和科学的最强烈的动机之一，是要逃避日常生活中令人厌恶的粗俗和使人绝望的沉闷，是要摆脱人们自己反复无常的欲望的桎梏。一个修养有素的人总是渴望逃避个人生活而进入客观知觉和思维的世界；这种愿望好比城市里的人渴望逃避喧嚣拥挤的环境，而到高山上去享受幽静的生活，在那里，透过清寂而纯洁的空气，可以自由地眺望，陶醉于那似乎是为永恒

---

[1] N.T.弗罗洛夫：《人的前景》，中国社会科学出版社1989年版，第258页。
[2] 亚里士多德：《形而上学》，商务印书馆1959年版，第1页。
[3] 同上，第5页。

而设计的宁静景色"①。他还指出，自己从事科学研究完全是出自一种不可遏制的想要探索大自然奥秘的欲望，别无其他动机。爱因斯坦说出了自己的切身体会，这种体会在其他科学家那里也并不鲜见。许多科学家都以亲身经历谈到，好奇心和探索世界的精神需要是科学研究的重要动机。贝弗里奇在《科学研究的艺术》中列举了大量这方面的事例并得出结论："对于研究人员来说，最基本的两条品格是对科学的热爱和难以满足的好奇心。"②科学家"最大的酬报是新发现带来的激动。正如许多科学家所证明的，这是人生最大的乐趣之一。它产生一种巨大的感情上的鼓舞和极大的幸福与满足"③。"一个人只要一生中体验过一次科学创造的欢乐，就会终生难忘。"④这些事例和论述充分证明了求知是人类的本性，说明科学既能确证也能发展人自身的能力即知、情、意，是人的发展的条件，是人的发展之突出体现。正如费希特所言："科学本身就是人类发展的一个分支，如果人类的全部天资应当获得进一步发展，科学的每一分支也应当进一步得到发展。"⑤由此可见，知识既是人的能力的主要依据，决定着人社会价值即其自我实现的程度，也是个人科学文化素质和精神生活的基础，是人的素质之基础，决定着人的自我意识、视野和境界，因而加强知识修养是提高人的素质的前提。

其次是培养人的善良品德。中国古代对于人的本性善恶问题一直存在着争论，代表性的观点有"性善论"、"性恶论"以及"善恶混同论"等，但一直以来，在多数人心中占主导地位的还是"性善论"。孟子认为人性本善，人皆有恻隐之心、羞恶之心、辞让之心和是非之心。"恻隐之心，仁之端也；羞恶之心，义之端也；辞让之心，礼之端也；是非之心，智之端也。"⑥性善是伦理道德的逻辑起点，"恻隐之心"是人之与生俱来的对同类的同情心。《三字经》"人之初，性本善"一说广为流传便是证明。西方社会，也有各种性善说，代表性的观点如伊壁鸠鲁的幸福论、爱尔维修的"自爱"说以及康德的"绝对

---

① 《爱因斯坦文集》第一卷，商务印书馆2010年版，第171页。
② 贝弗里奇:《科学研究的艺术》，科学出版社1979年版，第143页。
③ 同上，第147页。
④ 同上，第147页。
⑤ 费希特:《论学者的使命人的使命》，商务印书馆1984年版，第41页。
⑥ 《孟子·公孙丑上·六》，万丽华、兰旭译注，中华书局2007年版，第69页。

命令",虽然这些观点因不无可议之处而受到一些人质疑,但它们也有价值取向上的合理性。"求善也是人的本性"是就大多数人而言的。基于求善的理解,中外哲人们都不约而同地提倡人的品德的改进和完善。在中国古代,周易的"君子以见善则迁,有过则改"①,孔子的"吾日三省吾身""见贤思齐",孟子的"独善其身""养浩然之气",《大学》的"诚意、正心、修身、齐家、治国、平天下"和"止于至善",诸葛亮的"静以修身,俭以养德,淡泊明志,宁静致远",朱熹的"知其不善,则速改以从善",王阳明的"致良知",都一以贯之地倡导品德修养。在西方,从苏格拉底主张美德即知识,到康德诉诸"绝对命令",再到费希特"提高整个人类道德风尚是每一个人的最终目标,不仅是整个社会的最终目标,而且也是学者在社会中全部工作的最终目标"②。亦将品德培养视为提升人的素质的核心内容。由此可见,品德是人的素质之核心,提升人的素质之要义,在于提升人们的道德风尚和品质。

最后是培育人的审美素质。柏拉图把美和善联系起来,认为凡是善的事物都是美的,一个精确的美的定义,可以用快乐和有用来定义它。康德主张真善美之间有区别,美与真善分离,美与利害无关,认为鉴赏是通过不带任何利害的愉悦或不悦而对一个对象或一个表象方式做批判的能力。一个这样的愉悦的对象就叫作美。黑格尔把美和真联系起来,认为美就是理念,所以从一方面看,美与真是一回事。这就是说,美本身必须是真的。他们都认为,审美是人的精神需要的突出表现,甚至是求真和求善基础上的更高层次的精神需要。马克思重视审美,一方面,他对审美做出了理论上的诠释,揭示了人的审美本性,指出"动物只是按照它所属的那个种的尺度和需要来构造,而人却懂得按照任何一个种的尺度来进行生产,并且懂得处处都把固有的尺度运用于对象;因此,人也按照美的规律来构造"③。并论述了审美的主体性和客观性,认为"从主体方面来看:只有音乐才激起人的音乐感;对于没有音乐感的耳朵来说,最美的音乐也毫无意义,不是对象,因为我的对象只能是

---

① 《周易·益》,郭彧译注,中华书局2007年版,第221页。
② 费希特:《论学者的使命人的使命》,商务印书馆1984年版,第44页。
③ 《马克思恩格斯文集》第1卷,人民出版社2009年版,第163页。

我的一种本质力量的确证"[1]。"忧心忡忡的、贫穷的人对最美丽的景色都没有什么感觉。"[2]另一方面,他身体力行地注重并践行审美,"是一个用人类思想的一切最伟大的著作来丰富自己的一生的人……在马克思看来,当人不仅从经济的贫困的锁链中解放出来而且从由异化造成的精神的贫困中解放出来之时,人就已经在历史的进程中创造了一种将自由地发展自己的文化"[3]。从提升人的素质看,一方面,审美是人高层次的精神需要,是精神生活的高层次境界,审美修养是人的素质之最高体现,是人的素质之升华;另一方面,对美的感知和欣赏有赖于主体的素质和能力,只有美的心灵才能感受和欣赏美的事物,因而审美能力是可以并且需要培育的。基于这两点,以及考虑到在追求美好生活需要的当代,审美将成为人们基本的生活需要,成为人的发展的重要内容。提升人们的审美素质应当与提升人们的知识水平和道德品质一道,成为提高人的素质的主要内容。

应当看到,提高人的素质对所有人来说都是必需的,但由于经济条件、社会实践以及文化程度的差异,不同群体提高素质的要求、目标、方式和途径又各不相同的,不应强求一律,而要从实际出发,区别对待。同时,人的素质的提升既取决于个人的意识和自觉,又取决于一定的社会条件和社会实践,因而不可能一蹴而就,而是要经历一个潜移默化的、逐步实现的、长期的过程。着眼于人的现代化,提高人的素质既要只争朝夕,更要持之以恒,久久为功。

九、维护人的尊严

实现人的发展,满足美好生活需要,应当维护和实现人的尊严。

尊严的字面意思为尊贵与庄严,表示尊重和身份地位,即对人的身份地位的认同。从哲学的层面看,尊严是表明人具有价值从而拥有受到他人尊重的权利的概念,其实质是人的主体性和主体价值得到认可和尊重,因而与人

---

[1] 《马克思恩格斯文集》第1卷,人民出版社2009年版,第191页。
[2] 同上,第192页。
[3] 弗洛姆:《马克思关于人的概念》,旭日出版社1987年版,第57页。

的发展内在关联。从人的发展出发，可以深度把握尊严的本质内涵，强化对尊严的现实关切，确定尊严的实现路径。

人从有自我意识后便逐渐形成了尊严意识，随着社会进步，这种意识逐渐得到增强。作为对尊严意识的反映，中外哲人们从不同角度和层面揭示了尊严的含义，指出了维护尊严的意义，探究了实现尊严的途径。

文本溯源表明，在中国古代，"尊"与"严"的关联最早出现在《郭店楚简·五行》篇中，即"不远不敬，不敬不严，不严不尊，不尊不恭，不恭无礼"①。

儒家认为，人因为具有德性而拥有尊严。孔子强调人格尊严，认为"天地之性，人为贵"②。人截然不同于他物，是拥有人格的独立个体，是世间万物最宝贵者。他主张"君子不器"，即人应该将自己作为目的，而不是作为他物之手段。正因为人具有尊严，所以他倡导人们追求高尚的人格，"不降其志，不辱其身"③，做到在任何情况下甚至在逆境中都不失掉自己的志气、不屈服，能保持尊严和独立的人格，如"三军可夺帅也，匹夫不可夺志也"④。孟子主张"性善"论，认为"仁、义、礼、智"等道德属性是人所固有的人性："恻隐之心，仁也；羞恶之心，义也；恭敬之心，礼也；是非之心，智也。仁义礼智，非由外铄我也，我固有之也，费思耳矣。"⑤他倡导"大丈夫"的理想人格，教育人们要注重"仁、义、礼、智"四端之修养，养"浩然之气"，保持气节和精神境界，成为一个具有高尚品格和人格尊严的人，做到"富贵不能淫，贫贱不能移，威武不能屈"⑥。他还认为，"尧、舜与人同耳"⑦，普通人在本质上与尧舜是没有区别的，从一定意义上肯定了人皆具有尊严。他还深刻地揭示了人的自尊、自重、自爱与得到他人的尊重之间的关系，认为"夫人必自悔，然后人悔之；家必自毁，然后毁之；国必自伐，然后人伐之"⑧。人想要获得他

---

① 《简帛书法选》编辑组编：《郭店楚墓竹简·五行》，文物出版社2002年版，第22页。
② 孔子：《礼记·孝经》，中华书局2016年版，第286页。
③ 孔子：《论语》，中华书局2016年版，第252页。
④ 同上，第116页。
⑤ 孟子：《孟子》，中华书局2016年版，第246页。
⑥ 同上，第126页。
⑦ 同上，第192页。
⑧ 同上，第154页。

人的尊重,就必须先做到自我尊重。

道家反对等级观念和尊卑秩序,认为所有人在人性方面都是平等的而没有差别,都应当具有个性和享有尊严。老子认为道具有尊严,是一切事物包括人的尊严的来源。"万物莫不尊道而贵德。道之尊,德之贵,夫莫之命,而常自然。"[1]为了获得尊严,人们必须追求道。他在人生态度方面主张清净无为、返璞归真,复归人原有的自然天性,倡导绝巧弃利、见素抱朴、少私寡欲、绝学无忧,认为只有这样,百姓才能安居乐业,彰显其人性内在的尊严。庄子认为:"能尊生者,虽富贵不以养伤身,虽贫贱不以利累形。"[2]能爱惜生命的人,虽然富贵,也不会过于使用养身物反而伤害身体,虽然贫贱,也不会为追求利益而劳累身体,还认为"毁道德以为仁义,圣人之过也"[3]。反对毁弃人的自然本性来推行仁义道德。

墨子提出兼爱无别的"民本"平等观,主张"以德义服天下",以兼爱来消弭社会的祸乱。他认为"天下兼相爱则治,交相恶则乱"[4],反对将人分为不同的等级以及由等级和秩序造成的人之间的不平等,主张人与人应当平等相待,相互关爱,"视人之国若视其国,视人之家若视其家,视人之身若视其身"[5]。将别人作为自己看待,爱别人犹如爱自己,并认为"夫爱人者,人必从而爱之;利人者,人必从而利之;恶人者,人必从而恶之;害人者,人必从而害之"[6]。为此,他提出在全社会施行"饥则食之,寒则衣之,疾病侍养之,死丧葬埋之"[7]的政策。他还提出"官无常贵,而民无终贱,有能则举之,无能则下之"[8],主张官与民平等而无贵贱之分,肯定了普通平民百姓的尊严,强调对他们生存与发展权利的尊重,包含着肯定人性尊严的道德要求。

上述思想对中国人产生了深远的影响。长期以来,尊严意识一直为仁人志士们所倡导并遵循,他们普遍认为,人无论贵贱都有尊严,尊严主要体现

---

[1] 老子:《道德经》,河上公,杜光庭注,中国书店2015年版,第69页。
[2] 庄子:《庄子》,中华书局2015年版,第484页。
[3] 同上,第143页。
[4] 墨子:《墨子》,中华书局2015年版,第122页。
[5] 同上,第126页。
[6] 同上,第127页。
[7] 同上,第139页。
[8] 同上,第52页。

于具有独立的人格和崇高的气节,是人不能触碰的做人的底线。一些仁人志士甚至视尊严为做人做事的最高准则,故有"安能摧眉折腰事权贵,使我不得开心颜""不为五斗米折腰""不食嗟来之食""名节重泰山,利欲轻鸿毛""人不可有傲气,但不可无傲骨"等说法,甚至有"士可杀不可辱""舍生取义""宁可玉碎,不能瓦全""粉身碎骨浑不怕,只留清白在人间"等认为尊严比生命更加可贵的铮铮誓言。遗憾的是,虽然有识之士们倡导尊严并身体力行地做出了示范,但由于时代的限制,在中国古代,占统治地位的仍然是强调等级秩序和长幼尊卑的儒家等级观念,肯定人皆有尊严的平等思想终究还是被等级制度及其观念所遮蔽。

在西方,哲学家们对尊严做了多方面的论述。虽然在文艺复兴时期才有对尊严专门的阐述,但尊严在古希腊时期就开始被哲人们提及。赫拉克利特认为:"最优秀的人宁愿取一件东西而不要其他的一切,这就是:宁取永恒的光荣而不要变灭的事物。"[1]苏格拉底强调认识的中心任务是照顾自己的心灵。普罗泰戈拉提出"人是万物的尺度"的命题,将人视为评价世间万物的主体,肯定人具有最高价值。柏拉图认为哲学的最高理念是善:"这个给予认识的对象以真理并给予认识的主体以认识能力的东西,就是善的理念。它乃是知识和真理的原因。真理和知识是好东西,但它却是更好的东西。……'善'是具有更高的价值和荣誉的。"[2]亚里士多德认为,一个人的尊严并非在获得荣誉时,而在于本身真正值得这荣誉。他提出了对幸福的两种理解,即"把它等同于明显的、可见的东西,如快乐、财富或荣誉"[3],以及理解为"善自身,它是使这些事物善的原因"[4]。斯多葛派认为,个人的幸福全在于自己内心的宁静以及顺乎自然,而不需从外物中来求取,"肉体上的快乐是不足道的,短暂的,而且是非常有害的,不要这些东西,就得到一种有力的、愉快的提高,不可动摇,始终如一,安宁和睦,伟大与宽容相结合"[5]。超越肉体上的快乐可

---

[1] 北京大学哲学系外国哲学史教研室编译:《西方哲学原著选读》上卷,商务印书馆1981年版,第28页。
[2] 北京大学哲学系外国哲学史教研室编译:《古希腊罗马哲学》,商务印书馆1961年版,第181页。
[3] 亚里士多德:《尼各马可伦理学》,商务印书馆2003年版,第9页。
[4] 同上,第10页。
[5] 北京大学哲学系外国哲学史教研室编译:《西方哲学原著选读》上卷,第190页。

以"得到一种持久的心灵安宁,一种自由,不为任何刺激和恐惧所动"[1]。早期的教父哲学家尼斯的格列高利认为,由于只有人是上帝按照自己的形象创造的,所以人的本性比天地万物更可贵。

文艺复兴运动中兴起的人文主义将注意力从神转向人,主张追求现世生活的幸福,倡导尊重人的价值和个性,开启了人的重新发现,凸显了对人的尊严的重视。但丁认为,人的高贵超过了天使。彼特拉克认为,人不认识自己决不能认识上帝,人的本性、人生的目的和幸福,应该是关注的重点和研究的主题。皮科撰写了《论人的尊严》,明确提出并专门阐述了尊严问题,强调人类的主体地位,肯定人的尊严在于其自由天性,认定人的自由是其尊严的基础和核心。指出,人的本性是自由的,人是自由的创造物,可以按照自己的意愿自由地塑造自己的形式,实现任何形式的完善。他认为,人在本性上的自由就在于可以自由地支配自我、塑造自身。还认为,享有无限的自由并不能必然地使人得到充分的尊严,人要享有充分的尊严,还必须具有道德进步和自我完善的能力,否则就没有任何尊严,例如野兽就不应当具有人应当具有的尊严。蒙田强调尊严高于一切,指出我们可以把我们的财物、生命转借给我们的朋友,以满足他们的需求,但是,转让尊严之名,把自己的荣誉安在他人头上,这却是罕见的。莎士比亚赞美人类是一件了不得的杰作,具有高贵的理性、伟大的力量、优美的仪表、文雅的举动,行为像天神,是宇宙的精华、万物的灵长。

近代人道主义和启蒙思想家肯定人的价值优先性,将尊严和荣誉视为人的本性和需要。帕斯卡强调人的尊严在于人具有不同于动物的意识和自我意识能力,认为人只不过是一根苇草,是自然界最脆弱的东西,但是一根能思想的苇草,其全部的尊严就在于思想。斯宾诺莎强调心灵的幸福,将"荣誉"作为幸福的源泉,认为"那些被人们公认(他们的行为可以证明)为最高的幸福的,归纳起来,大约不外三项:资财、荣誉、感官快乐"[2]。伏尔泰强调人们之间的平等。卢梭认为,人性的首要法则是要维护自身的生存,人性的首

---

[1] 北京大学哲学系外国哲学史教研室编译:《西方哲学原著选读》上卷,商务印书馆1981年版,第190页。

[2] 同上,第403页。

要关怀是对于自身的关怀，每一个正直的人都应该维护自己的尊严。爱尔维修主张"自爱"①，认为人类能感受到肉体的快乐和痛苦，所以人唯一的动机就是追求快乐、避免痛苦，这就是自爱。霍尔巴赫认为，人作为一个理性动物，一切行动都应当以自身和同类的幸福为目标。

康德基于目的论阐述了尊严的内涵和依据，认为理性是尊严的基础。一是因为理性将人与动物区别开来，决定了人是目的而不是手段，"在全部被造物之中，人所愿欲的和他能够支配的一切东西都只能被用作手段；唯有人，以及与他一起，每一个理性的创造物，才是目的本身"②。因而每个有理性的人不论在任何时候都不应当把自己和他人仅仅当成工具，而应该永远看作目的，也就是说，人都应当尊重自己、尊重别人，这就是尊严的体现。二是因为理性使人具有作为其本质特征的自由选择的意志和实践能力，而理性和自由超越于一切价值之上，构成了尊严。"一个有价值的东西能被其他东西所代替，这是等价；与此相反，超越于一切价值之上，没有等价物可代替，才是尊严。"③"只有那种构成事物作为自在目的而存在的条件的东西，不但有相对价值，而且具有尊严。……只有道德以及与道德相适应的人性，才是具有尊严的东西。"④正是基于理性，人可以实现道德立法并自我设定，这体现了尊严的内在要求，因而尊严在目的王国中是不可替代的，这种人性的内在道德价值是尊严最根本的体现，当人们仅仅按照道德法则自主行事的时候，就真正实现了自我的尊严，因为这样做不仅尊重了自己的意志，也尊重了他人的选择权。因此，尊重人的理性和自由，便是肯定和维护人的尊严。黑格尔认为，尊严是自由和道德的自为存在及其不可触动的前提，人享有尊严，才成为自由人。道德"主要以尊严的形式表现出来。尊严的基础就在于它涉及一个为我而在的不可触动的领域"⑤。

总体上说，在近代以来西方哲人的理解中，人的尊严之根据和体现，主要在于具有理性和自由意志，由此能够决定自己所思所想所为，决定自己成

---

① 北京大学哲学系外国哲学史教研室编译：《十八世纪法国哲学》，商务印书馆1963年版，第503页。
② 康德：《实践理性批判》，商务印书馆1999年版，第95页。
③ 康德：《道德形而上学原理》，上海人民出版社2005年版，第55页。
④ 同上。
⑤ 黑格尔：《世界史哲学讲演录，1822—1823》，商务印书馆2015年版，第132页。

为什么和不成为什么,而不是被动地由外在的因素所限制,因而只有人才是高贵的存在。这种对尊严的理解和倡导深刻地渗透于近代以来西方文化的精神内核中,其代表性的体现就是《独立宣言》《人权宣言》等对人人平等和人格尊严的认定,以及民众对之普遍的认同。

马克思恩格斯批判继承了前人对尊严的理解,但与前人不同,他们对尊严的理解主要体现在对资本主义制度批判以及追求人的解放和发展的过程中。也就是说,他们不仅从原则出发去理解尊严的含义及其实现,而且主要是从工人在资本主义社会生产和生活中尊严丧失的现实遭遇出发去理解尊严,具体、历史地确定了人的尊严的含义,谴责了资本主义制度对工人尊严的剥夺,论述了实现人的尊严的现实条件和实现途径。

马克思在继承前人优秀价值的基础上表达了对尊严的认同和初步理解。

由于受到家庭和学校的影响,马克思在青年期就开始关注人的尊严。他在中学毕业论文《青年在选择职业时的考虑》中指出:"尊严是最能使人高尚、使他的活动和他的一切努力具有更加崇高品质的东西,是使他无可非议、受到众人钦佩并高出于众人之上的东西。"[①] "能给人以尊严的只有这样的职业,在从事这种职业时我们不是作为奴隶般的工具,而是在自己的领域内独立地进行创造;这种职业不需要有不体面的行动(哪怕只是表面上不体面的行动),甚至最优秀的人物也会怀着崇高的自豪感去从事它。"[②] 这一论述肯定了尊严对于人的意义,指出尊严对人的价值在于它能使人"高尚起来",体现了马克思在价值上对尊严的认同,即继承了"人类的尊严和友爱的传统"[③]。应当注意的是,马克思在对前人批判继承中实现了超越,这就是将尊严与人的职业及其创造性活动联系起来,在与"奴隶般的工具"相对立的"创造"的意义上界定了尊严。其中所蕴含的思想萌芽在后来做出了新的发挥:一是从现实的个人、他们的社会条件和社会关系中理解人的尊严,认为尊严是人现实的、社会关系中的价值存在,这集中体现在对工人在资本主义生产和生活中失去尊严的批判。二是揭示了尊严作为人自由、自主意识和行为的含义,认为尊严

---

① 《马克思恩格斯全集》第1卷,人民出版社1995年版,第458页。
② 同上。
③ 弗洛姆:《马克思关于人的概念》,旭日出版社1987年版,第4页。

的基础是"自由的有意识活动"即实践，它是人的类特性即人之为人的根本特征，是人自由自觉本性的体现，是人通过现实的活动对于自己本质力量即内在价值的展示和确证。

马克思恩格斯从资本主义社会工人丧失尊严的现实以及人的解放和发展的要求出发，提出了对尊严具体历史的理解。

他们通过亲身观察和亲自交往直接了解工人阶级的状况，"了解他们的愿望、他们的痛苦和欢乐，同时又以必要的可靠材料补充自己的观察"[1]。在深入调查和分析的基础上，揭露了资产阶级对工人的剥削和压迫、对工人尊严的践踏，指出，在资本主义社会中，工人的工作和生活状况十分糟糕。

一方面，在生产中，由于"工人阶级失去一切财产"[2]，他们仅仅被看作一种资本，在劳动中把自己交给工厂主去使用，而劳动成果则归资本家所有，个人的生产实质上是剩余价值的生产是为资本而不是为自己的生产。"花在工人身上的费用，几乎只限于维持工人生活和延续工人后代所必需的生活资料。"[3]资本家以工资的名义付给他们利息，榨取他们创造的剩余价值，工人仅仅得到勉强维持基本生活的报酬，因此，劳动产品作为一种异己的力量同劳动者相对立，反过来成了统治工人的力量。工人生产的产品越多，他们能够占有的产品就越少，资本的力量就越强大，他们就越是受其产品即资本的统治。工人在这种生产中成了资本增殖的手段，因而成为生产工人是一种不幸。在资本主义生产中，一切提高生产力的方法和发展生产的手段都以牺牲工人为代价，都成为统治和剥削生产者的手段，把工人贬低为机器的附属品，使工人受到折磨、畸形发展。"挤在工厂里的工人群众就像士兵一样被组织起来。……他们每日每时都受机器、受监工，首先是受各个经营工厂的资产者本人的奴役。"[4]工人的劳动具有强制性，被局限在琐碎的纯机械性的操作上，每日进行繁重的劳动，固定不变地重复着动作。因此，工人在劳动中不是肯定而是否定自己，不是感到幸福而是感到不幸，使自己的肉体受折磨、精神

---

[1] 《马克思恩格斯选集》第1卷，人民出版社2012年版，第84页。
[2] 同上，第92页。
[3] 同上，第407页。
[4] 同上，第407页。

遭摧残。

另一方面，在生活中，工人同样处于悲惨的境地，他们"领到了用现钱支付的工资的时候，马上就有资产阶级中的另一部分人——房东、小店主、当铺老板等等向他们扑来"[①]。其结果是，"这几百万无产者，他们昨天挣得的今天就吃光"[②]。繁重的劳动、微薄的收入和恶劣的生活条件导致工人生活质量十分低下，使他们既不能保持健康，也不能活得长久。

总之，资本主义制度把工人完全变成了简单的机器，使工人的生产活动成为一种最残酷最带侮辱性的痛苦，他们的类生活被贬低为维持生存的手段，独立活动的自由被剥夺了，工人只有在运用吃、喝、生殖等动物机能时才觉得自己在自由活动，而在运用人的机能即劳动时则觉得自己只不过是动物。这种人的活动即其类特性的异化，使工人完全丧失了自由自觉的本性，在工作和生活中毫无尊严和价值。马克思恩格斯还明确地指出，正是这一悲惨的现实迫使工人们思考，迫使他们为了争取作为人应有的地位而组织起来与资产阶级进行斗争。

马克思恩格斯虽然没有对实现尊严的条件和途径做出直接的论述，但他们对这一问题的理解却内在地蕴含于关于人的解放和发展的论述中。因为实现尊严是人的解放和发展之重要内容，要通过人的解放和发展来达到。在他们看来，尊严的实现与人的解放和发展一样，有赖于一定的社会条件，只有在生产力高度发展、消灭了私有制和阶级剥削的未来理想社会中，每个人的尊严才能真正实现，也才能得到提升。

他们强调生产力发展是人的解放和发展从而实现人的尊严的物质前提。认为，确立人的尊严应当从发展生产力、改善物质生活条件入手，只有生产力高度发达，才能使人们过上"衣食足""仓廪实"的体面、幸福的生活，才能延长自由时间而为人的发展提供更大的空间，使人们能通过对象化活动充分展示和发展自己的能力，提升自己的素质和尊严。

他们认为实现人的尊严取决于制度变革。指出，在资本主义社会，无产阶级身上一切属于人的东西实际上已完全被剥夺，在他们的生活条件中集中

---

① 《马克思恩格斯选集》第1卷，人民出版社2012年版，第408页。
② 同上，第102页。

表现了现代社会的一切生活条件所达到的非人性的顶点,导致他们失去了一切尊严。只有彻底消灭资本主义私有制,消除劳动异化,消灭非人性的生活条件,才能复归劳动的自由自觉的性质,复归人自由自觉的本性,使工人成为合乎人性的人,真正恢复和保障他们的尊严。

在当代,维护人的尊严已成为文明社会的共识。一方面,许多学者从不同角度和层面对尊严进行了展开和深入的阐述,从学理上认定了尊严的地位和价值;另一方面,尊严在社会政治领域得到了普遍肯定,如《联合国宪章》"重申基本人权,人格尊严与价值"①,《世界人权宣言》主张"人人生而自由,在尊严和权利上一律平等。他们赋有理性和良心,并应以兄弟关系的精神相对待"②。"对人类家庭所有成员的固有尊严及其平等的和不移的权利的承认,乃是世界自由、正义与和平的基础。"③将尊严确立为人权的总体价值原则,视为主体在社会中享有各项合法权利的价值来源和支撑,认为法律正是基于人的尊严而赋予并保障人的各项权利。又如中国宪法规定:"中华人民共和国公民的人格尊严不受侵犯。"④确认了人格尊严并认为其在法律上是指公民作为平等的人的资格和权利即人格权受到承认和尊重,包括人的名誉、姓名、肖像等权利不受侵犯。学术界认为,中国宪法规定的人格尊严是指对人的主体尊贵身份的认可和尊重,这些权利是主体人格价值的体现,标志着人独立的不可侵犯的身份和地位。

尊严作为人的基本权利,与人的发展内在关联。一方面,尊严是人的发展之重要组成部分,维护和实现尊严是人的发展题中应有之义和显著标志,尊严的实现程度是衡量人的发展的重要尺度;另一方面,人的发展在现实上体现了对尊严的肯定。因此,对尊严不仅应当从法律的、政治的或道德的角度去理解,亦应当从人的发展的角度去理解。从人的发展出发,有助于深度把握尊严的本质内涵,提升对尊严认识的高度,强化对尊严的现实关切,明确维护和实现尊严的现实路径。

---

① 许光建主编:《联合国宪章诠释》,山西教育出版社1999年版,第4页。
② 中国社会科学院法学研究所编:《国际人权文件与国际人权机构》,社会科学文献出版社1993年版,第4页。
③ 同上,第3页。
④ 中国法制出版社编:《中华人民共和国宪法》,中国法制出版社2018年版,第17页。

从人的发展视角看，尊严的本质是人的主体性和主体价值得到认可和尊重。人的价值有"内在的"与"外在的"之分别：内在的"自为价值"即人作为主体自身的意义，即亚里士多德所谓"自身即善的事物"[1]，它是人与生俱来的禀赋。外在的"为他价值"即人对他人或社会的价值，即亚里士多德所谓"作为它们的手段而是善的事物"[2]。它要通过人的行为来体现。与"自为价值"和"为他价值"相关联、相对应，人的尊严可以分为"人格尊严"和"社会尊严"，二者都是对人的价值的肯定。人格尊严是人"自为价值"的体现，是尊严的根基；社会尊严是人"为他价值"的体现，是人的尊严的社会实现和现实拓展。从人的发展角度，可以对"人格尊严"和"社会尊严"的含义、特征和实现路径做出深度的理解。

人格尊严是对人基于"自为价值"而具有的价值优先性的尊重，即肯定人在世间万物中最为尊贵而具有"最终目的"[3]的地位。人格尊严是人作为人具有的禀赋和应有的对待，它为所有人固有且仅仅为人所具有，是人不可或缺的基本权利和至高无上的价值，是不可放弃、不可剥夺、不可替代的，既不能被让渡也不能用其他利益进行交换。一个人失去了人格尊严就失去了存在的价值，就丧失了作为人的资格。正如费希特所指出的："人类可以放弃一切；在不触动人类的真正尊严的情况下，可以剥夺人类的一切，只是无法剥夺人类完善的可能性。"[4]

从人的发展视角看，人格尊严是对人的价值和人们平等地位的肯定。人格尊严作为每一个个体都享有的普遍的价值禀赋，在所有人那里都具有同质性，这就意味着其基础是人的平等地位，即所有人都应当享有人格尊严并受到同等的尊重，不因种族、民族、性别、财产状况、宗教信仰的不同或社会地位的高低而有所差异。洛克认为每一个人的生命都具有同等的尊严，马克思恩格斯主张维护每个劳动者的尊严，《联合国宪章》和《世界人权宣言》等宣告人人生而平等，都是指人们在人格尊严上的平等而不应该有尊卑之分。

---

[1] 亚里士多德:《尼各马可伦理学》，商务印书馆2003年版，第15页。
[2] 同上。
[3] 康德:《判断力批判》下卷，商务印书馆1964年版，第89页。
[4] 费希特:《论学者的使命人的使命》，商务印书馆1984年版，第41页。

因此，平等是人格尊严实现的必要条件。应当指出的是，人格尊严平等是指人格尊严应当平等而并非指其在现实中一定会平等。因为人格尊严的实现是有条件的，因而其实现会有程度的差别，并且人格尊严是可以提升的。在现实生活中，人格尊严受到的最大挑战之一，就是人们在经济、社会、文化等方面地位和权利的不平等，因此才有"富人有良知，穷人有尊严"的说法，即认为穷人在现实生活中往往最缺乏尊严。正如罗素所指出的："自尊到今天为止一直都不可避免地是少数人的美德。无论什么地方，只要存在权力的不平等，在屈从于他人统治的那些人当中，都不可能找到它。"[①]因而在一个文明的社会中，解决尊严问题的优先事项或切入点，就是维护穷人的人格尊严。人格尊严受到的又一大挑战，是个人在公权力面前的弱势地位。为此，要认识到社会和国家的尊严必须通过个人的尊严来体现，个人无尊严亦即社会和国家无尊严，维护个人尊严是文明社会和国家的基本责任。

从人的发展视角看，人格尊严体现着对自由的肯定，要通过人的自由意志即自主的思想和行为来体现。马克思恩格斯批判继承了前人的自由理念，认为"自由确实是人的本质"[②]，在未来的"自由人联合体"[③]中，每个人的自由发展是一切人的自由发展的条件。这里的"自由"，即他们在《德意志意识形态》所描述的人可以做自己愿意做并能够做的事情，其实质是意志自由。这是马克思恩格斯对共产主义理想社会的期望，当然也就是社会主义社会的本质要求。就实现人的尊严而言，自由是人主体意识和意志的体现，其要义在于人不是被动地受环境和他人的支配，而是成为自己思想和行为的主人，其活动具有自主、自觉的特征，即：一方面，具有表达自己意愿、需要、利益的权利和可能，例如具有思想和言论自由、选择活动领域或者种类的自由、参与决定同自己生活或工作相关事务的权利等；另一方面，不违背自己的意愿，不做自己基于良知不愿意做的事情。从"自为价值"实现的意义上说，自由具有目的性价值，是支撑个体生命存在的精神支柱，是人的发展和人的尊严的直接体现，没有思想和行为自由就不可能有能力、个性和社会关系的

---

① 《罗素文集 第5卷：权力论 权威与个人》，商务印书馆2012年版，第316页。
② 《马克思恩格斯全集》第1卷，人民出版社1995年版，第167页。
③ 《马克思恩格斯选集》第2卷，人民出版社2012年版，第126页。

发展，不可能有人格尊严。从"为他价值"实现的意义上说，自由具有手段性价值，没有思想和行为自由就没有个人的创造力，人对社会和他人的贡献就会受到制约，其社会尊严就会受到影响。应当看到，尊严的自由、自主性意味着人必须对自己的行为负责任，即不能仅仅将其视为对外界因素被动的适应，以迫于环境、条件、习惯等理由放弃或推卸责任。人只有秉持责任意识，对自己的动机和行为始终秉持敬畏之心、羞耻之心，主动为自己的行为担责，自觉地以道德和法律约束自己的行为，合理地选择和规范自己的行为，才能真正获得自由，也才能真正获得做人的尊严。

从人的发展视角看，人格尊严体现着对个体价值的肯定。尊严从主体上可以区分为个人尊严和群体尊严，二者既有统一性又存在差异。对此可以从两个层面来理解。其一，群体有"真正的共同体"和"虚假的共同体"之别，只有在代表其中每一个成员利益的"真正的共同体"中，个人才能获得自由全面发展，个人尊严和群体尊严才可能在本质上统一起来。而在"虚假的共同体"中，个人尊严和群体尊严则是对立的。其二，虽然在"真正的共同体"中个人尊严和群体尊严本质上是统一的，但在现实生活中也会发生矛盾，会出现在个人尊严与群体尊严之间做出何者优先的选择即排序的问题。做出排序的前提是明确个人与群体的价值关系。二者的关系体现在三个方面：一是个人价值是基础，群体价值源于个人价值；二是每个人在价值上都是平等的，"为他人"与"为自己"在价值上是等值的；三是个人的价值往往要通过群体的价值来实现。基于这三层价值关系，我们认为，所有人的人格尊严都是平等的，因而应当将个人尊严和群体尊严同等看待而不是将二者对立起来，特别是不能无条件地以群体尊严遮蔽个人尊严。一般来说，只有在满足如下条件的前提下，个人尊严才可以对群体尊严做出让步：一、为了维护其他多数人的尊严，二、所维护的多数人的尊严与个人所让步或舍弃的尊严在价值内涵上至少是对等的，三、必须是由让步者自愿地做出决定。

社会尊严是对人"为他价值"的确认。"为他价值"通常被认为是使用价值，是表示物和人之间的自然关系，实质上是表示物为人而存在的价值。但我们认为，广义地说，"为他价值"为人和物所共有，物的"为他价值"是就其对人的有用性而言的，人的"为他价值"则是就其对他人或社会的有用性而言的。一事物对人有意义，或者一个人对他人或社会有意义，便是有价值，价值的大小既取决于意义的大小，也取决于一事物与人或人与他人相关联的程度。人的"为他价值"是人对他人或社会的价值，是主体相互之间的效用关系，要通过对他人或社会做出的贡献来体现。

从人的发展视角看，社会尊严要通过人的对象化活动来体现和塑造。作为"为他价值"的体现，人的社会尊严不能仅依据自己的认同来获得，而要通过他人和社会的评价来反映并确认，因为"个体并不是直接经验他的自我本身，而是只能从和他处于同一个社会群体的其他个体成员的特殊立场出发，或者说从他所从属的这个作为整体而存在的社会群体一般化的立场出发，才能经验他的自我本身"①。这就是马克思说的人的本质力量对象化，即人自觉地改造对象并在对象上实现自己的本质力量，即在改造对象过程中表现并发展自己的能力（知、情、意）。这种对象化活动就是劳动（实践）。人实现自己本质力量的愿望内蕴着受他人尊重的需要，为他人和社会做贡献即人本质力量的对象化，既是人"为他价值"的体现，也是其社会尊严的实现。进一步说，社会尊严的实现过程也就是人本质力量对象化的过程，是人的发展的重要体现。

和与生俱来、人人平等的人格尊严不同，人的社会尊严是不断生成的，因而人们之间的社会尊严即得到他人和社会尊重的状况（例如获得的赞赏或荣誉）是不尽相同的。社会尊严既随着社会条件的改变不断变化，又取决于人的素质和行为。人为他人和社会做出的贡献越大，其尊严就越是得到认可和提升。就此而言，人的尊严感和自尊心应当体现为他的社会责任感、正义感、勇气及其对社会的贡献上。人只有通过创造性的活动改变外部事物并同时改变自身，才能实现并提升自己的社会尊严。诚如费希特所说："只有你的行动，才决定你的价值。"②

"人格尊严"和"社会尊严"与人的发展内在关联，决定了应当在推进人的发展过程中实现人的尊严。从人的发展视角看，维护和实现尊严既有赖于人自身的改变，又有赖于外部条件的改变。

---

① 乔治·赫伯特·米德：《心灵、自我和社会》，华夏出版社1999年版，第153页。
② 费希特：《论学者的使命 人的使命》，商务印书馆1984年版，第148页。

人的发展有赖于人自身主观因素的改变，尊严的实现亦复如此。尊严的实现程度与人的素质和修养相关联，只有成为精神充实、品德优良、举止文明的具有良好修养的人，才能真正配享尊严。尊严的实现又与人的自我意识即对尊严的自觉相关联。尊严作为人的内在价值，首先要得到自己的认可。自我认可即自尊，是对尊严的自觉和坚守，这种维护和坚守尊严的意识或心态就是自尊心。适度的自尊心有助于人自省和自励，自觉提升自己的能力、品德、教养和境界。一般来说，对尊严的坚守越是自觉，尊严实现的程度就可能越高。因此，自尊就要自重，追求高尚的人格、品行和境界，而不能违背自己良知随波逐流，更不能向金钱和权势屈服。当然，自尊不是自负或自大，其本身就包含着对别人的尊重和对社会规则例如法律、政策和公序良俗的自觉遵从。古人曰"辱人者，人恒辱之；爱人者，人恒爱之；敬人者，人恒敬之"，讲的就是这个道理。

尊严的社会性决定了尊严的实现有赖于环境的改善。社会条件既决定了尊严的含义，为尊严提供了价值准则和行为规范，也制约着尊严的实现方式及实现程度，因而尊严能否实现以及实现的程度与社会经济、制度、文化发展的水平成正比，正所谓"衣食足而知荣辱，仓廪实而知礼节"[①]。社会进步的意义之一，就在于促进人的尊严，而对人们尊严的维护并促进人的自由全面发展，是社会文明和发达的重要标志。在中国，不平衡的发展问题和不充分的发展问题共存，使尊严实现的状况不尽如人意：一方面，一些弱势群体尚缺乏体面生活的条件和应有的生活尊严；另一方面，人们自由发展和自我实现的权利尚未得到充分的保障和体现。随着社会主要矛盾的转化特别是需要层次的提升，尊严正在成为人们不可或缺的基本需要。鉴于此，既要进一步解决不充分的发展问题，又要进一步解决不平衡的发展问题，进一步改革国家治理体制，营造良好的社会环境，切实保障人民当家作主的权利，使人们不会被迫做基于良知不愿意做的事情。一言以蔽之，要在推进人的发展过程中更加自觉地保障、实现和提升人的尊严。

---

① 管子：《管子》，上海中华书局2016年版，第2页。

十、实现社会公平

促进人的发展、满足人们美好生活需要，应当实现社会公平。

人的发展有赖于社会关系合理化，而社会关系合理化的重要体现和目标，就是实现社会公平。马克思恩格斯在论及人的发展时并未直接提到社会公平问题，因为他们追求的是消灭私有制、消灭阶级、消灭剥削，实现人的彻底解放基础上的人的发展，是建立代替存在阶级和阶级对立的资产阶级旧社会的理想社会。在这个社会中，实现"社会公平"将是自然而然的事情，或者说社会公平问题将不复存在，不再需要加以关注并解决。在他们的理解中，资本主义社会（以及"市场经济社会"）所追求的自由、平等、民主、法制、人权、博爱等，已经包含在消灭私有制、消灭剥削、消灭阶级的价值诉求之中，湮灭于消灭私有制、消灭阶级、消灭剥削的历史过程中，因而相对于未来的理想社会已经成为"过去时"的事情。例如马克思在《哥达纲领批判》中就指出："本段末尾'消除一切社会的和政治的不平等'这一不明确的语句，应当改成：随着阶级差别的消灭，一切由这些差别产生的社会的和政治的不平等也自行消失。"[①]这正是他们很少谈论自由、民主、平等、公正、法制、人权、博爱等价值的原因所在。

然而应当看到，马克思恩格斯对公平的态度并不能理解为否定公平，而只是表明他们对公平的理解比资产阶级更为彻底：将公平作为人的基本权利，从政治、经济以及人权等角度对平等做出了论述，提出了消灭阶级从而实现人的真正、彻底公平的要求："我们的特点不在于我们一般地要正义——每个人都能宣称自己要正义——而在于我们向现存的社会制度和私有制进攻，在于我们要财产公有，在于我们是共产主义者。"[②] "无产阶级平等要求的实际内容都是消灭阶级的要求。任何超出这个范围的平等要求，都必然要流于荒谬。"[③] 只有随着阶级差别的消灭，一切由此差别产生的社会的和政治的不平等

[①] 《马克思恩格斯选集》第3卷，人民出版社2012年版，第371页。
[②] 《马克思恩格斯全集》第42卷，人民出版社1979年版，第431页。
[③] 《马克思恩格斯选集》第3卷，人民出版社2012年版，第484页。

才能自行消失。为此,实现真正平等的首要条件就是消灭阶级。

基于以上两点我们认为:一方面,肯定马克思社会公平思想可谓持之有据;另一方面,不应当片面地夸大马克思社会公平思想的内涵及其意义。此外更为重要的问题在于,在当代中国是否有必要阐发马克思主义的社会公平思想,以及如何将其运用于理解人的发展问题。我们认为,社会公平价值取向在当代中国仍然具有现实性,它直接关系到人们的生存和发展状况。

公平对人的发展既具有手段性意义,又具有目的性意义。从前者来说,公平之实现,有利于社会矛盾的解决并实现社会和谐,有助于社会行稳致远,持续发展。这是实现公平之手段性意义,且已成为人们的共识。此外,实现公平还具有目的性意义,即公平对于人的生存发展本身就具有价值。公平既基于现实条件又源于人性的普遍要求,这种要求在中外历史上普遍存在。例如中国古代就有"老吾老以及人之老,幼吾幼以及人之幼""恻隐之心,仁之端也""均贫富,等贵贱"等说法,西方思想史上则有"人道""博爱""怜悯同类"的表述。在对公平根据的理解上,西方人认为公平是天赋的,或者认为公平(平等)为人生而具有,或者认为公平(平等)为上帝赋予。如希尔贝克认为:"存在着一条普遍有效的法则,也就是上帝而言,而全部人类之所以是平等的,是因为他们都是上帝按照上帝的形象创造出来的。"[1]《独立宣言》宣告人人生而平等,《人权宣言》宣称人们生来并且始终在权利上是平等的,都主张公平是人皆具有的、与生俱来的权利。马克思主义认为,公平是历史地产生的,是在一定条件下形成的人的发展的内在要求。从人的发展视角看,公平的目的性价值在于,它是人们的一项基本权利,是人们的一种精神需要,它的价值既要通过其他中介因素例如经济发展程度和效果来体现,又并非必须如此。公平不仅有助于弥补人们之间在生活条件、社会地位上的差距,解除由于不平等给人们造成的现实的和可能的威胁,而且有助于满足人们的精神需要,因为幸福作为人的主观感受,具有显著的相对性,既取决于人自己的状况,也取决于与他人的比较,是相对于他人而言的,这就与公平实现的程度相关。公平作为人们自觉的价值选择,体现着人道以及人的发展的要求

---

[1] 希尔贝克,伊耶:《西方哲学史:从古希腊到二十世纪》,上海译文出版社2004年版,第132页。

和倾向，决定了人类不能像动物界那样实行弱肉强食的丛林法则，采取社会达尔文主义的生存方式。事实表明，社会越进步，人们对公平的要求就越高，对公平的期待就越强烈，他们的幸福感与实现社会公平状况的关联就越密切。

公平问题起因于社会发展不平衡。社会发展不平衡，例如地区之间、民族之间、阶级或阶层之间，以及个人之间在生活条件、社会地位上或大或小的差距，直接影响到人们的生活质量、影响到人们之间的关系以及社会的和谐稳定，影响到人的发展。中国改革开放以来，尽管在经济增长中人们的生活水平不断提高，但由于贫富差距拉大以及腐败等造成的收入以及生活水平差距的扩大，给许多人带来了强烈的失落感甚至挫败感。因此，在当代中国，实现社会公平已成为破解社会发展难题、推进人的发展的一个关键环节，也是解决或缓解不平衡发展问题、满足人民美好生活需要的题中应有之义。

当代中国社会发展不平衡问题产生的主要原因，在于我们所处的社会主义初级阶段的国情，在很大程度上不同于马克思恩格斯预测的理想社会。一方面，在现阶段，为了发展生产力必须建立社会主义市场经济体制，而市场经济必然会导致人们之间经济收入的差别，引发社会不公问题；另一方面，中国社会主义初级阶段仍然存在着旧时代遗留下来的人的依赖关系，与之相关，市场经济还不规范，民主法治建设还不到位。这两方面因素的叠加，使得以社会公平缺失为标志的不平衡发展问题趋于凸显，成为制约满足人民美好生活需要进而制约人的发展的主要社会问题。就此而言，在当代中国实现社会公平具有双重意义：既要保障市场经济得以正常运行，也要在市场经济环境中降低"物的依赖性"。

在不平衡的发展问题凸显的市场经济环境中，社会公平与人的发展直接相关。根据人的发展要求，人的发展必须是每一个人都有公平地享有经济、文化和社会权利，都能平等地满足美好生活需要。其中的要义就是关注弱者。随着社会的进步，关注弱者逐渐成为人类社会的共识。正如《我们共同的未来》所指出的："为满足基本需求，不仅需要那些穷人占多数的国家的经济增长达到一个新的阶段，而且还要保证那些贫穷者能得到可持续发展所必需的自然资源的合理份额。"①亦如罗尔斯所言,"公平机会的优先意味着我们必须给那些具有较少机遇的人以机会"②,"社会和经济的不平等应这样安排,使它们:(1)在与正义的储存原则一致的情况下,适合于最少受惠者的最大利益;(2)依系于在机会公平平等的条件下职务和地位向所有人开放"③。还如丹尼尔·贝尔所说:"衡量社会福利的不是个人满足,而是把对社会地位低下者给以补偿作为社会良心和社会政策的优先项目。"④这些论述从不同角度表明了从底线公平切入推进实现公平之必要和可能。在现代,一个社会只有超越实用主义和利益取向而关注每一个人的生存发展,才能够真正成为文明发达的社会。社会主义社会更是如此,必须将保护弱者作为制定社会政策的基本原则。

对于每个人而言,实现社会公平既是为着他人的生存发展,也是为着自己的生存发展,体现着人的自我保存倾向和人的发展价值取向的统一。一方面,公平体现着人的自我保存要求和倾向。由于社会发展的不平衡性,任何人都有可能在变动不居的社会发展中被抛入社会的底层,陷入艰难的生存困境,只有确立公平的理念,通过人们之间对公平的约定,制定保障公平的规则和制度,才能解除人们面临的现实的和可能的生存困境的威胁。实现社会公平正是针对这一问题提出的要求,是对社会发展不平衡负面效应的一种预防和纠正,因而公平是满足人们生存和安全需要的保障,对每个人来说都不可或缺。另一方面,社会公平的实现与人的发展直接相关,社会的公平程度越高,社会越是正义,人的经济政治和文化权利就越能得到保障,人的发展的制度基础就越牢固。就此而言,一方面,人的发展是实现社会公平的目标,是否有利于人的发展是判断社会公平实现状况最根本、最真实的标准;另一方面,社会公平的实现程度是反映人的解放和发展状况及水平的一面镜子。

幸福的社会应当是公平的社会,在当代,社会公平实现程度归根结底要由每个人的生存质量及相应的生活感受来确认。为此,应当按照社会主义的

---

① 世界环境与发展委员会:《我们共同的未来》,吉林人民出版社1997年版,第11页。
② 罗尔斯:《正义论》,中国社会科学出版社1988年版,第301页。
③ 同上,第302页。
④ 丹尼尔·贝尔:《后工业社会的来临》,商务印书馆1984年版,第490页。

本质要求，在经济增长的同时使经济发展成果惠及包括生活困难群众在内的所有人，使所有人都能公平地参与社会发展过程并平等地享受社会发展成果，逐步实现社会公平，促进全体人民共同富裕。

着眼于最终实现共同富裕的目标和当代中国特色社会主义初级阶段的现实，在实现社会公平的过程中，首先应当对公平的内涵做出全面的理解。

一般认为，社会公平是指人们社会权利上的公平，即承认并保证社会主体具有平等的生存、发展权。简单地说，公平即对所有的人平等对待，一视同仁。对这种抽象的公平定义，比较易于求得共识，但在进一步具体的定义上，则是众说纷纭、见仁见智。诚如哈耶克所言，"'公正的价格'、'公正的报酬'或'公正的收入分配'，这些概念当然源远流长，但值得指出的是，哲学家们对这些概念的含义竭力思考了两千年，至今未找到一条规则使我们可以确定，在市场秩序下什么状态才算是这种意义上的公正"[①]。丹尼尔·贝尔曾对公平的含义做出梳理，指出："从逻辑上讲，平等有三个层次：条件的平等、手段的平等和后果的平等。……条件的平等指的是公共权力的平等，……手段的平等都意味着机会的平等——获得导致不平等后果的手段的平等。"[②]三个层次的公平（平等）可以归结为两类：起点和规则的公平，以及结果的公平。从现实中的争论来看，焦点主要在于，应当追求起点和规则的公平还是结果的公平。从人的发展视角看，对公平的不同理解不仅存在着理论上的差异，而且会导致现实中的矛盾，因而对人生存和发展的意义是不同的。

起点和规则公平是作为行为规范的公平，强调在共同行为和交换中体现平等和等价的原则，强调付出与收获之间的平衡，但承认行为结果上的差别。这个意义上的公平是手段意义上的，是与效率本质统一的，它强调过程的合理并从中推论出结果合理，而不论结果是否确实公平，因而在实践中可能会引起两极分化。结果公平是指最终结果的公平，其特点是不论行为的原因和过程，只看结果。这个意义上的公平是目的意义上的，单向度地体现着价值取向，而不论效率之高低，因而实行的结果可能会影响效率。

从当前市场经济环境中人的发展的现实条件和目标看，必须肯定起点和

[①] 弗里德里希·冯·哈耶克：《哈耶克文选》，江苏人民出版社2007年版，第353页。
[②] 丹尼尔·贝尔：《资本主义文化矛盾》，商务印书馆1989年版，第324页。

规则的公平。在社会主义初级阶段，仍然面临着不充分的发展问题，面临着尽快发展生产力的任务，而强调起点和规则公平，强调效率优先，能够最大限度地调动人的积极性和创造性，促进科技进步，更快地发展生产力、提升综合国力，显著地改善人们的生存和发展条件。更为重要的是，从市场经济条件下人的发展要求看，结果的公平不仅不可能完全实现，而且往往在本质上是不公平的，会导致平均主义或极端的福利主义，使一些人只求索取、不思进取，失去责任感和上进心，既占有他人的劳动又影响到自己的发展。康德曾经讲述过这一道理，他认为，对抗是社会进步和人的发展的手段，因为对抗引起竞争，推动人去克服自己的懒惰倾向，唤醒和激发人的能力，锻炼人的才智并发挥人的禀赋。反之，如果没有对抗，人类的全部才智就会在一种完满和睦、安逸与互敬互爱的牧歌式生活中，永远被埋没在他们的胚胎里。

从人的发展的最终要求看，则应当追求价值意义上的、结果的公平，因为从理论上说，结果的公平意味着人们根本利益的一致，有利于人的自由全面发展。反之，在利益分化、对立的环境中，必然导致人与人之间的利益博弈，导致收入差别扩大以及阶层和阶级的分化即社会公平丧失。从现实来看，虽然曾确定了"效率优先，兼顾公平"原则，但市场经济的自发性往往使人们侧重效率而忽视公平，导致贫富差距扩大等不平衡的发展问题。

上述分析提示我们，在社会主义初级阶段，一方面，共同富裕不应当是所有人一步到位的同步富裕，也不应当是所有人达到同样的、无差别的均等富裕。同步富裕和均等富裕之所以不应当且不可能，是因为在当前条件下，不同地区、不同行业、不同阶层以及城乡之间所处环境和条件是不同的，并且人们的能力和机会都不均等。同步富裕和均等富裕之所以不应当，还是因为平均主义否认多劳多得的按劳分配原则，抹杀人们劳动报酬上的差别，影响人们的积极性、能动性和创新精神，其结果只能是共同贫穷，迟滞社会的进步和人的发展。因此，实现共同富裕不能搞平均主义，只有实行按贡献分配原则，才能充分调动人们的积极性、能动性和创新精神，进一步发展生产力，创造更加丰富的社会财富，才能为未来实现共同富裕积累条件。另一方面，共同富裕应当是所有的人特别是弱势群体成员越来越富裕，是整个社会条件越来越改善，应当是社会在总体上朝着更加公平而不是相反的方向发展，也就是说，实现共同富裕的大方向和总趋势必须是清晰的、持续的、不可逆转的。

在当代，基于人的发展现实条件并着眼于人的发展未来目标，应当在两种公平之间保持平衡：既要坚持起点和规则公平原则，鼓励人们努力工作，在获得更多利益的同时更好更快地推进社会进步，实现并提升自己的能力和素质；又要兼顾结果公平，积极调节不同社会群体之间的利益关系，尽可能缩小收入分配差距，避免两极分化，特别要关注弱势群体的需要和利益，优先保障其生存发展的权利，使所有人公平地参与社会发展过程并享受社会发展的成果，为每个人更好地生存发展创造条件。

应当指出的是，公平是理想的价值追求，但其作为现实生活中人们之间的社会关系和利益追求又具有现实性。公平的提出和实现有赖于社会经济、政治和文化的发展。正如恩格斯所指出的："平等的观念，无论以资产阶级的形式出现，还是以无产阶级的形式出现，本身都是一种历史的产物，这一观念的形成，需要一定的历史条件，而这种历史条件本身又以长期的以往的历史为前提。"[1] 公平的现实性决定了公平的实现不是个人或部分人通过对自己的诉求和努力就能达到，而是要通过人们的共识，通过共同的行为来实现，要通过具有普遍性的规则和制度的约束来体现。因此，公平的现实性决定了其实现有赖于人们共同的行动，特别是社会关系的改善、制度的合理化。还应当看到，公平的现实性决定了其实现的历史性，即公平的实现要经历一个过程，不可能一蹴而就，更不可能一劳永逸，一定程度上的公平实现了，又会产生更高程度的公平要求。为此，一方面，必须充分估量实现公平的复杂性和长期性，而不能急于求成，把将来条件具备时才应当实现的公平含义或程度不分时机地提前到现在就实现，不顾条件地强调结果公平、实行绝对平均主义，只会过犹不及；另一方面，要坚持实现社会公平的理想追求，坚持底线公平，着力解决或缓解不平衡发展问题。根据以人民为中心的发展思想，从制度入手，最大限度地保障每个人的权益特别是维护弱势群体的利益，在进一步改善物质条件，满足人民群众日益增长的物质文化需要的同时，花大

---

[1] 《马克思恩格斯选集》第3卷，人民出版社2012年版，第484~485页。

力气构建满足人们"软需要"的"软环境"。通过制度安排调节不同地区和阶层之间经济发展的不平衡程度，尽力消除贫困、缩小贫富差别，造就更加和谐的社会、更加公正的秩序、更加美好的环境、更加幸福的生活，建成经济持续发展，民众生活不断改善，吏治更加清明，社会更加和谐，环境更加美好的社会，使人人都有就业的机会，都能享受医疗、教育和其他公共服务以及优美的环境，每个公民都真正参与社会生活和社会管理，为最终实现共同富裕，促进人的自由全面发展创造条件。

第十一章　人的发展的客观条件

人的发展要受到客观条件的制约，是一种现实的、历史的过程。为此，必须充分认识人的发展的社会制约性，明确人的发展与社会条件之间的关系，通过改变和创造更好的社会经济条件、科技条件、制度条件、文化条件、环境条件，促进人的发展。

一、人的发展的经济条件

人的发展有赖于经济条件的改善。马克思恩格斯主张社会存在决定社会意识，从物质生活和物质生产出发理解社会进步和人的发展，将经济条件看作人的发展的基础。他们认为，虽然社会发展是多种因素相互作用的结果，但"历史过程中的决定性因素归根到底是现实生活的生产和再生产"[①]。其所以如此，是因为人们为了生活首先就必须获取满足基本生存需要的物质资料，物质生活的生产方式制约着整个社会生活、政治生活和精神生活的过程。正是基于这一观点，他们认为个人生活的状况首先取决于他们的物质条件。他们在谈到人的发展条件时指出，未来，个人的独创的和自由的发展首先取决于经济前提，而经济前提即物质资料生产的状况则决定于生产力的水平。因此他们认为，从经济条件入手理解人的发展的关键就是从生产力入手理解人的发展。

马克思恩格斯深刻阐明了人的生存发展与生产力发展之间的内在关联。他们认为，人们是在从过去承继下来的条件下创造自己的历史，这"条件"

[①]《马克思恩格斯选集》第4卷，人民出版社2012年版，第604页。

中首要的因素就是生产力,生产力发展是人的发展的基础,也从根本上决定着人的发展的状况。马克思指出:"劳动首先是人和自然之间的过程,是人以自身的活动来中介、调整和控制人和自然之间的物质变换过程。"[1]生产力是人类实现这种物质变换过程即改造自然的能力。他和恩格斯认为,人们所达到的生产力的总和决定着社会状况。从正面来说,生产力是人类社会发展的最终决定力量,它决定生产关系从而决定着上层建筑和整个社会生活以及社会发展水平,也决定着人生存的质量和人的发展程度,是社会进步和人的发展绝对必需的前提。从反面来说,如果没有生产力的发展,"那就只会有贫穷、极端贫困的普遍化;而在极端贫困的情况下,必须重新开始争取必需品的斗争,全部陈腐污浊的东西又要死灰复燃"[2],人们就会生存艰难,更无从谈论发展。正是基于这一理解,马克思充分肯定资产阶级在历史上的非常革命的作用,肯定资本主义生产关系比封建时期的生产关系更能提高生产力,认为"资本的文明面之一是,它榨取这种剩余劳动的方式和条件,同以前的奴隶制、农奴制等形式相比,都更有利于生产力的发展,有利于社会关系的发展,有利于更高级的新形态的各种要素的创造"[3]。

生产力作为人改变自然物以满足自己物质需要的能力,既是人生存发展的基础也是人生存发展的动力。人生存发展的前提是满足物质需要,但人与动物满足需要的方式却是截然不同的,动物仅仅从自然界中获取现成的产品,人则必须对自然物进行改造。正如恩格斯所说的:"动物所能做到的最多是采集,而人则从事生产,人制造最广义的生活资料,这些生活资料是自然界离开了人便不能生产出来的。"[4]"动物仅仅利用外部自然界,简单地通过自身的存在在自然界中引起变化;而人则通过他所作出的改变来使自然界为自己的目的服务,来支配自然界。"[5]二者差异的原因在于,人与动物的生存方式和行为能力完全不同,动物的生存方式是"顺应"式的,是被动地适应自然界的状况和变化而改变自身,人的生存方式则是在劳动中形成的,是在适应自然

---

[1] 《马克思恩格斯文集》第5卷,人民出版社2009年版,第207~208页。
[2] 《马克思恩格斯选集》第1卷,人民出版社2012年版,第166页。
[3] 《马克思恩格斯文集》第7卷,人民出版社2009年版,第927~928页。
[4] 《马克思恩格斯选集》第3卷,人民出版社2012年版,第987页。
[5] 同上,第997~998页。

状况的前提下根据自己的需要以实践的方式改变自然,因而是超越性的、主动的,由此就决定了人永远不会满足于自然的现状而要对其做出改变,决定了人在劳动中不断得到进化,能够发明、制造和使用工具,能够发明和运用科学技术,有能力按照自己尺度和需要来改变自然,懂得怎样把自己的内在尺度、自己的知、情、意、自己的需要运用到对象上去,使自然发生有利于人的变化。

马克思认为:生产力包含生产工具、劳动对象和劳动者等要素,"劳动过程的简单要素是:有目的的活动或劳动本身,劳动对象和劳动资料"[1]。他还指出生产力中也包括科学,"劳动生产力是由多种情况决定的,其中包括:工人的平均熟练程度,科学的发展水平和它在工艺上应用的程度……"[2]。因此,发展生产力应当从改变这几方面的要素入手。

生产工具是生产力的核心要素。生产工具对社会发展具有决定性的作用,是决定人生存质量和人发展程度的关键因素。马克思认为,生产工具是人的(体力和智力)劳动器官的延长,可以放大人的劳动效应,拓展劳动的宽度和深度,提高劳动的速度和精度,因而"各种经济时代的区别,不在于生产什么,而在于怎样生产,用什么劳动资料生产"[3]。这里的劳动资料,主要指的是生产工具。基于生产工具的作用,他还指明了其与社会形态之间的对应关系:"随着新生产力的获得,人们改变自己的生产方式,随着生产方式即谋生的方式的改变,人们也就会改变自己的一切社会关系。手推磨产生的是封建主的社会,蒸汽磨产生的是工业资本家的社会。"[4]正是因为生产工具在生产力乃至社会发展中至关重要的、举足轻重的作用,是生产力发展水平的客观尺度,多数人都认可将生产工具作为划分历史时代的标志,将人类历史划分为石器时代、青铜器时代、铁器时代、蒸汽机时代、电气时代以及信息时代等。发展生产力最重要的着力点就是改进和创造新的生产工具,而在现代,生产工具的改进和创造必须并主要通过科学技术进步来实现。

---

[1] 《马克思恩格斯文集》第5卷,人民出版社2009年版,第208页。
[2] 《马克思恩格斯全集》第44卷,人民出版社2001年版,第53页。
[3] 《马克思恩格斯文集》第5卷,人民出版社2009年版,第210页。
[4] 《马克思恩格斯选集》第1卷,人民出版社2012年版,第222页。

科学技术是生产力的关键要素。马克思充分肯定科学技术在生产力以及社会发展中的作用,认为"资本是以生产力的一定的现有的历史发展为前提的——在这些生产力中也包括科学"[①]。"随着大工业的发展,现实财富的创造较少地取决于劳动时间和已耗费的劳动量,较多地取决于在劳动时间内所运用的作用物的力量,而这种作用物自身——它们的巨大效率——又和生产它们所花费的直接劳动时间不成比例,而是取决于科学的一般水平和技术进步,或者说取决于这种科学在生产上的应用。"[②]因此,"劳动生产力是随着科学和技术的不断进步而不断发展的"[③]。"现代自然科学和现代工业一起对整个自然界进行了革命改造"[④]。在当代,科学技术作为第一生产力的地位和作用日趋突出。科学技术极大地改进了生产工具,拓展了劳动对象,优化了生产工艺和程序,促进了生产力发展,提高了人应对和改造自然的本领以及生存的能力。正是在这个意义上说,科学技术是第一生产力,科学技术的进步是发展生产力的关键环节。

劳动对象是生产力的必要要素。劳动对象具有客观性,它作为自然物对人而言具有先在性,是生产力得以实现的条件,是生产活动的前提条件,没有劳动对象生产就不能进行,人就什么也不能创造。劳动对象又具有对象性,是由人来开拓的。正如马克思恩格斯所说,作为劳动对象的人们周围的感性世界不是从来就如此、始终如一的东西,而是人们世世代代活动的产物,是历史的产物。作为人对象化活动的产物,劳动对象是不断生成和拓展的,科学技术的发展不断扩展和加深人对自然界的介入程度,将越趋丰富多样的自然物纳入人的改造范围,成为人们现实的劳动对象。在当代,发展生产力的一个重要方面是不断开拓新的劳动对象,开发新能源和新材料,为生产力发展提供更加广阔的空间。

劳动者是生产力中最活跃的要素。马克思指出:"在一切生产工具中,最强大的一种生产力是革命阶级本身。"[⑤]列宁亦指出:"全人类的首要的生产力

---

① 《马克思恩格斯全集》第31卷,人民出版社1998年版,第94页。
② 同上,第100页。
③ 《马克思恩格斯全集》第44卷,人民出版社2001年版,第698页。
④ 《马克思恩格斯全集》第10卷,人民出版社1998年版,第254页。
⑤ 《马克思恩格斯选集》第1卷,人民出版社2012年版,第274页。

就是工人，劳动者。"①劳动者在生产力要素中的重要性在于：一方面，生产力中其他要素都与劳动者的状况和作用直接相关，生产工具是由人创造和改进的，科学技术是由人来发现和发明的，劳动对象是由人来拓展的；另一方面，劳动者是生产力中最能动的因素，是生产力发展的内在动因，生产力发展归根到底源于人的需要。人之所以是生产力中最活跃的因素，是因为在生产力诸要素中只有人是主体，只有人才有需要，只有人的生存方式才具有超越现实性，人总是要追求更加幸福、美好的生活。因此，人既是生产力发展的最终受惠者，也是生产力发展最原始的驱动者。

劳动者是生产力中最活跃的因素，是生产力发展的动因，但劳动者在生产力中的作用不是固定不变的，与他们的解放和发展程度直接相关。他们的解放和发展程度越高，活动的自由度越大，主动性越强，劳动的积极性和创造性就越强，在生产中发挥的作用就越大，正如马克思所说："个人的充分发展又作为最大的生产力反作用于劳动生产力。"②就此而言，解放和发展生产力首先就要解放和发展人自身。

二、人的发展的科技条件

人的发展有赖于科学技术的发展。科学技术是第一生产力，是人的发展的基础，也是人的发展的直接动力。马克思恩格斯强调科学技术对社会进步和人的发展的作用，正如恩格斯所指出的："在马克思看来，科学是一种在历史上起推动作用的、革命的力量。任何一门理论科学中的每一个新发现——它的实际应用也许根本无法预见——都使马克思感到衷心喜悦，而当他看到那种对工业、对一般历史发展立即产生革命性影响的发现的时候，他的喜悦就非同寻常了。"③马克思认为，资本的本性是追求利润的最大化。一方面，在价值取向上唯利是图，要攫取更多的剩余价值；另一方面，又必然要不断进行技术、工艺和体制创新，尽可能在生产过程中缩短社会必要劳动时间，去

---

① 《列宁选集》第3卷，人民出版社2012年版，第821页。
② 《马克思恩格斯全集》第31卷，人民出版社1998年版，第108页。
③ 《马克思恩格斯选集》第3卷，人民出版社2012年版，第1003页。

除一切无用的劳动环节，节省生产资料，提高劳动效率。因此，资本主义生产为科学技术发展提供了强大的推动力，"自然科学本身［自然科学是一切知识的基础］的发展，也像与生产过程有关的一切知识的发展一样，它本身仍然是在资本主义生产的基础上进行的，这种资本主义生产第一次在相当大的程度上是为自然科学创造了进行研究、观察、实验的物质手段。……随着资本主义生产的扩展，科学因素第一次被有意识地和广泛地加以发展、应用并体现在生活中，其规模是以往的时代根本想象不到的"①。在资本主义生产方式的发展过程中，科学技术随着生产工艺的发展而逐步分离出来，"这个分离过程在简单协作中开始，在工场手工业中得到发展，在大工业中完成"。"大工业则把科学作为一种独立的生产能力与劳动分离开来。"②这就是说："只有资本主义生产方式才第一次使自然科学为直接的生产过程服务，同时，生产的发展反过来又为从理论上征服自然提供了手段。"③由此就决定了科学技术在资本主义大工业生产中具有重要的地位和作用。

  与资本生产的双重性相关联，科学技术对人的发展也具有双重性，但总体上看，正面效应是主要的，马克思对之做出了充分的肯定，认为"自然科学却通过工业日益在实践上进入人的生活，改造人的生活，并为人的解放作准备，尽管它不得不直接地使非人化充分发展。"④这里的"非人化"，指的是科学技术带来的大工业使人附属于机器，造成人的活动和能力片面化。他认为，虽然这一问题在一定阶段上对人造成了负面影响，但长远地看，科学技术将极大地促进人的发展。

  科学技术对于人的发展的推动作用，首先在于它是生产力中至关重要的因素，是第一生产力，科学技术创新是人类社会发展的不竭动力。作为第一生产力，"科学技术对生产力的决定作用表现在：科学技术可以使构成生产力的三大要素——劳动力、劳动对象和生产工具发生质的变革和优化；它可以使产业结构不断提升，整个生产力呈现加速发展态势"⑤。科学技术的发展已

---

  ① 《马克思恩格斯文集》第8卷，人民出版社2009年版，第358~359页。
  ② 《马克思恩格斯文集》第5卷，人民出版社2009年版，第418页。
  ③ 《马克思恩格斯文集》第8卷，人民出版社2009年版，第356~357页。
  ④ 《马克思恩格斯文集》第1卷，人民出版社2009年版，第193页。
  ⑤ 刘大椿：《马克思科技审度的三个焦点》，《天津社会科学》2018年第1期，第23页。

经、正在并将继续创造强大的生产工具、改进生产工艺、优化生产流程，提升生产效率和生产质量，成为改造自然、造福人类最重要的手段。在当代，新技术革命和知识经济为生产力发展增添了更为强大的新动力。在传统的物质生产中，生产要素（劳动、原料和资本）的投入与产品的产出成正比，生产要素特别是原料在生产过程中是逐渐消耗的，而知识经济则不同，知识是一种取之不竭、用之不尽并且可以不断增加的资源。科学技术已经成为现代人生存的必要支撑，以至于离开了科学技术的支持，人类不仅不能继续发展，甚至也不能继续生存。科学技术的使用对提高生产力水平进而对人的生存发展具有至关重要的作用：一方面，可以为人们创造更多更好的物质财富，显著地提升人们生活的品质，给人们带来更为舒适、方便、精致的生活。可以预见，新技术革命特别是知识经济的发展将在更大程度上改变生产力各要素的作用及其相互之间的关系，进一步提升生产力水平，改善人们的物质生活条件，满足人民日益增长的美好生活需要，使人们生活得更加舒适，更加便捷，更加幸福。另一方面，可以改善劳动条件、降低劳动强度，将人从繁重的、异化的劳动中解放出来，提升人们活动的自觉性和自主性；将缩短必要劳动时间，增加自由时间，拓展人的自主活动的空间，改变劳动的性质，使劳动成为自由自觉的活动，使人在这种活动中更充分地展示和发展自己的本质力量。

科学技术对于人的发展的推动作用，又在于它可以促进劳动分工。分工是生产活动的组织方式，使生产者专门从事生产过程的某一部分工作，使生产活动独立化、专门化，提高生产效率。马克思恩格斯揭示了分工的必然性和必要性，认为分工属于生产技术方式，属于生产力范畴，并指出，科学技术造就的机器大工业及分工，使劳动者素质不断提高，劳动能力不断提升，"生产过程的智力同体力劳动相分离，智力转化为资本支配劳动的权力，是在以机器为基础的大工业中完成的。……科学、巨大的自然力、社会的群众性劳动都体现在机器体系中，并同机器体系一道构成'主人'的权力"[1]。分工是经济和生产发展的需要，有利于提高生产效率和效益，提高生产质量，因为

---

[1]《马克思恩格斯文集》第5卷，人民出版社2009年版，第487页。

"受分工制约的不同个人的共同活动产生了一种社会力量,即成倍增长的生产力"[①]。分工有利于发挥劳动者个体的特长,提高劳动技能,使其更熟练地完成某些专业化的任务,产生更高的效率,完成技术要求更高的工作。正因为如此,分工的出现及发展是必然的。在自然经济条件下,分工具有自发性,是基于交换产品的需要自然而然形成的,正如亚当·斯密所指出的:"分工原不是人类智慧的结果。它是交换倾向和互相买卖产品缓慢而逐步发展的必然结果。"[②]在市场经济条件下,由于可以降低成本,提高生产效率和效益,给人们带来利益,分工已经成为现实经济生活和经济活动追求利益最大化的必然选择,从而既具有合理性也具有必然性。随着科技进步和经济发展,分工越来越成为一种理性的、自觉的行为,越来越具有科学性,基于科学的规划和设计。此外,随着经济全球化的深入,分工已经不仅仅在不同行业或地域之间进行,而且已经在不同国家或地区之间进行,成为推进经济全球化的主要驱动力。生产力的发展和市场的开拓是国际分工深化、细化以及国际贸易迅速发展的客观基础,而国际分工和国际贸易的发展又反过来促进社会生产力的进一步发展。

马克思在肯定分工的必要性和必然性的基础上,揭示了分工与人的发展的关系,认为,分工在提高生产效率和促进人的发展的同时,又会固定并限制人的活动领域,造成人的活动以及能力的片面化,影响人的全面发展。在未来,科学技术的进步将消灭旧式分工,消灭脑力劳动与体力劳动的对立,以脑力劳动逐渐取代体力劳动而成为劳动的主要部分,使人从分工的束缚中解放出来。他指出:"生产力的这种发展,最终总是归结为发挥着作用的劳动的社会性质,归结为社会内部的分工,归结为脑力劳动特别是自然科学的发展。"[③]他还指出,在资本主义社会,由于"采用技艺和科学的一切手段"[④]提高生产力水平,一方面,"整个社会只需用较少的劳动时间就能占有并保持普遍财富"[⑤],另一方面,人们增加了更多的自由时间,"在必要劳动时间之外,为

[①] 《马克思恩格斯选集》第1卷,人民出版社2012年版,第165页。
[②] 亚当·斯密:《国民财富的性质和原因的研究》,商务印书馆1983年版,第12页。
[③] 《马克思恩格斯全集》第46卷,人民出版社2003年版,第96页。
[④] 《马克思恩格斯全集》第31卷,人民出版社1998年版,第103页。
[⑤] 《马克思恩格斯全集》第30卷,人民出版社1995年版,第286页。

整个社会和社会的每个成员创造大量可以自由支配的时间（即为个人生产力的充分发展，因而也为社会生产力的充分发展创造广阔余地）"。"于是，资本就违背自己的意志，成了为社会可以自由支配的时间创造条件的工具，使整个社会的劳动时间缩减到不断下降的最低限度，从而为全体［社会成员］本身的发展腾出时间。"①

在未来，知识经济的发展将进一步加快消灭脑力劳动与体力劳动分工的过程，使脑力劳动在社会生产中占有越来越大的份额，甚至成为社会生产的主体部分，体力劳动者的素质将提高到脑力劳动者的水平，并且，由于脑力劳动从而知识经济的巨大效率，人们将会获得更多的自由时间来发展自己的爱好和能力。

科学技术对于人的发展的推动作用还在于，它可以提升人的素质，增强人的精神力量，促进人的思想解放和观念变革。

马克思曾肯定火药、指南针、印刷术"三大发明"对人类精神发展的历史意义，指出："这是预告资产阶级社会到来的三大发明。火药把骑士阶层炸得粉碎，指南针打开了世界市场并建立了殖民地，而印刷术则变成新教的工具，总的来说变成科学复兴的手段，变成对精神发展创造必要前提的最强大的杠杆。"②近代以来，科学技术的显著效用极大地强化了它的合法性，其影响已经远远超出了工具的范畴，广泛地渗透于社会生活的各个领域，成为衡量、规范和判定人类行为最为权威的标准，甚至逐渐成为一种价值尺度。诚如韦伯所说："唯有在西方，科学才处于这样一个发展阶段：人们今日一致公认它是合法有效的。"③又如巴伯所说："在现代社会中，社会变迁之主要内部来源之一，是科学及其在工业和社会技术中的大量应用。由于我们对科学的支持，由于我们为那些想从事科学的人提供了如此大量的机会，一直有一种基本的和连续的动态因素被引入到我们社会的核心，这种因素必定会源源不断地产生无止境的社会后果，既有'好'的也有'坏'的。"④支撑科学技术合法性及

---

① 《马克思恩格斯全集》第31卷，人民出版社1998年版，第103页。
② 《马克思恩格斯文集》第8卷，人民出版社2009年版，第338页。
③ 马克斯·韦伯：《新教伦理与资本主义精神》，商务印书馆1987年版，第4页。
④ 巴伯：《科学与社会秩序》，商务印书馆1991年版，第245页。

有效性的基本因素，就是科学精神。

科学精神是蕴含于科学认识中一种最基本的精神理念和精神价值，是科学研究或科学认识中独有的以探索、求真、创新为特征的精神特质，旨在追求正确地认识和有效地改造对象，使对象发生有利于人生存发展的改变。在近代以来的每一次社会革命和社会变革中，科学精神都起到了显著的思想启蒙作用，成为引发人的思想解放从而推进社会进步和人的发展的重要精神力量。在当今，科学精神与人道、民主等价值因素一起组成了社会运行的基本规则，成为现代人类的基本精神支柱，正因为如此，人们不遗余力地学习科学、宣传科学、运用科学，以理性、科学作为规范行为、衡量事物的基本尺度。

科学"既是观念的财富同时又是实际的财富"[①]，科学精神不仅对科学技术的发展具有重要作用，可以为科学研究提供求真、求实、理性等精神价值以及科学研究的基本规范和准则，为科学研究者提供艰辛探索、攻坚克难、坚忍不拔、敢于登攀的勇气和精神支撑，对人的发展也具有直接作用，有助于人确立理性、科学的思维方式，克服迷信和蒙昧，促进人的观念变革和思想解放。几千年来，由于生产力不发达以及政治体制和文化落后，人类长期被一些错误的观念甚至谎言所蒙蔽，近代科学的出现和发展，彰显了科学和理性的力量，揭示了以往那些被视为神秘或神圣的事物的真相，引发了启蒙运动，使人们开始摆脱各种观念上的迷误。如康德所说，开始脱离自己所加之于自己的不成熟状态，有勇气与决心去加以运用自己的理智，在精神上独立成人。可以预见，随着科学精神进一步普及并深入人心，人们的心智将更加健全，更加学会尊重事实、运用理性、独立思考，更加解放思想并突破僵化、封闭的思想观念束缚，禀赋更富有现代文明精神。

三、人的发展的制度条件

人的发展有赖于社会制度和社会关系的合理化。马克思恩格斯尤其强调

[①] 《马克思恩格斯全集》第30卷，人民出版社1995年版，第539页。

社会制度与人的发展的内在关联。他们在《神圣家族》中指出:"既然是环境造就人,那就必须以合乎人性的方式去造就环境。既然人天生就是社会的,那他就只能在社会中发展自己的真正的天性。"①这里说的环境指的是社会环境,特别是社会制度以及社会关系。在《德意志意识形态》中,他们进一步认为,在阶级社会中,人的发展有赖于阶级的解放,阶级的解放则有赖于彻底改变现存的不合理的国家制度。在阶级社会中个人隶属于一定的阶级这一现象是不可能消灭的,个人的社会地位以及他们的发展是由他们隶属的阶级决定的,个人组成阶级是因为他们必须为反对另一个阶级进行共同的斗争。因此,马克思恩格斯提出无产者应当消灭他们至今所面临的生存条件,消灭这个同时也是整个旧社会生存的条件,建立合理的社会经济、政治制度。

经济制度主要指生产资料所有制及其所决定的相应的制度安排,其核心是生产资料所有制,因为"劳动资料不仅是人类劳动力发展的测量器,而且是劳动借以进行的社会关系的指示器"②。马克思在《经济学手稿(1857—1858年)》中揭示了社会经济形态与人的生存发展状态的关联:"人的依赖关系(起初完全是自然发生的),是最初的社会形式,……以物的依赖性为基础的人的独立性,是第二大形式,……建立在个人全面发展和他们共同的、社会的生产能力成为从属于他们的社会财富这一基础上的自由个性,是第三个阶段。"③通常认为,这一被称为社会发展"三阶段论"的论述,是以人的发展状态为尺度划分了社会经济形态(自然经济、商品经济、产品经济),但从另一方面看,这一论述也是以三种宏观经济形态(核心是生产资料所有制)为标志区分了人的发展状态,指明了历史上不同社会经济形态与人生存发展程度的对应关系,揭示了人的发展与社会制度和社会关系的内在关联。

就上述三种社会形态而言,人的依赖关系和物的依赖性之间虽然有显著的差异,但二者都属于阶级社会中的现象,是与不合理的社会制度相联系的。具体到资本主义社会,虽然比封建社会有了历史性的进步,但仍然存在制约人的发展的障碍,这就是生产资料私有制,就是资本家对工人的剥削,就是

---

① 《马克思恩格斯文集》第1卷,人民出版社2009年版,第335页。
② 《马克思恩格斯文集》第5卷,人民出版社2009年版,第210页。
③ 《马克思恩格斯全集》第30卷,人民出版社1995年版,第107~108页。

物的依赖性。马克思恩格斯提出要消灭整个旧社会的生存条件，其关键就是要消灭私有制而建立社会主义公有制。生产资料公有制是社会主义经济制度的基础，其特征就在于"社会的每一成员不仅有可能参加社会财富的生产，而且有可能参加社会财富的分配和管理，并通过有计划地经营全部生产，使社会生产力及其成果不断增长，足以保证每个人的一切合理的需要在越来越大的程度上得到满足"[1]。这是社会主义与资本主义的根本区别。当代中国正处于社会主义初级阶段，这一阶段的经济制度既符合社会主义的根本要求又不完全符合经典作家对社会主义的理解。中国社会主义初级阶段基本经济制度是社会主义市场经济，即公有制为主体、多种所有制经济共同发展，坚持和完善这一基本经济制度既要巩固和发展公有制经济，又要鼓励、支持和引导非公有制经济发展，让各种所有制经济在市场竞争中发挥各自优势，相互促进、共同发展。

然而问题在于，这种基本经济制度对人的影响具有双重性，与人的发展既有适合的一面又有矛盾的一面。适合的一面在于，市场经济促进了经济发展，为人的发展创造了物质条件，同时也解放了人，突破了以往僵化的经济制度对人思想和行为的束缚，解放了人的智慧、能量和创造力，在制度层面增强了人的独立性，拓展了人的活动空间及其自由度，并在观念上突破了与"人的依赖关系"相关联的旧的传统观念。矛盾的一面在于，"非公有制经济"中的私营经济是按照资本逻辑运行的，必然要追求利益（利润）的最大化，要引发利益主体相互之间的博弈，要带来"物的依赖性"问题，制约人的发展。从现阶段社会发展现实的要求看，在未来一个相当长的时期内，市场经济是最适合中国生产力发展要求的经济体制，因而仍然要进一步完善社会主义市场经济体制，充分发挥市场经济的作用；从未来即长远的角度看，实行市场经济只是与生产力发展的一定历史阶段相联系的一种阶段性做法，因而必须对市场经济的负面效应有清醒的认识和有效的应对，自觉限制其自发性对人的负面影响。

以分配制度为例。社会主义分配制度是按劳分配为主体，多种分配方式

---

[1] 《马克思恩格斯选集》第3卷，人民出版社2012年版，第724页。

并存，其中初次分配注重效率，发挥市场作用；再分配注重公平，加强政府对收入分配的调控。初次分配注重效率，能发挥市场的激励机制，充分调动人的劳动积极性、自主性和创造性，激发人的奋斗精神和创新精神，增强人的诚信意识、公平意识、规则意识、合作意识、责任意识和法治意识，既可以为人的生存发展创造更加充分的物质条件，也有助于激发人的潜能、展示和提高人的能力，促进人的发展。再分配注重公平，可以调节不同地区、不同行业，特别是不同阶层之间的收入差距，既有助于保障弱势群体共享社会发展成果、满足体面生活需要的权利，又有助于促进社会和谐及其稳定发展。

政治制度对人的发展的重要性在于，在不同的政治制度下，人的发展的空间和可能性是大相径庭甚至截然不同的。以作为政治制度集中体现的国家制度（国体）为例。马克思曾认为，人类共同体经历了自然共同体、市民社会与国家共同体等阶段，在未来，还将进入自由人联合体。在社会主义建立之前的共同体例如现实中的资本主义国家，是"虚假的共同体"，"正是由于特殊利益和共同利益之间的这种矛盾，共同利益才采取国家这种与实际的单个利益和全体利益相脱离的独立形式，同时采取虚幻的共同体的形式"[1]。而只有在真正的共同体中，个人才能获得自由全面发展。就此而言，是否有利于人的发展，是判断政治制度合理化的根本标准。

政治制度的合理化集中体现在其合法性上。政治合法性是指政府基于被民众认可的原则基础上实施统治的正统性或正当性，用于表示政府与法律的权威为民众所认可的程度。一般来说，一种制度被民众认同的普遍性越高便越是具有合法性。正如法国学者雷蒙·博兰所指出的，"凡是建立在价值基础之上并以此得到公众舆论承认的即为合法性"[2]。政治（制度）合法性通常被认为是一个政治学或法学的问题，然而从本质上看，它还是一个哲学或人学的问题，应当从人的发展角度来理解。从政治学或法学的角度看，在现代社会，制度的合法性、正当性要体现为有利于自由、民主、平等、法治、公平的实现；而从人学的角度看，对制度是非得失的判断归根结底要看其是否有利于人的发展，也就是说，制度的合法性、正当性必须体现在能实现好、维护好、

---

[1] 《马克思恩格斯选集》第1卷，人民出版社2012年版，第164页。
[2] 王邦佐：《执政党与社会整合》，上海人民出版社2007年版，第218页。

发展好最广大人民的根本利益。因此，制度的合法性一定要有利于人的生存发展，例如，有利于人们生活水平的提高，有利于保障人的权利，有利于人的自我实现，有利于人的精神生活的充实。在当代，政府合法性最普遍的确立方式是实行民主政治，包括选举民主以及作为其补充方式的协商民主，这样做可以最为充分地保障民众表达自己的意愿的权利，最合乎人性，符合现代政治文明发展的根本要求和趋势。社会主义本质是解放生产力、发展生产力，消灭剥削、消除两极分化、最终达到共同富裕，而这些目标归根到底旨在让人民生活得更加幸福、美好，这当然也就是社会主义政治制度建设的必然要求。

增强制度的合法性，首先要做到观念更新，明确制度建设以人民为中心的根本目的。近代以来的社会契约论认为，社会、国家是人们之间通过协议建立契约的结果，个人在契约中同意转交部分权利，遵守共同的规则，并承担相应的义务，以保护自己和他人的利益。因此，人类所以结合成社会，根本目的就在于保障和促进个人的生存和发展。马克思恩格斯批判继承了这一观点。他们批判黑格尔"人们必须崇敬国家，把它看做地上的神物"[①]这种国家崇拜观点，认为国家既不是"神物"，也不是人们活动或社会运行的最终目的。人是国家和社会的目的，国家如果代表人民的利益，成为人的发展的条件，就是"真正的共同体"，反之，就是"虚幻的共同体"。根据这些理解，国家和社会的一切制度安排都应建基于为了人这一价值诉求之上而不是相反，这是政治文明建设的根本要求。

在当代，社会制度合理化的基本要求就是认同并建构符合人类政治文明的基本规则。这些规则的核心内容，就是社会主义核心价值观所倡导的民主、文明、和谐、自由、平等、公正、法治等。

在政治文明建设中践行社会主义核心价值观，首先要对其做出符合本意的理解。价值的实现要反映时代特征并结合国情、民情，可以因时、因地、因事而定，但价值的基本含义则具有确定性，不能离开其本质规定。辩证法认为，任何事物都有其质的规定性即其本质含义，离开了质的规定性，该事物便不成其为自身，讲的就是这个道理。以社会主义民主为例，马克思主义

---

① 黑格尔：《法哲学原理》，商务印书馆1961年版，第285页。

认为，社会主义民主优越于资本主义民主，是比资本主义民主更高的且更真实的民主，这就意味着社会主义民主应当更加符合民主之本意。诚然，民主及民主政治在不同时代、不同国家民族、不同政治制度中可以且必然会有不同的表现或实现方式，但其"主权在民"或者"人民当家作主"以及"人民享有参与国家事务和社会事务管理或对其发表意见的权利"等本质含义则是确定的，这也是人的发展的本质要求。从人的发展要求看，社会发展应当以大多数人的利益为旨归，对民主最基本的判断标准，就是人民是否有广泛参与国家治理的权利，人民的诉求能否得到回应和满足，人民有没有获得感和幸福感。在现代社会，民主概念是指在国家和全民族的范围实行民主，每一个公民都有同等的权利和机会参与这种管理和决策，也就是说，一个国家的各种公共事务的决策和管理，应当按照所有人而不是少数人的意愿来进行。因此，民主表现或实现方式的特殊性并不意味着可以对其本质含义做出截然不同的理解，更不意味着可以以其次要的规定而取代主要的规定，如此，便离开了民主以及民主政治的本意。

在政治文明建设中不仅要践行社会主义核心价值观，还要将社会主义核心价值观规则化、制度化。从总体上说，社会主义核心价值观全面地反映了当代人类文明的要求，代表了先进价值的发展方向，但关键在于在现实中落到实处。其中一个重要的环节，是将其切实体现在各项政治制度和政策中，成为权力机关严格遵循以及人们普遍赞同的规则。

民主的实现方式在不同条件下会具有特殊性，所以各个国家不可能同步民主，但对此应当做出合理的解释。从人的发展的要求以及社会文明进步方向和趋势看，民主政治建设既是必要的也是必需的。民主是社会主义的本质要求和规定，没有民主就没有社会主义并且社会主义民主应当高于资本主义民主。鉴于此，在社会主义初级阶段，应当从主客观两个方面消除制约民主政治建设的障碍，创造民主政治建设的条件。改革开放以来，中国的制度建设取得了一些成效，民主法治建设迈出较大步伐，社会治理体系更加完善，但民主法治建设仍然在路上。为此，必须正确建构和处理个人与社会的关系，切实加强社会主义民主法治建设，尊重、维护和实现人的各项社会权利，为人的发展建构良好的制度条件。

四、人的发展的文化条件

人的发展有赖于文化的发展。唯物史观强调经济因素在社会进步中的基础性作用，又承认上层建筑因素在社会发展中的重要作用，认为"经济状况是基础，但是对历史斗争的进程发生影响并且在许多情况下主要是决定着这一斗争的形式的，还有上层建筑的各种因素"[1]。"物质存在方式虽然是始因，但是这并不排斥思想领域也反过来对物质存在方式起作用，然而是第二性的作用。"[2]其中就包括肯定文化在社会进步和人的发展中的作用。文化在社会进步中的作用在于，它是一个民族的灵魂，是一个民族中的人们凝聚在一起而形成向心力的重要纽带，是人们民族身份自我确认并相互认同以及获得归属感和认同感的依凭，是人们社会生活特别是精神生活的主要资源，"就社会、团体和个人而言，文化是一种借助内聚力来维护本体身份的连续过程"[3]。

文化在人的发展中的作用在于，它是个人形成精神追求、满足精神需要的根据。从文化的本意，即"关乎人文，以化成天下"的意蕴看，文化从形成开始就具有为人的意义，是人之为人的根本规定，是人之为人的底色，文化是人的发展的条件，其发展程度是衡量人的发展程度的标志。

文化对人的生存发展具有重要影响。就对人的生活而言，文化需要是精神需要的重要内容，文化影响到人们的审美情趣。满足并发展文化需要，可以充实人的精神生活，丰富人的情感，提升人的生活质量。就对人的素质而言，文化可以提升人的修养，为提升人的理想、信念、境界提供精神养料，为人的发展提供价值支撑和精神动力。就对人的行为而言，文化可以影响到人们对生存方式和需要定位的判断，对自己行为合理性的评价，对自己与他人、与社会关系及社会交往的理解。因此，文化在一定程度上制约着人的发展方向，决定着人的发展具体目标和要求以及对人的发展具体路径的选择。

文化因素的影响使人的发展呈现出独特性。就群体而言，文化是每一个

---

[1] 《马克思恩格斯选集》第4卷，人民出版社2012年版，第604页。
[2] 同上，第598页。
[3] 丹尼尔·贝尔：《资本主义文化矛盾》，商务印书馆1989年版，第81页。

人确认社会身份的根据，是其自我确认从而形成生活追求的根据，在很大程度上决定着民族的差异性。一般来说，在人的生存方式和人的发展问题上，不同国家民族之间物质方面的共性较多，精神方面的差异则较大。一个民族特殊的文化关联着该民族的历史、现实与未来，是该民族成员的价值依托，赋予该民族成员精神生活、精神享受和精神境界特殊的标记和鲜明的特色。从这个角度看，任何一个民族的文化都有其特色从而也有独特的价值，该民族都会因本民族文化独特的内涵和样式、独特的历史和魅力而对其自发地、由衷地热爱和欣赏，即具有文化自信。就个体而言，文化在很大程度上决定着个体在知、情、意等方面的差异性。在相同或相近的客观条件下，决定人们之间在素质、修养和境界上差别的，往往是文化方面的因素。

马克思指出："权利决不能超出社会的经济结构以及由经济结构制约的社会的文化发展。"[①]人的发展亦要受到社会的经济结构以及文化发展的制约并随着文化的发展而实现。因此，"文化上的每一个进步，都是迈向自由的一步"[②]。加强文化建设、促进文化进步是实现人的发展的重要途径。

着眼于人的发展要求，在当代中国，文化发展的主要目标是发展先进文化，建设有中国特色的社会主义先进文化。先进文化亦即文化的先进性可以从两个层面来定位：从社会的层面看，先进的文化应当是促进社会进步的文化，在当代中国，就是要与社会主义核心价值观相一致，在当代世界，就是要与人类共同价值相一致。从文化作为"精神食粮"的个人的层面看，就是要有利于人的精神文化需要的满足，有利于人身心的愉悦和健康，有利于人的素质的提升。凡是与社会主义核心价值观及人类共同价值相一致的、满足并发展人的精神文化需要的、有利于人的生存发展的文化就是先进的，反之则是落后的。

建设有中国特色的社会主义先进文化，必须从时代特征出发，反映当代中国现代化建设的时代精神和实践特征，这是保证文化建设先进性的根本。同时，又要积极继承和借鉴古今中外的优秀文化资源，融会中西，贯通古今。既要充分吸收中国传统文化的优秀思想资源，又要面向世界和未来，而不能

[①] 《马克思恩格斯选集》第3卷，人民出版社2012年版，第364页。
[②] 同上，第492页。

闭关自守、故步自封。

建设社会主义先进文化必须继承中国传统的优秀文化资源。中华民族传统文化蕴含着大量优秀的文化因素，其中既有作为中华优秀传统文化"骨骼"的思想理念，又有作为中华优秀传统文化"经络"的传统美德，还有作为中华优秀传统文化"血肉"的人文精神。它们所包含的特色鲜明的文化价值，是中国人成为自身的文化来源和精神家园，构成了中国人精神上安身立命的依托。尤其应当看到，中国古代哲人们在对人的价值和人生意义，以及人与人、人与自身、人与自然的关系持续几千年的思考中，提出了许多有益的看法和独特的感悟，对理解当代中国人的发展具有直接的启示意义，为人的发展理论体系当代建构提供了重要的文化资源。

例如对于"天人合一"的认识。"天人合一"，即认为宇宙自然与人是相通的，宇宙自然是大天地，人则是一个小天地。根据这一观点，人和自然在本质上是相通的，人的一切行为均应顺乎自然规律，达到人与自然和谐相处。道家认为，天是自然，人则是自然的一部分，天与人本是合一的，即如庄子所言：有人，天也；有天，亦天也。现实生活中的各种典章制度、道德规范，限制了人原来的自然本性，使之与自然不协调，因而必须打破这些加于人身的藩篱，使人重新复归于自然，达到一种"万物与我为一"的境界。儒家认为，天是道德观念和原则的本原和根据，人心中天生就具有道德原则，人类修身养性的目的，就是去除外界各种名利和欲望的蒙蔽，"求其放心"，达到一种自觉履行道德原则的境界。"天人合一"引申意义是：人与自然要合一并和谐共处，不要以征服的姿态对待自然。

例如对于"人性"的认识。中国古代哲人特别是儒家注重对人本性的探讨，中心议题是人性善恶问题。孔子主张人性本善，提出"人者，仁也"，爱人即人之本性。孟子承袭了孔子的思想，认为"人之性善也，犹水之就下也；人无有不善，水无有不下也"。人天生的本性就是善的，现实中之所以有善恶之别，是由于后天环境的影响，即是否保持了善。荀子认为人性本恶，人天生具有"好利""疾恶""好声色"等情欲，如果从人之性、顺人之情，必导致相互争斗，故而必须以后天的手段使人弃恶从善。介于这两种观点之间的，是性善恶混同论，认为人之性也善混恶，修其善则为善人，修其恶则为恶人。

例如对于"仁"的理解。儒家的"仁"即仁爱。孔子主张"仁者，爱人也""欲求诸己，先施于人""己所不欲，勿施于人"，反对无视人的尊严，像对待牲畜一样对待人。他将"仁"作为最高的道德原则、道德标准和道德境界。他将所倡导的道德规范集于一体，构建了以"仁"为核心的包括孝、弟（悌）、忠、恕、礼、知、勇、恭、宽、信、敏、惠等在内的伦理体系。认为，"仁"字从二不从三，要化掉人心，只怀天地心，以天性善良、地德忠厚的心来为人处世，有博爱心、包容心，自会产生仁爱心，为此，他既反对残害生灵，也反对强加于人。孟子则明确要求执政者"无为其所不为，无欲其所不欲"①。"得其心有道：所欲与之聚之，所恶勿施尔也。"②

例如对于"良知"的理解。"致良知"是王阳明心学的主旨，是其心学本体论与修养论直接统一的体现。他认为："若鄙人所谓致知格物者，致吾心之良知于事事物物也。吾心之良知，即所谓天理也。致吾心之良知天理于事事物物，则事事物物皆得其理也。"③他的致良知之"良知"是人的一种天赋的、人皆有之、"非由外铄"的道德观念，包括恻隐之心、羞恶之心、恭敬之心、是非之心等，既指道德意识，又指最高的本体。他认为："良知只是个是非之心，是非只是个好恶。只好恶，就尽了是非；只是非，就尽了万事万变。"④所谓"良知"是"知是知非"的"知"，良知人皆具有，是一种不假外力的内生人格本体；所谓"致"，就是在事上磨炼，见诸客观对象，是兼知兼行的过程。"致良知"就是将"良知"推广到一切事物，也就是在现实生活即实际行动中实现良知，达到知行合一。

例如对于"民本"的认识。民本思想是中国古代优秀传统观念的重要组成部分。"民本"是相对于"君本""国本""官本"而言的，它是中国古代有作为的统治者为维护和巩固其统治地位而提出的一种观点。民本思想经历了从"重天敬鬼"到"敬德保民"，进而从"重民轻天"到"民贵君轻"的发展过程。明确提出民本思想的是孟子，他的"民为贵，君为轻，社稷次之"说法是民

---

① 《孟子·尽心下·十七》，中华书局2007年版，第296页。
② 《孟子·离娄上·九》，万丽华，兰旭译注，中华书局2007年版，第154页。
③ 肖萐父，李锦全主编：《中国哲学史》下卷，人民出版社1983年版，第131页。
④ 同上，第134页。

本思想的主要源头。民本思想认为民众是国家的根本，统治者要认识到民众对江山社稷的作用，敬民、重民、爱民、贵民、安民、恤民，修善德行，约束自我，慎重处理民事、国事。民本思想具有一些合理的因素，例如强调了民意的重要性，在一定程度上约束了专制权力，客观上维护了社会秩序，保持了社会的稳定，有助于增强文化认同、巩固民族团结。民本思想的历史局限性在于，其出发点并非为了民众及其利益，而是为了统治者（君）的利益，为了更好地稳固其统治制度，因而民本思想中的"重民"本质上只是手段，一旦民众的利益与统治者的利益冲突，便必然舍弃前者而维护后者。

上述中华民族文化资源的举例说明，中华传统文化尤其关注人的问题，对于当代人的发展理论体系建构具有重要的借鉴价值。借鉴中华传统文化必须有正确的立场和姿态：一方面，要有客观、科学的态度，既要确立和坚持文化自觉和文化自信，充分肯定本民族文化的优势和特色，做中华优秀传统文化的守护者、传承者、弘扬者和推广者，又要实事求是地认识到本民族文化的缺点和不足，例如在充分肯定和弘扬中华传统文化具有丰富多彩的、在世界文化中独树一帜的人文精神的同时，清醒地认识到其比较缺乏科学精神，缺乏理性传统和方法的缺点。另一方面，对其中的思想资源不能简单地古为今用，而是要去粗取精、去伪存真，进行现代的转化和创新，做出合乎时代精神的阐发和运用，在与现实的对话中阐发中国传统文化的价值并给予马克思主义的理解，将其融入当代中国的道德建设、文化创造、社会生活及人的素质培育中。

建设社会主义先进文化必须借鉴人类优秀的文化资源。自资产阶级开创了"世界历史"以来，不仅物质产品的生产具有普遍化或世界性的趋向，精神产品的生产也是如此。"各民族的精神产品成了公共的财产。民族的片面性和局限性日益成为不可能，于是由许多种民族的和地方的文学形成了一种世界的文学。"[①]伴随着世界历史进程的深入，各种思潮相互激荡，各种文化相互交融，各种观念相互碰撞，既促进了各民族文化的发展，也导致了文化之间的趋同，逐渐形成一种具有普遍性的世界文化。普遍性文化形成于各国家民

---

① 《马克思恩格斯选集》第1卷，人民出版社2012年版，第404页。

族之间以经济交往为基础的普遍交往过程中,但其来源却是各民族特殊的文化,是在特殊文化基础上形成的,它不是诸种特殊文化的简单叠加,而是对特殊性文化的提炼和升华,它扬弃了其所由以形成的特殊性文化的一些局限和糟粕,是对特殊文化的超越和创新,它作为人类长期积淀下来的思想结晶,既凝聚了人类文化的精华,又切合现代化进程发生了意义的转换,具有较为鲜明的当代性,反映了人类文化的发展趋势,对于我们在现代化进程中进行精神文化建构,丰富精神生活,满足精神需要,具有重要的参考和借鉴意义。正如《共产党宣言》所指出的,历史向世界历史的转变打破了以往各国家民族文化各自发展的态势,随着全球化进程的深入以及普遍性文化的形成,文化交往正在成为当代及未来人类文化发展的普遍现象,吸收和借鉴人类共有的优秀文化将成为各国家民族文化建设的重要内容。为此,当代中国文化建设决不能闭关自守、故步自封,而应当秉持博大的胸怀和宽广的包容性,自觉地面向世界和未来,向世界文化开放,不拒外来,融会中西,贯通古今。一方面,积极与他民族进行文化交流,自觉借鉴吸收其他民族优秀的文化资源;另一方面,自觉借鉴吸收人类共有的普遍性文化,充分吸收其有益的成分,将其他民族和人类共同的优秀文化融入中国特色社会主义文化中,提升中国特色社会主义文化的当代性和先进性,为当代中国人的发展提供更加丰富多样的精神食粮。

在中国特色社会主义文化建设过程中,继承中国传统的优秀文化资源与借鉴人类优秀文化资源是相互关联、相互促进的。为此,应当正确理解保持文化的开放性、时代性与保持自身民族文化特色的关系。在借鉴和吸收其他文化,以人类优秀文化充实本民族文化时,坚持文化自觉和文化的主体性,而不能反客为主,失去自我;在继承中国传统文化时应当去糟粕取精华,而不能不分良莠、照搬他人、生吞活剥。概言之,应当在不拒外来与不忘本来、保持开放性与坚持主体性之间实现一种动态的平衡。

五、人的发展的环境条件

人对自然环境的依赖是由人的自然属性及其需要决定的。人是自然界进化的产物，虽然通过劳动从动物中提升出来而确立了主体性，超越了其他自然物，但作为生物体，却不会完全丧失自然属性，不会完全改变自己肉体的生物本质、生理结构和机能，不可能摆脱生理需要，仍然要在与自然界进行物质、能量和信息的交换中才能生存和发展。马克思认为，自然是人的无机身体。就是说，自然是人的物质基础，人作为自然物须臾不能离开自然而存在。"人（和动物一样）靠无机界生活，而人和动物相比越有普遍性，人赖以生活的无机界的范围就越广阔。……人在肉体上只有靠这些自然产品才能生活，不管这些产品是以食物、燃料、衣着的形式还是以住房等等的形式表现出来。"[1] 恩格斯更是明确指出："人来源于动物界这一事实已经决定人永远不能完全摆脱兽性。"[2] 这里的"兽性"就是人与动物共有的自然属性，它是人与生俱来的也是一如既往的属性。

一些学者对人的自然属性曾有详细的论述。罗尔斯顿指出："生命是自然赋予我们的，我们有着自然给我们的脑和手，基因和血液中的化学反应，那么可以说我们生命的百分之九十仍是自然的，而只有百分之十是人为的。"[3] 弗洛姆指出："饥饿、干渴、满足性欲、睡眠、锻炼身体，这些都源于生物体的化学作用。"[4] 肖恩·塞耶斯指出："人类是具有客观物质需要的实体存在"[5]，这些需求本身是人类生存的普遍特征，也是由人们的"物质构造决定的，并且对人性的可塑性进行了自然的限制"。"我们受到生理条件的限制，对食物的需求在不同的社会条件中采用不同的特殊形式，并且它必定总是采用某种明确特定的形式，且随着社会的发展而发展。"[6] 人的自然生理特性和生存方式决定了人要生存、繁衍和发展必须从其他自然物中获取物质、能量和信息，须臾不能离开自然界，即"活的个人要维持自己，需要有一定量的生活资料"[7]。然而与其他动物不同，人在劳动中改变了自然物，也将自己提升为人，形成了特定的不同于其他动物的生存方式及其需要。这种需要具有超越现实性，

---

[1] 《马克思恩格斯文集》第1卷，人民出版社2009年版，第161页。
[2] 《马克思恩格斯选集》第3卷，人民出版社2012年版，第478页。
[3] 霍尔姆斯·罗尔斯顿 Ⅲ：《哲学走向荒野》，吉林人民出版社2000年版，第473页。
[4] 弗洛姆：《为自己的人》，生活·读书·新知三联书店1988年版，第172页。
[5] Sayers, Sean. Marxism and Human Nature, London: Routledge, 1998, p.151.
[6] 同上。
[7] 《马克思恩格斯选集》第2卷，人民出版社2012年版，第165页。

决定了人与自然交流的方式截然不同于其他动物。动物可以直接从自然物中获取现成的产品满足自己的需要，人则不然，天然的自然物不能满足人的需要，人必须对之进行改造才能满足自己的需要。这就决定了人必须以自己的活动变革自然物，将其从天然的自然物转变为人化的自然物，以便能在有用的形式上加以利用。正如马克思所说："劳动首先是人和自然之间的过程，是人以自身的活动来中介、调整和控制和自然之间的物质变换的过程。人自身作为一种自然力与自然物质相对立。为了在对自身生活有用的形式上占有自然物质，人就使他身上的自然力——臂和腿、头和手运动起来。"[1] 通过改变自然满足自己的需要，这是在人与自然交流方式和途径上最为独特之处。

人对改造自然带来的直接后果是，人从自然界中将自己提升出来，确立了自己的主体性，从而有了主客体的区分。达尔文的进化论从宏观上揭示了人类产生的过程。恩格斯亦对这一过程做出如下概括："从最初的动物中，主要由于进一步的分化而发展出了动物的无数的纲、目、科、属、种，最后发展出神经系统获得最充分发展的那种形态，即脊椎动物的形态，而在这些脊椎动物中，最后又发展出这样一种脊椎动物，在它身上自然界获得了自我意识，这就是人。"[2] 主客体区分的直接后果，则是出现了人与环境的矛盾：人改变自然，满足了自己的需要，同时也影响了自然的现状及发展，这种影响达到一定程度，就造成了资源环境危机，由此就出现了协调人与自然关系的问题。

人对自然物的依赖决定了自然是人类唯一的生存家园，自然环境的状况直接决定着人的生存质量和发展程度。人类对资源环境对影响自身的认识由来已久。18世纪，孟德斯鸠提出了地理环境决定论，认为包括气候、土壤等因素在内的地理（即自然）环境与人民的性格有很强的关联性，对人们的生活有重要的影响，决定着一个国家的国家制度以及法律形式等，决定着社会性质和社会发展。例如他指出，不同气候导致人们性格甚至民族命运的差异，"在寒冷的气候中人的精力更足。……这种更大的力量应当产生出许多结果：例如对自己更有信心，也就是说更有勇气；对自己的优越性更有认识，也就

---

[1] 《马克思恩格斯文集》第5卷，人民出版社2009年版，第207~208页。
[2] 《马克思恩格斯选集》第3卷，人民出版社2012年版，第858页。

是说报复的欲望更少；对自己的安全更有把握，也就是说更坦率，更少猜疑、权术和诡诈。……热带民族和老人一样胆怯；寒民族则像青年一样勇敢"[1]。他还认为不同地形也会导致社会制度的差异，例如欧洲天然的地域分隔有利于实现民主，而亚洲一些地区广袤的平原则往往导致专制制度。因此，他认为法律应着重考虑这些因素对社会现实的影响。

唯物史观认为，地理环境决定论夸大了地理环境在社会发展中的作用，因为社会发展是各种因素综合作用的结果，其中生产方式在社会发展中具有决定性的作用。如果一个社会的性质和发展只是或主要是由地理环境决定的，就不能说明为什么有些资源匮乏的国家仍然可以发展得很快、很好，也不能解释为什么有些资源充裕的国家却发展得很慢、很不好。但是，在否定地理环境决定论的同时，却不应当走向另一个极端——忽视甚至否定地理（自然）环境在社会进步和人的发展中的重要作用。

自然环境的作用首先在于它是人们生活资料的来源，直接或间接地决定着人的生存发展状况。生活资料分为两个部分：一部分是人可以直接利用的天然自然物，主要包括阳光、空气和水以及禽兽、鱼介、草木、矿物等各种各样无机的和有机的天然生成之物；另一部分是人造自然物，即人生存所需要但不能直接为人所用，必须由人对天然自然物加工后制造出来的物品。空气、水、生态环境等天然物直接源于自然的赐予，人造自然物则是人改变自然的产物，地球上的天然自然物虽然种类繁多，但还是有限的，人造自然物则不然，随着未来科技和生产的继续发展，以及人们需要的拓展，人造生活资料的种类将会更加多样。

自然环境对人生存发展的影响既表现为空气和水等天然自然物的质量直接决定着人们的生活质量，又体现在它作为劳动对象在很大程度上决定着人造自然物的状况，决定着生产力以及经济发展的水平，决定着人的生存发展条件。劳动对象是人们用来实现自己的劳动、在其中展开劳动活动并借以生产出产品的材料，是客观存在的自然物。广义的自然物即自然环境因素，例如地形、气候、土地、能源资源等，没有这些自然物劳动就没有对象，人们

---

[1] 北京大学哲学系外国哲学史教研室编译：《十八世纪法国哲学》，商务印书馆1963年版，第50页。

就什么也不能创造，因而这些自然物的状况在很大程度上决定着生产力及经济发展状况，对人的生存发展具有重要的影响。

人类从自然界提升出来就开始改造自然。但在近代以前，由于生产力水平低下以及需要十分有限，人总体上处于受制于自然的状态，对自然的改变无论在规模上还是在深度上都极为有限，故对自然造成的负面影响也未超出其自我修复的承载力，尚未出现资源和环境问题。相应地，人们在资源环境问题上没有产生危机感，更没有保护环境的自觉意识和行为。资源环境问题是随着人类改造自然活动的扩大和加深而出现的。"人类改造自然界的规模和步伐，随着物质文明的每一发展和提高而加大。"[1]工业革命极大地提高了人类改造自然的能力，扩大了人类改造自然的范围，加深了人类改造自然的程度，从18世纪开始，"人类发展速度又一次开始加快。200多年来，每项生长指标：人口、能量、食品供应、矿产消耗、人口从农村移居城市等等，都开始增加"[2]。"人类及其生产技术对自然环境和资源的冲击之大，是人类历史上从未有过的。"[3]生产的巨大发展、生活方式的深刻变化以及人口的迅猛增长，给资源环境带来了巨大的压力，使人与自然的矛盾愈趋尖锐。"大自然虽然是极其富有而又慷慨的，但是它也是脆弱的，是精细地平衡的。自然界存在着不可逾越的界限，如果超越这些界限，自然系统的基本完整性就受到威胁。今天，我们已经接近许多这样的界限，我们必须重视危及地球上生命生存的危险性。"[4]正是由于超越了自然界自我修复的临界点，因而出现了日趋严重的资源环境危机，出现了应对危机的"可持续发展"或"绿色发展"的理念和行为。

资源环境问题及其应对的由来表明，可持续发展归根结底是"人的问题"，既是由人的因素引起的，又直接威胁着人类的生存和发展。因此，解决或缓解资源环境危机并实现可持续发展既要以有利于人的生存发展为旨归，又有赖于人自身的努力。

可持续发展归根结底是为了人的发展，因而实现可持续发展必须以有利

---

[1] 芭芭拉·沃德，勒内·杜博斯：《只有一个地球》，吉林人民出版社1997年版，第8页。
[2] 同上，第9页。
[3] 同上，第11页。
[4] 世界环境与发展委员会：《我们共同的未来》，吉林人民出版社1997年版，第39页。

于人的生存发展为旨归。确立这一宗旨，有助于正确理解人与自然的和谐发展。可持续发展的目标是人与自然的和谐及两者的协调发展，但问题在于，由于人的生存方式，人的发展与自然发展往往会出现矛盾。自然不可能自动满足人的需要，人要在有用的形式上占有自然物，就必须对其加以改造，干预自然的发展进程，改变自然物的原有形态或性质，造成人与自然的矛盾。因此，只要人以人的方式生存，人与自然就必然有不和谐的一面，人与自然的和谐就要通过对人与自然关系的调整来实现。一些生态主义者在反思资源环境危机时提出了生态中心主义，主张"自然的内在价值"和"生态本位"，要求人们"改变我们的哲学观点，放弃我们认为人类优越的态度"[①]，平等地对待自然，看待自己，进而主张放弃对自然的改造。这种主张显然离开了调整人与自然的关系、实现可持续发展是为了人的发展之本意。我们认为，调整人与自然的关系的总方向应当是自然适应于人而不是人适应于自然，因为调整的目标是以有利于人的生存发展为前提的人与自然和谐共生。也就是说，协调人与自然关系的根本原则是有利于人的发展。

人的发展是可持续发展的根本价值定位。其所以做出这一定位，是因为人与自然和谐是基于人生存发展需要提出的，是人追求更美好的生存发展环境的要求，否则就不会有保护自然的设想，更不会有可持续发展的行动。因此，可持续发展是一种整体的、综合的目标，"可持续"是对"发展"的规定，二者是内在统一的，统一于人的发展。正是基于这一理解，我们所追求的可持续发展不是为了维持自然现有的状态而消极无为地顺应自然，而是积极有为的、可持续的发展。诚然，人不能无视自然资源和环境的承受能力盲目追求经济发展，人对待自然的方式可以改进，如选择绿色的生活方式。然而，绿色的生活方式亦必须以变革自然为前提，即在确保自然可永续利用的前提下变革自然。为此，实施可持续发展战略绝不是否定发展，既不应讳言改造自然，更不能停止对自然的改造，而应当实行改造与保护相结合的积极的发展，合理地改造和利用自然，在改造自然的同时保护自然，使自然朝着有利于人生存发展要求的方向持续发展，以便持续地满足人们对优良环境的要求，

[①] 蕾切尔·卡逊：《寂静的春天》，吉林人民出版社1997年版，第230页。

满足人们日益增长的美好生活需要，真正促进人与自然的和谐及协调发展。离开人们的基本物质文化需要单纯强调环境保护，既不符合可持续发展的本意，也得不到大多数人的理解和支持，这样的"可持续发展"不可能成为人们共同的行动。鉴于此，环境建设始终要围绕着人来进行，绝不能离开人的需要、人的生存、人的发展来谈论可持续发展。生态文明和绿色发展正是以人的发展为旨归的对人与自然关系的重新理解和定位，是人的生活方式以及对待自然态度的根本转向与重塑。

实现可持续发展有赖于人自身的努力。从人的方面看，资源环境危机既是源于人们认识和技术方面的原因，更是源于人们利益和价值方面的原因。在可持续发展运动的早期，所面临的问题主要在于认识和技术方面，而在当代，虽然技术问题依然存在，但更重要的障碍是利益和价值方面的因素。在现实中，一些利益主体会因为自己经济效益与公共利益的矛盾而将自己的利益凌驾于他人和社会的利益之上，以邻为壑，造成资源浪费和环境污染。这表明，在实现可持续发展过程中，价值取向与科学认识及技术发明同等重要，在一定情形下甚至更为关键。因此，实现可持续发展不仅取决于认识或技术的进步，更取决于人的素质的提升，取决于合理的生存态度、价值取向和生活方式。正是在这个意义上说，实现可持续发展既有赖于调整人与自然关系，又有赖于调整人与人的关系，有赖于人的发展。由此可见，可持续发展与人的发展是互为条件、相互支撑、相互促进的，应当在二者之间保持一种良性循环的关系，而其中的关键，就是始终以人的发展为核心，以人的发展引领可持续发展，使可持续发展始终围绕着人的发展来进行，为人的发展提供优良的环境条件。

第十二章　人的发展的实现路径

马克思恩格斯在揭示人的发展现实条件的基础上，指明了人的发展的实现途径。他们认为，环境的改变和人自身的改变是一个统一的过程，统一的基础是实践，人在改变环境这一客观世界的同时也在改变自身的主观世界，并且人只有在改变环境的实践中才能改变自身。根据这一理解，人的发展既有赖于人对外部环境和条件的改变，又有赖于其自身的改变，是人在实践基础上改变环境与改变自身的统一。

一、环境的改变

人的发展有赖于客观条件，因而外部环境的改变是人的发展的前提，是实现人的发展的外因。马克思恩格斯指出："只有在现实的世界中并使用现实的手段才能实现真正的解放……当人们还不能使自己的吃喝住穿在质和量方面得到充分保证的时候，人们就根本不能获得解放。'解放'是一种历史活动，不是思想活动，'解放'是由历史的关系，是由工业状况、商业状况、农业状况、交往状况促成的。"[1]人的发展亦是如此，其所依赖的外部环境条件主要包括经济条件、制度条件、文化条件以及环境条件，与此相关，人的发展程度主要取决于经济建设、制度建设、文化建设以及环境建设的状况。

人的发展有赖于经济建设。人们的生存状况和发展程度取决于他们进行物质资料生产的能力，与生产力发展水平直接相关。基于这一理解，马克思恩格斯认为决定人生存发展的首要社会因素是生产力，"个人是什么样的，这

---

[1] 《马克思恩格斯选集》第1卷，人民出版社2012年版，第154页。

取决于他们进行生产的物质条件"①，即同他们的生产力水平直接相关。在未来，个人的独创的和自由的发展"正是取决于……经济前提，一切人的自由发展的必要的团结一致以及在现有生产力基础上的个人的共同活动方式"②。因此，只有解放和发展生产力，推进经济建设，增加社会和个人的物质财富，才能改善人们的物质生活条件，为人的发展提供坚实的物质支撑。通过科学技术进步提高生产力水平、创造丰富的物质财富，是推进人的发展头等重要的工作。因此，从社会发展的历史进程看，在物质财富极大丰富（这当然是相对于合理的需要而言的）成为现实之前，应当始终坚持以经济建设为中心，以科技进步为驱动，以解放和发展生产力为第一要务的基本方针。在经济全球化的当代，一个国家只有通过普遍交往，"才能摆脱种种民族局限和地域局限而同整个世界的生产（也同精神的生产）发生实际联系，才能获得利用全球的这种全面的生产（人们的创造）的能力"③。为此，要继续坚持改革开放不动摇，通过进一步参与经济全球化进程，借鉴发达国家的先进技术和经验，促进生产力发展。为此，要特别警惕以狭隘的民族主义来否定对外开放，防止逆全球化倾向的扩展，避免对经济发展造成负面影响。

　　人的发展有赖于制度建设。首先有赖于经济制度和经济体制的合理化。经济制度的核心是生产资料所有制，马克思正是以生产资料所有制形式为依据，指明了历史上不同社会经济形态（自然经济、商品经济、产品经济）与人生存发展程度的对应关系，亦即揭示了人的发展与社会制度和社会关系的内在关联。他和恩格斯在此基础上提出了消灭资本主义私有制、建立社会主义公有制的目标，就是要消除物的依赖性，创造人的发展的经济制度和社会关系条件。其次有赖于政治制度的合理化。政治制度在根本上规定着人的发展空间，制约着人的发展的深度和广度，在不同的政治制度下，人的发展的空间和可能性是大相径庭甚至截然不同的。社会主义政治制度合理化的根本标准是有利于人的发展，即实现好、维护好、发展好最广大人民的根本利益，这是社会主义政治文明建设的根本目标。

---

① 《马克思恩格斯选集》第1卷，人民出版社2012年版，第147页。
② 《马克思恩格斯全集》第3卷，人民出版社1960年版，第516页。
③ 《马克思恩格斯选集》第1卷，人民出版社2012年版，第169页。

人的发展有赖于文化建设。文化在影响人的发展诸种因素中具有特殊的意义,既是一个民族中的人们自我身份认同并相互认同的依凭,是每一个人确认自己社会身份,形成生活追求以及获得归属感、认同感和凝聚力的根据,又是人社会活动特别是精神生活的主要资源。文化上的进步既是人的发展的条件,又是人的发展的标志,社会发展程度越高,文化水平对人的发展的制约就越是明显。着眼于人的发展,在社会主义矛盾转化、人们美好生活需要日益增长的当代中国,应当进一步加强文化建设,建设既有中国特色又有时代特征的中国特色社会主义先进文化。一方面,为人们提供更多、更好的文化产品,充分满足人们日益增长的精神文化需要,充实人们的精神文化生活,促进人们身心愉悦和健康;另一方面,为人们提供更多、更好的精神食粮,开阔人的视野,提升人们的精神境界,培育人们的现代意识和文明素质。

人的发展有赖于自然环境建设。自然环境状况直接决定着人的生存质量和发展水平。当代以可持续发展(绿色发展)为旨归的生态文明建设,正是改善人的生存环境、推进人的发展的重要举措。所谓环境友好,"友好"的对象是人,就此而言,可持续发展的直接目的是自然的持续发展,根本目的则在于为人的生存发展提供良好的环境条件,因而人与自然和谐相处及协调发展的根本目的是通过自然的持续发展促进人的发展。中国作为发展中国家,自然环境建设是一个长期的过程,实施可持续发展战略应当要坚持"共同但有区别的原则",既要积极有为,有共同承担责任的意识和行为,要积极作为,又要从实际出发,量力而行,基于我们发展中国家特定经济发展水平和科学技术水平的具体国情,使环境建设与经济社会发展状况相适应,相互促进并互为支撑。要在注重人类长远利益,着眼于未来人的发展目标与维护好、实现好人们的现实利益,充分满足人们现实的生存需要之间保持一种合理的平衡,通过"人和自然界之间、人和人之间的矛盾的真正解决"[①]促进人的发展。

改变和优化外部环境是推进人的发展不可或缺的"外因",也是实现人的发展的客观条件。改革开放以来,中国现代化建设为人的发展创造了愈益充

[①] 《马克思恩格斯文集》第1卷,人民出版社2009年版,第185页。

分的条件，但与人的发展，与满足人民日益增长的美好生活需要的要求仍有很大的距离。中国社会主要矛盾已经转化为人民日益增长的美好生活需要和不平衡不充分的发展之间的矛盾。一方面，物质文明、政治文明、精神文明、社会文明和生态文明"不充分发展"问题依然存在，仍有赖于进一步的建设和发展；另一方面，物质文明、政治文明、精神文明、社会文明和生态文明建设之间不平衡，总体上看，物质文明建设比较重视也比较到位，政治文明建设、精神文明建设、社会文明建设、生态文明建设则相对不足。这一状况既与社会发展阶段性相关，因为就满足人们的需要来说，首先要解决的问题是满足人们的基本物质需要，就社会发展的顺序来说，首先要解决的问题是社会物质财富的增长，也与认识和行为的失误相关，即重视经济增长而忽视社会全面进步，未能以人的发展引领社会进步。由此造成了不平衡的发展问题。综上两点，着眼于人的发展环境建设，既要继续坚持以经济建设为中心，进一步加强物质文明建设，又要更加注重政治文明、精神文明、社会文明和生态文明建设，全面优化人们生存发展的环境。

二、人自身的改变

外部环境是人的发展的必要条件，却不是充分条件，不会自然而然地带来人的发展。在外部环境和条件改善的基础上，实现人的发展又有赖于人的主观努力，有赖于人自身的改变，这是人的发展之内因。

关于人能否改变自身，存在着不同的理解。有一种观点认为，人生来就具有自私本性，它总是驱使人们为了利益而相互博弈和争斗，所以，任何时候都不可能消灭私有制并实行公有制和按需分配，任何关于未来理想社会的设想都只能停留于空想而不可能成为现实。正如乔纳森·沃尔夫所指出的："人们常说，马克思描述的共产主义即使实现了也必然会垮台，因为我们生来就是自私的。我们根本不可能像马克思要求我们做的那样去执行。"[①]这种观点的立论基础是假定人的自私本性是不可能改变的。我们认为，这一假定是

---

① 乔纳森·沃尔夫：《当今为什么还要研读马克思》，高等教育出版社2006年版，第87页。

不成立的。无数历史事实表明，尽管人类自身及社会的发展历经曲折和反复，但总体趋势是由低级到高级不断进步的，这表明了一个道理，人是可以改变，可以不断趋善、向好地变化。马克思恩格斯对未来社会的展望正是以坚信这一趋势为前提的。他们认为，人改造客观世界的结果不仅是客观世界的变化，也将是人自身的变化，是人素质的提升，是文明向更高层次的发展。在未来，随着人们对自然和社会改造的深入，随着生产力发展和社会财富的增长，随着社会制度的合理化，随着科学技术和文化的进步，人们的素质，包括思想境界和道德修养将会显著提升，成为新时代的新人。

人自身的改变以客观条件为基础，又取决于他们自身的修养，即通过自己的主观努力、自我改变、修身养性，确立正确的世界观、人生观、价值观，完善自己的个性、人格和气质，提升自己的境界，增强自己的能力，提高自己的素质。

中国古代的哲人们，无论儒家、道家还是佛家，都强调修身养性（心）、参悟人生意义，提升精神境界，对人的道德修养的意蕴及其途径和方法做出了大量的探究，创立了各种关于个人修养的学说。佛家讲究出世，重在修心，炼心修性，自性内求，放下自我，超脱对身外之物的欲望。道家讲究避世，重在修身，崇尚天人合一、自然高远，主张自然无为、返璞归真、涤除玄览、潇洒旷达、顺应自然、物我两忘、见素抱朴、少思寡欲，鄙弃功利主义，绝圣弃智、绝仁弃义、绝巧弃利，达至天人合一的天地境界。道家和佛家的理念及做法对当代人为人处世虽有诸多借鉴意义，但与人的发展目标相去甚远。相对来说，儒家的理念及做法最具有启示性。

儒家讲究入世，主张"天行健，君子以自强不息"，积极进取、奋发有为；为天下立心，为生民立命，为往圣继绝学，为万世开太平；立德、立功、立言；修身、齐家、治国、平天下，是一种倡导人奋斗的价值观。其中"修身"是起点，是做人、做事的开端。修身就是修养身心（性），就是用诚心、仁爱、谦卑的情操来祛除思想中不符合仁义礼智信的念头，就是确立儒家提倡的人生的意义、价值、理想等追求，做一个"穷则独善其身，达则兼济天下""不以物喜，不以己悲""先天下之忧而忧，后天下之乐而乐"的堂堂正正的人，故而修身的标准主要是忠恕之道和三纲五常，修身的过程则是苦其心志，劳其筋骨，饿其体肤，空乏其身，行拂乱其所为，即所谓艰难困苦，玉汝于成。儒家虽然讲究入世，但其修身养性又不乏对道的追求和对境界的向往，即如孔子所言，"朝闻道、夕死可矣"。他倡导"为己之学""古之学者为己，今之学者为人"①，认为学习是为了修养自己的道德和增进学问："自天子以至于庶人，壹是皆以修身为本。"儒家修身的过程是格物、致知、诚意、正心，修身的方法是"反省内求"，代表性的说法有孔子的"吾日三省吾身"，孟子的"养浩然之气"，朱熹的"格物致知"，王阳明的"知行合一、致良知"，等等。这些做法体现了中国古代哲人对高尚和境界的追求，颇具特色，对今人仍有一定的参考和借鉴价值以及一定的功效，但由于离开社会实践谈论修养，也存在着显著的局限性。

西方古代哲人们注重追寻生存之意义，尤其注重对有关人的普遍性问题的探究，例如人的本性是什么，人生的意义是什么，怎样的生活更有价值，个人的生存与他人和社会是怎样的关系，等等。苏格拉底主张思考生活的意义，认为认识的中心任务是"照顾自己的心灵"。柏拉图认为哲学的最高理念是善，人的一切理念必然以善为追求的目标和归属。亚里士多德认为幸福是享乐主义、德性主义和至善主义的综合，人是在同他人的交往中变化的，一个人的现实活动怎样，他的品质也就怎样。伊壁鸠鲁认为人生应当快乐和幸福，社会秩序不过是实现个人自由的条件而已。彼特拉克认为人的本性、人生的目的和幸福，应该是研究的主题。薄伽丘认为人的全部生活的目的就是幸福。伊拉斯莫认为人要幸福就必须按自己的自然本性生活。蒙田认为人的命运和价值源于人自身，享乐是人生的最高目的。斯宾诺莎认为人生而具有不可剥夺的保存其自身的权利，人应当追求心灵的幸福，放弃迷乱人心的资财、荣誉、肉体快乐，获得真正的善。洛克主张每个人都拥有保护他自己的权利，并应当尊重其他人的同等权利。伏尔泰认为一切人都是平等的，人除了自我保存的本能之外人还具有怜悯同类的更高的本能。卢梭认为自由是人类主要的天然禀赋，人放弃自己的自由就是放弃了做人的权利，就是违背了人性。康德认为道德判断应当仅仅以理性为基础，并提出了"绝对命令"这

---

① 《论语·宪问·十四》，中华书局2007年版，第218页。

种"可加以普遍化"的普遍道德规律和最高行为原则。费希特认为:"人的教养不能够靠别人传授,人必须进行自我修养。一切苦修也绝不是文化修养,教育是通过人的主动性来实现的,教育牢牢地钉在主动性上。"[1]并认为身教重于言教,"我们不仅要用言教,我们也要用身教,身教的说服力大得多。任何生活在社会中的人得以有好榜样,都要归功于社会,因为榜样的力量是靠我们的社会生活产生的"[2]。人应当对自己有高的要求,学者"应当成为他的时代道德最好的人,他应当代表他的时代可能达到的道德发展的最高水平"[3]。黑格尔指出,人的价值的依据就是理性和自由,自由是精神的唯一真理。费尔巴哈认为,人的绝对本质,上帝,其实就是他自己的本质,宗教是人最内在的思想的自白,人的本质是理性、爱和情感。

中西方哲人们对人的修养的理解具有显著的差别,中国哲人注重内省,注重人的自我完善,注重提升人自身的素质,培育人格和养成气质,相对而言少有对人生普遍意义和价值的理解,比较缺乏对人的终极价值的关怀和追问。西方哲人则不太注重内省和人的自我完善以及人格和气质的培育和养成,但比较注重对人生意义的理解和对人的终极价值关怀。此外,还特别注重对人作为人的各项基本权利的论证和维护,关注社会制度等外部因素对人的影响。中西方哲人从不同角度凸显了自我修养在素质养成和提高过程中的重要作用,但也存在着共同的缺陷,未能明确指出人的改变与环境改变之间的内在关联及其基础。

人具有自我意识,总是要拷问生存的意义和价值,思考有关自己生存发展的一些基本问题,并在此基础上追求更加理想、更有意义的生活,正如弗洛姆所说,"人在有或没有'理想'之间,并没有选择的自由,但他在不同类型之理想的选择上,是自由的,……所有的人都是'理想主义者'"[4]。对于生存的意义和价值没有现成的答案,不同的人往往见仁见智。这就意味着,人的生存和发展的价值是需要说明的,特别是需要历史观层面的价值说明,而

---

[1] 陈孔国主编:《师德养成读本》,湖南大学出版社2010年版,第243页。
[2] 费希特:《论学者的使命人的使命》,商务印书馆1984年版,第44页。
[3] 同上,第45页。
[4] 弗洛姆:《为自己的人》,生活·读书·新知三联书店1988年版,第63页。

这种说明是人自我改变和修养的价值基础。马克思恩格斯创立的唯物史观及人的发展理论，在历史观层面对人的生存问题做出深层次的、根本的哲学解读，为人们深刻地理解生存的意义提供了合理的解释，为人的自我改变、自我修养，为人们确立正确而合理的世界观、人生观、价值观从而提升精神素质、丰富精神修养、升华精神境界、充实精神生活、完善个性和人格、开阔视野和胸怀提供了坚实的价值基础和根本的理论遵循。

三、环境改变与人自身改变的统一

人的发展既取决于环境的改变之"外因"，又取决于人自身改变之"内因"，更为重要的是，环境的改变与人自身的改变是一个统一的过程，统一的基础是实践，人在实践过程中既改变环境又改变自身。亚里士多德指出，人是由环境更是由自己的行为造就的，"正是通过同我们同邦人的交往，有人成为公正的人，有人成为不公正的人。正是由于在危境中的行为的不同和所形成的习惯的不同，有人成为勇敢的人，有人成为懦夫。……一个人的实现活动怎样，他的品质也就怎样。所以，我们应当重视实现活动的性质，因为我们是怎样的就取决于我们的实现活动的性质"[1]。霍尔巴赫认为，满足需要的活动会促进人的能力的发展，"正是由于人的层出不穷的需要，人的能力才处于一种永恒的活动之中；一旦他不再有什么需要了，他便会落在无所事事、迟钝、烦闷、对他的存在有害和不便的萎靡之中了"[2]。费尔巴哈则提出了人的本质力量对象化的观点，认为，人要在对象性活动中确认自我，"任何完善性、任何力量和本质性都是它们自身的直接验实和确证"[3]。他们都在一定程度上认识到人的改变与其活动的关联。

马克思恩格斯既注重通过改变世界推进人的发展，也注重人的自我改变和完善。马克思在《青年在选择职业时的考虑》中指出："在选择职业时，我

---

[1] 亚里士多德:《尼各马可伦理学》，商务印书馆2003年版，第36~37页。
[2] 霍尔巴赫:《自然的体系》下卷，商务印书馆1977年版，第6~7页。
[3] 费尔巴哈:《基督教的本质》，商务印书馆1984年版，第35页。

们应该遵循的主要指针是人类的幸福和我们自身的完美。"①将"为人类幸福而工作"和追求"我们自身的完美"两种志向并列起来确定为人生的目标，在事实上体现了"为人类幸福而工作"和追求"我们自身的完美"的内在关联。"我们自身的完美"就是追求人自身的完善，而实现这种追求的现实途径，就是"为人类幸福而工作"。他在《关于费尔巴哈的提纲》中进一步明确了环境改变与人的改变的关系，指出，环境的改变和人自身的改变是一个在实践基础上统一的过程。马克思恩格斯在《德意志意识形态》中还从这一观点出发论证了社会革命的必要性，指出："革命之所以必需，不仅是因为没有任何其他的办法能够推翻统治阶级，而且还因为推翻统治阶级的那个阶级，只有在革命中才能抛掉自己身上的一切陈旧的肮脏东西，才能胜任重建社会的工作。"②认为革命具有双重的必要性：改变旧的制度和改变人（革命者）自身，其所以如此，是因为革命者本身并非天生就是完美无缺的，他们必须在革命中才能得到改造和洗礼，成为未来建设新社会的新人。这一观点还体现在他们对共产主义的理解中，在他们看来，实现共产主义既是改变世界的过程也是人自我改变的过程。乔纳森·沃尔夫曾就此指出："马克思是提出工人必须进行他们自己的革命的第一个重要的思想家。工人将在革命的烈火中得到改造。工人们将会理解他们真正的需要和利益，以及他们的现实力量和他们的相互信任。如果他们仍停留在资本主义制度下工人那种绵羊般软弱的状态，共产主义将会惨败。认识、自我认识以及动机的形成必须全部改变。马克思认为，它们可以通过积极的革命斗争而改变。只有通过进行这样的革命人们才易于接受它们。"③这阐释了马克思这一观点的独特贡献和重要意义。

环境的改变和人的自我改变统一于实践的论断，揭示了实践具有改造客观世界与改造主观世界的双重意义：人"在改变世界的活动中，他们通过发展新技能，还有新需要，也改变了自己。而这反过来又产生出新的相互作用的形式，即我们实践活动的另一方面"④。改造自然是如此，因为人对自然的改

---

① 《马克思恩格斯全集》第1卷，人民出版社1995年版，第459页。
② 《马克思恩格斯选集》第1卷，人民出版社2012年版，第171页。
③ 乔纳森·沃尔夫：《当今为什么还要研读马克思》，高等教育出版社2006年版，第34~35页。
④ 同上，第21页。

变可以造就新的生存环境,造就人与自然新的和谐或协调发展,提升人的能力,因而自然的改变和人的改变是携手并进的;改造社会也是如此,因为历史进步既是被改造对象的进步也是改造者的进步:一方面,历史进步是人自身进步的结果和反映,体现着创造历史的人本身的进步;另一方面,历史进步又为人的继续进步提供新的条件。

基于上述理解,人的发展,人的素质、修养和境界的提高,不只是一个认识的问题,更是一个实践的问题,是环境改变和人自身改变的统一,人只有在改造客观世界的过程中才能改造自身。

一方面,人的自我改变,人的能力、修养和素质的提升要在改变自然或社会的实践中来实现。恩格斯在论及人的认识能力发展时曾指出:"人的思维的最本质和最切近的基础,正是人所引起的自然界的变化,而不仅仅是自然界本身;人在怎样的程度上学会改变自然界,人的智力就在怎样的程度上发展起来。"[①]人的其他能力和素质的发展亦是如此,也是在实践中实现的,是与其改变自然和社会的程度密切相关甚至于同步的,就是说,当人"通过这种运动作用于他身外的自然并改变自然时,也就同时改变他自身的自然"[②]。此外,人的改变,其修养、素质的提升要通过对象化的活动来确定。人不能仅依据自我感受来确定自己的修养、素质提升的成效及状况,而要通过他人和社会来确认,虽然人的内在素质和价值有时候并不完全会外在地体现出来而为他人和社会所了解和认同,但这种了解和认同却是其得以实现的重要条件,这就是马克思所说的人的本质力量的对象化,也就是马斯洛所说的人的自我实现。自我实现是人的发展的直接体现和确认,人的修养、素质和价值不仅仅取决于他怎样说,而主要的是取决于他怎样做,只有通过其行为才能最真切地体现出来。更透彻地说,人的内在价值只有通过自己的现实活动才能实现并体现出来,只有人的行动才决定他的价值,例如一个人的优秀品质,他的社会责任感、正义感、教养、勇气等,只有在服务社会或他人的行为中才能得以实现,得到确认。

另一方面,社会实践对人的发展的促进作用要通过人的自我修养来完成。

---

① 《马克思恩格斯选集》第3卷,人民出版社2012年版,第922页。
② 《马克思恩格斯文集》第5卷,人民出版社2009年版,第208页。

如前所述，中国历史上的哲人们强调人自身的内在修养，其修身方式，无论是儒家的"反省内求""吾日三省吾身""养浩然之气""格物致知""知行合一、致良知"，还是佛教的"面壁"，都既有其缺陷又有其合理的一面。缺陷的一面在于，这些做法往往被理解为离开实践而仅仅诉诸个人的修养，从而使得其效果有限甚至缘木求鱼、不得要领；合理的一面在于，实践对人的发展的促进作用最终要通过人自身的改变来完成，并且其效果在很大程度上取决于身心（性）的修养、提升和超越。古人有"修身、齐家、治国、平天下"一说，将"修齐治平"看作一个统一的过程。但应当看到，这几个环节既可以是依次递进的关系，也可以是互动的关系。从个人成长和作为的轨迹看，当然是通常理解的先修身，再齐家，再治国，再平天下，但从人的发展的途径看，修身却往往要在治国、平天下等改变外部世界的实践中来实现。因此，作为人的发展方式，人自身的修养必须在实践的过程中来进行，以对客观对象的改变为基础。

总之，环境改变和人的自我改变互为表里，既是人的发展过程的两个方面，也是人的发展的两个环节，二者不能偏废也不能分离。这一道理启示我们：一方面，只有自觉地在改造客观世界的过程中改造主观世界，才能顺利实现人的发展，并通过人的发展进一步推进社会进步；另一方面，在改造自然和社会的过程中应当注重自己的改变，注意世界观、人生观、价值观的改变，经常地反思、反省自己的思想和行为，既要及时发现主观和客观之间的差距，矫正自己的认识和行为，以便更加合理、有效地改变对象，又要认真审视自己的言行，找到自己的不足，提升自己的修养和素质。

第十三章　人的发展规律和趋势

人的发展既是人的主观要求和行为，又要以客观条件为基础，二者的互动过程就构成了人的发展规律和趋势。人的发展主客体互动的特点，决定了对人的发展规律和趋势既应当从客体的方面去理解，也应当从主体的方面去理解，更应当从主观要求和行为与客观条件的相互关系中去理解。正确把握人的发展规律并预测人的发展趋势，明确人的发展的阶段性，可以更加自觉地按规律办事，更好地推进人的发展。

一、人的发展规律

学术界关于人的发展规律最有代表性的理解是黄楠森的论述。他提出并论述了人的发展规律。一是按照从简单到复杂，从外到内、从个体到类的原则，提出并论述了关于个体的人的发展规律，包括：人和环境相互作用的规律，人的实践活动和其他活动之间相互作用的规律，人的社会存在和社会意识相互作用的规律。二是提出并论述了关于类的发展规律，包括：人的实践的自发性递减与自觉性递增的规律，特殊个人的作用递减与人民群众的作用递增的规律，人的发展的不自由性、片面性递减和自由性、全面性递增的规律。三是提出并论述了关于个体发展与类发展关系的规律，即：个体发展的有限性和类发展的无限性相互蕴涵的规律。[①] 此外，还有论者探讨了资本主义社会人的发展的基本规律，即"物的人格化与人的物化相颠倒"的规律，"物的世界的增值同人的世界的贬值成正比"的规律，"人的独立性以物的依赖性

---

① 黄楠森：《略论人的发展的规律》，《安徽大学学报》（哲学社会科学版），2002年第4期。

为基础"的规律,"社会总体的全面发展以牺牲个体的全面发展为代价"的规律,"人的异化生存与人的自由本性相背反"的规律,等等。这些探讨为我们研究人的发展规律提供了有益的启示。

对人的发展规律可以从不同层面、不同阶段、不同方面来理解。我们认为,人的发展最根本的规律,是人的动机及活动与客观物质条件相互作用(相互制约、相互促进)的规律,其中客观物质条件构成人的动机及其活动的基础和制约因素,人的动机及其活动改变客观物质条件。其他人的发展规律只是这一规律的具体体现。

人的发展是在社会进步中实现的,人的发展规律归根到底是社会发展规律的体现,因而可以在社会发展规律的基础上理解人的发展规律。与社会发展同理,人的发展是一个主观动机和行为与客观条件互动的过程,是由主观动机和行为与客观条件相互作用决定的,既体现人的历史主动性又具有客观规律性,其中起主导作用的是主观动机和行为,起基础和制约作用的是客观条件,因此,对人的发展规律既应当从客观的方面去理解,也应当从主观的方面去理解。

人的发展动机的形成及其实现要以一定的客观物质条件为基础,因而对人的发展规律和趋势应当从客观的方面去理解,充分肯定客观物质条件对人的动机和活动的影响甚至决定作用,肯定客观物质条件变化的规律性。这一道理在唯物史观理论中已有详尽的论述并成为学术界的共识。

从主观的方面去理解,就是肯定人的发展动机和行为在主观上源于人追求更加幸福、更加美好、更有意义生活的本性及愿望。为此要面对的问题是如何与肯定人的发展规律客观性相契合。我们认为,承认主观动机与承认客观规律是可以自洽的。

首先,人的发展动机不是个人或少部分人的动机,而是关联社会发展事件的广大群众的动机,是社会心理的总趋向,并不等同于黑格尔所批评的"'心理学的'看法"[①]。黑格尔所批评的历史解释中的"心理学的"看法,就是主张历史进程是由个别杰出人物的"心理"变化决定的,而我们强调的是群

---

① 黑格尔:《历史哲学》,上海书店出版社2001年版,第31页。

体的甚至是整个人类的"心理"对历史进程的作用。恩格斯曾注意到这两者之间的差别，他指出："如果要去探究那些隐藏在——自觉地或不自觉地，而且往往是不自觉地——历史人物的动机背后并且构成历史的真正的最后动力的动力，那么问题涉及的，与其说是个别人物，即使是非常杰出的人物的动机，不如说是使广大群众、使整个整个的民族，并且在每一民族中间又是使整个整个阶级行动起来的动机；而且也不是短暂的爆发和转瞬即逝的火光，而是持久的、引起重大历史变迁的行动。"[1]恩格斯强调广大群众的动机（人心所向）的作用，是因为在他看来，广大群众的动机不同于个别杰出人物的动机之处，在于它体现着人心所向，代表着历史发展（当然也包括人的发展）的潮流和方向。

当然，恩格斯在此基础上还致力于追究动机背后的动因，即客观物质条件。但问题在于，决定人们动机的因素仅仅是客观条件吗？我们认为，所谓客观条件决定动机，是指在影响动机形成的因素中，社会的经济、政治和文化等客观条件是最基本的因素，构成了动机形成的宏观的、基础性的背景。但应当看到，这些客观因素是动机形成的必要条件但不一定是充分条件，它们与动机之间不一定是直接对应的关系。从根本的意义来说，人的动机和行为是客观条件的反映并受制于它，但这种反映或制约并不是直接的、单向度的，也就是说，动机和行为不一定是动因的被动反映，而往往具有主动性从而具有超越现实性。正因为如此，在同样的社会条件下，不同的人往往会形成不同的动机，他们做出的选择和行为往往大相径庭甚至截然不同。

恩格斯提出的"合力论"很好地解读了人的动机和行为在历史发展中的作用。他认为："人们总是通过每一个人追求他自己的、自觉预期的目的来创造他们的历史，而这许多按不同方向活动的愿望及其对外部世界的各种各样作用的合力，就是历史。"[2]"历史是这样创造的：最终的结果总是从许多单个的意志的相互冲突中产生出来的，而其中每一个意志，又是由于许多特殊的生活条件，才成为它所成为的那样。这样就有无数互相交错的力量，有无数个力的平行四边形，由此就产生出一个合力，即历史结果，而这个结果又可

---

[1] 《马克思恩格斯选集》第4卷，人民出版社2012年版，第255~256页。
[2] 同上，第254页。

以看做一个作为整体的、不自觉地和不自主地起着作用的力量的产物。……然而从这一事实中决不应作出结论说，这些意志等于零。相反，每个意志都对合力有所贡献，因而是包括在这个合力里面的。"[①] 这一论述辩证地说明了人的动机和行为与历史发展规律、趋势之间的关系，回答了什么是社会发展的规律、趋势以及它是如何形成的这一问题。按照恩格斯的逻辑，"合力"实质上就是由个人的活动构成的群体活动的结果。在现实生活中，每一个个体（以及各个群体）为了追求他自己的、自觉预期的目的，其行为都是有意识、有目的的，但由于这些个体或群体之间的动机和目的不同甚至相互冲突、相互抵消，从而导致了群体无意识，即"出现的结果就是谁都没有希望过的事物"。尽管"谁都没有希望过的事物"的出现，表明历史进程不以个人（以及某个群体）的意志、动机为转移，但并不意味着它与个人的意志、动机无关，"相反，每个意志都对合力有所贡献"。也就是说，"合力"所蕴含的社会发展"趋势"归根到底是人的动机也就是人的行为的综合性的结果，这种结果不以个人或一部分人的主观意志为转移，但又具有确定的主观逻辑，这种主观逻辑在现实中体现为社会发展的客观轨迹和趋势。

其次，人的发展动机不是单独地起作用，而是与客观条件相互作用，要以一定的客观条件为基础并受其制约。就此而言，社会发展的趋势既要与客观条件相适应，又是人（广大群众）动机和行为的体现，因而对人的发展规律应当从人的动机及其活动与客观物质条件互动中来理解，要从物质条件和关系的客观制约性与人的动机的主观能动性的对立统一来理解。

在人的发展过程中，动机及活动与客观条件是相互作用的。从人的方面看，动机及活动要受到客观条件的制约而不能随心所欲，同时人又会为了满足自己生存和发展的需要去改变客观条件；从客观条件的方面看，它是人满足需要的基础，又是人形成新的需要、从事新的实践活动的条件，还是人改造的对象；从二者的相互作用看，人的活动在创造新的条件的同时，也创造了新的需要并发展了人自身，新的需要的产生和满足又将进一步提升人的能力，即如肖恩·塞耶斯所言："需求和欲望的增长是一般人性发展的一个方

[①] 《马克思恩格斯选集》第4卷，人民出版社2012年版，第605~606页。

面。……新的需求，随着我们的力量和能力的发展，不断出现，并且新的需求的发展增长又刺激新力量的发展。"①因此，人的动机与物质条件和物质关系相互作用，决定着社会进步和人的发展趋势。

社会运动不同于自然界的运动。在自然界中全是不自觉的、盲目的动力在发生作用，"相反，在社会历史领域内进行活动的，是具有意识的、经过思虑或凭激情行动的、追求某种目的的人；任何事情的发生都不是没有自觉的意图，没有预期的目的的"②。社会历史的这一特点决定了理解社会运动亦即人的活动的复杂性，进而导致在人与客观条件关系问题上出现了机械决定论、非决定论以及黑格尔的唯心史观等错误观点。

机械决定论认为，世界上的一切事物都具有必然性、因果制约性和规律性，一切现象都是由某种先天因素决定的，在社会历史领域，将社会历史事件的因果性联系归结为上帝、天意等神秘力量的预先安排，认为历史结局是由这些神秘的力量决定的，否认人的主观能动性及其作用。非决定论则完全否认社会现象、历史事件的必然性、规律性和因果制约性，认为历史是偶然事件的堆积，既无规律性，更无必然趋势。在近代，18世纪法国一些唯物主义哲学家如霍尔巴赫就持这种观点。在现代，其代表性的观点有卡尔·波普尔对历史决定论的反驳，他通过强调科学知识增长的不可预测性而否定历史决定论。与之不同，黑格尔承认历史规律，认为历史人物的表面动机和真实动机后面还有应当加以探究的别的动力即最终原因，并致力于寻找这种动力，但他不是在历史本身中寻找这种动力，而是主观地杜撰出历史的动力和规律，陷入了唯心史观。

马克思恩格斯承认历史决定论，肯定经济的社会形态的发展是一种自然史的过程，致力于在历史过程中寻找规律，揭示了社会历史具有由低级向高级发展的客观规律和趋势，同时又肯定人的动机和行为在历史发展中的作用，认为人类历史不同于自然史，人类历史不过是追求着自己目的的人的活动而已，是人活动的结果即实践的产物。这两点结合起来就是，认为社会进步和人的发展是人的动机与物质条件和物质关系相互作用的结果。对此，他们曾

---

① 肖恩·塞耶斯：《马克思主义与人性》，东方出版社2008年版，第173~174页。
② 《马克思恩格斯选集》第4卷，人民出版社2012年版，第253页。

多有论述，指出："人们自己创造自己的历史，但是他们并不是随心所欲地创造，并不是在他们自己选定的条件下创造，而是在直接碰到的、既定的、从过去承继下来的条件下创造。"① "历史的每一阶段都遇到一定的物质结果，一定的生产力总和，人对自然以及个人之间历史地形成的关系，都遇到前一代传给后一代的大量生产力、资金和环境，尽管一方面这些生产力、资金和环境为新的一代所改变，但另一方面，它们也预先规定新的一代本身的生活条件，使它得到一定的发展和具有特殊的性质。"② "人创造环境，同样，环境也创造人。每个个人和每一代所遇到的现成的东西：生产力、资金和社会交往形式的总和，是哲学家们想象为'实体'和'人的本质'的东西的现实基础。"③

从人与客观条件互动的关系看，人改变自己生存发展条件的活动要依赖于一定的物质条件和社会关系。这些条件和关系对人具有"先在性"，是当下的人们活动既定的前提和基础，但并非与人无关，而是前人创造的，是以往人们活动的结果。例如"自然界没有造出任何机器，没有造出机车、铁路、电报、自动走锭精纺机等等。它们是人的产业劳动的产物，是转化为人的意志驾驭自然界的器官或者说在自然界实现人的意志的器官的自然物质"④。此外，这些条件还是当下及未来的人们改变和超越的对象。由此，物质条件对于人的"先在性"只是相对于特定时代的人而言的，它们对人的活动的制约本质上正是以往人们的活动及其结果对后来人们的活动的制约。也就是说，制约人的活动的物质条件现象上是生产力以及社会关系，本质上则是人们以往的活动，因为"任何生产力都是一种既得的力量，是以往的活动的产物。……后来的每一代人都得到前一代人已经取得的生产力并当做原料来为自己新的生产服务"⑤。随着科学技术的进步以及知识经济成为社会发展的主要推动力量，社会发展将愈加体现出"人为"的特征。

基于以上论述，人的动机与物质条件和物质关系的相互作用可以概括为三个方面。首先，人的生存发展及其活动要以一定的条件为前提和基础，要

---

① 《马克思恩格斯选集》第1卷，人民出版社2012年版，第669页。
② 同上，第172页。
③ 同上，第172~173页。
④ 《马克思恩格斯全集》第31卷，人民出版社1998年版，第102页。
⑤ 《马克思恩格斯选集》第4卷，人民出版社2012年版，第409页。

受到它的制约,这些前提对于他们来说是既定的,不能回避也不能选择。其次,作为人动机和行为前提和基础的条件是由前人创造的,因而肯定物质条件对某一时代的人的动机及行为的先在性以及制约性并不意味着否定人的主观能动性。最后,当下的人要追求更好的生活,必然会通过自己的活动改变现有的条件,这些改变后的条件又会成为后代人生存发展及活动的前提和基础。这种"条件制约人"和"人超越条件"的循环往复是没有止境的。换一种说法就是,从历史发展的任何一个横断面或特定阶段上看,人只有先被规定,成为结果,面对一定的生产力及相应的物质环境和条件,才能去改变这些环境和条件,使自己成为原因。从历史发展的总过程上看,环境的改造和人的改造在逻辑上是互为因果的,在历史上是一个统一的过程,二者不分因果或先后。

以上三点概括起来说就是,人的动机和行为与物质条件相互作用推动人的发展,这就是人的发展的基本规律。

马尔库塞在解读马克思关于历史发展规律与人的活动关系的观点时,曾使用"决定性选择"一词加以说明,认为"这个术语仅仅是'人们创造自己的历史,不过是在一定条件下创造自己的历史'这一命题的浓缩"[①]。他说的"选择"在经典作家的原文中就是"创造"。"决定性选择"或"决定性创造"是对经典作家相关思想的集中概括,也可以用来表述人的发展规律。

人的发展规律体现了历史决定与人的创造相统一的历史辩证法,因此,在实现人的发展过程中应当做到充分发挥人的主动性与尊重客观条件的统一。一方面,实现人的发展要充分发挥人的历史主动性和创造性,而不能被动地反映或适应环境和条件。人的发展作为人自觉的价值取向,既是人现实生存状况的反映,又是人作为主体的自觉意识和要求,以人对自身生存意义的基本理解和价值预设为前提。因此,人对自己发展的动机和信心不需要寻找外在的因素(如"上帝""天意""大自然的隐蔽计划""绝对精神"等)作为依据,而应当建立在自己的愿望和追求上,建立在对社会发展的信念上,建立在自己的努力奋斗上。亦因此,人们在社会实践和社会生活中应当更加注重人的主体性、历史主动性和创造性,依据人的愿望和动机,人的需要、利益

---

① 马尔库塞:《单向度的人》,上海译文出版社2006年版,第202页。

和价值取向对社会及人的生存发展前景做出主观定位，主动作为，采取相应的行为对自然和社会环境做出有利于自己的改变。另一方面，人的主观定位和行为要以客观条件为基础，按客观规律办事，而不能随心所欲甚至任意妄为，不能离开客观条件和规律谈论人的发展，急功近利或简单地照搬照抄他人的做法，否则就会欲速不达、削足适履、陷入空想。

二、人的发展趋势

趋势是事物发展的基本动向，历史趋势即历史规律所体现出来的历史发展方向，是历史规律在发展过程中的动态体现和总体结果。人的发展规律决定了其基本趋势，这就是：人们通过自己的实践及其与物质条件的相互作用，其生存状态不断地从低级向高级进步，发展得更加自由、更加全面，生活得更加幸福、美好，更有意义。这一趋势是人的发展规律的总体体现。

马克思恩格斯对社会运动持进步论的主张，肯定并坚信社会由低级向高级发展的趋势。人的发展是由人的动机和行为与物质条件相互作用推动的，其中动机和行为的主体是人，所以人的发展趋势本质上是人们动机、愿望和行为实现的趋势，其根据不在人之外，就在人之中，在人向善、向好的愿望及将其变为现实的努力之中。

关于人的发展趋势，马克思曾有涉及，这就是人的发展的三个形态（阶段）说，即人的依赖关系、以物的依赖性为基础的人的独立性、个人的全面发展和自由个性的确立。这一论断间接地揭示了人的发展由低级到高级的趋势。

首先是人的依赖关系，这是资本主义社会之前人与人之间的关系。在生产力水平极其低下、社会分工和商品交换极不发达的以自然经济为基础的社会形态中，人与人之间形成了基于血缘关系或人身依附关系的依赖性。其次是物的依赖性，这是资本主义社会中人与人之间以金钱为纽带的关系。在资本主义社会，生产力发展以及商品经济和市场经济的发展，打破了由自然和历史造成的狭隘共同体的界限，发展了人与人之间的社会关系。一方面，人摆脱了人身依附关系，获得了人身自由和独立性；另一方面，又陷入金钱和资本的束缚之中。与人的依赖关系相比较，物的依赖性是一种历史性的进步，它在很大程度上解放了人，使人获得了人身和行为上的自主性。更加重要的是，"'资本主义生产本身由于自然变化的必然性，造成了对自身的否定'；它本身已经创造出了新的经济制度的要素，它同时给社会劳动生产力和一切生产者个人的全面发展以极大的推动；实际上已经以一种集体生产方式为基础的资本主义所有制只能转变为社会所有制"①。与物的依赖性相关联的资本主义生产不仅解放和发展了生产力，也创造出了新的经济制度的要素，为未来社会生产者个人的全面发展创造了条件。最后是个人全面发展和自由个性，这是未来共产主义社会中人与人、人与社会之间的关系。在那时，人的活动将摆脱分工和作为谋生手段的必要劳动的限制，真正成为自由自觉的活动，人可以在所有感兴趣、有能力的领域中展示和发展自己的才能，其个性和创造性将得以充分地展示、提升和发展，其社会关系将得到全面发展、充分丰富和展开。

  这三个阶段是相互连接、依次递进并且总体向前、向上的，反映了人的发展的总体趋势。诚然，在历史的具体过程中，人的生存发展状况往往会有局部的曲折甚至反复，但其前进、上升的总趋势却不会根本逆转。

  问题是，决定人的发展向前、向上趋势的依据是什么？我们认为，就是主体方面的因素，是人向善、向好的主观动机和愿望。这种向善、向好的主观动机和愿望从某种意义上说就是"人心所向"。通常认为，"人心所向"就是人们的心愿、想法反映或代表着历史发展的潮流和方向，是客观现实条件及其发展趋势的体现。事实上"人心所向"的依据既有客观方面的因素即依赖于一定的社会条件，也有主观方面的因素。一方面，客观条件不具备，就不会形成正确的动机，或者形成了动机并诉诸行动也不能实现；另一方面，人心所向又要有主体依据，是人在现实条件中形成的主观动机、心愿和想法，而其背后的因素，主要包括人的需要和利益以及价值取向。

  承认人的发展趋势中主体因素的作用，要解决的一个重要问题是充分肯定"善"在人的发展过程中的作用。

  关于"善"与"恶"在历史发展中的作用，一直有一种说法，即恶比善

---

① 《马克思恩格斯选集》第3卷，人民出版社2012年版，第729页。

起着更大的作用。近代哲学家中持这一观点的代表人物之一是康德。他认为，历史发展的动力是人性中恶的本质，人有一种自私的倾向，虽然这种倾向不是建立在理性准则的基础上，却会始终存在，并充当了砥砺道德的磨石。他指出，人的利己本性和不满足心理推动人的创造活动和社会进步，正是恶的本性导致人们之间的不平等，而不平等则具有二重性，"它是那么多的坏事的、但同时却又是一切好事的丰富的泉源"①。恶虽然在道义上是不足取的，却是社会发展的内在机制，例如大自然就往往通过人的自私自利，通过人们对商业利益的追求而促进和平。因此，恶的本性是历史发展的动力。另一代表人物是黑格尔，他在论及对杰出人物的评价时，主张历史尺度优于价值（道德）尺度。例如他认为，由于一些杰出人物具有非凡的特质、作为和历史贡献，所以对他们不能仅仅以常人的眼光和标准（如道德标准）进行评价，而应当做出历史的、合规律性的评价，这是因为，"一个'世界历史个人'不会那样有节制地去愿望这样那样的事情，他不会有许多顾虑。他毫无顾虑地专心致力于'一个目的'。他们可以不很重视其他伟大的，甚或神圣的利益。这种行为当然要招来道德上的非难。但是这样魁伟的身材，在他迈步前进的途中，不免要践踏许多无辜的花草，蹂躏好些东西"②。

恩格斯赞同黑格尔的看法，指出："在黑格尔那里，恶是历史发展的动力的表现形式。这里有双重意思，一方面，每一种新的进步都必然表现为对某一神圣事物的亵渎，表现为对陈旧的、日渐衰亡的，但为习惯所崇奉的秩序的叛逆；另一方面，自从阶级对立产生以来，正是人的恶劣的情欲——贪欲和权势欲成了历史发展的杠杆……"③充分肯定了恶在历史发展中的作用，同时又将费尔巴哈与黑格尔相比较，认为费尔巴哈在道德问题上宣扬抽象的善，"同黑格尔比起来也是肤浅的"④。他还批判了费尔巴哈宣扬抽象的爱，以及"爱随时随地都是一个创造奇迹的神"⑤的错误观点。

人们往往据此肯定"恶"在历史发展中的作用而否定"善"在历史发展

---

① 康德：《历史理性批判文集》，商务印书馆1990年版，第73页。
② 黑格尔：《历史哲学》，上海书店出版社2001年版，第32~33页。
③ 《马克思恩格斯选集》第4卷，人民出版社2012年版，第244页。
④ 同上，第243页。
⑤ 同上，第246页。

中的作用。我们认为，这一理解有待重新辨析。

"善"与"恶"一样，也是人的活动从而是社会进步的动机之源，在历史发展中起着重要的作用。善所以是人的动机之源，是因为求善也是人的本性。从总体上说，人们一切行为根本上都是为了追求幸福，为了更好地生存和发展，是基于"求善"的动机和愿望。对于人的本性是善还是恶，中国古代一直有争论，有"性善论"、"性恶论"以及"善恶混同论"等，但一直以来在人们心中占主导地位的还是"性善论"。故《三字经》有"人之初，性本善"一说，且这一说法广为流传并成为多数人的共识。"性善论"能否成立虽然仍有争论，但其所以在各种人性理解中占据主导地位，至少反映了人们对"性善"的期望和追求，反映了求善是人（至少是多数人）的本性。西方社会也有各种"性善论"，例如培根认为，"向善的倾向是在人性中印得很深的"[1]，"世间不仅有一种受正道指挥的为善的习惯，并且在有些人，即在本性之中，也是有一种向善的心理趋向的，如同在另一方面是有一种天生的恶性一样"[2]。又如前面提到的伊壁鸠鲁的幸福论、爱尔维修的"自爱"说以及康德的"绝对命令"观念等，虽然这些观点特别是其历史观基础受到一些人的非议甚至批判，却不能否认其价值取向上的合理性。"求善是人的本性"是就大多数人而言的，毋庸讳言，中外历史上都不乏恶人，并且人都具有趋利避害、追求利益的本性，以及恶是社会发展的动力的表现形式，但从总趋势上说，人类具有趋善的本性，对于大多数人来说，都要追求自身的幸福、完美和社会的完善，正是这一本性与"恶"的本性一道推动着文明的进步。回溯历史，从"天下为公"到"太平世"，在西方，从"理想国"到近代的人道主义、人权理念、空想社会主义以至于人的自由全面发展理想，这些美好的愿望一直引领着人类社会的进步。因而从一定的意义上说，人的向善、向好的愿望决定着社会由低级向高级发展的趋势。

因此可以认为，社会进步和人的发展是由人的需要和利益驱动、由价值取向引领的，社会由低级向高级发展归根结底是基于人的活动具有追求幸福生活以及追求自身发展的趋善、向好的本性，是人追求更好生活的动机和行

---

[1] 培根：《培根论说文集》，商务印书馆1983年版，第43~44页。
[2] 同上，第45页。

为的对象化。这种趋善、向好的本性持续地体现在世世代代的人们的动机和行为中,决定了社会进步以及人的发展的总趋势是由低级走向高级,即使过程中会经历曲折甚至反复,也改变不了这一基本走向。

要说明的是,这里的"善"不仅仅是伦理意义上的"善",而且主要是历史观意义上的"善",是指人对自己和他人生存得更加幸福、更有意义的期望和追求,因此,肯定"善"在社会进步过程中的作用具有重要的意义。

承认"善"的作用,可以凸显合目的性在社会进步和人的发展中的地位和作用,使历史评价的合目的性与合规律性更好地统一起来,改变以往历史认知和评价中仅仅强调"恶"的作用的片面性,使人们在评价历史事件和人物时,充分考量人的需要和利益及其向善、向好价值取向对其行为从而对历史趋势的影响,在设定社会发展目标、谋划社会活动时更加自觉地运用价值和道德的尺度,更加自觉地追求公平正义等价值诉求。

充分肯定"善"在社会进步过程中的作用,可以更加深刻理解人的发展的意义。以往在理解人的发展时存在的一个误解是,主要甚至仅仅将其视为社会进步的结果,这显然是不够的。"善"在社会进步过程中的作用表明,人的发展在社会发展中不仅是结果,也是动因和动力。是动因,就是说人追求更好地生存和发展作为始因启动人改变世界的行为;是动力,是因为人追求更好的生存和发展作为动力持续地驱动着人改变世界的行为。因此从一定的意义上说,人的发展既是社会进步的目的也是社会进步的手段,是合目的性与合规律性的统一。

三、人的发展的阶段性

马克思恩格斯确立人的自由全面发展目标,主要是针对人的发展理想与资本主义社会现实之间的矛盾,着眼于改变资本主义社会中人在劳动和生活中异化的状态,使劳动转变为自由自觉的活动。为此,他们所理解的人的自由全面发展主要是指人的能力及活动意义上的发展,人的个性的确立,以及社会关系的合理化、全面化,这种人的发展目标是未来式的,是对未来理想社会中人的生存状态的一种总体特征上的期望和描述。

以往对人的发展的理解上存在着一种误读，将马克思恩格斯提出的人的自由全面发展仅仅视为某种理想的终极的目标或状态，这种理解是片面的。人的发展当然是一种理想的目标和状态，但这种理想的目标和状态却不是某种最终的、固定不变的结果，而是一个由低级到高级，由比较发展到更加发展的逐渐向好的长期的过程，亦即人的发展在实现过程中会呈现出阶段性。其所以如此，是因为人的发展状况和程度要受到生产力发展水平、社会制度和社会关系的合理性以及科学文化因素等社会历史条件的制约。

全面地看，人的发展既是崇高的理想又具有现实性。作为崇高的理想，人的发展旨在追求更加幸福、更加美好、更有意义的生活；作为现实的追求，人的发展在不同时期会受到主客观条件的制约面临不同的问题，形成不同的要求和目标。这就意味着实现人的发展是一个长期的、渐进的、分阶段的过程，因此，在现实中推进人的发展必须明确并充分考虑到人的发展的阶段性特征，这是确定人的发展的当代含义、现实条件和实现方式的前提。

人的发展的阶段性首先体现为在不同时期会有不同的人的发展要求和目标，例如在社会主义初级阶段和未来的社会主义高级阶段以及未来的共产主义社会，人的发展的具体要求和目标都是不同的，各有其具体的内容和特点。人的发展的阶段性又体现为在实现程度上会呈现出相对性，即人的发展不是一种终极的静止的状态，实现人的发展不能一蹴而就，而是一个没有止境的动态的过程。以人的自由全面发展为例，自由全面发展中的"自由""全面"都不是绝对的而是相对的概念，包括比较"自由"和比较"全面"，更加"自由"和更加"全面"，非常"自由"和非常"全面"等不同的程度，总之，是一个由"比较"自由全面到"更加"自由全面的不断演进的过程。

人的发展的阶段性表明，人的发展状态会随着社会环境而变化，在不同的时代，基于不同的条件或面对不同的问题，会呈现出不同的特征，其含义、要求和目标以及发展的重点和程度也会有所不同，因而是一个历史的过程。例如在当代西方，由于科学技术革命拓展了生产关系容纳生产力发展的空间，以及通过资本输出在一定程度上缓解了社会内部的矛盾，从而在一定程度上改变了资本主义国家的社会结构和社会生活，其原有的一些制约人生存发展的问题如劳动异化问题虽然未能根本改变，但在表现形式上却发生了部分的变化，如工人的劳动环境、劳动强度、劳动时间都有了改善或变化，因此，当代资本主义国家人的发展面临的问题与工业革命初期或自由资本主义时期有所不同。也正是由于社会条件的变化，当代西方社会中又出现了一些制约人的发展的新问题，或者一些原有的问题进一步凸显，如贫富分化扩大，社会撕裂严重，种族冲突凸显，枪支、毒品泛滥成灾，暴力犯罪加剧，等等。在这一新的背景下，人的解放和发展面临的问题与马克思恩格斯时代既有本质的相同，例如克服和消除资本逻辑的影响，又有很大的不同，例如要解决上述种种新的社会问题。又如在当代中国，一方面，前所未有地初步具备了人的发展的现实条件；另一方面，人的发展又面临着一些制约因素，包括经济文化发展不平衡，经济建设、政治建设、文化建设、生态文明建设不到位，以及实行市场经济体制带来了一些负面效应等。这些因素使我们既面临着一些前现代问题又面临着一些现代性问题，既面临着人的依赖关系又面临着物的依赖性问题。在未来一个相当长的时期内，上述两方面问题及其给人的发展带来的负面影响将持续存在，这就决定了在中国当代实现人的发展要充分考虑到现实条件的变化，因时因事而为，决定了当代中国人的发展特定的含义和目标。

人的发展的阶段性提示我们，应当充分认识人的发展的现实性。人的发展既是一个崇高的目标和理想的状态，又是一种现实的活动。一方面，人的自由全面发展是马克思恩格斯确立的理想目标，其真正、全面的实现有赖于生产力的高度发展和社会关系的合理化，因而是"将来时"的理想的目标，只有在未来的理想社会中才能成为现实；另一方面，人的发展又是现实的活动，体现在现实生活中对各种制约人生存发展具体问题的解决，因而又是"现在进行时"的现实的活动。人的发展的现实性表明，解决人生存发展面临的现实问题、排除人的发展的现实障碍，就是实现人的发展。因为每一种制约人的发展现实问题的解决，都有助于人们生活得更加幸福、美好，更有意义，都意味着人的发展取得了新的进展。由此，在当代中国，人的发展并非未来才能实现的、遥不可及的理想，而是通过努力可以逐步实现的现实的目标。我们对待人的发展既要志向高远、放眼未来，进一步深入探讨未来人的自由全面发展的理想状态及其目标和实现途径，坚持由未来人的发展目标所规定的社会发展的根本方向，又要关注当下，着力排除或缓解现实中阻碍人的发展的问题。换言之，在社会主义初级阶段推进人的发展，既要以马克思主义人的发展理论为指引，始终坚持人的自由全面发展的根本要求和总的方向，积极有为、持之以恒，又要从中国的国情以及时代和实践的要求和人生存发展面临的现实问题出发，将中国式现代化建设与推进人的发展紧密结合起来，将推进人的发展确立为社会主义初级阶段的现实目标和任务，明确人的发展在现阶段的含义，以人的发展目标和要求看待并解决当前社会发展中存在的问题，并以之为基点寻找当代社会发展的位置或者说定位当代社会发展的阶段，探讨中国现阶段人的发展的含义及其目标和实现途径，通过解决制约人生存发展的具体问题逐步推进人的发展。

人的发展的阶段性提示我们，人的发展是一个动态的过程。人的发展是随着社会进步逐步实现的，人们永远要随着条件的改变而追求更加幸福、美好，更有意义的生活，这一过程是没有止境的，永远在路上。就此而言，一方面，虽然从总趋势上看，随着经济、社会和文化的发展，人的发展将不断地趋向于更加自由、更加全面，但在现实生活中，又要对人的发展的长期性和艰巨性有充分的认识。在追求人的自由全面发展理想的过程中，既要心向往之，又不能操之过急，例如对人的发展目标、内容、要求和途径的理解和设定，就应当从具体的国情出发，与社会发展阶段相适应，充分考虑人的发展的阶段性，循序渐进，持之以恒，分步骤推进，而不能对人的发展程度提出过高的要求，脱离实际，急于求成，指望一步到位，超越阶段，特别是不能超越生产力发展阶段，离开生产力发展水平提出尚没有具备客观条件的人的发展要求，试图完成应当在将来条件成熟时才能完成的人的发展任务。不顾人的发展科学认识、违背社会发展客观规律而超越阶段，把未来的目标作为当下的目标，把未来才能做的事情提前到现在来做，必然会使人的发展欲速不达甚至适得其反。应当看到，马克思恩格斯关于人的发展要求和目标与中国当代人的发展现实条件之间存在着显著的差异，存在着社会发展阶段上的不对称。他们提出的人的发展的要求是以未来生产力高度发达、消灭了私有制和剥削的理想社会为背景的，而当代中国人的发展的时代背景则是社会主义初级阶段，这种差异决定了人的发展要求和目标不能简单地从经典作家那里照搬，而是要将人的发展普遍要求和总体目标与社会主义初级阶段的国情相结合，反映社会主义市场经济背景下人的发展所处的环境、所面临的问题。概言之，当代中国人的发展既不能好高骛远，又要遵循马克思恩格斯确立的人的发展价值取向和总体目标。在设定人的发展要求和目标时，不能割裂人的发展不同阶段之间的内在关联，而要使人的发展的阶段性要求和目标符合人的发展的普遍要求和总体目标，既切合实际又应当着眼长远、指向未来，将现在正在做的事与未来将要做的事一以贯之。

　　人的发展的阶段性提示我们，人的发展理论体系的当代建构，应当处理好价值取向的现实性与理想性之间的关系。"'思想'一旦离开'利益'，就一定会使自己出丑"[①]，价值取向亦是如此。价值取向具有现实性，归根到底来源于人们的生活和实践，是人们现实需要和利益的理论表达，因而任何真正的价值取向都要以利益为基础，要反映人们的现实需要和愿望。离开利益的价值取向只能是虚假的、空洞的，即使是"崇高的"价值取向也不例外。例如马克思主义人的彻底解放和自由全面发展的价值取向，虽然表面上远离社会生活，指向高远的未来，却又是资本主义社会中受剥削、受压迫的无产阶级解放要求的真切反映。

　　价值取向又具有理想性，它来源于现实，却并非现实的简单、被动的反映，而是人们需要和利益抽象的表达，它之所以如此，是因为利益本身有具体和抽象之分，有些利益是当下的、暂时的、表面的、个人的，有些利益是长久的、根本的、群体的甚至人类的。价值反映和代表的利益往往是后者，如反映和代表着团体、民族、国家甚至人类整体、长远、根本的利益，中国古代舍生取义之"义"，存天理之"理"，就是某种根本的价值取向。这里的根本的价值取向从一定的意义上说就是最核心的、作为人一切活动根本出发点的价值。在当代，这个根本的价值取向就是马克思主义人的发展理论所确立的人的自由全面发展目标。这是一种理想，也是一个总的方向。价值取向的现实性与理想性的统一启示我们，人的发展理论体系建构既应当确定作为未来追求目标的最高的价值取向，也应当确定与现时代相适应的价值取向。

[①] 《马克思恩格斯文集》第1卷，人民出版社2009年版，第286页。

第十四章 人的发展与共同体发展

马克思恩格斯认为，人的发展最终体现为个人的发展，但其实现却离不开共同体（集体），并认为，共同体因其是否代表其成员的利益以及代表的程度，可以区分为"虚假的共同体"和"真正的共同体"，只有在"真正的共同体"中，个人才能获得自由全面发展。"真正的共同体"的基础是共同利益以及作为其集中体现的共同价值，因而构建"真正的共同体"是实现个人利益与集体利益统一的前提，也是构建人类命运共同体的前提。个人与共同体的内在关联表明，社会进步是人的发展的结果，又是人的发展的条件，要以人的发展为引领。

一、个人发展与共同体发展

个人是指一个人，即一个群体中特定的单个主体，是最低层次的社会构成单位。唯物史观从实践出发理解人及其与社会的关系，对个人做出了科学的说明。马克思恩格斯认为，社会历史的第一个前提无疑是有生命的个人的存在，但这些个人不是离群索居的、抽象的、自然的人，而是在一定的社会关系和历史条件下的现实的、从事实际活动的个人。"这里所说的个人不是他们自己或别人想象中的那种个人，而是现实中的个人，也就是说，这些个人是从事活动的，进行物质生产的，因而是在一定的物质的、不受他们任意支配的界限、前提和条件下活动着的。"[①] 他们对个人的理解包括两层含义：一是从自然属性上理解人，将人理解为有生命的、自然意义上的个人，认为人

[①] 《马克思恩格斯选集》第1卷，人民出版社2012年版，第151页。

有自然需要、欲望和本能，这种自然性的需要决定了人的第一个历史活动就是进行物质资料生产，就是说，人为了生活，就需要满足吃、喝、住、穿以及其他需要的东西，因此第一个历史活动就是生产满足这些需要的资料。二是从社会属性上理解人，认为人的本质在其现实性上是一切社会关系的总和，人及其生活和活动是由他们自己创造出来的物质生活条件制约的，因而人具有社会属性，个人的知识、能力、修养、气质，以及他们的生活状态和质量，他们能力、个性的发展程度会受到社会关系和社会地位的影响，会随着社会实践的发展和社会关系的变化而变化。他们还认为，由于现实的个人从事社会历史活动，因而每个人都会对社会及他人产生影响，会对历史进程发生不同性质和程度的作用，而依据对其活动历史进程影响的大小，可以将个人分为普通个人和历史人物。普通个人对历史进程的影响相对较小，历史人物则往往是某些历史事件的主要发起者、组织者和领导者，或者是思想理论、科学文化领域重要的代表人物，他们对历史进程的影响相对较大，甚至在一定情况下会对历史进程产生重大影响，决定个别历史事件的走向和结局。这些历史人物依其对历史进程发生影响的性质（正面或负面）又可以分为杰出人物和反面人物。

共同体是跟"个人"相对应的表示许多人共同存在的概念，通常是指人们（若干个人或群体）在共同条件下结成的集体，是由个人结合起来的有组织的整体。人们所以要结合成为共同体，既是因为群体的力量大于个体，可以更为有效地应对、改变自然或社会环境，又是因为人有社会交往的需要。霍布斯、卢梭等社会契约论者认为，人们为了保护自己的生存权、自由权、财产权而通过某种形式的社会契约建立社会和国家。康德认为："人具有一种要使自己社会化的倾向；因为他要在这样的一种状态里才会感到自己不止于是人而已，也就是说才感到他的自然禀赋得到了发展。"[1]同时他也有一种强大的、要求自己单独化（孤立化）的倾向。阿伦特也指出，人的存在是有条件的，人的根本特点在于：人降生后就要进入社会，与他人交往，所以人是一种社会交往的生命，人只有在与他人的共同世界中才能经历自己的现实性。

---

[1] 康德：《历史理性批判文集》，商务印书馆1990年版，第6页。

共同体本质上在于，它是基于一定的内在关系形成的，"关系本身即结合，或者被理解为现实的和有机的生命——这就是共同体的本质"①。基于这一理解，共同体具有双重规定，它是由不同个人或群体组成的集体，却不是他们简单地组合，而是按特定结构组成的集体。共同体是人作为社会存在物的基本存在方式，包括人们之间的一切社会交往形式，这个意义上的集体就是最一般意义的社会。共同体是人们交互活动的产物，"人们的生产力发展的一定状况下，就会有一定的交换和消费形式。在生产、交换和消费发展的一定阶段上，就会有相应的社会制度形式，相应的家庭、等级或阶级组织，一句话，就会有相应的市民社会。有一定的市民社会，就会有不过是市民社会的正式表现的相应的政治国家"②。马克思恩格斯在共同体理论上的重要贡献，是区分了真正的共同体和虚假的共同体，认为："真正的共同体"是与每一个个体相统一、代表其利益的共同体，是人们在共同的活动领域中结成的具有共同的经济基础、共同的社会利益、共同价值取向和共同活动目标的共同体，其组织成员的结合对群体和个人具有积极的意义；"虚假的共同体"则是与个体相分离或相背离、不代表个体利益的共同体。历史上存在过以人的依赖关系为特征的非人格的依赖型共同体、以物的依赖性为特征的物化人格的独立共同体，在未来，将构建以个性自由发展为特征的联合体共同体即自由人联合体。

马克思在论述异化劳动与人的类本质的关系时，界定了人的发展主体，认为人在社会中具有作为个体存在和作为"类"存在的双重身份。根据马克思的理解并从全球化的时代背景出发，我们认为，人的发展可以分为三个层次：个人的发展、共同体的发展以及人类的发展。

个人的发展。马克思恩格斯将人的发展主体最终定位于个人，即个人的自由全面发展，这是他们对人的发展主体的基本理解。文本梳理表明，马克思恩格斯在谈及人的发展时，多数情况下使用的主语都是"个人"或"每个人"，而较少使用无限定词的"人"。典型的表述有前述"全面发展的个人"③

---

① 斐迪南·滕尼斯：《共同体与社会：纯粹社会学的基本概念》，商务印书馆1999年版，第52页。
② 《马克思恩格斯选集》第4卷，人民出版社2012年版，第408页。
③ 《马克思恩格斯全集》第3卷，人民出版社1960年版，第516页。

"个人的全面发展"[①]"个人的自由发展"[②]"个人向完全的个人的发展"[③]"个人的独创的和自由的发展"[④],以及"社会关系实际上决定着一个人能够发展到什么程度"[⑤],"每一个单个人的解放的程度是与历史完全转变为世界历史的程度一致的"[⑥],"以每一个个人的全面而自由的发展为基本原则的社会形式"[⑦],"每个人的自由发展是一切人的自由发展的条件"[⑧]。这种表述不是偶然的,而是体现着他们对人的发展主体的理解,即定位于"个人"。在他们看来,人的发展归根结底是个人的发展。一些论者在谈到人的发展主体时往往讳言"个人",认为强调个人就必然陷入抽象人性论或个人主义,就会否定人的社会性或否定集体主义,这显然是对经典作家的一种误解。

共同体的发展。马克思恩格斯认为,人的解放和发展要与一定的社会生活组织形式相联系,有赖于共同体的发展,是与共同体发展同步的,指出,只有在共同体中,个人才能获得全面发展其才能的手段,才可能有个人自由。在阶级社会中,对于广大群众来说,共同体发展首先体现于阶级的解放和社会制度的根本改变。在社会制度问题解决之后,共同体的发展要体现于社会生活的各个方面,就一个国家而言,要体现于综合国力的增强,包括经济和科技发展水平的提升,社会制度和社会关系的合理化,各个层次社会组织的发展,社会治理能力的有效性,以及文化、教育、医疗事业的发展,等等。由于共同体发展是个人发展的条件,所以必须建构真正的共同体,推进共同体的建设和发展。

人类的发展。马克思恩格斯认为,人的发展主体之个人不是某一层次或某一群体中的个人,而是"每一个个人"即一切个人,这是马克思主义人的发展理论与近代人道主义的一个重要分野。与之相关,他们设想的人的发展一开始就是世界性的,是全人类即每一个个人的发展,之所以如此,既是因

[①]《马克思恩格斯全集》第3卷,人民出版社1960年版,第330页。
[②]《马克思恩格斯选集》第1卷,人民出版社2012年版,第85页。
[③] 同上,第210页。
[④]《马克思恩格斯全集》第3卷,人民出版社1960年版,第516页。
[⑤] 同上,第295页。
[⑥]《马克思恩格斯选集》第1卷,人民出版社2012年版,第169页。
[⑦]《马克思恩格斯文集》第5卷,人民出版社2009年版,第683页。
[⑧]《马克思恩格斯选集》第1卷,人民出版社2012年版,第422页。

为他们在价值上追求真正、彻底的平等和公正,也是因为资产阶级开创了世界历史进程,使历史完全转变为世界历史,为确立人的发展的世界性提供了可能。他们指出:"每一个单个人的解放的程度是与历史完全转变为世界历史的程度一致的。"[1] "无产阶级只有在世界历史意义上才能存在,就像共产主义——它的事业——只有作为'世界历史性的'存在才有可能实现一样。而各个人的世界历史性的存在,也就是与世界历史直接相联系的各个人的存在。"[2] 在当代,任何国家或地区要求得发展,都不能游离于全球化进程之外,这是因为:一方面,各个国家和地区发展的不平衡以及经济、政治和文化的多样化,使交往和借鉴成为必要;另一方面,全球化使人们之间的交往和借鉴成为可能。全球化将通过各国经济相互关联和各种文化的相互激荡为人的发展提供更为宽广的视野和空间。在全球化的背景下,个人在实践和生活中以及在与他人和社会的交往中通过相互学习、相互借鉴、取长补短,可以在各方面不断超越地域和视域的限制。以长远的眼光看,人的自由全面发展所要求的经济、政治、文化社会环境都是世界性的。通过自觉地、趋利避害地融入全球化,"地域性的个人为世界历史性的、经验上普遍的个人所代替"[3]。人们将克服社会关系和视野的有限性和特殊性而走向世界性,成为世界历史性的存在,成为世界意义上的自由全面发展的人。

当代人的发展的重要实现路径,是构建人类命运共同体。这里要指出的是,鉴于人类发展的阶段性以及当代世界发展的格局,世界性的人的发展的实现将是未来的走向而并非现实的目标。但这并不意味着推进人的发展不具有现实性,当前人的发展的每一步进展,都是实现未来目标重要的一环。因此我们认为,从全球化视野及社会发展的总趋势上看,当代中国人的发展是世界性的人的发展的重要组成部分,将会显示出世界性的引领和示范意义。

回望历史,从"人"的自我意识确立到"人类"意识的形成,经历了一个漫长的演进过程。人开始从自然界提升出来后,就逐渐在物种即"类"的层面意识到自身与其他自然界事物的区别,但由于地域以及交往范围和程度

---

[1] 《马克思恩格斯选集》第1卷,人民出版社2012年版,第169页。
[2] 同上,第166~167页。
[3] 同上,第166页。

的制约，以及由于个体、群体、阶级、民族、国家等在利益上的分离甚至对立，长期以来，人们之间总是为了个人或群体的利益而相互博弈甚至激烈争斗。与之相关，虽然长期以来不乏"天下""大同"之类的说法，但在近代以前，人们的"类"意识主要限于群体认同、家族认同、民族认同或前现代意义上的国家认同，并无真正意义上的"人类"概念和人类认同。真正意义上的"人类"意识是世界历史尤其是全球化进程的产物。全球化极大地促进了经济发展、科技进步和文化交流，给各个国家民族的物质生产和精神生活带来了深刻的变化：一方面，使各个民族国家愈益成为利益攸关者，一荣俱荣、一损俱损，使人类面临的经济发展、文化交流、和平期望、可持续发展等共性问题日趋增多，需要通过全人类共同的努力来解决、来实现，使增强"人类"意识成为必要；另一方面，为人的活动提供了更为广阔的范围、更大的平台和更多的机遇，密切了人们之间的利益关系，开阔了人们的视野，增强了不同国家民族之间的思想和文化交流，使人类意识的形成成为可能。概言之，全球化加深了国家民族间的交往和联系，催生了真正意义上的人类意识。

"人类在经历了群体本位、个体本位之后，正在走向类本位时代。"[①]从一定意义上说，进入"类本位"时代使"人类"的发展具有了现实的可能性。诚然，马克思恩格斯预言的完整意义上的人的发展是指人类范围的每个人的发展，这个意义上的每个人的发展需要很高程度的社会条件，需要社会长期进步的积累，但是，这并不意味着其在当代没有现实性。正相反，在当代推进人类社会进步，本身就是实现人类意义上的人的发展的重要组成部分，是其初步的尝试。构建人类命运共同体，正是当代在人类范围促进人的发展的重要举措。

二、构建真正的共同体

马克思恩格斯在《德意志意识形态》中区分了"虚幻（虚假）的共同体"和"真正的共同体"，指出："在过去的种种冒充的共同体中，如在国家等等

[①] 《高清海哲学文存（第二卷）：哲学的奥秘》，吉林人民出版社1997年版，第115页。

中，个人自由只是对那些在统治阶级范围内发展的个人来说是存在的，他们之所以有个人自由，只是因为他们是这一阶级的个人。从前各个人联合而成的虚假的共同体，总是相对于各个人而独立的；由于这种共同体是一个阶级反对另一个阶级的联合，因此对于被统治的阶级来说，它不仅是完全虚幻的共同体，而且是新的桎梏。在真正的共同体的条件下，各个人在自己的联合中并通过这种联合获得自己的自由。"①这一论述表明，个体自由与社会共同体之间究竟是统一的关系还是对立的关系，决定了该共同体是"虚假的共同体"还是"真正的共同体"。从前各个人联合而成的共同体是虚假的，在这种共同体中，只有作为统治阶级成员的个人才有自由。虚假的共同体是一个阶级反对另一个阶级的联合，其共同性对于被统治的阶级来说是完全虚假的。例如，在以"人的依赖关系"为特征的前资本主义社会的亚细亚共同体、古典古代共同体、日耳曼共同体中，人没有独立性而从属于共同体，被各种等级、专制关系支配和束缚。在以"物的依赖关系"为特征的资产阶级社会，虽然个人摆脱了以往共同体的支配和束缚，获得了一定程度的自由和平等，却又被资本所支配，人与人的关系被物与物的关系所遮蔽。现实中的资本主义国家之所以对于绝大多数被统治阶级成员来说是"虚假的共同体"，是因为国家的共同利益与被统治阶级单个人的利益是相脱离的。"正是由于特殊利益和共同利益之间的这种矛盾，共同利益才采取国家这种与实际的单个利益和全体利益相脱离的独立形式，同时采取虚幻的共同体的形式。"②只有在消灭阶级的共产主义社会，才能建立真正的共同体，个人才能摆脱与之相对立的社会关系的束缚，才会有每个人的自由。

马克思恩格斯以"共同体"是否代表其中每一个成员（个人）的利益以及代表的程度将其区分为"真正的共同体"和"虚假的共同体"，既揭示了"虚假的共同体"之"虚假"的原因在于其与被统治阶级成员的利益相脱离，对于被统治阶级的单个人来说是新的桎梏，即在阶级社会中，共同体的阶级性决定了私人利益和公共利益之间存在着矛盾，又揭示了"真正的共同体"作为人的发展条件的根本特征。

---
① 《马克思恩格斯选集》第1卷，人民出版社2012年版，第199页。
② 同上，第164页。

"虚假的共同体"虽然对于被统治的阶级来说是桎梏，但在一定条件下或一定时期中，其存在又具有必要性。在历史上，任何一个试图推翻现有统治阶级的新兴阶级在进行社会革命时期都往往把本阶级的理论或思想说成是具有普遍性的理论，把本阶级代表的利益说成是全体社会成员的根本利益，这样一来，自己的理论或革命目标就具有了普遍性和正当性，也才有可能获得全体社会成员的支持从而达成目的。正如马克思恩格斯所言："进行革命的阶级，仅就它对抗另一个阶级而言，从一开始就不是作为一个阶级，而是作为全社会的代表出现的；它以社会全体群众的姿态反对唯一的统治阶级。它之所以能这样做，是因为它的利益在开始时的确同其余一切非统治阶级的共同利益还有更多的联系，在当时存在的那些关系的压力下还不能够发展为特殊阶级的特殊利益。"[1] "每一个力图取得统治的阶级，即使它的统治要求消灭整个旧的社会形式和一切统治，就像无产阶级那样，都必须首先夺取政权，以便把自己的利益又说成是普遍的利益，而这是它在初期不得不如此做的。"[2] 近代以来，资产阶级为了占据道德制高点以及尽可能多地动员同盟军或追随者，总是将本阶级的特殊利益说成是所有社会成员的共同利益，法国大革命就是一个典型的案例。法国大革命本质上是一场由资产阶级领导的资产阶级革命，但革命的主力军却是城市市民，其结果是形成了一场由人民广泛参与的、声势浩大的革命。米涅在《法国革命史》中揭示了人民广泛参与这场运动的原因："资本家由于切身利害关系和对破产的恐惧，开明人士和整个中间阶级出于爱国精神，平民为生活所迫，都把他们的苦难归咎于特权阶级和宫廷贵族，要求变革。所有这些人，都热烈拥护革命。"[3] 之所以许多人都热烈拥护革命，既是因为他们有某些共同的利益，又是因为资产阶级把自己的阶级利益说成是普遍的利益。

"真正的共同体"是作为其成员的个人可以在其中得到发展的共同体。因此，马克思恩格斯认为，"真正的共同体"（即他们通常在正面意义上所说的"共同体"）与个人的发展直接相关，是个人自由与价值实现的条件。"真正的

---

[1]《马克思恩格斯选集》第1卷，人民出版社2012年版，第180页。
[2] 同上，第164页。
[3] 米涅:《法国革命史》，商务印书馆1977年版，第34~35页。

"共同体"之所以与个人的发展直接相关,是因为一个人的发展取决于和他直接或间接进行交往的其他一切人的发展。与在"虚假的共同体"中私人利益和公共利益截然对立相反,在"真正的共同体"中,例如"在控制了自己的生存条件和社会全体成员的生存条件的革命无产者的共同体中,情况就完全不同了。在这个共同体中各个人都是作为个人参加的。它是各个人的这样一种联合(自然是以当时发达的生产力为前提的),这种联合把个人的自由发展和运动的条件置于他们的控制之下"[①]。因此,个人在"真正的共同体"中拥有并且享有各种社会权利,可以获得全面发展其才能的手段,才可能有个人自由。

鉴于个人与共同体的联系,马克思恩格斯认为个人发展有赖于个人的解放从而有赖于阶级的解放,强调工人为反对资产阶级必须组织起来进行共同的斗争,并提出了消灭资本主义私有制、建立"真正的共同体"的任务。认为,由于个人的解放和发展有赖于建立"真正的共同体",有赖于消灭私有制,因而无产者应当消灭他们至今所面临的旧社会的生存条件,推翻一切旧的生产关系和交往关系的基础,推翻资本主义国家,使共同体受联合起来的个人的支配,应当展开共产主义运动。共产主义的目标就是建立作为"真正的共同体"的"自由人联合体"。

对真正的共同体及其基础的分析,对我们理解个人与共同体(集体)的关系的重要启示是:由于只有真正的共同体才能成为人的发展的基础,因而集体主义的正当性在于该集体必须为"真正的共同体";构建"真正的共同体"是确立和坚持集体主义、实现个人与集体利益统一的前提。

关于个人与共同体的关系,一直存在着强调个人的个人主义或强调共同体的集体主义两种截然对立的观点。个人主义通常被认为是强调个人自由和个人利益至上,强调以个人为中心来看待世界、看待社会、看待自己和他人关系的价值观,它主张个人本身就是目的,社会只是达到个人目的的手段,一切个人在权利上都是平等的。例如《简明不列颠百科全书》就认为,作为一种理论的个人主义是"一种政治和社会哲学,高度重视个人自由,广泛强

[①] 《马克思恩格斯选集》第1卷,人民出版社2012年版,第202页。

调自我支配、自我控制、不受外来约束的个人或自我。……作为一种哲学，个人主义包含一种价值体系，一种人性理论，一种对于某些政治、经济、社会和宗教行为的总的态度、倾向和信念"[1]。集体主义通常被认为是主张个人从属于社会，个人利益服从集体、民族和国家利益的价值观，它强调集体利益高于个人利益、个人利益服从集体利益、眼前利益服从长远利益、局部利益服从全局利益，个人一切言论和行动的最高标准是符合集体、民族和国家的利益。虽然也有人认为集体主义不否认个人利益，主张把个人利益与集体利益统一起来，坚持集体主义原则与承认个人正当利益的一致性，即既要求人们为集体利益的实现做贡献，又尊重个人正当的利益，却不赞成二者的利益完全等同，认为当二者的利益发生矛盾和冲突时，集体利益高于个人利益，必要时甚至应当牺牲个人利益。

这两种观点的对立在中国和西方学术界分别表现为集体主义与个人主义之辩，以及社群主义与自由主义之辩，辩论的根本点在于对个体（人）和群体价值关系的理解：个体（人）优先于群体还是群体优先于个体（人）？

中国学术界主要展开的是集体主义与个人主义之辩，辩论中大致有三种观点：第一种观点是站在集体主义立场而否定个人主义，将个人主义等同于利己主义，认为个人主义的实质就是自私自利，就是侵占他人和社会的利益。第二种观点是站在个人主义立场而否定集体主义，认为集体主义只是强调个人服从于集体，强调个人对集体做出奉献和牺牲，轻视甚至否认个人的权益，其价值观在本质上是限制人的个性和创新的。第三种观点是在两者之间持折中的态度，认为应当超越个人主义和集体主义的对立，在集体主义和个人主义之间建立一种平衡，使二者相互兼容。

西方学术界主要展开的是社群主义与自由主义之辩。社群主义反对新自由主义离开群体强调个人，认为社群是政治分析的基本因素，个人是由他所在的社群决定的，因而强调集体权利优先于个人的原则，重视国家、家庭和社区等群体的价值，倡导爱国主义，在社会政策上主张作为公平的正义不能优先于善。自由主义主张个人本位、个人权利至上，坚持生命权、自由权和

---

[1] 《简明不列颠百科全书》第3卷，中国大百科全书出版社1985年版，第406页。

财产权等基本人权，追求保护个人思想自由的社会，主张保障少数人的权利，将个人作为分析社会政治现象和政治制度的基本因素，在社会政策上坚持运用法律限制政府的权力，主张人的自由、机会、财富、收入和自尊等个人权利优先于善。

如何判定上述观点的是非曲直亦即如何理解个人与集体关系？我们认为，回答这一问题的前提是明确个人与集体关联的基础，并在此基础上克服对个人主义和集体主义的片面理解，超越个人主义和集体主义非此即彼的对立。

通常在理解个人主义与集体主义的关系时，总是将二者截然对立起来，无论是主张个人主义还是集体主义，往往都非此即彼地强调个人与集体之间的差异和对立而忽略了二者之间的联系和统一。事实上，个体和群体之间既有差异又有联系，因而个人主义和集体主义不仅有对立的一面，也有统一的一面。统一的一面在于，集体是由个人组成的共同体，从追根究底的意义上说，个人是价值之源，价值之本，例如人的价值、人的权利、人的尊严、人的自由、人的发展最终都要落脚到每一个个人。但从价值实现的角度看，个体价值的实现又有赖于集体，离开了集体，个人价值就无从实现。从这个意义上说，强调个体或者群体的价值各自都有其合理性。

基于个人与集体的内在关联，我们认为，正确处理个人与集体关系的重要前提是明确二者统一的基础，这个基础就是真正的共同体（集体）。为此，必须区分真正的共同体（集体）和虚假的共同体（集体），进而构建真正的共同体（集体）。

在历史上和现实中，既存在着真正的集体以及真正的集体主义，也存在着虚假的集体以及虚假的集体主义。真正的集体是个体利益与集体利益本质统一的共同体。作为其理论反映的集体主义是主张个人与集体有机结合、个人利益与集体利益内在统一，从而集体不遮蔽个人、集体利益不排斥个人利益的集体主义。虚假的集体则是大多数个体利益与集体利益相背离的共同体。建立在虚假的集体基础上的集体主义总是主张以集体遮蔽个人、以集体利益取代个人利益的集体主义，甚至打着集体主义幌子却只是代表少部分人利益，这种集体主义倡导或强迫所有人做出奉献，而利益却由少部分人享有，这显然不代表大多数个人的利益，不能为个人的发展提供条件，甚至本质上是与个人相对立的，因而对其中的个人来说是异化的、虚假的集体。

　　黑格尔曾经指出："国家是现实的一种形式，个人在它当中拥有并且享有他的自由。但是有一个条件，就是他必须承认、相信并且情愿承受那种为'全体'所共同的东西。"[①]这里强调的是，个人在国家当中拥有并且享有自由，因而必须承认并相信国家，必须为国家这个共同体做贡献。他主张人们必须崇敬国家，把国家看作地上的神物，或许就与这一理解有关，因为从他的论述中可以反推论出如下结论：个人所以必须承认、相信甚至崇敬国家，是因为他在国家中会拥有并且享有自由。这就意味着黑格尔所谈论的国家是理想的即作为"真正的共同体"的国家。推而广之，所有的共同体都应当如是，人们必须承认、相信它的前提，就是这个共同体必须是个人在其中拥有自由并能够得到发展的真正的共同体。在确认"真正的共同体"的前提下，正确理解和处理个人与集体关系首先应当明确个人发展与群体（共同体）发展之间的内在关联，其中个人的发展是目的，共同体和人类的发展是条件和途径，人的发展最终要落脚于个人，却要通过共同体的发展来实现。

　　处理个人与集体之间关系时要面临的一个现实问题是，在二者之间做出价值排序：个人价值与集体价值何者优先？对这一问题不能简单地给予非此即彼的回答，而是要因时因事而定。其原因在于，每个人在价值上都是平等的，为他人服务、集体优先与为自己服务、个人优先在价值上是等值的。对这一道理马克思曾做出阐释："每个人为另一个人服务，目的是为自己服务；每一个人都把另一个人当作自己的手段互相利用。这两种情况在两个个人的意识中是这样出现的：(1)每个人只有作为另一个人的手段才能达到自己的目的；(2)每个人只有作为自我目的（自为的存在）才能成为另一个人的手段（为他的存在）；(3)每个人是手段同时又是目的，而且只有成为手段才能达到自己的目的，只有把自己当作自我目的才能成为手段，也就是说，每个人只有把自己当作自为的存在才能把自己变成为他的存在，而他人只有把自己当作自为的存在才把自己变成为前一个人的存在。"[②]根据马克思这一论述，在"真正的共同体"中，共同体的价值是由个人的价值构成的，为共同体服务就

---

① 黑格尔：《历史哲学》，上海书店出版社2001年版，第38页。
② 《马克思恩格斯全集》第30卷，人民出版社1995年版，第198页。

是为他人服务，根本上也就是为自己服务。由此可见，"真正的共同体"是我为人人、人人为我的共同体，在这种共同体中，所有人的"自为价值"（作为"自为的存在"者的价值）都是平等的。问题的实质在于，人的为他价值的根据是他人的自为价值，人所以要服务和奉献他人、群体和社会，就是因为所有的他人都具有内在的"自为价值"，如果不承认人内在的、自为的价值，其外在的、为他价值就没有存在的根据。因此，在抽象的意义上不存在个人价值与集体价值孰重孰轻、孰先孰后的问题，因为人所以要服从并服务于集体，是为了肯定和实现他人的"自为价值"。鉴于此，不应当将肯定个人价值、主张和维护个人权利与集体主义对立起来，不加分析地断定谁优先于谁，特别是不应当将人实现自为价值与实现为他价值对立起来，以人应当实现为他价值而否定他应当实现自为价值。进一步说，当人的自为价值与为他价值（即与为他人的自为价值）之间发生冲突时，应因时、因事而做出孰重孰轻、孰先孰后的价值排序。

基于以上理解，集体主义的基础在于该集体是"真正的共同体"，唯有如此，集体主义才能体现并保障个人的自由、权利，才能促进每一个人的自由全面发展。因此从根本上说，构建"真正的共同体"是正确理解和处理个人与集体的关系从而实现个人与集体利益在根本上统一的前提。

三、人的发展与人类命运共同体

马克思恩格斯谈到的共同体（如国家等）是由个人作为其成员组成的，推而广之，也可以有由国家作为成员组成的更大规模的人类范围的共同体，如各种国际组织，其最大范围的共同体，就是人类命运共同体。根据马克思恩格斯关于"真正的共同体"赋予其中每一个个体自由并代表其利益的理解，可以认为，由国家作为成员组成的"真正的共同体"的基础就是其成员的共同利益以及作为共同利益集中体现的共同价值。

在现实生活中，利益可以有两种呈现方式：一是直接的利益特别是经济利益，二是价值。价值本质上是利益的抽象，是综合的、长远的利益，是利益的高层次体现。所谓综合的利益，既包括经济利益也包括政治利益、文化利益、社会利益和安全利益；所谓长远的利益即根本性的、长期的、持续的利益。具体的经济利益是单纯的、暂时的、易变的，而价值则具有抽象性、综合性、稳定性，因此，价值所代表的综合的利益不同于具体的、暂时的利益。

根据对价值与利益关系的理解，我们认为，真正（真实）的共同体之"真正（真实）"性是有程度之别的。最真实的共同体是建基于共同价值和共同利益两者之上的共同体，次真实的共同体是仅仅建基于共同价值之上的共同体，又次真实的共同体则是仅仅建基于共同利益之上的共同体。这几类共同体的"真正（真实）"性之所以有程度上的差别，是因为它们分别基于共同利益和共同价值，而共同利益和共同价值在构建共同体中的作用却是不同的，后者比前者更具有根本性也更加稳定。

表面上看，利益似乎是共同体坚实、稳定的基础，因为有一种流行的说法：没有永远的朋友，只有永恒的利益。然而问题的关键在于，何为永恒的利益以及如何构建永恒的利益。所谓永恒的利益，即长久的、根本的利益，要通过价值来体现和表达，因而构建永恒的利益的根本途径，是构建共同价值。诚然，在现实中，不同利益主体基于暂时的共同利益，也经常会构建没有共同价值支撑的共同体，这种共同体在一定情况下或一定时期中也具有一定程度的真实性。但是，由于仅仅基于暂时的利益特别是经济利益，这种共同体往往是脆弱的，或者说其真实性往往只是暂时的，随着条件的变化，例如外部环境的变化、利益诉求的变化和共同利益的丧失等，这种共同体就会转变成虚假的共同体进而解体。这方面的事例在历史上和现实中屡见不鲜。反之，基于共同价值的共同体则具有稳定性，虽然秉持共同价值的共同体成员之间的关系也会因时因事（一些具体的利益诉求的差异）发生一些变化，但通常不会发生根本性的改变，因为其根本的利益是一致的，也就是说，价值在一定条件下是可以超越作为共同体组成部分的个体或国家利益的。

对真正的共同体及其基础的分析启示我们，在全球化时代，构建人类命运共同体是实现人的发展的重要条件，而构建人类命运共同体的前提，是确立人类普遍遵从的共同价值。

国际组织以及人类命运共同体是由国家作为成员组成的国家之间乃至于

人类范围的共同体。就现实而言，这个意义上的共同体大体上有几类：一是建基于共同价值和共同利益两者之上的共同体，二是仅仅建基于共同价值之上的共同体，三是仅仅建基于共同利益之上的共同体。综观历史和现实，共同体的建构及其坚固性和稳定性皆与其构成逻辑相关。

在当代，基于共同价值或共同利益，国家之间结成的国际组织类共同体依照其内部关系密切的程度可以分为盟友、战略协作伙伴等。一些国家相互之间是盟友，存在着比较牢靠的关系，是因为有着完全相同的价值观，有着本质上相同或相似的意识形态和政治经济体制，是价值观盟友，因而相互之间价值共享并在政治和防务上相互高度依赖。当然，由于各个国家及其人民各有自己的利益诉求，即使在盟友之间，也往往会存在利益上的矛盾，其国家利益特别是经济利益方面的冲突也会经常发生，各国都会采取一些维护自己利益的政策，进而导致盟友之间展开正当和"合法"的和平竞争，甚至会因为一些利益博弈发生激烈的争吵，在贸易等问题上一度也会成为对手甚至敌人，因而它们之间一段时间内会出现不协调甚至混乱的状况。然而，这些分歧是暂时的、浅层次的。一方面，它们之间的矛盾属于其"内部矛盾"，往往会因为长久的利益而淡化；另一方面，在盟友之间，任何国家都不能为所欲为，不能损害共同体的根本利益，因而即使有分歧，最终彼此也会做出妥协，达成各方都同意的方案，建立更加稳固的关系和更加有效的秩序。尤其应当注意的是，价值共同体因其根本利益相同，在面对共同体之外（价值观对立）的主体时，具有一致对外的特征。

通过由国家作为成员组成的共同体构建基础的分析，对于理解构建人类命运共同体具有深刻的启示。

随着全球化进程的深入，在当代，一方面，各国之间共同利益增多，相互之间内在关联，可谓一荣俱荣，一损俱损，使构建人类命运共同体成为必要；另一方面，现实中的世界是由许多不同地域、不同民族、不同文化的独立的主权国家组成的性质和结构十分复杂的共同体，在国家民族利益尚未一致并且相互之间仍然彼此隔离、相互博弈甚至相互对立的当代世界，建立人类命运共同体面临着诸多困难。由于利益的驱使，一些国家仅仅从本国利益出发而忽视他国甚至人类的共同利益，以邻为壑，使各国家民族之间的矛盾扩大并加深，出现了一系列涉及政治、经济、安全、环境领域的全球性问题，使世界局势的不确定性增加。这两方面情况表明，各个国家、各个民族的命运已经与整个人类的命运直接联系起来，休戚与共，所有人的利益和命运都不可能置身于人类的利益和命运之外，不可能独善其身。因此，建设持久和平、普遍安全、共同繁荣、开放包容、清洁美丽的世界至为必要也任重道远。在全球性问题凸显以及和平、发展、合作成为各国共同诉求的背景下，中国以更积极的姿态参与世界和平与发展事业，提出了弘扬联合国宪章的宗旨和原则，推进全球治理，打造人类命运共同体，使各国人民公平享有世界经济增长利益的主张。

毋庸置疑，我们要打造的人类命运共同体是代表各个国家民族根本利益、有利于人类生存发展的"真正的共同体"，这种共同体要以共同的利益特别是共同的价值为纽带，没有共同利益就没有当下的共同目标和行为，而没有共同的价值就没有长远的共同目标和行为。为此，构建人类命运共同体的关键环节就是形成共同利益，并在此基础上构建反映所有民族国家共同利益的人类共同价值。

构建人类共同价值的必要性和可能性，在于全球化形成的普遍交往。就其必要性而言，随着全球化后人们之间交往范围的扩大，一方面，人们之间的共同利益逐渐增多从而价值共识逐渐增加；另一方面，人们之间的利益冲突日趋凸显，亟须从价值上做出调节和整合。这两方面因素都使构建人类共同价值成为必要。就其可能性而言，随着经济全球化进程的深入以及信息化、智能化的发展，各个国家之间的经济、文化、社会交往以及相互之间的利益协调、利益表达和价值交换日趋频繁和便捷，使他们逐渐成为利益攸关者。既使各个国家、民族命运休戚与共，也使各个国家、民族与人类的命运直接关联，为构建人类共同价值提供了现实的条件。在此背景下，通过各国的共同努力，人类共同价值将从过去的美好愿望逐渐变成人类生活中的现实。

关于构建人类共同价值的现实路径，学术界多有论述，一种比较通行的观点是，应当遵循"和而不同、兼收并蓄"的原则，在承认人类文化和价值多样性的基础上构建普遍认同的人类共同价值。这种观点意在改变某些国家或集团单方面制定价值的做法，无疑是合理的。但问题在于：如何以"和而不同、兼收并蓄"的方式构建共同价值？我们认为，关键是理解并处理好人类共同价值与各民族特殊价值之间的关系，而处理人类共同价值与各民族特殊价值关系的前提，是明确价值普遍性与特殊性的关系，进而承认价值的普遍性。

价值是普遍性与特殊性的统一，其特殊性是相对于普遍性而言的，是普遍性含义在特殊条件下的具体体现，为此，既不能不加分析地将一些特殊的价值上升为共同价值，也不能因一些价值只具有特殊性而断言所有的价值都只有特殊性，从而否定存在普遍价值。事实上，不同的社会群体、民族、国家，除了存在着各自特有的价值外，也会存在具有普遍性的共同价值，即全人类共同追求的价值。

承认价值普遍性从而肯定人类长期以来形成的和平、发展、公平、正义、民主、自由等优秀的共同价值，是构建人类共同价值的前提。价值作为社会意识，作为人类社会实践和社会生活的观念结晶，具有历史继承性，构建人类共同价值应当以人类长期以来形成的优秀价值为基础。人类优秀价值是人类历史交往和思想智慧的结晶，迄今已经成为人类共同价值的组成部分，而且是核心的部分，是构建人类共同价值的基础。因此，在构建人类共同价值的过程中，既要承认人类文化和价值的多样性，充分关注和吸收世界各国家民族特殊的文化和价值，又要看到既有的人类优秀价值是构建人类共同价值的主体或基石，充分地借鉴和吸收。

厘清人类共同价值与国家、民族特殊价值的关系，特别是确认人类优秀价值作为构建人类共同价值基础的地位，对于以"和而不同、兼收并蓄"的思路构建人类命运共同体具有重要的意义。

价值的普遍性和特殊性与其层次性相对应。一般来说，价值的层次性与其普遍性成正比，与其特殊性成反比，越是高层次的价值取向就越是具有同一性和普遍性，越是低层次的价值取向则越是具有特殊性。有鉴于此，在价值取向和价值观上主张"和而不同"是有条件的。有些价值，例如层次较低的，具有较强民族、文化或地域特征的价值，可以并且应当保持和弘扬自己的特色，"和而不同"，"各美其美"。有些价值，例如层次较高的、具有较高程度普遍性的价值，则应当趋同，应当"美美与共"。因为"人类不同的种族之间是有文化差异的,但是,涉及人类深层的东西,不同文明之间有相当程度的共识"[1]。因此,在价值取向上不应不加区别而一味地强调特殊性,一味地主张"和而不同",而应当根据所涉及价值的层次加以区别对待。具体到构建人类共同价值来说,我们构建当代的人类共同价值,既要自觉继承中华民族的优秀传统价值,并在此基础上将中华民族的优秀传统价值转变为具有普遍性的价值,为人类优秀价值添砖加瓦,又要将既有的人类优秀价值作为构建人类共同价值的主体或基石,这样才能始终站在人类价值和道义的制高点,为人类进步事业做出贡献。

四、人的发展与社会进步

由于个人要在共同体中才能获得发展,因而人的发展与社会进步内在关联。社会进步既是人的发展的结果,又是人的发展客观条件的综合体现;实现人的发展有赖于社会进步,社会进步又要以人的发展为引领。

正确理解和处理人的发展与社会进步的关系,必须实现社会发展合目的性与合规律性的统一。

从合目的性与合规律性的统一,理解和处理人的发展与社会进步的关系,是因为人的发展与社会进步互为条件。一方面,人的发展是社会进步的目的,社会运行必须体现人满足需要、趋利避害、追求幸福、发展自己的合目的性,才具有合理性。社会是由人构成并由人的活动推动的,社会发展的动力、机制和规律不在人的活动之外,就在人的活动之中,只有合目的即有利于人,促进人的发展,提升人的素质,人们才会有改变社会的动力或积极性,才能充分调动人认识、改变社会的能力和创造性,推动社会进步。另一方面,社会进步是人的发展的基础,人们不能随心所欲地改变社会、创造历史,人的发展意识的形成和人的发展的实现都有赖于一定的社会条件,受到经济、社会制度、文化等条件的制约。

由于人的活动受到动机和目的的支配,且由于人趋利避害、追求幸福的

---

[1] 杜丽燕:《人性的曙光:希腊人道主义探源》,华夏出版社2005年版,总序。

本性，因而从绝大多数人的意愿或者说从历史发展的总过程上看，社会发展与人的发展是统一的，二者互为条件、相互促进：人们的认识和行为越是符合客观条件及其发展规律，他们行动就越能达到预期的目的；而他们的目的越能得到实现，就越能顺利推进社会进步和人的发展，也就越能提高人们认识和遵从规律的程度。然而，就历史过程的实际情形看，合目的性与合规律性并不会自然而然地统一起来，反之，由于历史过程本身的辩证性，二者在一定情况下还会出现矛盾和冲突，出现合目的性与合规律性的阶段性的脱节甚至背离。也就是说，人的发展与社会进步往往不完全是正相关的关系，而是既统一又对立的关系，统一是总体的趋势，对立则是总趋势中的具体环节或阶段，这就提出了如何理解和处理合目的性与合规律性关系的问题。

　　近代以来，在社会加速发展的背景下，合目的性与合规律性关系问题表现得尤为突出，引发了哲人们的深入探讨。其中有代表性和创意的是康德。

　　康德肯定社会发展具有规律性，阐述了历史发展的规律性及其与人的活动的关系，提出了历史发展是合规律性与合目的性的统一的看法。他认为，人类的历史大体上可以看作大自然的一项隐蔽计划的实现，是受普遍规律支配的，人类的行为，正如任何别的自然事件一样，总是为普遍的自然规律所决定的。此处的"大自然"并非与社会和人相对应意义上的自然，而是通常意义上的"宇宙"，即最高层次的主体。因此他认为："历史学是从事于叙述这些表现的；不管他们的原因可能是多么地隐蔽，但历史学却能使人希望：当它考察人类意志自由的作用的整体时，它可以揭示出它们有一种合乎规律的进程。"[①]他还认为，历史发展的规律性内含着目的，规律是目的的表现，目的则是规律的根据。这里的大自然隐蔽计划是一种拟人化的说法，实质上就是大自然的目的。他还对合规律性与合目的性的关系做出了阐述，认为"一个被创造物的全部自然禀赋都注定了终究是要充分地并且合目的地发展出来的。对一切动物进行外部的以及内部的或解剖方面的观察，都证实了这一命题。一种不能加以应用的器官，一种不能完成其目的的配备——这在目的论

[①] 康德：《历史理性批判文集》，商务印书馆1990年版，第1页。

的自然论上乃是一种矛盾。因为我们如果放弃这条原则的话，那么我们就不再有一个合法则的大自然"①。将合目的与合法则（即合规律）联系了起来：合法则是合目的之前提，合目的是合法则之必然结果。只有合目的的才是合法则的，合法则的实质就是合目的，强调了合目的性在事物发展中的根本地位。

关于目的论，康德提出了"人是最终（后）目的"的论断。他认为，他的目的论不同于宗教神学的目的论也不同于具体科学，它包含着先验的原理，追溯事物或现象的终极原因。并认为，在大自然复杂的目的结构中，必有其最后的目的，所谓最后的目的，就是它只能是其他事物的目的，而不再作为其他事物的手段，这个最后的目的就是人。

康德关于历史过程具有规律性以及人是目的的思想在黑格尔那里得到了发挥。黑格尔认为："理性是世界的主宰，世界历史因此是一种合理的过程。"②"历史上的事变各各不同，但是普遍的、内在的东西和事变的联系只有一个。"③肯定历史进程具有规律性。他同时又继承了康德的目的论，认为，人是他们自己生存的目的，他们具有不属于单纯的工具或者手段范畴内的那些东西，因为他们自身中具有"神圣"的东西即"理性"、"自由"和"精神"，因而认为"精神的伟大和力量是不可低估和小视的"。"人应尊敬他自己，并应自视能配得上最高尚的东西。"④

马克思恩格斯吸取了康德和黑格尔的思想，提出了社会发展应当坚持合目的性与合规律性统一的原则，既致力于探求人类解放和人的发展目标，又注重"发现现实的联系……发现那些作为支配规律在人类社会的历史上起作用的一般运动规律"⑤。在他们看来，人的发展是社会进步的目的，决定了社会发展必然具有目的性；社会进步是人的发展的条件，决定了社会发展不能随心所欲而要遵循客观规律。因此，社会发展应当是合目的性与合规律性的统一。

---

① 康德：《历史理性批判文集》，商务印书馆1990年版，第3页。
② 黑格尔：《历史哲学》，上海书店出版社2001年版，第8页。
③ 同上，第5页。
④ 黑格尔：《小逻辑》，商务印书馆1980年版，第36页。
⑤ 《马克思恩格斯选集》第4卷，人民出版社2012年版，第253页。

社会进步必须体现合目的性,是指人们的行为应当符合自己的目的,符合自身的需要、利益、价值和发展。社会进步必须体现合规律性,是指人们的行为乃至社会发展不会完全以个人或部分人的主观意志为转移,人们不能随意创造历史,更不能随意改变社会发展的方向和进程,所以,必须正确认识社会发展规律并按规律办事,在此基础上,才能充分发挥人创造历史的主观能动性,推动社会进步。

合目的性与合规律性在社会发展过程中缺一不可,但二者又往往会发生背离和冲突。这通常表现为两种情形:一种是在社会发展中离开合目的性追求合规律性,只强调工具理性,强调效率和效益,忽视社会的全面进步和人的发展,陷入片面发展的泥淖;另一种是在社会发展中离开合规律性追求合目的性,违反社会发展的客观规律,例如离开生产力状况谈论生产关系和上层建筑的变革,使社会发展欲速不达甚至陷入空想。

在社会现代化进程中,尤为突出的问题是离开合目的性追求合规律性,其典型表现就是目的与手段错位:目的成为手段,手段异化为目的并代替目的。其原因主要有以下几个方面:一是在现代化生产中,生产工具的功能巨大且自组织性增强,工人既是机器的操作者又是机器的依附者,随着机器的节奏和运转而动作,其行为在一定程度上已经被机器所操控,从而导致工具的强势地位进而对人的控制。二是生产目的在现代化生产中被扭曲甚至被掩盖。在现代化的商品经济中,生产的目的是通过交换商品获取利润、增殖资本,即马克思所说的活劳动只是增殖已经积累起来的劳动的一种手段,进而导致了"商品拜物教""货币拜物教",使人异化为资本的手段。三是在现代化进程中,激烈的社会竞争极大地强化了人们的发展动机和竞争意识,增强了人们对社会发展特别是经济发展的紧迫感,强化了手段的地位,甚至视经济增长为唯一的、至高无上的目标。其结果是,只重视增长而忽视社会的全面进步和人的发展,人生存发展的目的被手段异化,手段反过来成了目的,甚至成为终极目的。正如丹尼尔·贝尔所指出的:"按照科技治国的方式,目的只是追求效率和产量,目的已经成为手段,它们自身就是目的。科技治国的方式已经确定下来,因为它是讲求效率的方式——讲求生产、计划和'完成任务'。"①

合目的性与合规律性的冲突还体现在，社会进步往往是在曲折的过程中实现的，有起伏甚至有反复。在社会发展进程中，人的发展与社会进步在很多情况下并不一致，在一些特殊情况下，还会以暂时影响个人的发展为代价，危及一部分人的利益甚至给他们带来伤害。这就需要对社会发展效果与其代价之间的关系做出评价。马克思曾谈到过对这种关系的理解，指出："'人'类的才能的这种发展，虽然在开始时要靠牺牲多数的个人，甚至靠牺牲整个阶级，但最终会克服这种对抗，而同每个个人的发展相一致，因此，个性的比较高度的发展，只有以牺牲个人的历史过程为代价。……因为在人类，也像在动植物界一样，种族的利益总是要靠牺牲个体的利益来为自己开辟道路的，其所以会如此，是因为种族的利益同特殊个体的利益相一致，这些特殊个体的力量，他们的优越性，也就在这里。"②他说的种族利益即群体利益，可引申为社会进步。这段话肯定了人类发展以牺牲个体利益为代价在社会发展一定阶段中的合理性，阐明了个体和类在社会发展中的辩证关系，意义至为深刻。它表明，种族利益要以牺牲个体利益为代价，实际上就体现着合目的性与合规律性的矛盾。虽然从人道主义的理念或"人是目的"之合目的性要求看，任何一个个体都不应该被牺牲，但为了整个人类的发展即社会进步这一更大的人道，在特定时期或特殊情况下就必须遵循社会发展的规律性，牺牲一些个体或其利益。个体在社会发展中成为代价所以具有合理性，是因为从长远目标看，这将为社会进步从而为人的更高层次发展创造条件，并最终同每一个个人的发展相一致。

正确理解和处理人的发展与社会进步的关系，应当将人的发展确立为衡量社会进步的根本尺度。

虽然社会进步与人的发展之间具有根本上的一致性，但由于合规律性与合目的性错位，二者之间又并非亦步亦趋、完全吻合。在一定时期，尤其是在传统社会向现代社会转型过程中，还会产生矛盾甚至对立。为此，就出现了协调社会发展和人的发展关系的问题，就要对人的发展与社会进步在具体

---

① 丹尼尔·贝尔：《后工业社会的来临》，商务印书馆1984年版，第392页。
② 《马克思恩格斯全集》第26卷第2册，人民出版社1973年版，第124~125页。

历史进程中的矛盾冲突做出合理的解释。而做出合理解释的前提，又在于确定评价社会发展的根本价值尺度。

判断社会发展及其程度，既要以事实为依据，又要以价值尺度为准绳，因为对社会发展的评价要涉及一些基本的价值问题，如：社会发展的根本目的是什么？社会发展为什么要以人的发展为目标？理想的社会应当是怎样的？怎样的社会状态有利于人的生存发展？为什么要追求并推动社会进步？为什么社会既要更快地发展又要更合理地发展？为什么要在社会生活和实践中确立价值原则和规范，应当确立哪些价值原则和规范？为什么在推进经济发展的同时还要追求社会公平、社会和谐以及自由民主？这些问题显然并非仅仅诉诸科学认识就能回答，而是要诉诸价值取向。也就是说，回答这些问题并判断社会发展之得失，必须确立一种根本性的价值尺度。我们认为，这个尺度就是人的发展，人的自由全面发展状况是衡量、评价社会进步与否以及社会发展质量和水平的最高标准或根本尺度，只有基于人的发展价值尺度，才能对社会发展中的价值问题及其是非曲直做出正确的判断。

将人的发展作为衡量社会发展的价值尺度，是因为它从根基上体现着合目的性与合规律性的统一。社会发展要以合目的性为旨归，以合规律性为基础，但从根本上说，两者统一的出发点和归宿是合目的性，即人的发展。因为坚持合规律性、按规律办事，反对离开合规律性抽象地理解合目的性，本质上仍然是为着更好地促进社会进步和人的发展这一目的。

将人的发展确立为衡量社会进步的根本价值尺度，有助于深刻理解人的发展与社会发展的关系。

人的自由全面发展是社会主义社会的本质要求，在社会主义初级阶段，人的发展同社会进步根本上是统一的，推进人的自由全面发展同推进社会经济、政治和文化发展以及改善人民的物质文化生活、实现社会公平，是互为前提、相互促进的。人越是得到自由全面发展，人的素质越高，就越能推进社会经济、政治和文化进步，创造更多的物质和文化财富，人民的生活就越能得到改善，社会公平的实现程度就越高；而社会经济、政治和文化越进步，物质和文化条件越充分，社会公平实现的程度越高，也就越能实现人的自由全面发展。同时又应当看到，在社会现代化进程中，由于重视效率和效益的行为逻辑，又可能导致手段遮蔽目的之不平衡的发展问题。因而必须始终关注社会发展的根本目的，以人的发展引导和矫正社会发展进程，重点处理好以下问题：一是超越单纯追求经济发展的片面性，保持经济增长和社会全面进步的平衡，将与人的发展直接相关的民主法治、公平正义、文化发展和环境保护等"美好生活需要"中的"软需要"纳入社会进步的基本要求。二是关注人的发展的主体范围和相对平衡，解决或缓解城乡之间以及不同地域、不同行业、不同阶层之间经济社会地位的差别。三是关注个人利益与社会利益的平衡，特别是对社会进步代价有全面的认识和合理的应对。在承认社会进步代价合理性的同时，应当看到，这种代价只在特定时期是合理的，因而只具有暂时的合理性，并且，个别人做出的牺牲应当是有限度、有底线的，即使部分人付出的代价或阵痛在特定条件下不可避免，也绝不能对此心安理得，更不能任其发展，而应当最大限度地加以管控并做出合理的补偿，以减轻它给人们带来的损失和痛苦。例如在社会转型时期，就应当在维护社会进步大局的前提下，最大限度地维护弱势群体的利益。

将人的发展确立为衡量社会进步的根本价值尺度，有助于以人的发展引领社会进步，明确社会发展的方向和目的。

将人的发展状况作为衡量社会进步的根本尺度，是因为人的发展是社会进步的根本目的，是人推动社会进步的根本动因，社会进步归根结底要反映到人的发展上来，只有有利于人生存发展的社会变化，才是真正意义上的社会进步。从人的发展尺度出发，可以综合地反映社会的整体特征、标志社会的类型以及社会发展基本阶段。依据这一尺度，判断社会发展目标和人们的行为是否合理，判断社会状况之优劣、社会发展速度之快慢或者程度之高低等，最终要看是否有利于人的生存发展。就此而言，人的发展的每一方面内容，都从一定角度直接或间接地表征着社会的进步，社会进步终究要由每个人的生存质量以及生活感受来确认。例如，由于人的发展所涉及的人的素质的提高、物质与精神生活质量的提升、能力的发展、交往的顺畅和交往范围的扩大等因素，要以社会各要素的整体发展为条件。所以，人的素质提高、物质和精神生活质量的提升体现着社会经济、文化、教育、科技的发展；人的能力的发展和发挥，包括对象化工具的改进、智力的进化或知识的扩展、深化，体现着社会物质文明和精神文明的进步；人的交往的通畅与交往范围的扩大，体现着物质条件的进步以及社会关系的合理化特别是制度文明的发展；人的生存环境的改善体现着生态文明建设的成效；等等。

　　人的发展尺度的根本性决定了它具有大尺度地覆盖历史过程的解释力。人的发展是一个长期的持续的过程，虽然社会发展综合地体现为人的发展，但二者之间效果的关联并非亦步亦趋，通常只有当社会诸因素的进步积累到一定的程度，才会体现在人的发展上。由此反过来看，人的发展的每一次进展，如从人的依赖关系到物的依赖性，从物的依赖性到人的自由全面发展，都从宏观的大尺度上标志着社会的全面进步。正因为如此，以人的发展程度表征社会进步乃至划分社会形态具有独特的优势。

　　将人的发展确立为衡量社会进步的根本标准和尺度，有助于对社会发展做出全面评价。

　　社会是由经济、政治、文化等多种因素构成的有机体，构成要素和结构十分复杂。社会进步是物质文明、精神文明、制度文明和生态文明的共同发展，是社会生活的全面进步。社会结构的复杂性既决定了对社会发展可以从不同层面或不同视角来理解，其中每一种因素的发展状况都可以反映社会某一个侧面的面貌及其发展程度，也决定了对社会进步进行总体性把握具有相当的难度，仅仅从某一个或几个方面对社会的认识，往往不足以科学地把握作为有机体的社会的整体特征和发展程度，不能反映社会进步的全貌。社会发展的多因素性决定了其评价指标的多样性。在社会现代化进程的初期，人们往往将经济发展状况作为评价社会进步主要的甚至唯一的指标，随着社会主要矛盾的转化特别是不平衡发展问题的凸显，对社会评价的标准也发生了改变，增加了一些综合性的指标，包括制度、文化、社会、环境以及社会公正方面的指标。这些指标共同的特征，是直接或间接地反映了人生存发展的状况。为此，以综合性的指标评价社会发展状况可以归结为以人的发展作为衡量社会发展状况的根本的、综合的尺度，实现了人的自由全面发展，就必然意味着社会得到了全面发展。

　　作为经济、政治、社会、文化和环境等各种要素发展状况的综合体现，人的发展尺度是诸种社会发展尺度的统一，可以与其他尺度相融洽、相契合，例如既可以与生产力发展尺度相融洽、相契合,也可以与社会、政治、文化、环境等各种发展尺度相融洽、相契合。因此,人的发展尺度可以作为映照社会进步的一面立体的镜子,反映出社会进步方方面面的情况,是衡量社会进步水平最根本的也是最真实的尺度,是社会进步程度的终端显示。

第十五章　人的发展的普遍性和特殊性

从理论遵循上说，马克思主义人的发展理论确立的人的发展总体目标和根本含义以及指明的基本条件和实现路径具有普遍性。但从现实和实践上看，人的发展具体目标和要求以及实现方式和路径在不同时代和不同环境中又具有特殊性。正确理解人的发展普遍性和特殊性的关系，正确处理人的发展的普遍要求与具体实现方式之间的关系，将人的发展的普遍原则同中国社会主义建设的实际相结合，有助于在把握人的发展总体方向的基础上切实推进人的发展。

一、人的发展的普遍性

人的发展的普遍性，是指其总体目标和含义、基本条件和实现路径具有普遍的适用性。这种普遍性体现在人的发展理论上，就是人的发展价值取向和科学认识以及人的发展理论具有普遍适用性。

人的发展理论的普遍性首先决定于人的发展要求以及实现范围的普遍性。就最终目标来说，马克思恩格斯设想的人的发展是世界性的，是全人类每一个个人的发展。他们做出这样的理解，一是因为他们认识到，完整意义上人自由全面发展不可能仅仅在部分国家、地区或部分人中实现，而必须在世界范围中实现，这是因为资产阶级开创了世界历史进程，使各个国家和民族内在地关联起来，一个国家民族的事物必然会受到其他国家民族的影响。因此，作为自由人联合体的共产主义社会不可能在一个国家甚至部分国家中实现。正如他们所指出的，共产主义事业是世界历史性的存在。二是因为他们认识到，在未来社会发展的高级阶段以及随着世界历史进程的展开，将为世界范围人的发展提供现实的可能。与之相关,人的发展的总体目标和含义、基本条件和实现路径就应当是普遍性的,适用于整个人类。

马克思恩格斯关于人的发展目标、含义和实现路径的理解,是在对19世纪西欧资本主义社会人的劳动异化和生存片面化的批判中"反其道而行之"提出的,就此而言,有其特定的时代背景,是那个时代人生存发展实际状况的理论表现,具有鲜明的时代性。然而,他们提出人的发展要求又并非社会现实的简单反映,而是基于现实基础上的主体性自觉意识,是对理想社会人的应然生存状态的理解和价值预设,是对人追求幸福、美好、有意义生活之根本要求和总体趋势的深层次反映。正是基于这种根本要求和总体趋势,他们提出并阐释了具有普遍意义的人的发展理论,将自由全面发展确立为人类生存和社会生活的理想状态,确立为一切历史活动及社会进步的根本目标。

人的发展理论的普遍性首先体现在价值取向上。人的发展价值取向虽然是在批判资本主义社会人的异化状态过程中提出的,但在此基础上确立了人的自由全面发展的目标和含义,揭示了未来社会中人的发展的根本特征和总体趋势,因此,这一价值取向的意义不限于当时、当地,而是具有最大的普遍性和最广泛的适用性。

从空间的维度看,人的自由全面发展价值取向具有"放之四海而皆准"的普遍适用性。普遍性决定了人的发展价值取向具有最广泛的适用性。例如,马克思恩格斯确立的人的发展要求,无论是人自由全面地发展和实现自己的本质力量,确立和丰富自己的个性,还是全面发展自己的社会关系,都不仅适用于确立这一价值取向时作为其研究范本的西欧社会,也适用于世界上其他地区,适用于一切国家和民族,包括与西欧社会历史和文化条件迥异的东方社会。这就意味着,任何一个国家和民族所追求的人的发展,都必须符合这些基本的特征和要求以及总的目标,如全面和自由的发展,社会关系的合理化及全面发展,确立和丰富自己的个性,提升、实现和展示自己的能力。虽然在不同的国家和民族、不同的历史环境、不同的经济条件和文化背景下,人的发展的具体要求、目标和含义及其实现路径会有所不同,但其根本的、总体的目标和基本特征则是共同的,决不能离开这些要求和目标,非此便不成其为人的发展。

从时间的维度看，人的发展价值取向具有"历久弥新"的长久适应性。人的自由全面发展价值取向的普遍性使其在适用性上具有与时俱进的特点，可以覆盖社会发展的各个时期，既适用于马克思恩格斯所处的19世纪西欧自由资本主义社会，又适用于当今中国的社会主义初级阶段，未来还将继续适用于理想的共产主义社会。适用于马克思恩格斯时期，是指人的发展价值取向作为人未来理想状态的要求和目标，在当时引领着以实现人的解放为宗旨的资本主义批判的理论和无产阶级反对资本主义制度的现实活动。适应于当今中国的社会主义初级阶段，是指它可以引领中国式现代化进程，引导和规范人们在市场经济中的行为，消除人的依赖关系，去除或降低物的依赖性，矫正市场经济的负面效应，促进人的发展。将长久地适用于未来理想社会，是指它将是未来社会进步的根本目标，只有在作为"自由人的联合体"的理想社会中才能真正在完整的意义上实现，即在那时，将不是部分地而是完全地、不是比较地而是充分地实现人的自由全面发展。

人的发展理论的普遍性又体现在其科学认识上。人的发展科学认识虽然是马克思恩格斯针对资本主义社会中人的生存条件提出的，却揭示了人的发展的基本条件和根本途径，因而具有普遍的适用性和长久的意义。以对人的发展条件和途径的认识为例。马克思恩格斯认为，人的发展的基本条件主要包括生产力高度发展，社会关系合理化，文化进步，自然环境改善，人的发展路径在于人的发展只有在改变世界的过程中才能实现，只有在共同体中才能实现，只有建立在阶级解放以及人的解放基础上。这些认识是在19世纪的社会环境中提出的，虽然基于特定的时代和情势，但其意义却不限于当时或当地、一时一事，而是对具体的问题做出了科学的抽象，从具体事例中得出了一般性的认识。这些对人的发展基本条件和根本途径的认识所揭示的道理显然具有普遍性和持久性，适用于所有的时代，既适用于马克思恩格斯所处的资本主义时代，也适用于当今中国社会主义初级阶段，还将适用于未来作为自由人联合体的共产主义社会。

明确人的发展根本目标和含义以及基本条件和实现路径的普遍性，对于始终坚持人的发展的价值取向和科学认识、推进人的发展具有重要的启示意义。

人的发展及其理论的普遍性启示我们，推进人的发展要以马克思主义人的发展理论为指引。马克思主义人的发展理论确立了人的发展的根本目标和含义，揭示了人的发展的基本条件和实现路径，因而在任何时代、对任何国家民族，都可以也应当以马克思主义人的发展理论为指引，都应当遵循而不能背离人的发展的总体要求和基本途径。

人的发展及其理论的普遍性启示我们，人的发展理论建构要体现先进性。人的发展价值取向和科学认识之所以具有普遍适用性，是因为其具有先进性，正确反映了人的发展的主观要求，揭示了实现人的发展的客观条件以及人的发展的总体趋势。以价值取向为例。人的发展价值取向的普遍性在于它能得到不同的国家和民族广泛的认可和赞赏，而其原因就在于它具有先进性从而也具有吸引力，就此而言，价值取向的普遍性与先进性是一个问题的两个方面。普遍性和先进性是马克思主义的本质要求，马克思主义理论之能够站在社会道义的制高点，为大多数民众广为接受和认同，就在于它确立并具有了追求人的彻底解放和自由全面发展这一先进性的价值取向。因此，当代人的发展理论建构既要基于现实、脚踏实地，又要体现先进性和前瞻性，这是人的发展理论建构的本质要求。人的发展理论建构要体现先进性，就必须守正创新。为此，既应当不忘本来，坚守马克思恩格斯人的发展理论的基本立场、观点和方法，又应当与时俱进、面向未来，从当代社会的时代特征和实践要求出发，充分反映人民对满足美好生活需要的向往，体现社会发展的趋势，还应当不拒外来，充分吸收人类优秀的价值理念。19世纪，马克思恩格斯正是在批判继承人类优秀价值取向的基础上创立了具有先进性的人的发展理论。在当代进行人的发展理论建构，同样要面向世界，以海纳百川的胸怀，站在前人的肩膀上，自觉地继承和弘扬作为人类文明核心的优秀价值，在前人的基础上做出新的推进。

二、人的发展的特殊性

人的发展的特殊性是指其具体目标、含义、条件和实现方式具有特殊性。这种特殊性反映在人的发展理论上，就是人的发展价值取向和科学认识的运用要与具体的时代和实践相结合，因时因地而定。

人的发展的特殊性首先在于其目标和含义具有特殊性，在不同历史时期和不同条件下会呈现出不同的特点。人的发展目标、含义和要求要受到一定时代经济、政治和文化因素的制约和影响：在经济上，要受到生产力发展水平、生产关系特别是生产资料所有制性质的限制；在政治上，要受到国家制度和体制的制约；在文化上，要受到民族的历史经历、文化价值、宗教信仰甚至风俗习惯的影响。因此，在不同时期、不同社会环境中，对人的发展的目标、含义应当结合具体情况做出不同的理解和定位，也就是说，人的发展价值取向，其具体目标、要求的设定和运用必须与特定的时代、实践相结合。以人的自由发展为例。从马克思恩格斯在《德意志意识形态》对自由发展的情境性描述可见，他们所理解的"自由发展"是人可以在任何自己愿意并且有能力的领域中活动并实现和发展自己的能力，不会受到任何外在因素的限制，其实质就是人的意志和行为自由。当然，由于他们所举的例证都是正面的行为，所以没有论及自由的"界限"或"限定"问题，而这一点与前一点是一体两面的关系，不可或缺。自由是有"界限"的，抽象地说，其界限就是不影响他人和社会，但具体地看，"不影响他人和社会"的含义则取决于一定时代的经济、政治和文化因素，也就是说，自由发展的本质特征在不同的条件下会有不同的要求和体现。

在决定人的发展目标和含义特殊性即特色的因素中，文化的作用尤为突出。文化在本质上具有特殊性从而具有多样性。例如，各国家民族在文化上都存在着自己的特征，因而相互之间具有显著的差异，一些低层次的文化现象例如社会风俗、习惯等，在一个民族中被认为是美的东西在另一个民族中就可能被认为是丑的，在一个民族中被认为是善的在另一个民族中就可能被认为是恶的，在一个民族中被倡导的在另一个民族中就可能被视为禁忌。这种文化上的多样性往往直接或间接地影响到人们的价值取向和生存态度，影响到他们的审美情趣和感受，影响到他们的需要定位和生活方式，影响到他们对自己与他人、与社会关系的理解，从而影响到他们对人的发展目标和含义的理解。

人的发展的特殊性又在于其实现条件具有特殊性。人的发展条件的特殊性主要体现于人们生活于其中的国家、民族的历史、经济、政治以及文化等方面的状况。不同国家民族都有独特的历史发展经历以及与之相关的社会特征，在经济结构、政治体制、发展道路以及文化特色上往往大相径庭。这些因素是前人活动的积淀，又构成后人活动的现实基础，从根本上制约着人的生存和发展状态，直接或间接地制约着人们各种物质需要满足的程度，制约着人们社会关系的发展程度及精神生活的丰富程度，制约着人们自由时间的长度从而活动空间的宽度。从而决定了二者人的发展在不同的历史时期和不同的条件下对人的发展方式和具体路径的选择，决定了在社会发展的不同时期、不同条件下，人的发展实现的可能性及实现程度是不同的。

人的发展实现条件的特殊性决定了在不同的社会发展条件下推进人的发展，目标、任务和措施都应各不相同。例如发达国家与发展中国家的经济文化和社会条件不同，就决定了二者人的发展目标和任务存在着显著的差别。一些发达国家由于物质财富丰裕、闲暇时间较多，文化条件的优越，人们已进入享受型需要满足和精神生活拓展的阶段，因而人的发展面临的目标和任务，是进一步提升人的生存发展质量和人的素质，满足美好生活需要；一些发展中国家由于面临着实现"仓廪实"和"衣食足"的任务，其在人的发展方面的主要目标和任务是实现小康甚至解决温饱，过上体面的生活。

人的发展的特殊性启示我们，确定人的发展目标、含义以及实现方式要基于现实条件，不具备一定的条件，人的发展就不能实现，条件不充分，人的发展程度就要受到制约。因此，推进人的发展不能脱离实际、盲目行动。从现实条件出发，还要注重人的发展的特色，在依据和坚持人的发展总体目标和基本含义的基础上与特定的经济、政治、社会和文化条件相适应，使人的发展体现出不同的特点。一是体现出时代特色，即在社会发展的不同时代（时期），人的发展目标、含义的确定和实现路径的选择要与该时代的条件相适应，在人的发展程度、要求和方式上体现出特色。二是体现出地域特色，即在不同的国家民族或地域的特殊环境中，人的发展目标、含义的确定和实现路径的选择要与该环境的经济、政治、社会和文化条件相适应，在人的发展内涵、要求和措施上体现出特色。当然，与环境相适应并不是被动地顺应环境，而是在主动适应环境的基础上积极地改善环境，创造性地体现人的发展的根本要求，实现人的发展的总体目标。

正确理解和处理人的发展普遍性与特殊性的关系，是实现人的发展的重要保证，为此，既要看到普遍性与特殊性的统一又要看到差异，不能将二者截然对立起来。一方面，不能以普遍性遮蔽或代替特殊性。肯定人的发展价值的普遍性并不意味着否定其特殊性，反而是以肯定其特殊性为前提的，因为特殊性正是普遍性的实现形式，因而确定人的发展目标、含义以及实现方式一定要从实际出发，不能简单地照搬理论、削足适履、刻舟求剑。另一方面，不能以特殊性否定普遍性。肯定人的发展价值的特殊性并不意味着否定其普遍性，特殊性必须体现普遍性而不能违背之，虽然人的发展价值取向在不同时期、不同环境中会表现出殊异性，但其之所以成其为人的发展价值取向，显然必须符合其基本的、普遍的含义，其含义和目标都应当是每个人自由全面的发展，是人的本质力量的实现，是人的个性的发展，是人的社会关系的合理化、全面化，更通俗地说，是人们生活得更加幸福、更加美好、更有意义。这些基本含义作为人的发展的基本规定，就是其普遍性之所在，是在任何国家民族、任何社会环境、任何时代皆是如此，即放之四海而皆准的，非此就谈不上人的发展。在全球化背景下，人的发展普遍性与特殊性的关系集中体现为人的发展普遍要求与国家民族特色及其实现路径的关系。由于地域、历史和文化的不同，价值具有民族特征、文化特征、宗教特征、意识形态特征以及时代特征，还可以多种特征兼有。人的自由全面发展的具体表现在不同民族国家中可以也应当有其自身的特色，但这些特征都应当以符合本质上一致的普遍规定为前提。

人的发展普遍性与特殊性的关系，要求人的发展理论体系建构应当面向世界。之所以如此，既是因为马克思恩格斯提出的人的发展要求一开始就是面向整个人类的，具有普遍的适用性，又是由于世界历史进而全球化进程的深入，人类社会已经关联为一个整体，各个国家民族的经济、政治、文化、安全、健康等各方面利益已相互交融，甚至一荣俱荣、一损俱损，无论出现何种问题或危机，任何人都不可能置身事外，因而人的发展从本质上说应当是世界性的进程。正因为如此，建构人类命运共同体的意义之一，就是开阔人们的视野，拓展人们的活动空间，促进人们之间的交流，推进人的发展。

作为全球化进程的反映以及着眼于建构人类命运共同体的目标,当代人的发展理论体系应当具有世界性,反映人类发展的总体方向和根本要求。

人的发展普遍性与特殊性的关系,要求人的发展理论体系建构应当体现民族特色,将马克思主义人的发展价值取向和科学认识与本国或本民族的实际相结合,从本民族独特的历史、文化等实际情况出发,阐述人的发展的现实目标,界定人的发展的具体含义,确定人的发展的实现途径、步骤和方式。

基于人的发展普遍要求与国家民族特色的关系,人的发展理论体系建构要在世界性与民族性之间保持一种合理的张力,既要注重全球化的背景对当代人的发展提供的新的环境和空间,注重扩大人的交往,提升人的世界意识,又要注重社会历史条件特别是文化特色对不同国家中人的发展的影响。对于发展中国家来说,这一点尤为重要。由于后发展的原因,一方面,发展中国家必须注重人的发展的世界性,因为其实质就是注重人的发展的时代性;另一方面,适应全球化并不是屈从于甚至淹没于全球化之中而丢失自我。反之,应当在融入世界性的同时注重人的发展的民族性,保持民族国家文化的特色亦即保护世界文化的丰富性和多样性,以为人的发展提供更为广阔的空间和可能。

三、人的发展的中国特色

在当代中国,人的发展普遍性与国家民族特色的关系现实地体现为人的发展的普遍要求与中国特色的关系。这种关系体现在实践上,就是要将人的发展理论与当代中国人的发展实践相结合,以我们正在做和将要做的事情为旨归,反映并解答当代中国人生存发展面临的新问题和新要求,指导并推进人的发展实践;这种关系体现在理论建构上,就是要强化问题意识,以我们正在解决的和将要解决的问题为对象,通过深度解答当下人的发展问题科学预测未来人的发展趋势,总结人的发展实践经验,创新人的发展理论。理论是实践的反映,因而当代中国人的发展理论建构的现实基础,就是明确人的发展的中国特色。

基于人的发展普遍性与特殊性的关系,人的发展的中国特色既取决于人的发展的普遍要求，又取决于从中国的具体国情出发，特别是要使人的发展目标、要求以及基本路径与中国社会主义初级阶段的经济发展水平、社会制度特征以及历史文化因素相适应。

人的发展的中国特色首先是由经济发展水平决定的

在中国，人的发展目标是在改革开放之后才明确提出的，这与生产力以及经济发展程度的提高直接相关。改革的深化和现代化建设的深入，社会主义市场经济体制的建立，极大地促进了中国的科技进步和生产力发展，取得了以往不可比拟的经济、社会和文化建设成就，显著地改善了人们的生产和生活环境，人们的获得感、幸福感显著增强。正是在社会发展到了这一新的状态时，人的发展要求才提上了议事日程，成为社会发展的现实目标。

然而应当看到，虽然经济发展水平上了一个大的台阶，但由于历史和现实的原因，中国社会仍然处于并将长期处于社会主义初级阶段，其中最大的问题就是生产力还不够发达，这是社会主义初级阶段最基本的国情。反映到经济指标上，就是人均产值和收入仍处于世界各国后列，加上发展还不平衡，许多人的收入水平和生活水平仍然不高，未能比较充分地满足物质文化需要，更谈不上满足美好生活需要。由于这两方面原因，许多劳动者的劳动条件尚未有根本的改善，自由时间比较有限，人的发展基础仍然比较欠缺，不具备较好的条件去发展、发挥自己的能力和个性及爱好，实现自己的价值。为此，必须清醒地认识到不充分发展问题依然存在的客观现实：一方面，要按照社会发展客观规律办事，人的发展目标和任务的确定要与经济发展水平相适应；另一方面，仍然要继续解决不充分发展的问题，继续重视生产力对社会进步和人的发展的推动作用，以经济建设为中心，进一步解放和发展生产力，改变增长方式、调整经济结构、推进高新科学技术的进步及其运用，加快经济发展，增加社会物质财富、提高收入、改善劳动条件，为实现人的发展创造更加坚实的经济和技术条件，奠定更加雄厚的物质基础。

人的发展的中国特色又是由社会经济和政治制度决定的

人的发展有赖于社会制度的完善和社会关系的合理化。以社会经济制度为例，当代中国实行的是社会主义的经济制度，社会主义是共产主义的初级阶段，实现人的自由全面发展是共产主义社会的目标，当然也就是社会主义社会的根本要求，因此，在当代推进人的发展，必须坚持社会主义的本质要求。社会主义本质是解放生产力，发展生产力，消灭剥削，消除两极分化，最终达到共同富裕。改革开放以来，中国根据社会主义初级阶段的国情，实施了旨在打破平均主义和大锅饭，调动人们劳动生产积极性的一部分地区、一部分人先富起来，并以先富带动后富，实现共同富裕的非均衡发展战略，建立了社会主义市场经济体制。市场经济是产品和服务的生产及销售完全由市场的自由价格机制所引导的一种经济体制，其特点是市场对资源配置起基础性作用。这一体制的优点是权利和利益分散化并且清晰，有利于调动各利益主体的积极性。市场经济体制的建立极大地解放和发展了生产力，促进了经济快速增长，显著地提高了综合国力，提高了人们的物质文化生活水平，为社会的全面进步和人的发展创造条件。但它同时也带来了利益主体的分化及其对利益最大化的追求，以及各个利益主体之间的博弈，进而导致了社会发展的不平衡，制约着人的发展。

随着社会主义市场经济体制的建立以及生产力发展和经济增长，中国社会主要矛盾已经转化为人民日益增长的美好生活需要和不平衡不充分的发展之间的矛盾，其中与制度和政策相关的对人的发展影响最突出的问题，就是不平衡发展问题日益凸显。不平衡发展体现在许多方面，例如物质文明建设与精神文明建设不平衡，经济建设与社会建设、生态建设不平衡，等等，这些不平衡亟须加以改变。此外影响最大也是最受社会关注的，是公平意义上的不平衡，即不同地区之间、城乡之间以及不同阶层之间发展程度的不平衡，这一问题已经构成制约当代中国人的发展的主要障碍。

一是城乡发展不平衡，农村发展总体上落后于城市。一方面，一些大中城市已进入现代化发展阶段；另一方面，广大农村地区则仍处在前现代化阶段或者正在走向现代化的过程中，某些农村地区甚至是发展最不充分的地方，农业仍然是社会发展中的弱项和短板，农村经济文化基础仍然薄弱，农民改善生产和生活条件的任务仍然艰巨，城乡之间区域发展和收入分配差距依然较大，在乡村实现"产业兴旺、生态宜居、乡风文明、治理有效、生活富裕"的目标还任重道远。二是地区发展不平衡。主要表现为东、中、西部经济社会发展程度的不平衡。一些东部沿海发达地区的人均GDP已经接近或达到中等发达国家水平,迈进了较为富裕的社会,而广大中西部地区的人均GDP则只有前者的几分之一,地处东部的省市人均可支配收入与地处西部省区市的人均可支配收入差距巨大。三是阶层发展不平衡。社会各阶层之间经济和社会地位差距明显,不同阶层在经济收入、生活方式、生活质量方面分别处于现代化、小康、温饱和贫困的层面,许多人仍然存在住房难、上学难、就业难、看病难等生存问题,其中部分低收入者甚至缺乏基本的衣食住行条件,尚不能真正享受到改革开放和经济发展带来的成果。

从制度方面看,不平衡的发展是由市场经济运行逻辑导致的。正如卡拉比所指出的:"市场等同于追逐最大限度的利润,而且以生产和分配资料的私人占有为前提。"[①]市场经济要求将人们的利益明晰化、分散化,要求社会的部分生产资料为私人所有,这一特点在充分调动人的积极性、促进经济发展的同时,又会导致各利益主体追求利益最大化,导致个人或群体之间的利益对立和利益博弈,导致人们在经济活动中按照资本逻辑行事,导致人们之间收入差别的扩大以及阶层的分化,导致资本对人的统治即物的依赖性。并且,这一资本逻辑的效应必然会外溢到整个社会生活中,其结果是资本逻辑大行其道,导致社会发展的失衡和失序。诚然,中国实行的是社会主义市场经济体制,以社会主义制度和规则引导和规范市场行为,可以在一定程度上减缓市场经济自发倾向所带来的负面效应,却不能完全避免和消除这些负面影响。为此,市场经济与人的发展的关系就成为在当代中国推进人的发展特别要关注的问题。

毋庸讳言,中国特色社会主义市场经济迥异于马克思设想的人的发展的经济制度条件,是当代中国人的发展最具特色的现实背景,它既有利于生产力发展并为人的发展创造条件,又导致资本逻辑而阻碍人的发展的双重效应,决定了当代中国人的发展和社会发展的位置,处于"由人的依赖关系向物的依赖性过渡"和"由物的依赖性开始走向人的自由全面发展"两个过程并行的阶段中。

由人的依赖关系向物的依赖性过渡,也就是由前市场经济阶段向市场经

---

① 曾枝盛:《20世纪末国外马克思主义纲要》,中国人民大学出版社1998年版,第72页。

济阶段过渡。按照马克思的理论，社会主义超越了与市场经济相关联的物的依赖性，更是早已超越了人的依赖关系。但由于历史的原因，在当代中国社会现实中，两种依赖性却依然存在。人的依赖关系的存在，是由于封建社会长期形成的体制上的、观念上的以及社会风尚方面的许多传统的因素，如等级制度、裙带关系、封建思想等，不同程度地遗留了下来，构成对人们思想和行为的限制，使人的依赖性深刻地影响着社会面貌和人们的生活，制约着人的发展；物的依赖性的存在，是由于中国进行现代化建设的基础比较薄弱，特别是生产力不够发展，要求实行市场经济体制，进而必然导致人们对利益最大化的追求。由物的依赖性开始走向人的自由全面发展，是指就社会的走向来看，当代中国社会处于物的依赖性和人的自由全面发展两个阶段之间，并在价值取向和社会发展趋向上指向人的自由全面发展，尽管其间还要经历一个漫长的过程。就此而言，当代中国人的发展阶段概括地说就是三种形态的特点并存：既遗存人的依赖关系，又处于物的依赖性阶段，还面向并将走向人的自由全面发展。

历史传统遗留下来的影响以及市场经济的负面影响，决定了制约当代中国人的发展的问题既有前现代问题也有现代性问题。有鉴于此，对当代人的发展现状应持的态度是：人的依赖性是"过去时"的社会形态，完全失去了存在的合理性与必然性，对之必须从观念到制度予以彻底去除。物的依赖性是"正在进行时"的社会形态，对之既要加以肯定，又要加以限制，既要在当下暂时地保留市场经济即物的依赖性以便利用它促进生产力发展并消除人的依赖关系，又要着眼于未来人的发展即超越市场经济和物的依赖性，自觉地限制其自发的负面影响。人的自由全面发展是"未来时"的社会形态，是理想和目标，对之既要心向往之、尽心尽力、从现在做起，又不能期望一步到位。因此，一方面，要注重解决前现代的问题，从人的发展要求出发，探讨如何更好更快地进入现代化，建构现代性，创造现代的生活条件和生存环境；另一方面，又要反思现代化问题，避免现代化的陷阱。其中的关键问题就是辩证地对待市场经济，趋其促进社会进步和人的发展之利，避其影响社会进步和人的发展之害，既充分肯定市场经济在当代中国有助于解放和发展生产力以及有助于消除人的依赖性的历史合理性，又充分认识和估量市场经济的负面影响,尽可能地缩小或减轻它给社会进步和人的发展带来的副作用。其中要特别注意解决或缓解不平衡发展问题,以最终实现共同富裕为目标,对市场行为做出适时的调控和规范,限制其负面效应,减缓其自发倾向带来的影响,缩小不同地区和群体经济文化等方面的差距,最大限度地实现社会公平,为每个人的发展创造条件。

人的发展的中国特色还是由独特的历史文化决定的

文化作为人之为人的社会性符号,作为人社会身份自我认同的根据和表征,深刻地影响和制约着人的发展状态和程度。人类的文化丰富多彩,各个民族国家特殊的文化就像大自然中的花朵,各具特别的色彩和芬芳。一般来说,不同民族国家的人们之间在精神文化方面的差异往往比较明显,这就是文化特色。文化特色可以使人对本民族文化充分认识和认同,产生文化自觉,即对本民族文化的自我觉醒、自觉反省、自觉创建。而文化自觉则使人的自我意识始终具有国家民族性,并影响到人的主体性和个性的塑造,人的精神寄托以及知、情、意的培育和路径选择。因此,民族特殊的文化深刻地影响着人的发展的具体含义和要求,决定着人的发展的特色。

文化特殊性在中国文化中体现得尤为明显。中华民族在悠久的历史长河中形成的在世界文化之林中独具特色的优秀传统文化,是中华民族精神上的"根"和"魂",其人文精神和人文价值已经融入中国人的精神世界中,对其价值观念、思维方式、审美情趣和风俗习惯产生了深刻的影响,是决定"中国人"这一社会特质最为重要的因素。中华民族特别重视精神需要的满足和精神生活的品质,这些特点使中国人的精神生活、精神享受和精神境界迥异于其他民族,使中国人对人的精神生活发展的认识、体验和追求具有鲜明的民族特色,从而深刻地影响到中国人的精神寄托、精神生活,包括知、情、意的选择和建构,影响到对人生意义、理想人格的理解,影响到对人的发展内涵的理解。因此,当代中国人的发展的具体含义和实现方式要与中国的历史文化因素相适应。以对精神生活和精神修养的理解为例,西方文化中虽然也有反思、批判意识,但更关注的是在主客体的互动中实现人的改变和提升,在对象化过程中确认和改变自我,强调遵守规则和相互制约。与之不同,中国传统文化向来重视人自身的修养,强调内省、慎独,所谓吾日三省吾身,养浩然之气，致良知，既是为着齐家、治国、平天下的社会责任和担当，也是为着提升人格修养和精神境界。

以上所述表明，国情和社会条件的特色决定了当代中国人的发展具体目标、任务的特殊性，以及实现人的发展路径和方式的特殊性，因而在当代中国推进人的发展，既应当遵循马克思恩格斯所确定的人的发展的基本原则和目标，又应当从实际出发，体现自身的特色，还应当与经济社会和文化发展水平相适应，既不能超越现阶段经济发展水平对人的发展提出过高的要求、设定过高的目标，又不能对于应当并且可以解决的关系到人的发展亦即满足美好生活需要的现实问题置之不理或拖延解决，而要从国情出发，切实促进经济发展、社会进步、民生改善、社会稳定，实现人的发展。

应当指出的是，坚持特色、适应国情并不是被动地顺应国情，而是在适应的同时引领和改变国情，这是因为特色和国情本身就是以往人们的活动造就的，是可以改变和改善的。例如，经济条件制约人的发展，但经济条件本身又是由人来改变的，因而要以促进人的发展为目标，不断改变和创造新的条件。又如文化特色制约人的发展，但其特色既有精华的一面也有糟粕的一面，为此就要去糟粕而取精华，并对其精华做出时代性的转换、弘扬和发展。只有在适应特色和国情与改变特色和国情的互动中，才能既充分体现人的发展的中国特色，又更有效地促进人的发展。

还应当指出的是，人的发展的中国特色应当体现普遍性与特殊性的统一，因为在当代中国，促进人的发展、建构人的发展理论体系的目标之一，是确立具有中国传统文化根基、扎根于民族传统并具有世界视野的人。这就要有开阔的眼界和宽广的胸怀，做人类共同价值的倡导者、遵循者和维护者。经济全球化带来的普遍交往和人们生活方式的改变，使人类面临的共性问题增多，既意味着人们之间的利益博弈趋于频繁甚至激烈，也反映了人们共同利益的增加，从而要求建构人类共同的行为导向、行为规则以及作为其基础的人类共同价值。和平、发展、公平、正义、民主、自由是全人类的共同价值，确立这些共同价值，不仅有利于解决人类共同面临的问题，也是人的发展的内在要求。培养世界视野，应当处理好中国特色与世界视野的关系。在中国经济实力显著增强、国际地位不断提高的当下，尤其需要有放眼世界的开阔视野和海纳百川的宽广胸怀。这是因为：一方面，人类共同价值是人类优秀价值长期积淀的结果，是各国家民族优秀价值的提升，是价值先进性的直接体现；另一方面，社会主义按其内在要求和实现条件来说，与全球化的总体趋势是一致的，因而社会主义国家人的发展与马克思恩格斯期望的每个人的发展是一致的。只有自觉参与全球化进程，拓展交往空间，丰富社会关系，优化生存环境，通过相互学习、相互借鉴、取长补短，才能塑造超越地域限制并具有优良素养和优秀道德的自由全面发展的当代中国人。

作为中国特色人的发展实践的反映，当代人的发展理论体系亦应当体现中国特色。诚然，人的发展理论体系当代建构的大背景，是正在展开的全球化进程，但这一理论由以生成并得以实现的环境，则是正在进行中国特色社会主义现代化建设的当代中国。应当看到，当代中国人的发展理论研究具有特别的需要和特殊的优势：从必要性上看，中国有世界上最大规模的社会主义建设实践，有与人的发展要求和目标本质上相契合的政治、经济制度和意识形态，有最为明确的实现人的发展的目标、要求和行动，因而特别需要以人的发展理论指导人的发展实践，特别需要对人的发展问题做出理论与实践相结合的、深入系统的研究；从可能性上看，由于上述原因以及中国有一支世界上人数最多的马克思主义理论研究队伍，因而具有研究和建构人的发展理论体系最为充足的主客观条件。有鉴于此，人的发展理论体系当代建构既要以全球化为背景、面向世界，又要根植于中国，以中国为主要的舞台、主要的研究蓝本和个案。从这个意义上说，人的发展理论的论域既应当是面向世界的，更应当是适应中国的，具有中国特色。为此，就要面向当代中国人的发展现实问题，反映当代中国人的发展新鲜经验。

人的发展理论体系要具有中国特色，就应当从当代中国人的发展目标、要求及其面临的现实问题出发，这是人的发展理论体系建构体系的切入点。当代中国现代化建设的深入，特别是社会主义市场经济体制的建立，在给人的发展提供新条件的同时也衍生出一些制约甚至阻碍人生存发展的新问题，这些问题涉及人与人、人与自然以及人自身的矛盾。在人与人之间造成了贫富差距扩大，引发了劳动权利、受教育机会、医疗条件、法律服务、职业选择等诸多方面的不公平；在人与自然之间造成了资源环境危机，现代生产方式和生活方式以及人口的迅猛增长使资源和环境危机愈趋严重，危及人们当下的生存和未来的发展；对人自身造成了传统价值失落，社会诚信缺失，信仰危机，道德失范。这些问题既直接制约着人的生存发展，又是由人的因素所致，必须通过人自身的改变来解决。对这些问题及其原因做出透彻的解释，提出应对问题的基本原则和思路，以促进人与人、人与自然以及人自身的和谐发展，是当代中国人的发展研究面临的重要任务，是当代中国人的发展理论应有的担当，也是当代中国人的发展理论创新的主要途径。

在实践中创新和发展人的发展理论，应当在理论上对制约人生存发展的问题的原因做出透彻的分析。随着人的发展成为当代重要的社会政治理念甚至社会生活中的流行语，人的发展问题受到了前所未有的重视，一些论著已对相关的问题如以人为本、人性化等进行了专题的探讨。但毋庸讳言，这些研究中存在着比较显著的缺憾，即尚未对问题的实质及其根由做出深度的分析，未能对有关人的发展的基本理论问题做出哲学层面的系统阐述和透彻的说明，质言之，对问题的把握尚缺乏学理上的彻底性。有鉴于此，从问题出发不能停留于就事论事，而应当是就事论理。在全球化时代和社会现代化进程中，人的发展面临着前所未有的复杂局面和问题，涉及许多深层次的矛盾。当前制约人生存发展的问题就如河水表面的泡沫，下面都潜藏着作为"深流"的深层次关系，涉及对人的生存意义、价值取向、需要定位、生活方式以及消费方式等的理解和选择。正是对这些问题理解和选择上的失误，才导致了制约人生存发展问题的产生。因此，从理论研究的角度看，对现实问题的分析既要直面具体的社会现象，更要探究其背后间接的、深层次的原因，对涉及人的发展的基本问题进行理论的分析，从学理上给予深度的追究和深刻的阐释，并在此基础上得出一些普遍的、深度的认识，修正或丰富人的发展基本理论。

人的发展理论体系要具有中国特色，应当反映当代中国人的发展新鲜经验。中国特色社会主义实践是在东方经济文化比较落后的社会中进行的社会主义实践，是在全球化背景中展开的社会主义实践，是具有显著中国特色的社会主义实践的新尝试。它既开辟了社会主义建设的新道路，创立了社会主义建设的新模式，又引发了制约人的发展的一系列新问题以及解决这些问的新举措，创造了许多推进人的发展的新鲜经验，给人的发展理论的创新带来了新的机遇。

当代中国人的发展新经验其所以"新"，是因为它生成于具有特殊社会背景和条件的中国特色社会主义实践中，这一实践不同于马克思恩格斯等经典作家对社会主义的设想，具有许多他们未曾预料到的新特点。以社会主义市场经济为例，中国在社会主义初级阶段为了发展生产力建立了社会主义市场经济体制，由于市场经济的本质特征和要求，它在充分调动人们劳动或经营积极性的同时，又认可了人们之间利益的分化，引发了人们之间为追求利益最大化而展开的利益博弈，造成了以贫富差距拉大为标志的社会不公以及资本逻辑对人的行为和社会运行的影响等问题，给人的发展带来了新的障碍。因此，在当代中国，"不充分的发展"问题依然存在，"不平衡的发展"问题则趋于凸显。在此背景下推进人的发展，满足人民日益增长的美好生活需要，既要进一步解决"不充分的发展"问题，通过发挥社会主义市场经济体制的作用进一步解放和发展生产力，又要着力解决"不平衡的发展"问题，限制资本逻辑对人的制约，切实实现社会公平。毫无疑问，市场经济与社会公平及人的发展之间的关系，以及社会主义制度环境中资本逻辑与人的发展的关系，完全超出了马克思恩格斯对未来人的发展将要面临的问题的预测，因为在他们设想的人的发展环境中是不存在市场经济及由此导致的"社会公平"问题的，不存在生产资料私有制以及资本逻辑对人的发展的制约。他们所预测的人的发展环境是消灭了私有制的、社会调节着整个生产的理想社会，在那里，不存在人与人、人与社会之间利益的分离，不存在人们之间利益的博弈和对他人劳动的占有，当然也就不存在制度层面的社会不公问题。正因为如此，他们并未论及在社会主义社会中实现社会公平与人的发展之间的关系，更未论及如何理解并处理这一问题。从根本的意义上说，解决不平衡发展问题的前提，是实现马克思主义主张的消灭剥削、消除两极分化、最终达到共同富裕的社会主义本质要求。而从中国社会主义市场经济的现实条件看，在现阶段解决不平衡发展问题的前提，则是实现和平、发展、公平、正义、民主、自由等现代社会的基本价值。因此，在中国式现代化进程中通过实现社会公平推进人的发展实践，显然是中国特色社会主义特有的人的发展实践，可以对人的发展理论提供前所未有的新鲜经验。

总之,中国特色社会主义建设中的人的发展问题和人的发展实践超出了经典作家的实践经验和理论视域。为此,对当代中国人的发展的新经验做出创造性的理论概括、阐释和提升,将拓展和深化对人的发展问题的认识,对经典作家的理论做出新的补充和发展,为建构具有新的时代特征、实践基础和中国特色的当代中国人的发展理论体系积累新材料、开辟新领域、拓展新视野、丰富新内容。

参考书目

《马克思恩格斯选集》第1—4卷，人民出版社2012年版。
《马克思恩格斯文集》第1—10卷，人民出版社2009年版。
《马克思恩格斯全集》第1卷，人民出版社1956年版。
《马克思恩格斯全集》第1卷，人民出版社1995年版。
《马克思恩格斯全集》第3卷，人民出版社1960年版。
《马克思恩格斯全集》第3卷，人民出版社2002年版。
《马克思恩格斯全集》第19卷，人民出版社1963年版。
《马克思恩格斯全集》第26卷第2册，人民出版社1973年版。
《马克思恩格斯全集》第30卷，人民出版社1995年版。
《马克思恩格斯全集》第31卷，人民出版社1998年版。
《马克思恩格斯全集》第46卷，人民出版社2003年版。
《马克思恩格斯全集》第47卷，人民出版社2004年版。
《列宁选集》第1—4卷，人民出版社2012年版。
《列宁专题文集·论马克思主义》，人民出版社2009年版。
《毛泽东选集》第1—4卷，人民出版社1991年版。
丹皮尔：《科学史》，商务印书馆1975年版。
梅森：《自然科学史》，上海译文出版社1980年版。
北京大学哲学系外国哲学史教研室编译：《西方哲学原著选读》上卷，商务印书馆1981年版。
北京大学哲学系外国哲学史教研室编译：《西方哲学原著选读》下卷，商务印书馆1982年版。
北京大学哲学系外国哲学史教研室编译：《古希腊罗马哲学》，商务印书馆1961年版。

北京大学哲学系外国哲学史教研室编译:《十八世纪法国哲学》,商务印书馆1963年版。

罗素:《西方哲学史》下卷,商务印书馆1976年版。

梯利:《西方哲学史》,商务印书馆1995年版。

《柏拉图全集》第1卷,人民出版社2002年版。

亚里士多德:《尼各马可伦理学》,商务印书馆2003年版。

亚里士多德:《形而上学》,商务印书馆1959年版。

亚里士多德:《政治学》,商务印书馆1965年版。

伊拉斯谟:《愚人颂》,北京图书馆出版社2000年版。

托马斯·莫尔:《乌托邦》,商务印书馆1982年版。

康帕内拉:《太阳城》,商务印书馆1980年版。

霍布斯:《利维坦》,商务印书馆1985年版。

培根:《新工具》,商务印书馆1984年版。

培根:《培根论说文集》,商务印书馆1983年版。

斯宾诺莎:《神学政治论》,商务印书馆1963年版。

维柯:《新科学》上册,商务印书馆1989年版。

休谟:《人性论》下册,商务印书馆1980年版。

洛克:《政府论》下册,商务印书馆1964年版。

亚当·斯密:《道德情操论》,商务印书馆1997年版。

亚当·斯密:《国民财富的性质和原因的研究》(下),商务印书馆1972年版。

孟德斯鸠:《论法的精神》上册,商务印书馆1961年版。

卢梭:《论人类不平等的起源和基础》,商务印书馆1962年版。

卢梭:《社会契约论》,商务印书馆1980年版。

拉·梅特里:《人是机器》,商务印书馆1959年版。

霍尔巴赫:《自然的体系》下卷,商务印书馆1977年版。

摩莱里:《自然法典》,商务印书馆1982年版。

摩莱里:《自然法典》,商务印书馆2011年版。

康德:《实践理性批判》,商务印书馆1999年版。

康德:《判断力批判》上、下卷,商务印书馆1964年版。

康德:《历史理性批判文集》,商务印书馆1990年版。

康德:《道德形而上学探本》,商务印书馆2012年版。

费希特:《论学者的使命人的使命》,商务印书馆1984年版。

谢林:《世界时代》,商务印书馆1984年版。

黑格尔:《法哲学原理》,商务印书馆1961年版。

黑格尔:《历史哲学》,上海书店出版社2001年版。

黑格尔:《小逻辑》,商务印书馆1980年版。

《圣西门选集》(下卷),商务印书馆1962年版。

《傅立叶选集》第二卷,商务印书馆1981年版。

《费尔巴哈哲学著作选集》上卷,商务印书馆1984年版。

费尔巴哈:《基督教的本质》,商务印书馆1984年版。

《卢森堡文选》,人民出版社2012年版。

拉布里奥拉:《关于历史唯物主义》,人民出版社1984年版。

保尔·拉法格:《思想起源论》,生活·读书·新知三联书店1963年版。

梅林:《保卫马克思主义》,人民出版社1982年版。

《考茨基文选》,人民出版社2008年版。

《普列汉诺夫哲学著作选集》第2卷,生活·读书·新知三联书店1962年版。

马克斯·韦伯:《新教伦理与资本主义精神》,商务印书馆1987年版。

卢卡奇:《历史与阶级意识》,商务印书馆1992年版。

葛兰西:《狱中札记》,人民出版社1983年版。

海德格尔:《路标》,商务印书馆2000年版。

海德格尔:《在通向语言的途中》,商务印书馆2004年版。

萨特:《辩证理性批判》,安徽文艺出版社1998年版。

马尔库塞:《单向度的人》,上海译文出版社2006年版。

阿尔都塞:《保卫马克思》,商务印书馆2010年版。

弗洛姆:《马克思关于人的概念》,旭日出版社1987年版。

弗洛姆:《为自己的人》,生活·读书·新知三联书店1988年版。

弗洛姆:《爱的艺术》,上海译文出版社2011年版。

弗洛姆:《占有还是生存》,生活·读书·新知三联书店1989年版。

弗兰尼茨基:《马克思主义和社会主义》,人民出版社1982年版。

巴日特诺夫:《哲学中革命变革的起源——马克思的〈1844年经济学——哲学手稿〉》,中国社会科学出版社1981年版。

佩里·安德森:《西方马克思主义探讨》,人民出版社1981年版。

德里达:《马克思的幽灵》,中国人民大学出版社1999年版。

詹明信:《晚期资本主义文化逻辑》,生活·读书·新知三联书店1997年版。

Γ．А．巴加图利亚:《马克思的第一个伟大发现——唯物史观的形成和发展》,中国人民大学出版社1981年版。

肖前,李秀林,汪永祥:《历史唯物主义原理》,人民出版社1991年版。

陈志尚主编:《人学原理》,北京出版社2005年版。

陈志尚:《人学新探索》,北京师范大学出版社2016年版。

韩庆祥:《思想是时代的声音:从哲学到人学》,新世界出版社2005年版。

赵敦华:《西方人学观念史》,北京出版社2005年版。

俞吾金,陈学明著:《国外马克思主义哲学流派新编西方马克思主义卷》上册,复旦大学出版社2002年版。

安启念:《通往自由之路——马克思哲学思想研究》,中国人民大学出版社2016年版。

曾枝盛:《20世纪末国外马克思主义纲要》,中国人民大学出版社1998年版。

杜丽燕:《人性的曙光:希腊人道主义探源》,华夏出版社2005年版。

周凡,黄伟力主编:《新马克思主义评论:哲学的政治及其辩证法》,上海三联书店2015年版。

米涅:《法国革命史》,商务印书馆1977年版。

卡里略:《"欧洲共产主义"与国家》,商务印书馆1982年版。

N.T.弗罗洛夫:《人的前景》,中国社会科学出版社1989年版。

罗尔斯:《正义论》,中国社会科学出版社1988年版。

丹尼尔·贝尔:《资本主义文化矛盾》,商务印书馆1989年版。

宾克莱:《理想的冲突——西方社会中变化着的价值观念》,商务印书馆1983年版。

戴维·麦克莱伦:《马克思以后的马克思主义》,东方出版社1986年版。

麦克莱伦:《马克思传》,中国人民大学出版社2006年版。

乔纳森·沃尔夫:《当今为什么还要研读马克思》,高等教育出版社2006年版。

奥尔曼:《辩证法的舞蹈——马克思方法的步骤》,高等教育出版社2006年版。

肖恩·塞耶斯:《马克思主义与人性》,东方出版社2008年版。

《爱因斯坦文集》第一卷,商务印书馆2010年。

贝弗里奇:《科学研究的艺术》,科学出版社1979年版。

丹尼尔·贝尔:《后工业社会的来临》,商务印书馆1984年版。

霍尔姆斯·罗尔斯顿 III:《哲学走向荒野》,吉林人民出版社2000年版。

丹尼斯·米都斯:《增长的极限》,吉林人民出版社1997年版。

芭芭拉·沃德,勒内·杜博斯:《只有一个地球》,吉林人民出版社1997年版。

世界环境与发展委员会:《我们共同的未来》,吉林人民出版社1997年版。

蕾切尔·卡逊:《寂静的春天》,吉林人民出版社1997年版。

艾伦·杜宁:《多少算够》,吉林人民出版社1997年版。

洪谦主编:《现代西方资产阶级哲学论著选辑》,商务印书馆1964年版。

《高清海哲学文存(第二卷):哲学的奥秘》,吉林人民出版社1997年版。

《论语》,华夏出版社2017年版。

《孟子》,中华书局2007年版。

《周易》,郭彧译注,中华书局2007年版。

肖萐父、李锦全主编:《中国哲学史》下卷,人民出版社1983年版。

《简明不列颠百科全书》第3卷,中国大百科全书出版社1985年版。

威廉·魏施德:《通向哲学的后楼梯:34位哲学家的思想和生平》,民主与建设出版社2018年版。

卡尔·洛维特:《雅各布·布克哈特》,商务印书馆2013年版。

考茨基:《唯物主义历史观》第三分册,上海人民出版社1984年版。

沙尔·拉波波尔:《饶勒斯传》,生活·读书·新知三联书店1982年版。

《王锐生文集》,广东人民出版社2003年10月版。

罗伯特·W.福勒:《尊严的提升》,上海人民出版社2008年版。

后 记

改革开放以来,我国学术界通过重新解读马克思主义经典文本,借鉴西方学者的研究成果并结合当代中国和世界的时代特征和人的发展实践特点,对人的发展理论和现实问题做出了比较系统的、创造性的研究,追溯了人的发展的理论渊源和演变进程,阐述了人的发展理论的哲学基础,分析了人的发展的基本含义,探讨了人的发展的现实条件、发展规律和实现路径,揭示了人的发展理论的当代价值和意义。人的发展理论和现实问题研究的推进,提出了建构当代马克思主义人的发展理论体系的要求,也为建构当代马克思主义人的发展理论体系提供了基础。本书正是基于这一要求并在相关研究的基础上,试图对人的发展理论体系当代建构做出前提性的考察和尝试性的探讨。

当代人的发展理论体系建构是一个系统的工程,不可能一蹴而就、一劳永逸,而是要随着时代的变迁和实践的深化不断完善和充实。毋庸置疑,理论体系是开放的,没有固定不变的模式,因此,建构人的发展理论体系的目的不在于确定某种模式,而在于确定人的发展理论的主要内容。当然,其内容也要随着时代和实践的变化以及相关认识的深入和拓展而不断充实。

本书的出版得到了北京人民出版社的帮助。衷心感谢出版社编校等出版人员为本书出版付出的辛勤劳动。

本项研究得到了国家社会科学基金的资助,在此表示感谢。

本书旨在抛砖引玉,引起学术界对马克思主义人的发展理论体系建构问题的关注以及更为深入的研究。由于作者知识和能力有限,本书不足之处在所难免,恳请读者指正。

陈新夏
2022年9月